小学学科知识与拓展系列　总主编◎惠　中

小学科学
学科知识与拓展

主编◎叶　勤

编写◎叶　勤　陈　慧　陈　蕾

华东师范大学出版社
·上海·

图书在版编目(CIP)数据

小学科学学科知识与拓展/惠中主编;叶勤分册主编.—上海:华东师范大学出版社,2014.11
高等院校小学教育专业教材
ISBN 978-7-5675-2758-4

Ⅰ.①小… Ⅱ.①惠…②叶… Ⅲ.①科学知识-教学研究-小学-高等学校-教材 Ⅳ.①G623.62

中国版本图书馆CIP数据核字(2014)第264594号

小学科学学科知识与拓展

总 主 编　惠　中
主　　 编　叶　勤
编　　 写　叶　勤　陈　慧　陈　蕾
策划编辑　朱建宝
项目编辑　夏海涵
审读编辑　陈俊学
装帧设计　卢晓红
出版发行　华东师范大学出版社
社　　 址　上海市中山北路3663号 邮编 200062
网　　 址　www.ecnupress.com.cn
电　　 话　021-60821666 行政传真 021-62572105
客服电话　021-62865537 门市(邮购)电话 021-62869887
地　　 址　上海市中山北路3663号华东师范大学校内先锋路口
网　　 店　http://hdsdcbs.tmall.com
印 刷 者　浙江临安曙光印务有限公司
开　　 本　787毫米×1092毫米 1/16
印　　 张　17
字　　 数　393千字
版　　 次　2015年2月第1版
印　　 次　2023年8月第11次
书　　 号　ISBN 978-7-5675-2758-4/G·7731
定　　 价　34.00元

出 版 人　王　焰

(如发现本版图书有印订质量问题,请寄回本社客服中心调换或电话021-62865537联系)

前 言

党的二十大报告提出"教育、科技、人才是全面建设社会主义现代化国家的基础性、战略性支撑"的方针,这为新时代学校科学教育改革和发展指明了前进的方向。小学科学教育在整个科学教育体系中具有重要地位。作为学生接受科学知识、养成科学思维习惯和培养探究实践能力的主要力量,小学科学教师专业化建设是影响学校科学教育质量的关键因素。只有懂科学、懂教育,深刻理解科学教育应该教什么、学生如何学习科学、教师如何教科学的小学科学教师,才能具备较好的科学教学胜任力。一般认为,小学科学教师的本体性知识应该包括自然科学的学科知识、科学方法的知识、科学本质观的知识和科技史的知识。鉴于小学科学课程的综合性和启蒙性,小学科学课程教学中涉及到的自然科学学科知识体现出面广、浅显的特点,然而其背后蕴涵的深层次学科知识却是很多小学科学教师未能理解和掌握扎实的。在多年的小学科学听课评课中,笔者深切感受到,由于小学科学涉及到物理、化学、生物、天文、地学等诸多学科,真正能在这些学科方面都具有扎实知识功底的教师十分罕见。一些优秀教师在课堂教学中,也有可能会在科学概念上发生不严谨甚至错误的情形。广大小学科学教师亟待提升与课程相关的自然科学学科知识水平。为此,笔者结合《小学科学课程标准(3~6年级)》和目前使用较多的小学科学教材,编写了本书,希望能对小学科学课程中涉及到的自然科学知识作一个梳理。本书可作为小学教育专业的教材,也可作为小学科学教师在自我专业成长中的学科知识进修用书。

本书的内容架构直接对应《全日制义务教育科学(3~6年级)课程标准》中"生命世界"、"物质世界"、"地球与宇宙"中的内容标准,在对各条具体内容标准作适当整合后,提炼出关键的学科概念,并围绕这些概念适当拓展和加深,介绍相关的学科知识。在具体内容的呈现上,本书力争做到密切结合现有的小学教材,通过"热身体验"、"教材引出的话题"、"教材研读"等栏目,力图唤起读者对教材背后隐含的学科知识的关注。

本书由叶勤任主编。各章作者是:第一、二、三、四、十章由叶勤撰写,第五、六、七章由陈慧撰写,第八、九章由陈蕾撰写。在本书的写作过程中,得到了惠中教授的指导,华东师范大学出版社的领导和朱建宝编辑、夏海涵编辑给予了大力支持,在此一并表示衷心感谢。

由于编写者学术水平和能力有限,书中若有不妥之处,恳请广大教师和读者提出宝贵意见,以便修订时调整和进一步完善。

目录

第一章　多样的生物 ⋯⋯⋯⋯⋯⋯⋯⋯⋯⋯⋯⋯⋯⋯⋯⋯⋯⋯ 1
　　第一节　生物的分类 ⋯⋯⋯⋯⋯⋯⋯⋯⋯⋯⋯⋯⋯⋯⋯⋯ 2
　　第二节　常见动植物的辨识 ⋯⋯⋯⋯⋯⋯⋯⋯⋯⋯⋯⋯ 10
　　第三节　生物多样性 ⋯⋯⋯⋯⋯⋯⋯⋯⋯⋯⋯⋯⋯⋯⋯ 26

第二章　生命的共同特征 ⋯⋯⋯⋯⋯⋯⋯⋯⋯⋯⋯⋯⋯⋯ 31
　　第一节　生命的本质 ⋯⋯⋯⋯⋯⋯⋯⋯⋯⋯⋯⋯⋯⋯⋯ 32
　　第二节　生物的营养与呼吸 ⋯⋯⋯⋯⋯⋯⋯⋯⋯⋯⋯⋯ 39
　　第三节　生物的繁衍 ⋯⋯⋯⋯⋯⋯⋯⋯⋯⋯⋯⋯⋯⋯⋯ 51
　　第四节　生物的遗传与变异 ⋯⋯⋯⋯⋯⋯⋯⋯⋯⋯⋯⋯ 60

第三章　生物与环境 ⋯⋯⋯⋯⋯⋯⋯⋯⋯⋯⋯⋯⋯⋯⋯⋯ 74
　　第一节　生命的起源与进化 ⋯⋯⋯⋯⋯⋯⋯⋯⋯⋯⋯⋯ 75
　　第二节　生物对环境的适应 ⋯⋯⋯⋯⋯⋯⋯⋯⋯⋯⋯⋯ 81
　　第三节　生态系统 ⋯⋯⋯⋯⋯⋯⋯⋯⋯⋯⋯⋯⋯⋯⋯⋯ 89

第四章　健康生活 ⋯⋯⋯⋯⋯⋯⋯⋯⋯⋯⋯⋯⋯⋯⋯⋯⋯ 97
　　第一节　生理与健康 ⋯⋯⋯⋯⋯⋯⋯⋯⋯⋯⋯⋯⋯⋯⋯ 98
　　第二节　生长发育 ⋯⋯⋯⋯⋯⋯⋯⋯⋯⋯⋯⋯⋯⋯⋯ 109
　　第三节　良好生活习惯 ⋯⋯⋯⋯⋯⋯⋯⋯⋯⋯⋯⋯⋯ 116

第五章　物体与物质 ⋯⋯⋯⋯⋯⋯⋯⋯⋯⋯⋯⋯⋯⋯⋯ 122
　　第一节　物体的特征 ⋯⋯⋯⋯⋯⋯⋯⋯⋯⋯⋯⋯⋯⋯ 123
　　第二节　物质的变化 ⋯⋯⋯⋯⋯⋯⋯⋯⋯⋯⋯⋯⋯⋯ 130
　　第三节　材料的性质和用途 ⋯⋯⋯⋯⋯⋯⋯⋯⋯⋯⋯ 136
　　第四节　物质的利用 ⋯⋯⋯⋯⋯⋯⋯⋯⋯⋯⋯⋯⋯⋯ 146

第六章　运动与力 ⋯⋯⋯⋯⋯⋯⋯⋯⋯⋯⋯⋯⋯⋯⋯⋯ 150
　　第一节　位置与运动 ⋯⋯⋯⋯⋯⋯⋯⋯⋯⋯⋯⋯⋯⋯ 151
　　第二节　常见的力 ⋯⋯⋯⋯⋯⋯⋯⋯⋯⋯⋯⋯⋯⋯⋯ 156
　　第三节　简单机械 ⋯⋯⋯⋯⋯⋯⋯⋯⋯⋯⋯⋯⋯⋯⋯ 163

第七章　能量的表现形式 ⋯⋯⋯⋯⋯⋯⋯⋯⋯⋯⋯⋯⋯ 170
　　第一节　能的各种表现形式 ⋯⋯⋯⋯⋯⋯⋯⋯⋯⋯⋯ 171
　　第二节　能量的转换 ⋯⋯⋯⋯⋯⋯⋯⋯⋯⋯⋯⋯⋯⋯ 181
　　第三节　能源与可持续发展 ⋯⋯⋯⋯⋯⋯⋯⋯⋯⋯⋯ 183

第八章　地球概貌及地球物质 ·· 191
　　第一节　地球概貌 ·· 192
　　第二节　地球的圈层结构 ·· 198
　　第三节　岩石与土壤 ··· 202
　　第四节　水和空气 ·· 208

第九章　地球运动与所引起的变化 ·································· 217
　　第一节　昼夜与四季变化 ·· 218
　　第二节　天气的变化 ··· 224
　　第三节　地表的变化 ··· 230

第十章　天空中的星体 ·· 238
　　第一节　探索宇宙的历史 ·· 239
　　第二节　太阳和月球 ··· 247
　　第三节　太阳系、银河系及宇宙空间 ······························ 255

参考文献 ··· 265

第一章　多样的生物

热身体验

教材页面中蕴含了哪些深层次的生物学学科知识呢?

看到过的大树

回忆一下，在一棵真正的大树前，我看到过什么?

树瘤　　　叶片、果实　　　小动物

鸟巢、小鸟　　　小草　　　藤蔓、苔藓

再去看一看，是不是能看到更多的内容?

> 我还没有仔细地看过一棵树呢。

当我们想要了解得更多、知道得更多，带着这样的目的去看大树的时候，我们的观察活动就开始了。

学习指导

1. 了解生物的分类。
2. 熟悉常见的生物类群以及重要的分类依据。
3. 知道生物多样性的含义、现状以及保护生物多样性的措施。

第一节 生物的分类

伴随着人类在生产和生活中积累的有关生物形态方面的知识,人们开始尝试对生物进行分类。然而,不同地区对同一种生物很可能会有不同的名称,这就给生物学家之间的交流带来了麻烦。为解决这个问题,全世界的生物学家使用统一的标准来命名生物,这就是通常所说的学名。学名是瑞典生物学家林奈(Carolus Linnaeus)在18世纪建立的。由于这些名称主要来源于拉丁语,所以又叫拉丁名。

一、生物分类学说的历史演变

200多年前,瑞典的博物学家林奈,将生物分为植物和动物两大界。两界系统比较简便,但不能反映生物界的复杂性和进化关系,以后的生物学家不断地提出多种新的分类方法。

1886年,德国生物学家海克尔(E. Haeckel)提出三界学说:植物界(Plantae)、动物界(Animalia)和原生生物界(Protista)。原生生物界包含单细胞的生物、一些简单多细胞动物和植物。

1969年魏泰克(R. H. Whittaker)提出了五界系统。他首先根据生物细胞有无核膜结构,将生物分为原核生物和真核生物两大类。原核生物为一界。真核生物根据细胞多少进一步划分,由单细胞或多细胞组成的某些生物归入原生生物界(Kingdom Protista)。余下的多细胞真核生物又根据它们的营养类型加以划分:植物界(Kingdom Plantae)为光合自养型;真菌界(Kingdom Fungi)为腐生异养型;动物界(Kingdom Animalia)为异养型。五界系统被长期沿用,这一系统虽然能反映出生物间的亲缘关系和进化历程,但仍不够完善。

在20世纪的大部分时间里,原核生物因其生化、形态和代谢上的一致性被视为分类上的单细胞生物。在这一时期,微生物学家试图根据其形状、细胞壁结构以及所消耗的物质来对微生物进行分类。然而,在1965年有一种新方法被提出,即使用生物体的基因序列来搞清这些生物是如何相关联的,这种方法称为系统发育,是当前生物分类所使用的主要方法。根据分子生物学的研究成果,生物学家对五界系统进行了完善。1977年,沃尔斯(C. R. Woese)和福克斯(G. E. Fox)提出了"古细菌"(Archaebacteria)这个概念,原因是它们在16SrRNA(一种核糖体RNA)的系统发生树上和其他原核生物之间存在差异。1980年,沃尔斯和福克斯提出了生物进化系的三主干学说。在三主干中,除了真核生物主群外,原本视为一个整体的原核生物被分为古细菌主群和真细菌主群(Eubacetria)。后来沃尔斯认为它们是两支根本不同的生物,于是在1990年重新命名其为古菌(Archaea)和细菌(Bacteria),并将这两支和真核生物(Eukarya)划为域这一新建立的分类阶元,一起构成了生物的三域系统。目前多数分类学家倾向于将生物分为三域系统,其中真核生物域又分为四界:原生生物界、真菌界、植物界、动物界。

二、生物分类的三域系统

三域系统也可称作三主干六界学说。三主干是真核生物、细菌和古菌三个主群。古菌主群算一界,种类最少,大约有数十种到数百种。细菌主群也算一界,它包括古菌以外所有的原核生物。真核生物主群最庞大,包括原生生物、真菌、植物和动物四界(图1-1-1)。

图1-1-1 三主干六界说示意图

1. 古菌界

古菌最早是在一些极端环境(高温、高盐、高压、极端酸或碱)中发现的,因而曾被称作嗜极细菌。例如,嗜热菌的生长温度为50~90℃,还有一些超嗜热菌能在90℃以上的环境中生长;嗜冷菌的最适生长温度是零下2℃,高于10℃反而不能生长;嗜盐菌能生长在饱和的食盐水中;嗜酸菌生长在pH小于1.0的条件下;嗜碱菌能生长在pH高于11的环境;嗜压菌能生长在海平面下10 500米深处,最适的压强为700~800 Pa大气压,能耐受的最高压强为1035 Pa大气压。有些嗜极菌还能生长在多种极端参数的环境条件下,例如嗜热嗜酸菌能在pH2.0以下和75℃以上环境中生长;嗜压菌生长于深海中,同时承受深海中0℃左右的低温条件。

到20世纪末,微生物学家意识到古菌是一个庞大而多元化的群体,不只局限于极端环境,而是广泛存在于自然界中,能够在沼泽、废水和土壤中被发现。很多产甲烷的古菌生存在动物的消化道中,如反刍动物、白蚁或者人类。

单个古菌细胞直径在0.1~15.0微米之间,有一些种类形成细胞团簇或者纤维,长度可达200.0微米。古菌可有各种形状,如球形、杆形、螺旋形、叶状或方形。古菌的代谢类型也有多种。与真核生物相比,古菌有更多的能量来源,从熟悉的有机物糖类到氨直到氢气。引起科学家注意的是,盐杆菌虽然不能进行光合作用,但是也可以利用光能制造ATP(腺苷三磷酸,生物体内最直接的能量来源)。

古菌通常对其他生物无害,目前未知有致病古菌。产甲烷菌生活在人和反刍动物的肠道中帮助消化,产甲烷菌还被用于沼气生产和污水处理。此外,为了能够在高温下生存,嗜热菌都含有能够在高温下保持活性的酶,一些嗜热菌的酶可用于分子生物学实验,例如热稳定的DNA聚合酶用于基因扩增。

2. 细菌界

教材引出的话题

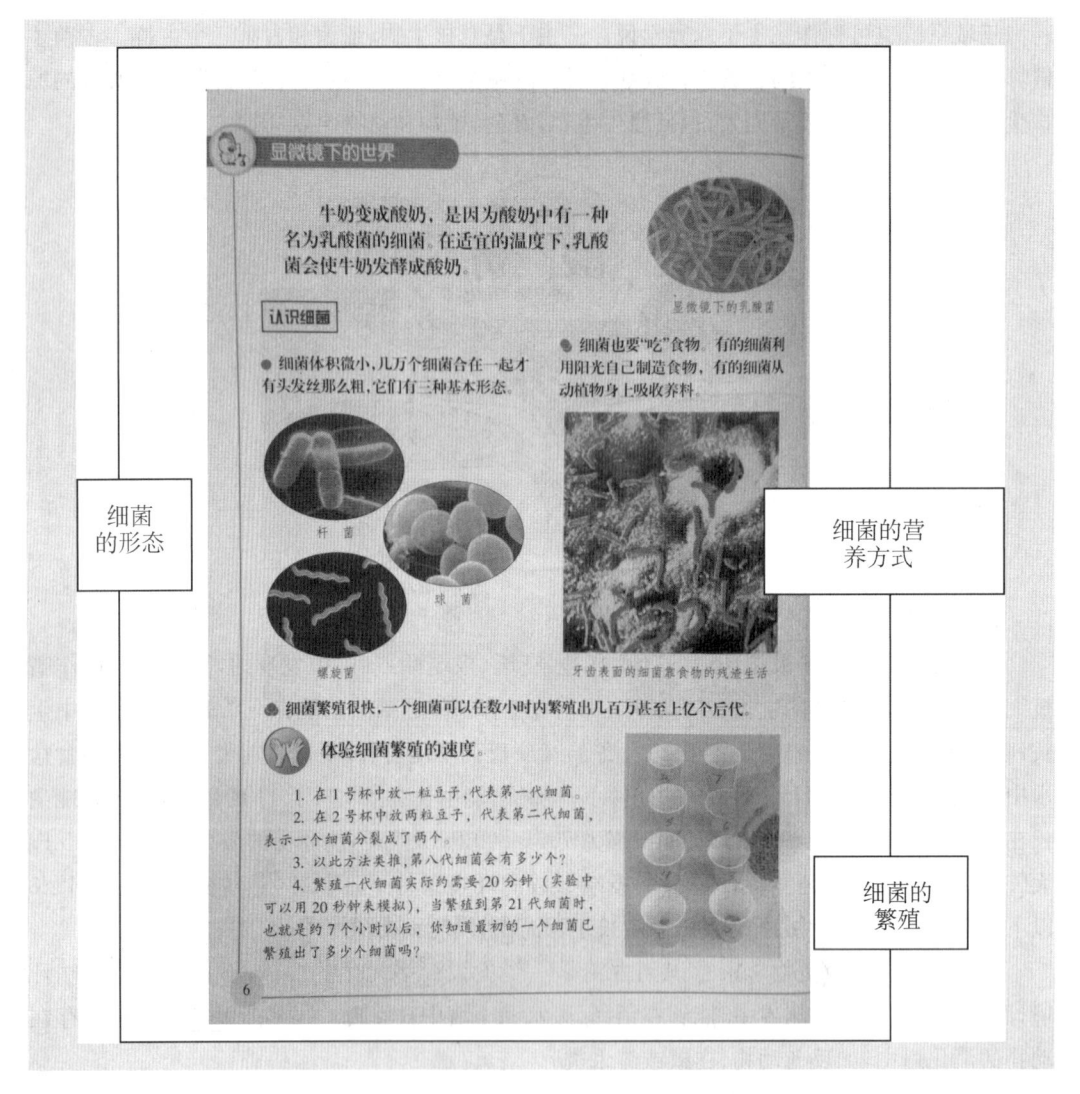

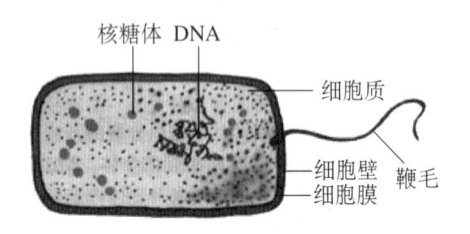

图 1-1-2 细菌的结构

细菌界包括古菌以外的所有原核生物。它们过着典型的独居或群居生活。单细胞且细胞较小，直径大多为0.3～2.0微米。细菌根据形态可分为三类，即球菌、杆菌和螺旋菌（包括弧菌、螺菌）三类。大多数细菌细胞有细胞壁，主要成分为肽聚糖。细胞内没有成形的细胞核，没有核膜，只有一个核区，染色体仅由裸露的DNA分子组成。在核区外还具有小得多的环形DNA，称为质粒。细胞质中没有由单位膜包围的细胞器如线粒体、内质网、叶绿体等（蓝细菌有光合色素），有大量散在的核糖体（图1-1-2）。

有些细菌细胞外可有一层黏液层,其中有明确界面的叫做荚膜。荚膜的主要成分为多糖。荚膜对细菌的生存具有重要意义,主要功能是保护细菌免受严重缺水的损害;充当贮存营养物,以备营养缺乏时利用;对某些致病细菌而言,可保护自身免受寄主白细胞吞噬;通过荚膜或有关构造可以使菌体有选择地粘附到特定细胞的表面,表现出对靶细胞的专一攻击能力。

　　某些细菌在细胞外长有鞭毛,由一种称为鞭毛蛋白的弹性蛋白构成,结构上不同于真核生物的鞭毛,其数目从一根到菌体周身均有。鞭毛是某些细菌的运动器官,细菌可以通过调整鞭毛旋转的方向(顺和逆时针)来改变运动状态。

　　细菌具有许多不同的营养方式。一些细菌只需要二氧化碳作为它们的碳源,被称作自养生物。那些通过光合作用从光中获取能量的,称为光合自养生物。那些依靠氧化化合物从中获取能量的,称为化能自养生物。光合自养菌包括蓝细菌,它是已知的最古老的生物,可能在制造地球大气的氧气中起了重要作用。其他的光合细菌进行一些不制造氧气的过程,如绿硫细菌、绿非硫细菌、紫硫细菌、紫非硫细菌等。另外一些细菌依靠有机物形式的碳作为碳源,称为异养生物。

　　绝大多数细菌以简单二分分裂法繁殖。某些细菌处于不利的环境,或耗尽营养时,形成内生孢子,又称芽孢,是对不良环境有强抵抗力的休眠体。芽孢的生命力非常顽强,有些湖底沉积土中的芽孢杆菌经500~1000年后仍有活力,肉毒梭菌的芽孢在pH7.0时能耐受100℃煮沸5.0~9.5小时。

　　细菌广泛分布于土壤和水中,或者与其他生物共生。细菌在生物圈的物质循环中起着不可置换的作用,异养的腐生细菌是生态系统中重要的分解者,使碳循环能顺利进行。部分细菌会进行固氮作用,使氮元素得以转化为生物能利用的形式。细菌也对人类活动有很大的影响。一方面,细菌是许多疾病的病原体,包括肺结核、淋病、炭疽病、梅毒、鼠疫、砂眼等疾病都是由细菌所引发。然而,人类也时常利用细菌,例如乳酪及酸奶的制作、部分抗生素的制造、废水的处理等,都与细菌有关。

3. 原生生物界

　　原生生物界是真核生物中最低等的类群,真菌界、植物界、动物界都起源于原生生物界。原生生物界已有明显的成形的细胞核,染色体由DNA和蛋白质组成,具有线粒体等细胞器,在自养类型中还有叶绿体。

　　大多数原生生物是单细胞,但细胞内有高度分化的复杂结构。五界系统中,原生生物界只包括单细胞的真核生物,但生物学家在20世纪70~80年代又扩充了原生生物界的界限,包含了原本在五界中属于植物界、真菌界和动物界的多细胞生物。

　　根据目前较为公认的观点,原生生物包括以下几类生物:

　　一是类似植物的藻类——含有叶绿体,行光合自养生活。藻类异于植物之处在于:①单细胞藻类其本身即可作为配子;②一些多细胞藻类的配子囊(产生配子的构造)和孢子囊(产生孢子的构造)为单细胞构造;③其余的多细胞藻类,其配子囊为多细胞构造,但每个细胞都具有生殖能力,各产生一个配子。目前已知的藻类种数约为23 000种,依据光合色素的种类、贮藏物的性质、细胞壁的成分、鞭毛的数目和位置、细胞内的细微构造等特征分为十个门。有些藻类可以食用,如褐藻门的昆布和裙带菜,红藻门的紫菜。土壤藻类不但可以积累有机物质,刺激土壤微生物的活动,还可以增加土壤中的含氧量,防止无机盐的流失,减少土壤的侵蚀。藻类和高等植物一样，在生态系统中扮演初级生产者的角色，尤其在水生生态系统中，藻类为鱼、虾等的主要食物来源。不过，藻类也给人类带来困扰，当水域中某种营养物质过高时，容易造成某种藻类过度繁殖，产生水华或赤潮现象，由于水中缺氧或产生有毒物质，往往引起鱼、虾大量死亡。

二是类似真菌的原生菌类——与真菌界的成员相似，行异养生活，细胞壁含纤维素与几丁质。与真菌界不同的是，原生菌类有游走细胞，具鞭毛，如水霉；或行变形虫运动，如黏菌。黏菌在生长期或营养期为裸露的无细胞壁多核的原生质团，称变形体，其营养、构造、运动和摄食方式与原生动物中的变形虫相似，但在繁殖期产生具纤维质细胞壁的孢子，又具有真菌性状。

三是类似动物的原生动物类——缺少真正细胞壁，细胞通常无色，具有运动能力，并进行吞噬营养的单细胞真核生物。原生动物形体微小，最小的只有2～3微米，一般多在10～200微米，除海洋有孔虫个别种类可达10厘米外，最大的约2毫米。单细胞的原生动物整个身体就是一个细胞，作为完整有机体，它们同多细胞动物一样，有各种生命功能，诸如应激性、运动、呼吸、摄食、消化、排泄以及生殖等，由各种细胞器来实现相应的生命功能，例如用来运动的有鞭毛、纤毛、伪足，摄食的有胞口、胞咽，防卫的有刺丝泡，调节体内渗透压的有伸缩泡等。有些原生动物是群体性的，但一般组成群体的细胞之间并不分化，各个个体保持自己的独立性。原生动物具有三种营养方式：一是植物性营养，又称光合营养，如绿眼虫等；二是动物性营养，又称吞噬营养，如变形虫、草履虫等；三是渗透性营养，又称腐生营养，如孢子虫、疟原虫等。原生动物生活领域十分广阔，可生活于海水及淡水内，底栖或浮游（图1-1-3），但也有不少生活在土壤中

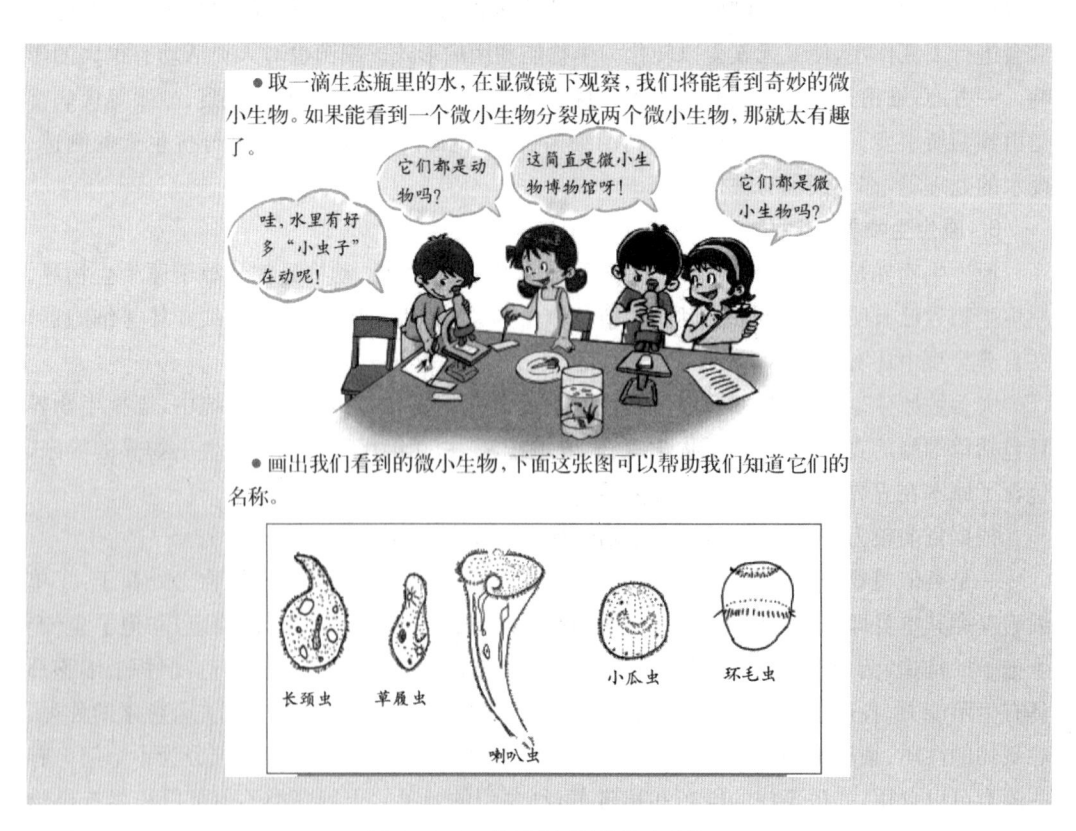

图1-1-3 教材中呈现的原生动物

或寄生在其他动物体内。原生动物虽然很微小，人们用肉眼难以观察，但是，这类动物却直接或间接地与人类有着密切的关系。有的对人类有益，有的有害。例如：草履虫能吞食细菌，净化污水；太阳虫、钟虫可以做鱼的饵料；疟原虫、痢疾内变形虫会使人得痢疾等。

资料

原生生物并不是一个自然的有明确亲缘关系的类群，生物学家把原生生物作为生物的一个界来考虑，在很大程度上是为了某种实用方面的便利，这种处理一方面可使难以确定亲缘关系的多种原生生物有一个较合理的系统分类位置，另一方面也可把兼有动、植物特征的原生生物统一分类，免除动物学者和植物学者因着眼点不同而造成分类的重叠和混乱。有学者提出，规定植物为多细胞有胚植物、真菌为无鞭毛或孢子真菌、动物为囊胚发育动物，而把其余真核生物都划归原生生物，这样广义的原生生物实际上要包括所有原生动物、藻类、黏菌和大多数藻状菌类。有的原生生物界成员兼有植物、动物或真菌特征，例如虫这类动物，具有叶绿体、能行自养性营养，又像真菌能行腐生性营养，又具有鞭毛能够运动，这正说明了生物在低级阶段是没有明确界限的。

4. 真菌界

真菌广泛分布于土壤、水体、动植物及其残骸和空气中，营腐生、寄生和共生生活，包括各种霉菌，如青霉、曲霉、面包霉等，酵母菌、蕈类（如蘑菇）也属此类。

除酵母菌等少数单细胞真菌外，大多数真菌是多细胞的。这些真菌形态上的一个共同特征是菌丝。真菌的菌体其实就是分支或不分支的菌丝或由菌丝构成的菌丝体。菌丝是特殊形式的细胞，可长可短，其中有细胞核和细胞质。有些真菌的菌丝中有横隔，将菌丝隔成一系列细胞，每个细胞中有一核或二核，随不同真菌而不同。有些真菌的菌丝中无横隔，菌丝成为一个多核细胞。多数真菌细胞壁的主要成分是几丁质。

真菌在生活中所需要的有机物质都依赖于自然界的其他生物。从死有机体中吸取养料的真菌叫做腐生菌。这些养料一般称为基物或基质。能侵害活有机体，而不能生活在死有机体上的真菌叫做绝对寄生菌。被寄生菌侵害的活有机体叫做寄主。寄生和腐生并不是绝对的，在一定条件下，一些真菌既能侵害活有机体又能生活在死有机体上，这种真菌叫做兼性寄生菌或兼性腐生菌。有许多真菌一方面从其他活有机体摄取养料，一方面又向同一活有机体提供养料或好处，这是一种共生现象，具有共生关系的真菌叫做共生菌。

单细胞真菌菌体的生长，主要是经过细胞膨大、细胞核分裂、细胞质合成，最后达到细胞的芽殖或裂殖，进入无性繁殖。丝状真菌的生长是以顶端延长的方式进行。菌丝顶部是菌丝体的生长点，菌丝中活跃的原生质从衰老部分流向顶端，使菌丝顶端不断向前伸长。

真菌的繁殖主要有无性生殖和有性生殖。无性生殖的方法有体细胞（菌丝）的断裂、体细胞分裂成子细胞、体细胞或孢子的出芽生殖，此外，还可形成各种无性孢子（如游动孢子、孢囊孢子、分生孢子、厚垣孢子等），每个孢子可萌发再形成菌丝体。无性生殖在真菌的繁衍和传播上起重要作用。有性生殖是指真菌通过两个可亲和性细胞核的结合，最终形成各种有性孢子，如休眠孢子囊、卵孢子、接合孢子、子囊孢子和担孢子，这些孢子是许多真菌用以度过不良环境的休眠体。

真菌和细菌一样,也是自然界中强大的有机物分解者,它们使许多重要化学元素得以再循环,直接或间接地影响着地球生物圈的物质循环和能量转换。真菌与人类关系密切,大型食用真菌如蘑菇、香菇、木耳、灵芝、茯苓等,所含蛋白质比一般水果蔬菜的含量都要高,且包括人体所必需的九种氨基酸(成人的八种必需氨基酸和婴儿体内不能合成的组氨酸),还含有多种维生素、核酸和糖类,具有一定的保健作用。单细胞真菌酵母菌,可用于酒类和面粉发酵,多数酵母菌富含维生素、蛋白质,可被用来生产单细胞蛋白质,作为人和动物的食物。霉菌除用于酿酒、制酱和制作发酵食品外,也是生产酶制剂、有机酸、抗生素等的主要微生物,如毛霉用于制作腐乳、豆豉,曲霉用于做酱、酿酒、制醋,产黄青霉用来生产青霉素。另一方面,真菌也有对人类不利的一面,部分蕈菌有高度毒性,吃下足以致命;霉菌造成食物和衣物霉变;部分寄生真菌可以侵害农作物,例如玉米黑粉菌可以侵袭玉米,禾柄锈菌可以侵染小麦。真菌还会侵染动物及人体,使动物及人感染皮肤癣等疾病。

教材研读

下面教材页面中提到的微生物对人类有害与有益的例子中,是否都是细菌的作用?

微生物对人类并不都是有害的,有许多微生物不仅对人体有益,而且我们还离不开它们呢!例如,利用微生物的作用,我们可以生产制作酒、醋、泡菜、腐乳、酸奶等风味独特的食品。

17世纪前,伤寒、鼠疫、霍乱等传染病到处肆虐,人类束手待毙,毫无办法。自从荷兰科学家列文虎克用显微镜看到了奇妙的微生物世界后,才使人类看到了希望。

1865年,法国科学家巴斯德通过研究发现蚕生病、酒发酵变酸、一些传染病的流行是微生物的作用。他第一个指出了微生物在人类日常生活中所起的作用,指出它们和人类健康的关系。

随着显微镜的不断改进,科学家陆续发现了种种危害人类的微生物,并从此开始了和它们的斗争。

至今,人类已经发明、研制了许多药物以抵抗和克服微生物的危害。人类还找到了战胜肺结核、霍乱、伤寒等可怕疾病的方法,使人类健康水平大大提高,平均寿命也延长了。

小贴士

微生物是指一切肉眼看不到或看不清楚,因而需要借助显微镜观察的微小生物。微生物包括原核微生物、真核微生物和无细胞生物(如病毒)三类。在中国大陆地区的教科书中,均将微生物划分为以下八大类:细菌、病毒、真菌、放线菌、立克次氏体、支原体、衣原体、螺旋体。

5. 植物界

这里采用植物界最狭义的定义,即有胚植物。有胚植物都是具有专门生殖器官的复杂多细胞生物体,除极少例外,都通过光合作用获取能量。

有胚植物主要是适应陆地的生活环境(一些种类在进化中再一次进入水中生活),也被称作高等植物。传统上高等植物包括四个门:苔藓植物门、蕨类植物门、裸子植物门和被子植物门。苔藓植物是最原始的高等植物,它们相对较小并局限于潮湿环境中,没有真正的根、茎、叶,依赖水来散播它们的孢子。从蕨类植物开始,进化出了专门输送水分的维管组织,有了真正的根、茎、叶,因而更好地适应了陆地环境。蕨类植物依然依靠孢子繁殖,而裸子植物和被子植物已经不用孢子繁殖,进化出可以抵御干燥的种子,所以叫做种子植物。

6. 动物界

这里的动物指的是囊胚发育动物。动物界是生物界中种类最多的一大类,已知动物大约有 150 万种左右。动物不能进行光合作用,是异养生物,大多数动物以植物、动物为食,也有少部分动物以已经死亡的生物体(有机质)为食(如蚯蚓)。根据体内有无脊柱大致可分成无脊椎动物和脊椎动物两大类。

几乎所有的动物都会进行某种类型的有性生殖。它们有一些特化的生殖细胞,行减数分裂以产生较小可游动的精子或较大不可动的卵。精子和卵会结合成为受精卵。受精卵一开始会发育成一个小球——囊胚,并进行重整和分化。在大多数的动物类群中,囊胚则会分化形成不同的胚层,这些胚层接着进一步分化成各种组织和器官。

三、病毒及其分类地位

病毒不具有细胞形态结构,仅仅由核酸和蛋白质构成。这些简单的生物体可以利用宿主的细胞系统进行自我复制,但无法独立生长和复制。病毒的形态各异,从简单的螺旋形和正二十面体形到复合型结构。病毒是不是生物,长期以来存在争议,在各种分界系统中都没有病毒分类地位。但是,人们一直以来又是把病毒当作重要的生物进行研究,因此,有人把病毒称作分子生物。

病毒的特征是:体积微小、结构简单、细胞内寄生、对抗生素不敏感。

病毒可以感染所有的具有细胞结构的生命体。由病毒引起的人类疾病种类繁多,已经确定的如感冒、流感、水痘等一般疾病,以及天花、艾滋病、SARS 和禽流感等严重疾病。并非所有的病毒都会导致疾病,因为许多病毒的复制并不会对受感染的器官产生明显的伤害。

根据病毒所寄生的细胞不同,可将病毒分为动物病毒、植物病毒和噬菌体三类。噬菌体是通过结合细菌表面的受体来感染特定的细菌。

与一般的细胞生物的遗传物质为双链 DNA 不同的是,病毒的遗传物质(即病毒基因组)可以为 DNA 或 RNA,可以为单链或双链。从目前已发现的病毒来看,更多的是 RNA 病毒;其中,植物病毒多为单链 RNA 病毒,而噬菌体多为双链 DNA 病毒。根据所含核酸不同,可将病毒分为 DNA 病毒和 RNA 病毒两类。

第二节 常见动植物的辨识

植物和动物是我们生活中最为常见的生物,常见动植物的辨识关键在于抓住重要的分类特征,在观察实践中不断积累常见动植物的辨识经验。

一、常见植物的辨识

容易为小学生所注意到的常见植物以被子植物和裸子植物为主,它们都能形成种子,合称种子植物。辨识植物的首要依据是花和果实,然而能观察到植物花和果实的时间较短暂,因此,还必须把植物更容易被观察到的其他特征作为观察要素,帮助我们辨识植物种类。

(一) 花的观察要素

只有被子植物才具有真正的花。花的各部分不易受外界环境的影响,变化较小,所以长期以来,人们都以花的形态结构,作为被子植物分类鉴定的主要依据。

裸子植物不具有真正意义上的花,不能形成果实,种子是裸露在外的。裸子植物的胚珠和种子裸露。裸子植物的雌、雄性生殖结构(大、小孢子叶)分别聚生成单性的大、小孢子叶球(图 1-2-1),同株或异株;大孢子叶平展,腹面着生裸露的胚珠,受精后形成裸露的种子。小

图 1-2-1 苏铁的大孢子叶和小孢子叶

孢子叶背部丛生小孢子囊,孢子囊中的小孢子有气囊,可发育成雄配子体,产生花粉管,将精子送到卵细胞。

资料

在裸子植物中,有两套名词时常并用或混用:一套是在种子植物中习用的,如"花"、"雄蕊"、"心皮"等;一套是在蕨类植物中习用的,如"孢子叶球"、"小孢子叶"、"大孢子叶"等。这种情况的产生有其历史原因。19世纪中叶以前,人们不知道种子植物的这些结构和蕨类植物的结构有系统发育上的联系,所以出现了这两套名词。1851年,德国植物学家荷夫马斯特(Hofmeister)将蕨类植物和种子植物的生活史完全贯通起来,人们才知道裸子植物的球花相当于蕨类植物的孢子叶球,前者是后者发展而来。

一朵典型的花,主要包括花梗、花托、花萼、花冠、雌蕊和雄蕊(图1-2-2)。一朵花,如果具有萼片、花瓣、雄蕊和雌蕊四部分,称为完全花;若缺少其中一部分者,则称为不完全花。一朵花中雄蕊和雌蕊都有的,称为两性花;有些植物的花中只有雄蕊或雌蕊,称为单性花。只有雄蕊的为雄花,只有雌蕊的为雌花,例如栎树和柳树的花。如果雌花和雄花同在一株上,这种植株称为雌雄同株,例如栎树;如果雌花与雄花各自着生在不同的植株,则称为雌雄异株,例如柳树。

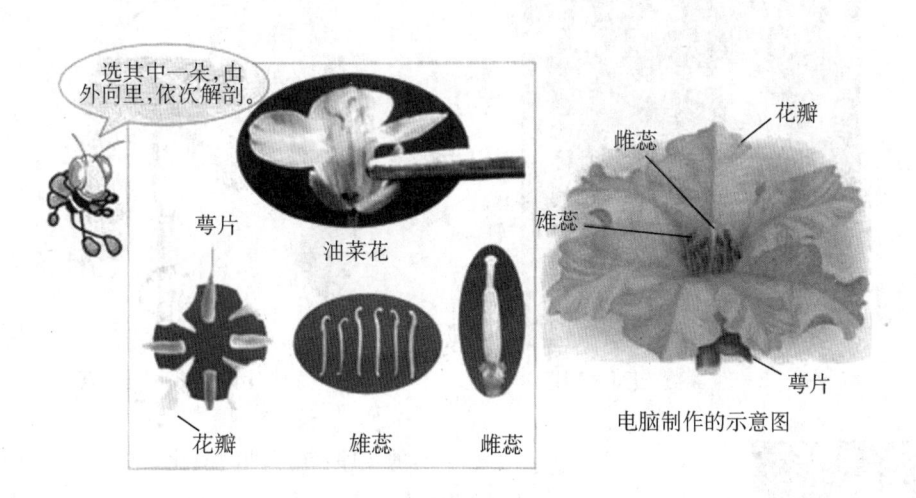

图1-2-2 教材中花的解剖结构

单独一朵花着生在枝顶端或叶腋里叫单生花;由许多花按一定的排列方式着生在花轴上,形成花序。

1. 花序类型

常见的花序类型主要有:

(1) 总状花序:花有梗,排列在一不分枝且较长的花序轴上,花柄长度相等,如紫藤(图1-2-3)。

(2) 穗状花序:花轴直立,较长,花的排列与总状花序相似,但花无柄或近无柄,直接生长在花序轴上呈穗状,如车前草(图1-2-4)。

图1-2-3 总状花序(紫藤)　　　　图1-2-4 穗状花序(车前草)

(3) 柔荑花序：花序轴柔软，常下垂，花无柄，单性，花后整个花序或连果一齐脱落，如垂柳(图1-2-5)。

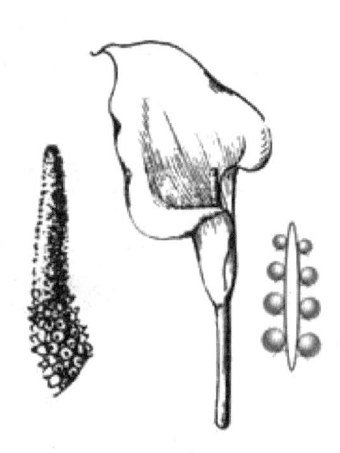

图1-2-5 柔荑花序(垂柳)　　　　图1-2-6 肉穗花序(马蹄莲)

(4) 肉穗花序：花序轴肉质化，呈棒状，花无柄，单性，如马蹄莲(图1-2-6)。大多数花序下面有大型的佛焰苞片，故也称佛焰花序。

(5) 伞形花序：花序轴极短，许多花从顶部一起生出，花柄近等长或不等长，状如张开的伞，如八角金盘(图1-2-7)。

(6) 伞房花序：花序轴较短，下部花柄较长，向上渐短，近顶端的花柄最短，花排列在一个平面上，如梨(图1-2-8)。

(7) 头状花序：花无梗，多数花集生于一花托上，形成状如头的花序，如向日葵等菊科植物(图1-2-9)。

图1-2-7 伞形花序(八角金盘)

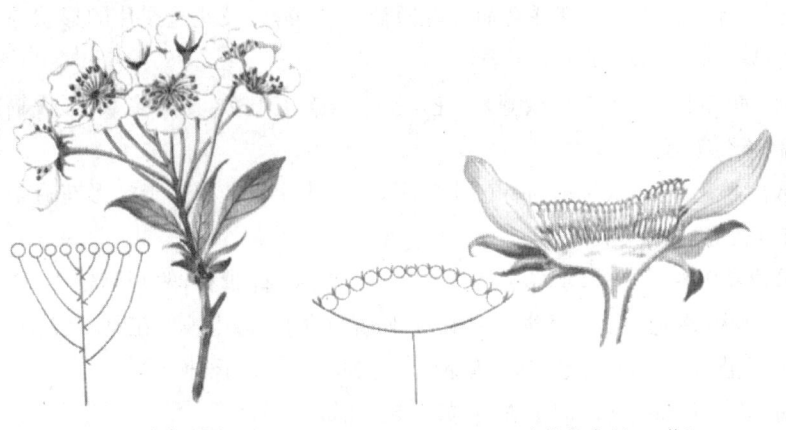

图 1-2-8 伞房花序(梨)　　图 1-2-9 头状花序(向日葵) 　　图 1-2-10 圆锥花序(女贞)

(8) 圆锥花序：花序轴上生有多个总状花序，形似圆锥，又称复总状花序，如女贞(1-2-10)。

以上花序都是无限花序，也就是说，随着花序轴的生长，不断产生花芽，或重复地产生侧枝，每一侧枝顶上分化出花。这类花序的花一般由花序轴下面先开，渐次向上，同时花序轴不断增长，或者花由边缘先开，逐渐趋向中心。

有限花序分枝不多，花的数目也较少，它们往往是顶端或中心的花先开，渐次到侧枝开花，如蝎尾聚伞花序、二歧聚伞花序。蝎尾聚伞花序侧生聚伞花序左右间隔形成，如唐菖蒲(图 1-2-11)；二歧聚伞花序每次具有两个分枝的聚伞花序，如冬青卫矛(图 1-2-12)。

图 1-2-11　蝎尾聚伞花序(唐菖蒲) 　　图 1-2-12　二歧聚伞花序(冬青卫矛)

2. 花冠类型

花冠在花萼之内，通常可分裂成片状，称为花瓣。花瓣的大小和形状有很大变化。有的很大，有的则相当细小，甚至退化成鳞片、刺毛或各种腺体。花冠除了具保护作用之外，花瓣的颜色和香味，对于吸引动物传粉起着重要作用。花冠之所以有各种鲜艳的颜色，是由于细胞中含有有色体和细胞液中的色素，并受细胞内、外各种因素变化的影响。有些风媒花的花被很不明显，或呈绿色或近乎无色。

根据花瓣分离或联合的情况、花冠下部并合而成花冠筒的长短,以及花冠裂片的形状与深浅等特征,常见花冠的类型如下(图1-2-13):

(1) 蔷薇形:蔷薇科(如红叶李、桃花、蔷薇等)的花,花冠离瓣,五基数,雄蕊多数,形成辐射对称形的花,又称作蔷薇形花冠。

(2) 十字形:四基数离瓣花冠,排成辐射对称的十字形,称为十字形花冠。十字形花冠是十字花科(如油菜、羽衣甘蓝等)的特征之一。

(3) 蝶形:由五个分离花瓣构成左右对称花冠。最上一瓣较大,称旗瓣,两侧瓣较小,称翼瓣,最下两瓣联合成龙骨状,称龙骨瓣。豆科部分植物(如豌豆)的花冠为蝶形花冠。

(4) 钟形:花冠筒短而粗、周边向外翻卷、形状如钟,称为钟形花冠(如桔梗)。

(5) 轮状:花冠筒短,裂片由基部向四周扩展,状如车轮(如番茄、茄)。

(6) 筒状:花冠大部分成一管状或圆筒状,如菊科植物头状花序中间的花。

(7) 高脚碟形:花冠下部是狭圆筒状,上部突然成水平状扩大(如迎春花)。

(8) 漏斗状:花冠下部呈筒状,由此向上渐渐扩大成漏斗状,旋花科植物(如牵牛花)都具有漏斗状花冠。

(9) 坛状:花冠筒膨大成卵形或球形,上部收缩成一短颈,然后略扩张成一狭口,如石楠类植物。

(10) 舌状:花冠基部成一短筒,上面向一边张开而成扁平舌状,如菊科植物头状花序边缘的花。

(11) 唇形:花冠呈对称的二唇形,即上面由二裂片合生为上唇,下面三裂片多少结合构成下唇。唇形花冠是唇形科的特征之一。

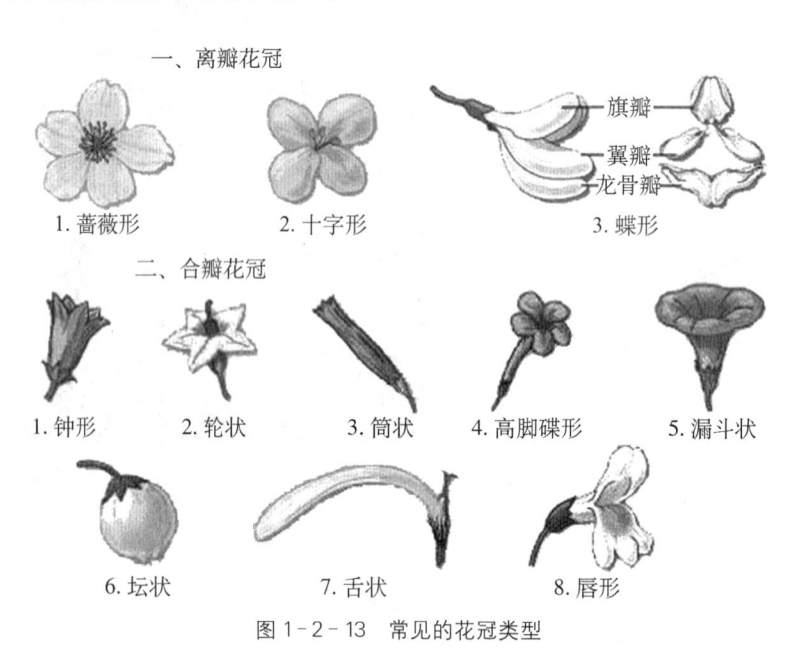

一、离瓣花冠

1. 蔷薇形　2. 十字形　3. 蝶形（旗瓣、翼瓣、龙骨瓣）

二、合瓣花冠

1. 钟形　2. 轮状　3. 筒状　4. 高脚碟形　5. 漏斗状

6. 坛状　7. 舌状　8. 唇形

图1-2-13　常见的花冠类型

3. 雄蕊群类型

各类植物中,雄蕊的数目及形态特征较为稳定,常可作为植物分类和鉴定的依据(图1-2-14)。聚药雄蕊指雄蕊花丝分离而花药互相联合,常见于菊科植物如蒲公英、菊等。

四强雄蕊指离生雄蕊六枚，四长两短，常见于十字花科植物如油菜、二月兰等。

　　二强雄蕊指离生雄蕊四枚，两长两短，常见于唇形科（如薰衣草）、玄参科植物（如通泉草）。

　　单体雄蕊指花药完全分离而花丝联合成一束，常见于锦葵科植物如锦葵、扶桑、木芙蓉、棉等。

　　二体雄蕊指花丝联合成二束而花药分离，常见于豆科植物。豆科植物中以9+1的二束为常见，如豌豆、紫藤、刺槐等。

　　多体雄蕊指花药分离，花丝合生为多束，常为三或五束，如金丝桃。

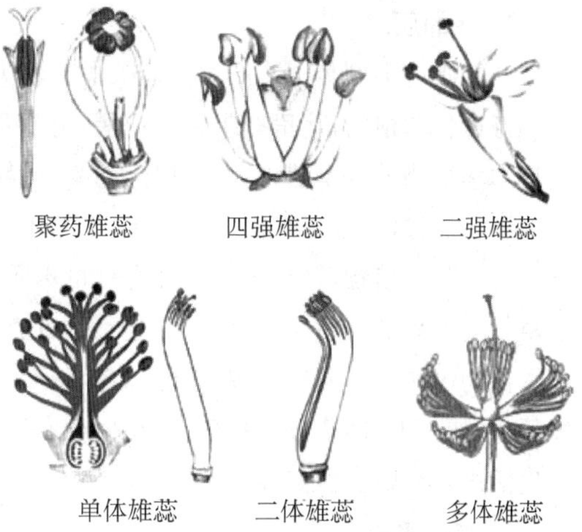

聚药雄蕊　　四强雄蕊　　二强雄蕊

单体雄蕊　　二体雄蕊　　多体雄蕊

图1-2-14　常见的雄蕊群类型

（二）茎的观察要素

教材引出的话题

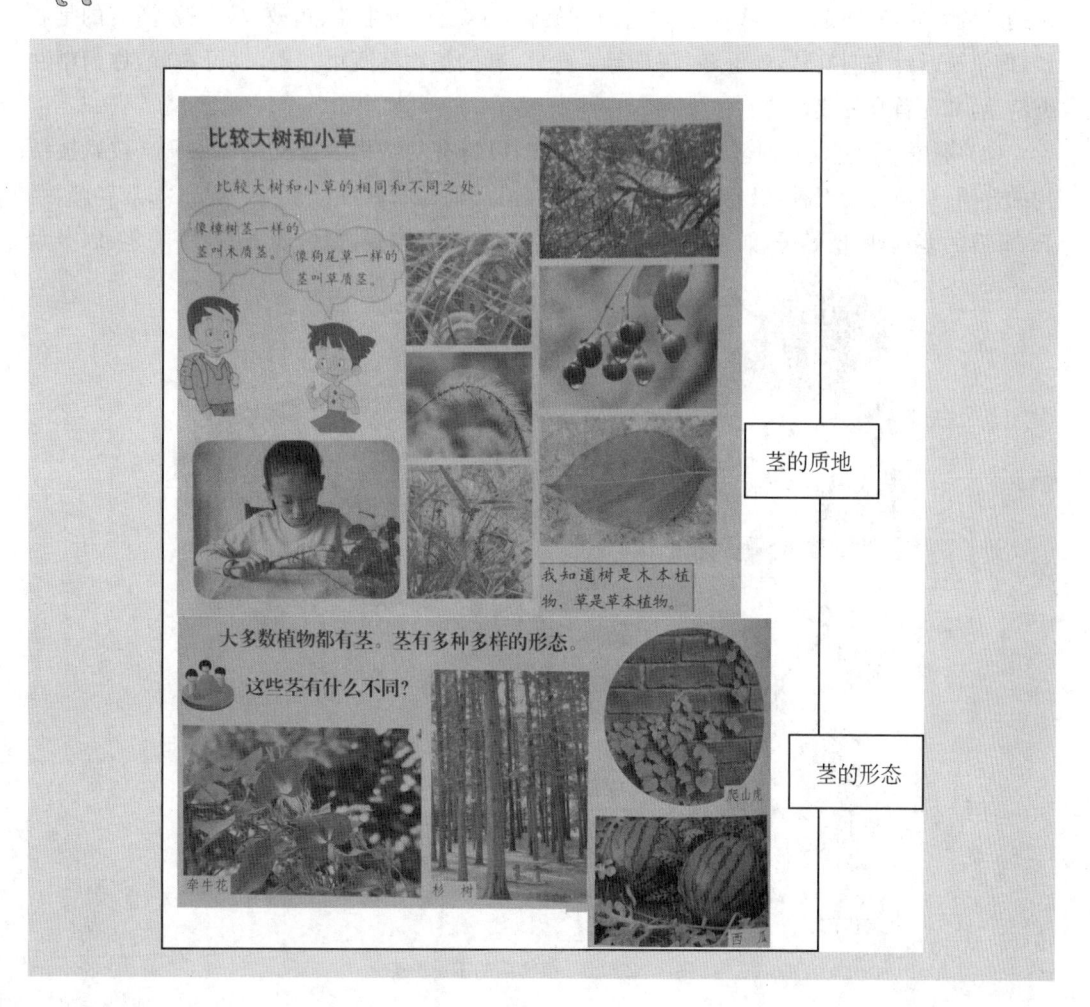

比较大树和小草

比较大树和小草的相同和不同之处。

像樟树茎一样的茎叫木质茎。像狗尾草一样的茎叫草质茎。

我知道树是木本植物，草是草本植物。

茎的质地

大多数植物都有茎。茎有多种多样的形态。

这些茎有什么不同？

牵牛花　　杉树　　爬山虎　　西瓜

茎的形态

1. 茎的质地

茎的质地类型与植物的生活期长短有较为紧密的关系。

寿命长的植物，茎里有维管形成层，能够形成坚硬的木质部，增强茎的坚固性，这类植物就是木本植物。木本植物大体可分为乔木或灌木，乔木有明显的主干，如水杉、香樟等。灌木主干不明显，常在基部发出多个枝干，呈丛生状态，如玫瑰、杜鹃、黄杨等。

寿命短的植物，只在茎的基部有少量木质部，因此茎干软弱，这就是草本植物。多年生草本植物具极短的木质化的茎，从而连续多年产生新的草本茎，如大丽菊、百合、桔梗。二年生草本植物仅能生活两年，茎基部能越冬，从而在第二年春季再生直立草本的茎，开花结果后全株死亡，如萝卜、胡萝卜、甜菜。一年生草本植物只能生活一个生长季，在短期内开花结果，完成生活史，全株死亡，如荠菜、玉米、水稻。

2. 茎的形态

不同植物的茎在适应外界环境上，有各自的生长方式，使叶能在空间展开，获得充分阳光，制造营养物质，并完成繁殖后代的作用，产生了以下四种主要的形态(图1-2-15)：

(1) 直立茎。大多数植物的茎直立向上生长，如松、柏、杨、柳等。

(2) 缠绕茎。茎幼小时较为柔软，不能直立，用茎干缠绕于支持物上升。各类植物有一定的缠绕方向，有的是左旋，即依逆时针方向旋转，如菜豆、牵牛花、茑萝、马兜铃等；有的是右旋，即依顺时针方向旋转，如忍冬、葎草等。此外，有的植物茎既可左旋，也可右旋，称为中性缠绕茎，如何首乌的茎。

(3) 攀援茎。茎幼小时较为柔软，不能直立，以特有的结构攀援支持物上升。按攀援结构的性质，又可分为五种：以卷须攀援，如南瓜、豌豆、葡萄的茎；以气生根攀援，如常春藤、络石、薜荔的茎；以叶柄攀援，如旱金莲、铁线莲的茎；以钩刺攀援，如白藤、猪殃殃的茎；以吸盘

攀援茎
(葡萄)

直立茎
(水杉)

缠绕茎
(牵牛花)

匍匐茎
(草莓)

图1-2-15 植物茎的常见形态

攀援,如爬山虎的茎。

有缠绕茎和攀援茎的植物统称藤本植物。热带亚热带森林里藤本植物特别茂盛,形成森林内的特有景观。

（4）匍匐茎。茎细长而又柔弱,蔓延生长地面上,如甘薯、草莓等的茎。

（三）叶的观察要素

教材引出的话题

典型的叶由叶片、叶柄和托叶组成（图1-2-16）。托叶位于叶柄和茎的相连接处,通常细小,早落。托叶形状因种类而异,例如梨树的托叶呈线形;豌豆的托叶很大,呈叶片状;洋槐和酸枣的托叶变为刺;蓼科植物的托叶包围着茎节基部叫做托叶鞘。

植物的叶如果具有叶片、叶柄和托叶的叫做完全叶。有的植物叶并不全具有这三部分,如丁香的叶没有托叶,莴苣的叶没有托叶和叶柄,叫做不完全叶

1. 常绿与落叶

常绿植物是指一年四季都有绿叶的多年生木本植物。常绿树的叶并非永不凋落,只不过叶寿命比落叶树的叶寿命长一些,如冬青叶可活1～3年,松树叶可活3～5年,罗汉松的叶可活2～8年。常绿树每年

图1-2-16 叶的组成（棉花）

春天都有新叶长出,同时也有部分老叶脱落,但茎一年四季都保持有绿叶。常绿树有阔叶和针叶两类:常绿阔叶树多半分布在热带和亚热带地区,一般不耐寒,如棕榈、香樟、柑橘、珊瑚树等。常绿针叶树广泛分布于温带和寒带地区,具备耐寒的特性,多半是裸子植物,如松树、柏树等。

落叶植物在一年中有一段时间叶片完全脱落,落叶的原因与季节、气候有明显关系。由于在秋冬季节温度一般较低,气候亦较干旱及易有缺水情况,致使植物生长停止,叶全部脱落,于翌年再长出嫩叶。除了热带及部分温带地区生长的物种较多为常绿性外,其余植物皆为落叶性或半落叶性。半落叶性表示植物同样受秋冬季节气候影响导致生长抑缓,叶有部分脱落。

常绿植物的叶一般较为坚韧,角质层较厚,而且表面通常具有蜡质的保护膜。落叶植物的叶一般较薄,角质层也较薄。

2. 单叶与复叶

叶柄上只有一个叶片的叫做单叶。

叶柄上有两个以上叶片的叫做复叶,根据小叶在叶轴上排列方式和数目的不同,可分为掌状复叶、羽状复叶、三出复叶。若干小叶集生在共同的叶柄末端,排列成掌状,称为掌状复叶,如鹅掌柴、发财树等。小叶排列在叶柄延长所成的叶轴的两侧,呈羽状,称为羽状复叶,如合欢、刺槐、紫藤等。三枚小叶集生于共同的叶柄末端,称为三出复叶,如红花酢浆草。若三出复叶的侧生二枚小叶发生退化,仅留下一枚顶生的小叶,外形似单叶,但在其叶轴顶端与顶生小叶相连处,有一明显的关节,这种复叶称单生复叶,如柑橘(图1-2-17)。

一回羽状复叶　二回羽状复叶　三回羽状复叶

三出复叶　掌状复叶　单生复叶

图1-2-17 复叶的基本类型

3. 叶序

各种植物的叶在茎上都有一定的着生次序叫做叶序,叶序有四种基本类型,即簇生、互生、对生和轮生(图1-2-18)。

两片或两片以上的叶着生在节间极度缩短的茎上,称为簇生。例如,马尾松是两针一束,白皮松是三针一束,银杏、雪松多枚叶片簇生。在某些草本植物中,茎极度缩短,节间不明显,其叶恰如从根上成簇生出,称为基生叶,如蒲公英、车前草。

| | | | 互生　　　　对生　　　轮生　　　簇生 | | | |

图1-2-18　基本的叶序

在茎枝的每个节上交互着生一片叶,称为互生,如香樟、向日葵。

在茎枝的每个节上相对地着生两片叶,称为对生,如女贞、石竹。有的对生叶序的每节上,两片叶排列于茎的两侧,称为两列对生,如水杉。

在茎枝的每个节上着生三片或三片以上的叶,称为轮生。例如夹竹桃为三叶轮生。

4. 叶形

叶形通常是指叶片的形状,是按照叶片长度和宽度的比例以及最宽处的位置来划分的,是识别植物的重要依据之一。叶片的基本形状如图1-2-19所示。此外常见的还有针形(如松)、心形(如紫荆、牵牛花)、扇形(如棕榈、银杏)、鳞形(如侧柏)、管状(如葱)等。不同的植物,叶形的变化很大,往往不如图片中的那么典型。有的叶形是两种形状的综合。

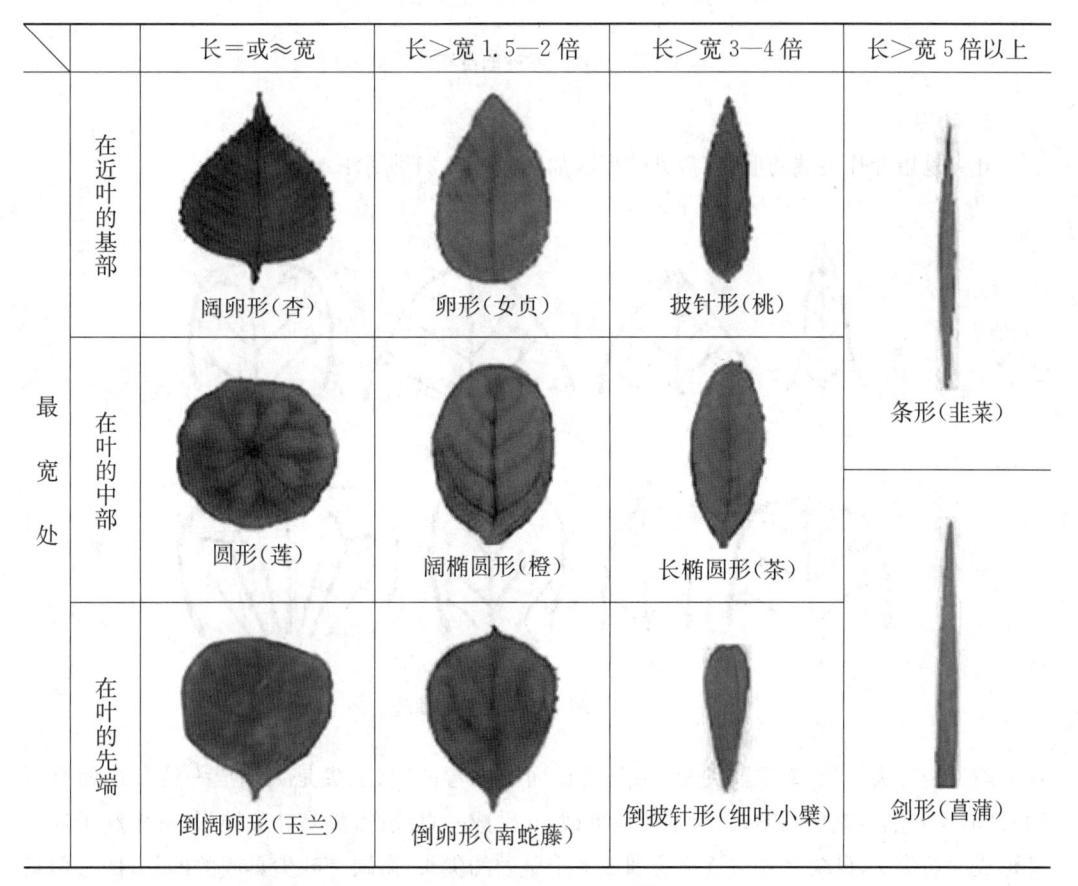

		长＝或≈宽	长＞宽 1.5—2 倍	长＞宽 3—4 倍	长＞宽 5 倍以上
最宽处	在近叶的基部	阔卵形(杏)	卵形(女贞)	披针形(桃)	条形(韭菜)
	在叶的中部	圆形(莲)	阔椭圆形(橙)	长椭圆形(茶)	
	在叶的先端	倒阔卵形(玉兰)	倒卵形(南蛇藤)	倒披针形(细叶小檗)	剑形(菖蒲)

图1-2-19　叶片的基本形状

5. 叶缘

叶缘即叶片的边缘形状,常见的类型如图1-2-20所示。全缘是叶片边缘平整无缺;锯齿状是叶缘裂成齿状,齿下边长,上边短;锯齿较细小的,称细锯齿状;锯齿之上又有小锯齿的,称重锯齿状;牙齿状是叶缘齿尖锐,两侧近相等,齿直而尖向外;钝齿状是叶缘具钝头的齿;波状是叶缘起伏呈波浪形。

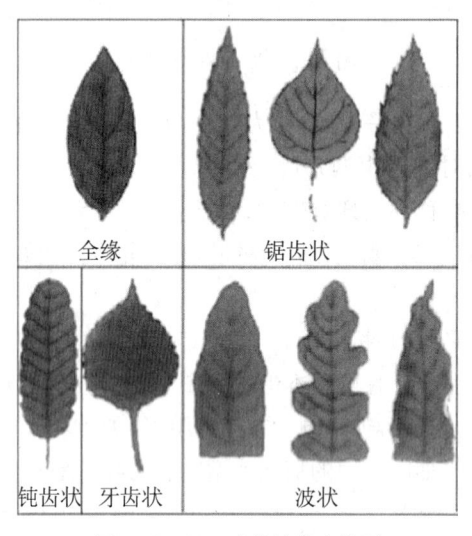

图 1-2-20 叶缘的基本类型

6. 叶尖

叶尖是指叶片尖端的形状,常见的形状如图 1-2-21 所示:

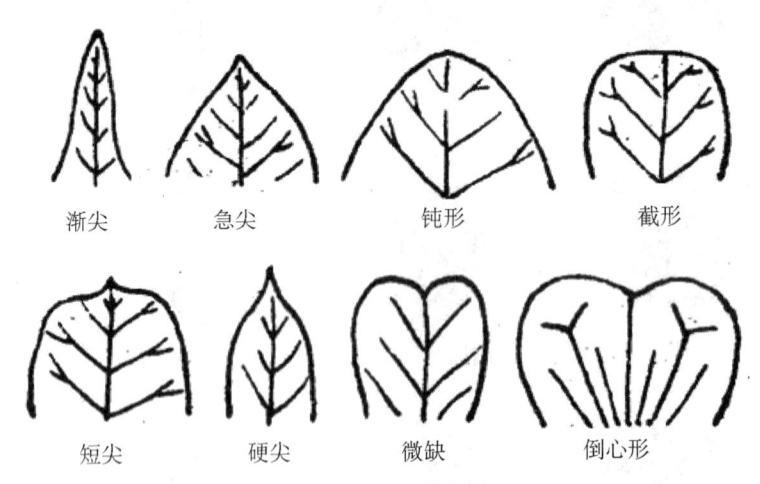

图 1-2-21 叶尖的基本类型

渐尖是叶尖较长,或逐渐尖锐,尖头延长而有内弯的边;急尖是尖端成一锐角形而有直边;钝形是先端钝或狭圆形;截形是叶端平截,几乎成一直线;短尖是叶尖钝形,有中脉延伸于外形成一短尖头;硬尖是先端逐渐尖削成一个坚硬的尖头;微缺是叶尖具浅的凹缺;倒心形是叶尖宽圆而凹缺。

7. 叶脉

叶片中的维管束叫做叶脉,叶脉在叶片上的分布形式一般分为三大类(图 1-2-22):

分叉状脉　　掌状网脉　　掌状网脉

羽状网脉　直出平行脉　弧形平行脉　射出平行脉　横出平行脉

图1-2-22　常见的叶脉

叉状脉序的特点是叶脉从叶基生出后，均呈二叉状分枝。这种脉序是比较原始的类型，在种子植物中极少见（如银杏），但在蕨类植物中较为常见。

网状脉序的特点是叶脉错综分枝，连结成网状，是双子叶植物叶脉的特征。网状脉序因中脉分出侧脉的方式不同，又可分为羽状脉序和掌状脉序。苹果、夹竹桃、枇杷等植物为羽状脉序；南瓜、葡萄、槭树、蓖麻等植物为掌状脉序。

平行脉序的特点是叶片的中脉与侧脉、细脉均平行排列，或者侧脉与中脉近乎垂直，而侧脉之间近于平行。其中所有叶脉都从叶基生出，彼此平行直达叶尖，细脉也平行或近于平行生长，称为直出平行脉，如细叶麦冬；所有叶脉都从叶片基部生出，彼此之间的距离逐步增大，稍作弧状，最后距离又缩小，在叶尖汇合，称为弧形平行脉，如玉簪；所有叶脉均从叶片基部生出，以辐射状态向四面伸展，称为射出平行脉，如棕榈；侧脉垂直或近于垂直主脉，侧脉之间彼此平行直达叶缘，称为横出平行脉，如芭蕉。

掌握了上述几方面的观察要素，结合植物图鉴、植物志等工具书，对辨识身边常见的植物大有帮助，当然，更重要的是多观察、多查资料，才能逐步熟悉常见的植物。

资料

辨识植物常用的网址：
中国数字植物标本馆 http://www.cvh.org.cn/
中国植物物种信息数据库 http://db.kib.ac.cn/eflora/default.aspx

二、常见动物的辨识

目前动物界一共分为30多门，其中主要有：多孔动物门、腔肠动物门、扁形动物门、线形动物门、环节动物门、软体动物门、节肢动物门、棘皮动物门、脊索动物门。原生生物界的原生动物也往往被纳入动物的范畴。通常，动物也可分为脊椎动物和无脊椎动物两大类。

（一）脊椎动物

脊椎动物指的是脊索动物门的脊椎动物亚门。脊索是位于消化道和神经管之间的一条棒状结构，具有支持功能。所有脊索动物的胚胎期具有脊索，但在以后的生活中或终生保留（尾索动物亚门、头索动物亚门），或退化并被脊柱代替。

脊椎动物是动物界最高等的类群。脊椎动物身体里面都有由脊椎骨连接成的脊柱作为支柱，体形左右对称，身体一般分头、躯干和尾三部分。脊椎动物躯干部多有成对附肢，水栖动物为胸、腹鳍，陆栖动物为前、后肢。脊椎动物的中枢神经系统在身体背侧呈管状，心脏在腹侧。除了种类很少也较低等的圆口纲以外，脊椎动物主要有鱼纲、两栖纲、爬行纲、鸟纲和哺乳纲。

鱼纲、两栖纲、爬行纲、鸟纲、哺乳纲这五个纲的特征可从外形、骨骼、呼吸、循环、生殖等几个方面加以比较把握（表1-2-1）。

表 1-2-1 脊椎动物主要特征比较

	皮肤	骨骼	呼吸	循环	生殖
鱼纲	皮肤有丰富的黏液腺，大多数种类有鳞片	无颈椎，脊椎骨和头骨相连，头不能转动	用鳃呼吸	单循环，一心房、一心室，变温	体内外受精均可，体内外发育均可，但体外受精、体外发育最常见；卵生（最多）、卵胎生或假胎生
两栖纲	皮肤裸露，富含腺体	颈部不明显，但已分化出一个颈椎	幼体和某些成体以鳃作为呼吸器官，皮肤和某些种类的口咽腔黏膜为辅助器官	不完善的双循环，二心房一心室，变温	以体外受精为主，少数可行体内受精，但无真正的交接器。卵生，偶有卵胎生或胎生。繁殖无法离开水。发育过程中经过变态
爬行纲	皮肤干燥缺乏腺体，具有皮肤衍生物鳞片或骨板	颈部明显，第一、二枚颈椎骨分别特化为寰椎与枢椎，头部能灵活转动，胸椎连有胸肋，与胸骨围成胸廓以保护内脏	用肺呼吸，水栖种类以咽壁和泄殖腔壁辅助呼吸	不十分完善的双循环，心脏四腔，心室有不完全中隔，变温	体内受精，雌雄异体，雄性有交接器，卵生或卵胎生。羊膜卵，生殖摆脱了水的限制
鸟纲	皮肤薄、松、软、干、缺乏皮肤腺，仅有皮脂腺。有许多表皮角质层衍生物如羽毛、角质喙、鳞片、爪等	前肢特化为翼，少数胸椎、腰椎、荐椎与一部分尾椎愈合为愈合荐骨，尾骨退化，最后几枚尾骨愈合成尾综骨。会飞的鸟类胸骨发达，具龙骨突，骨多空隙，内充气体	双重呼吸，气囊与肺相通	完全双循环，高而恒定的体温	体内受精，卵生，羊膜卵。具有营巢、孵卵和育雏等完善的繁殖行为，提高了子代的成活率

续表

	皮肤	骨骼	呼吸	循环	生殖
哺乳纲	体表被毛,皮肤腺发达,皮肤衍生物有爪、角等	骨骼系统发达,支持、保护和运动的功能完善。主要由中轴骨骼和附肢骨骼两大部分组成	用肺呼吸	完全双循环,恒温	体内受精,胎生或卵生(低等的原兽类),哺乳

羊膜卵的出现,完全解除了脊椎动物在个体发育中对水环境的依赖,使动物能够在陆地上孵化。爬行动物是最先出现羊膜卵的,羊膜卵的出现是脊椎动物进化史上的一个飞跃,为动物登陆征服陆地向各种不同的栖居地纵深分布创造了条件。

羊膜卵指具有羊膜结构的卵,是爬行类、鸟类、卵生哺乳动物所产的卵,通常被称作"蛋"。卵外包有一层石灰质硬壳或不透水的石灰质软壳,能防止卵内的水分蒸发,避免机械损伤和减少细菌的侵入。卵壳能透气,可以使氧气吸收和二氧化碳释放,保证胚胎发育时期的气体代谢的进行。卵内有很大的卵黄囊,贮藏大量的营养物质,以保证胚胎正常发育。

羊膜腔中充满着液体,称羊水,胚胎浸在羊水中而得到保护,免于干燥和各种机械损伤。尿囊位于羊膜和绒毛膜中间的空腔中,胚胎所产生的代谢废物排至此囊中。尿囊上面有毛细血管,可以通过多孔的卵膜或卵壳与外界进行气体交换,是胚胎的呼吸器官。

(二)无脊椎动物

多孔动物门、腔肠动物门、扁形动物门、线形动物门、环节动物门、软体动物门、节肢动物门、棘皮动物门都归属无脊椎动物。

海绵动物又称多孔动物。海绵动物是最原始、最简单的多细胞动物,已有细胞分化,但未形成组织。体表多小孔,体内有骨针或海绵丝。绝大部分生活在海水中,少数生活于淡水,幼体在水中自由生活,成体常营固着生活,常见的有毛壶、沐浴海绵、指海绵等(图1-2-23)。

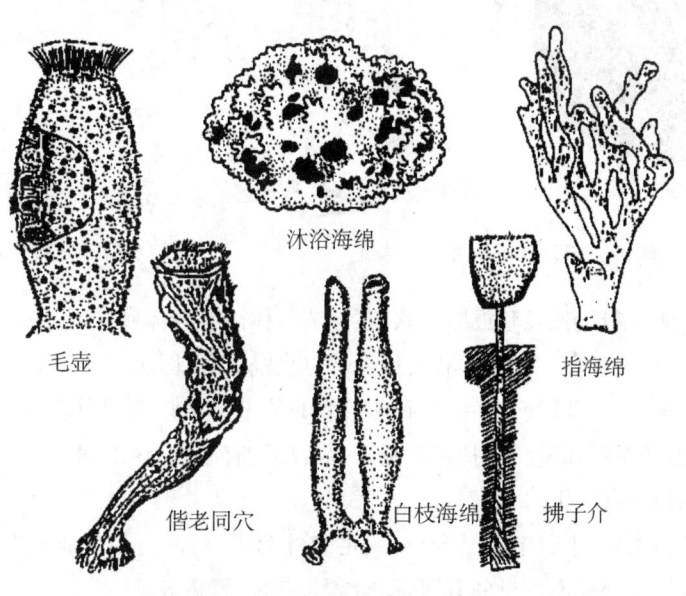

图1-2-23 多孔动物门代表

腔肠动物的体壁由两层细胞构成,外层叫外胚层,内层叫内胚层。内、外胚层中细胞分化程度高于海绵动物,已具有皮肌细胞、神经细胞以及特有的刺细胞。体壁内是消化腔,具有细胞外和细胞内消化的功能。从腔肠动物开始,具有简单的神经网。绝大多数种类海产,少数产于淡水,常见的有水螅、海葵、水母、珊瑚等(图1-2-24)。

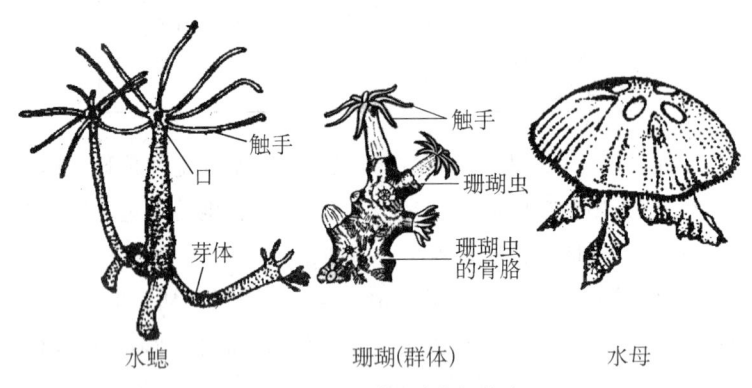

图1-2-24 腔肠动物门代表

扁形动物背腹扁平,两侧对称。体壁开始由外、中、内三个胚层构成,身体结构已有器官、系统的分化。扁形动物具有梯形的神经系统。常见的有涡虫、猪肉绦虫、血吸虫等(图1-2-25)。此类有多种是人类的寄生虫。

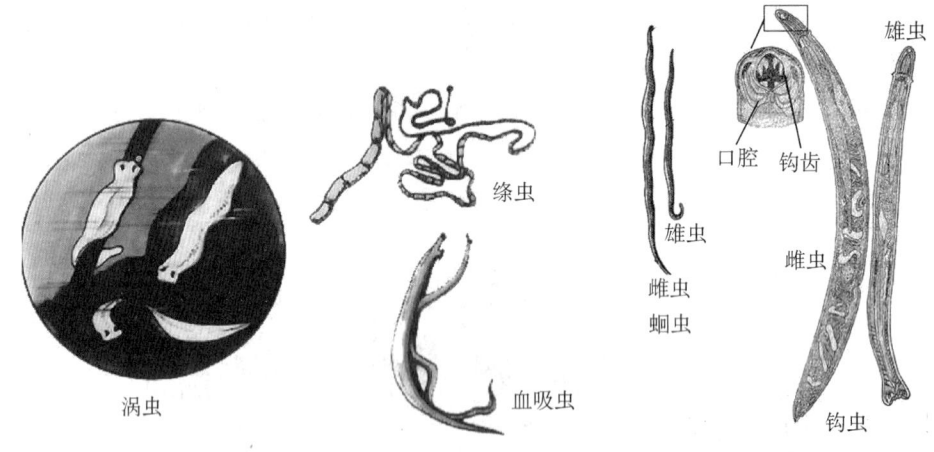

图1-2-25 扁形动物门代表

图1-2-26 线形动物门代表

线形动物身体一般呈长线状或圆筒状,不分节。体内有假体腔。线形动物有许多都是寄生虫,也有自由生活的种类。常见的有人蛔虫、钩虫、蛲虫等(图1-2-26)。

环节动物身体大多呈圆筒形,由一系列相似的体节组成。有真体腔和纵贯全身的消化管,有封闭式的循环系统和链状的神经系统。生活环境有海水、淡水和湿土。常见的有蚯蚓、沙蚕、蛭(俗称蚂蟥)等(图1-2-27)。

软体动物身体柔软,不分节。全身分头、足和外套膜三部分,足部肌肉发达,大多在身体的腹面。体表常被有介壳。常见的有河蚌、蛤、螺、乌贼、章鱼等。

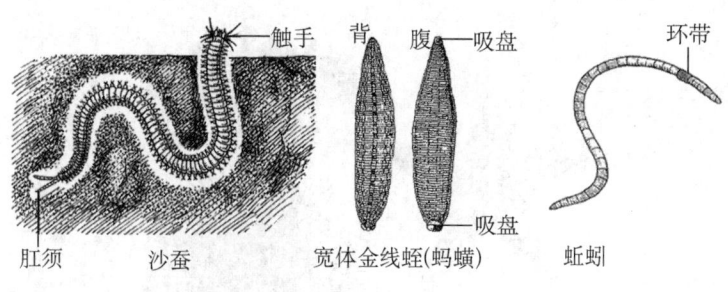

图 1-2-27 环节动物门代表

节肢动物是动物界中种类和数量最多的一类。身体分节，进一步分化成头、胸、腹三部分。附肢分节，并高度特化。体表被有外骨骼。神经系统和感觉器官都很发达。其中种类较多，与人类关系密切的有四个纲：①昆虫纲，如蝗虫、家蚕、蚊、蝇、蝶类、蜜蜂等。昆虫纲身体分为头、胸、腹三部分；头部有一对触角、口器，通常还具有复眼和单眼；胸部由三个体节组成，生有三对足，一般还有两对翅。②甲壳纲，如虾、蟹、水蚤、鼠妇等。③多足纲，如蜈蚣、马陆等。④蛛形纲，如蜘蛛、蝎、疥癣虫等。

教材研读

蚂蚁没有翅膀，它是昆虫吗？

观察蚂蚁的身体

蚂蚁的身体是怎样的？分成几个部分？每部分都长着什么？仔细观察，尽可能准确地把它画出来。

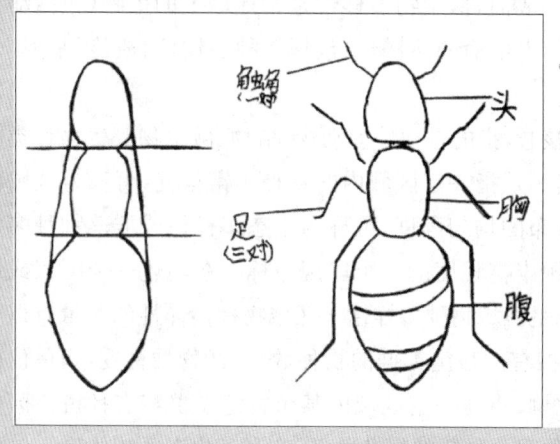

提示

生物学家一直用画图的方式帮助他们观察动物或植物。

一般先画出动物或植物的主要形状，然后画出各个部分，记下看到的每一个细节，最后作上标记。

棘皮动物全部为海产。身体辐射对称，体表有棘状突起和皮鳃，具有内骨骼。体内有特殊的水管系统，其他系统都较简单。常见的有海星、海胆、海参等（图 1-2-28）。

海参

海星

海胆

图1-2-28 棘皮动物门代表

第三节 生物多样性

生物多样性是地球上生命经过几十亿年发展进化的结果，作为地球上各种生物赖以长期存在、繁衍、昌盛的基础和社会财富的源泉，已越来越受到人类的重视。

一、生物多样性的涵义

"生物多样性"（Biodiversity）一词是在1986年才被提出，为生物的多样性（Biological Diversity）的简称，最早是指对地球上所有植物、动物、真菌及微生物物种种类的清查。此后，生物多样性在学术上的定义被拓展至所有生态系统中活生物体的变异性，它涵盖了所有从基因、个体、族群、物种、群集、生态系统到地景等各种层次的生命形式。

生物多样性是一个描述自然界多样性程度的一个内容广泛的概念。对于生物多样性，不同的学者所下的定义是不同的。一般而言，生物多样性是指地球上的生物（包括动物、植物、微生物）在所有形式、层次和联合体中生命的多样化，包括物种多样性、遗传（基因）多样性和生态系统多样性。

物种多样性是生物多样性的核心，指的是地球上动物、植物、微生物等生物种类的丰富程度。物种多样性包括两个方面，其一是指一定区域内的物种丰富程度，可称为区域物种多样性；其二是指生态学方面的物种分布的均匀程度，可称为生态多样性或群落物种多样性。物种多样性是衡量一定区域生物资源丰富程度的一个客观指标。在阐述一个国家或地区生物多样性丰富程度时，最常用的指标是区域物种多样性。区域物种多样性的测量有以下三个指标：①物种总数，即特定区域内所拥有的特定类群的物种数目；②物种密度，指单位面积内的特定类群的物种数目；③特有种比例，指在一定区域内某个特定类群特有种占该区域物种总数的比例。物种多样性决定着物种间食物链的复杂关系，有利于生态系统的稳定与平衡。

遗传多样性又称基因多样性，是生物多样性的内在形式。广义的遗传多样性是指地球上生物所携带的各种遗传信息的总和。这些遗传信息储存在生物个体的基因之中。因此，遗传多样性也就是生物遗传基因的多样性。狭义的遗传多样性主要是指生物种内基因的变化，包括种内显著不同的种群之间以及同一种群内的遗传变异。在自然界中,对于绝大多数有性生殖的物种而言,种群内的个体之间往往没有完全一致的基因型,而种群就是由这些具有不同遗传结构的多个个体组成的。在生物的长期演化过程中,遗传物质的改变(或突变)是产生遗传多样性的根本原因。一个物种所包含的基因越丰富,它对环境的适应能力越强。因此,遗传(基因)的多样性是生命进化和物种分化的基础。

生态系统多样性是指不同生境、生物群体以及生物圈生态过程的总和,它表现了生态系统结构多样性以及生态过程(能流、物流和演替等)的复杂性和多变性。其中,生境的多样性是生态系统多样性形成的基础,生物群落的多样化可以反映生态系统类型的多样性。保护生态系统多样性尤为重要,因为无论是物种多样性还是遗传多样性,都是寓于生态系统多样性之中,生态系统多样性的保护直接影响全球变化和物种多样性及其遗传(基因)多样性。

二、生物多样性的价值

生物多样性不仅具有直接使用价值、间接使用价值,而且具有选择价值和存在价值;不仅具有实物产品价值,而且具有巨大的无形资产。

直接价值也叫使用价值或商品价值,是人们直接收获和使用生物资源所形成的价值,包括消费使用价值和生产使用价值两个方面。消费使用价值指不经过市场流通而直接消费的一些自然产品的价值。生物资源对于居住在出产这些生物资源地区的人们来说是十分重要的。人们从自然界中获得薪柴、蔬菜、水果、肉类、毛皮、医药、建筑材料等生活必需品。尤其在一些经济不发达地区,利用生物资源是人们维持生计的主要方式。例如,大约80%的世界人口仍主要依赖从植物中获得的各种药材,在亚马孙河流域有2000多种动植物被作为药用,在中国,能够入药的物种多达5000多种。生产使用价值指野外收获后用于市场上进行流通和销售的自然产品的价值。生物资源一经开发,往往会具有比其自身高出许多的价值,常见的生物资源产品有木材、鱼类、动物毛皮、药用动植物、蜂蜜、橡胶、树脂、动植物染料等。例如,木材是一些发展中国家的重要出口产品,全世界每年的木材产值在750亿美元以上。在印度尼西亚,木材是第二大出口产品,地位仅次于石油。根据联合国环境规划署发布的《生物多样性国情研究报告指南》,生物多样性的直接价值还包括了无实物形式或实物形式不显著的用途,比如旅游、教育等方面的价值。例如,在加拿大,每年大约84%的人口要参与到与野生动物有关的娱乐活动中去(如狩猎、参观动物园、保护区旅游等),每年可为加拿大创造约8亿美元的收入。另外,生态旅游还有一定的生态教育功能。

间接使用价值一般表现为涵养水源、净化水质、巩固堤岸、防止土壤侵蚀、降低洪峰、改善地方气候、吸收污染物,并作为二氧化碳汇集在调节全球气候变化中的作用,等等。

选择价值也是潜在价值。今天,没有人敢确定现在还未被利用的那些物种在将来也不会有利用的价值。栽培植物的野生亲缘种究竟能提供多少对农林业发展有用的遗传材料也很难确定。

存在价值指伦理或道德价值,自然界多种多样的物种及其系统的存在,有利于地球生命支持系统功能的保持及其结构的稳定。存在价值常常受保护愿望来决定,反映出人们对自然的情感和责任。一个物种的存在价值有多大,它的消失究竟带来多大的损失,目前人们还难以准确评估,正如人们不能评估一只恐龙的存在价值一样。

教材研读

保护生物多样性是因其对人类有用吗?

三、生物多样性现状及丧失原因

生物多样性正受到前所未有的威胁。据估计,地球上生物约有300~1000万种以上,但至今有案可查的仅约200万种,经人类研究和加以利用的只是其中的一小部分。很多物种还没来得及定名就已灭绝。几千年来,人类已经发展大量重要的食用栽培植物和家养动物。但是当现代商品化农业只关注较少的几种谷物品种时,这些物种财富正在减少。同时,森林、湿地、珊瑚礁和其他生态系统的碎化、退化和完全丧失已经带给生物多样性毁灭性的威胁。总之,不同类型的生态系统面积锐减,无法再现的基因、物种和生态系统正以前所未有的速度消失。

生物多样性的丧失常常会降低生态系统的生产力,因而削弱自然界向人类提供物质和服务的能力,生物多样性的丧失,还弱化了生态系统抵御洪水,旱灾和暴风雨等自然灾害及污染、气候改变等人为压力的能力。

生物多样性丧失的原因大致可归结为这几方面:①对食物、能源和其他自然资源的需求不断增加;②人类对待生物多样性问题的无知和冷漠;③短视行为,不考虑长期影响;④空气、水、土壤污染;⑤缺乏对生物多样性的经济利益的鉴别;⑥不能防止过度利用资源,不能适当管理资源;⑦人类移民、旅行、国际贸易的增加;⑧过度捕杀及过度捕捞。

生物入侵是造成生物多样性破坏的重要原因。什么是生物入侵呢?每一个物种在其长期的演化历史中都是与以它为食的相关物种如天敌或微生物协同进化的。如果某一物种被人们带到一个新的生态环境中,来到异国他乡的它们,由于失去了天敌的制衡获得了广阔的生存空间,生长迅速,占据了湖泊、陆地、而"土著生物"则纷纷凋零甚至灭绝。这就是生物入侵。

生物入侵的危害主要表现在三个方面：破坏生态环境、威胁人类健康、危害经济发展。

首先，外来入侵物种会造成严重的生态破坏和生物污染。大部分外来物种成功入侵后大爆发，生长难以控制，造成严重的生物污染，对生态系统造成不可逆转的破坏。

其次，威胁人类健康。外来入侵物种不仅对生态环境和国民经济带来巨大的损失，而且直接威胁人类健康。例如豚草所产生的花粉是引起人类花粉过敏症的主要病原物，可导致"枯草热"症。

另外，生物入侵导致生态灾害频繁爆发，对农林业造成严重损害，危害经济发展。近年来，松材线虫、美国白蛾等森林入侵害虫严重发生与危害的面积逐年增加。

生物入侵的途径主要有三种：①有意引进：缺乏对引进物种的风险评估，盲目引入用于农林牧渔生产、生态环境改造与恢复、景观美化等目的的物种，是导致生物入侵的一个主要因素。②无意引进：随着经济全球化和贸易与旅游的高速增长，各国间交流的频繁，为物种偶然或无意的传播提供了更多的机会。③自然扩散：某些外来入侵植物的种子还可以通过风力、水流等自然媒介力量进行自然传播，或是被鸟类等动物带到了新的地方。

四、保护生物多样性

为了保护全球的生物多样性，1992年在巴西首都里约热内卢召开的联合国环境与发展（UNCED）大会上，153个国家签署了《生物多样性公约》，标志着世界范围内的自然保护工作进入到了一个新的阶段，即从以往对珍稀濒危物种的保护转入到了对生物多样性的保护。同年11月，中国七届全国人大常委会第28次会议审议批准了此公约，使我国成为这个公约的最早的缔约国之一，在国际上产生积极的影响。从1995年起，联合国将每年的12月29日确定为"国际生物多样性日"。"国际生物多样性日"的诞生，说明人们开始认识自然保护的重要性，并将由此引起国际社会、各国政府及公众更为广泛的关注。从2001年起，根据第55届联合国大会第201号决议，国际生物多样性日由原来的每年12月29日改为5月22日。

对于生物多样性的保护，世界各国一般采取下列措施：

一是强化法律法规制度建设，依法对生物多样性实施保护。针对生物多样性保护，各国逐步颁布了一系列法律法规，从法律高度，保证了生物多样性保护的严肃性和有效性。例如，我国先后制定了《中华人民共和国森林法》、《中华人民共和国野生动物保护法》、《中华人民共和国草原法》、《中华人民共和国自然保护区管理条例》、《中华人民共和国环境保护法》、《中华人民共和国环境影响评价法》、《中华人民共和国海洋法》、《中华人民共和国水土保持法》等。

二是建立自然保护区实行就地保护。自然保护区是有代表性的自然系统、珍稀濒危野生动植物种的天然分布区，包括自然遗迹、陆地、陆地水体、海域等不同类型的生态系统。自然保护区是对生物多样性的就地保护场所。

三是对珍稀濒危物种实施迁地保护。这是在生物多样性分布的异地，通过建立动物园、植物园、树木园、野生动物园、种子库、精子库、基因库、水族馆、海洋馆等不同形式的保护设施，对那些比较珍贵的物种、具有观赏价值的物种或其基因实施由人工辅助的保护。这种保护在很大程度上是挽救式的，保护了物种的基因，但这种保护是被动的，毕竟迁地保护利用的是人工模拟环境，自然生存能力、自然竞争等在这里无法形成。

四是完善城市化建设，减轻人为压力，促进生物多样性的自我修复和保护。实际上，生物多样性面临的最大问题是生境的岛屿化、碎片化,造成这样问题的根本原因是人类活动的强烈干扰。如果通过城市化,人类主动地给野生动植物留出地盘,那么,通过自然生态系统固有的修复能力,可以实现生物多样性的有效保护。这一做法是发达国家比较成功的经验,得到了越来越多国家的认可。

五是发展生态旅游,提供生态就业,带动生物多样性就地保护。在那些非自然保护区或风景名胜地区,社区贫困是造成自然资源较少和生物多样性下降的最直接原因。在这样的地区,宜发展生态农业、生态旅游产业,通过城乡互动,吸引城市居民主动参与到经济落后但生物多样性丰富地区的保护,通过城市消费者的自觉消费带动生物多样性保护。

六是加强公众教育,提高国民对生物多样性保护的意识。除了专业人士外,公众对生物多样性的认识水平还是比较低,很多人对于这一概念很感陌生。必须针对不同的人群进行生物多样性基本国情的宣传教育,中小学课本应当有相关的内容。只有公众对生物多样性保护的意识提高了,才能动员全民力量实施有关生物多样性保护的相关计划。

本章思考题

1. 古细菌和真细菌属于不同界的主要依据是什么?按照三主干六界学说,蓝藻属于哪一界?
2. 同是蔬菜的白菜和蘑菇,在生物分类上它们属于同一界吗?为什么?
3. 常见寄生虫在结构上是如何适应寄生生活的?试举一例说明。
4. 爬行类适应于陆生生活的特征是什么?
5. 什么叫生物入侵?查找资料,列举本地的生物入侵案例。
6. 某教师上课时的下列讲述是否准确?为什么?
   (1) 根据植物茎的形态来分,可分为草本植物、木本植物和藤本植物。
   (2) 两栖动物和爬行动物中都有既能在水中生活也能在陆地上生活的种类,如何区别它们呢?老师告诉大家一个诀窍,就是看它是不是会生蛋。
7. 在中国数字植物标本馆(http://www.cvh.org.cn/)或中国植物物种信息数据库(http://db.kib.ac.cn/eflora/default.aspx)中输入你知道的某一种植物的名称,了解其形态结构与分类信息。如果用中文名输入后查不到相关信息,你还有其他什么办法吗?

第二章 生命的共同特征

热身体验

教材页面中蕴含了哪些深层次的生物学学科知识呢?

学习指导

1. 了解生物与非生物的本质区别。
2. 了解生物新陈代谢的主要过程。
3. 了解生物的繁殖与遗传机理,以及干预生物繁殖与遗传的常用生物技术。

第一节 生命的本质

在日常生活中,我们不难区分"活的"或有生命的生物和"死的"或无生命的非生物,但是要给"生命"下一个科学的定义却是十分困难的。生命是生物体所显现的种种现象的总的抽象概念。生物种类非常多,数量非常大,生命现象十分错综复杂,给生命下一个定义无疑是困难的;但是从错综复杂的生命现象中提出生物的一些共性,即生命的属性,则是可能的。

一、生命的基本特征

生物和非生物之间存在着本质上的差别,归纳起来,生物具有下列基本特征,这是非生物所没有的。

1. 严整复杂的结构

生物体的各种化学成分在体内不是随机堆砌在一起,而是严整有序的。除病毒等少数种类外,一切生物体都是由细胞构成的。细胞内的各结构单元都有特定的结构和功能。生物大分子无论如何复杂,还不是生命,只有当生物大分子构成一定的结构,或形成细胞这样一个有序的系统,才能表现出生命。最简单的非细胞形态的类病毒,也是由一定数目的复杂的生物大分子按特定的方式聚合在一起的。失去有序性,生命也就完结了。

生物界也是一个多层次的有序结构。在细胞这一层次之上,还有组织、器官、系统、个体、种群、群落、生态系统等层次。每一个层次中的各个结构单元,如器官系统中的各器官、各器官中的各种组织,都有它们各自特定的功能和结构,它们的协调活动构成了复杂的生命系统。

2. 新陈代谢

生物是开放系统,任何生物都时刻不停地与它们周围的环境进行着物质交换和能量转换,以便维持生物自身复杂而有序的结构,修复更新它们并进行各种生命活动,这一过程叫做新陈代谢。新陈代谢包括两个作用相反,但又相互依赖的过程。生物体从食物中摄取养料,合成自身需要的复杂有机物,并把能量储存起来,这过程叫做同化作用。同时,生物体又把体内复杂有机物分解,并释放能量,供生命活动的需要,最终把废物排出体外的过程叫做异化作用。在新陈代谢过程中,三磷酸腺苷(ATP)是能量转换和流通的载体。同化作用和异化作用同时进行,相互依赖,这是一切生物赖以生存的基本条件。正如生物体在空间结构上严整有序一样,生物体的新陈代谢也是严整有序的过程,是由一系列酶促化学反应所组成的反应网络。如果代谢过程的有序性被破坏,比如某些代谢环节被阻断,全部代谢过程就可能被打乱,生命就会受到威胁,严重的甚至可致生命的终结。

3. 生长、发育和生殖

生长通常是指生物从小到大的过程,这是同化作用大于异化作用的结果。发育,一般理解为个体发育,是指生物体结构逐渐复杂并产生一系列新结构的过程。在多数情况下,在发育的同时,生长也在进行。如哺乳动物从受精卵发育到初生的幼仔,在器官发生和发育的同时,胎儿身体及其多数器官也不断增加体积和重量。植物苗端在花芽分化发端以后,不断分化出花器官,同时整个苗端的体积也增大。还有一些情况,在发育时某些器官缩小或消失,如蝌蚪和人的胚胎的尾巴,在发育时逐渐缩小,以至消失。另一些情况,如鸟蛋孵化和昆虫蛹的变态过程中,一部分器官的发生和生长,完全靠消耗身体的另一些部分的物质,并不从外界得到营养补充,个体的总重只减小,不增加。

生物能生殖,就是说,能复制出新的一代。任何一个生物体都是不能长存的,它们通过繁殖后代而使生命得以延续下去。正是由于生殖,才能保持种族的绵延,整个生物界才有进化、发展的可能。

4. 应激性和适应性

应激性是生物对外界刺激所发生相应反应的特性,是生物接受刺激而发生的有目的的反应,反应的结果是使生物趋利避害。外界环境中的光、水、温度、电、声、食物、化学物质、机械运动和地心引力等的变化,都能构成刺激。在一滴草履虫培养液中加一小滴醋酸,草履虫就纷纷避开。一块腐肉可招来苍蝇。植物茎尖向光生长(向光性),这些都是应激性。动物的感觉器官和神经系统是应激性高度发展的产物,高等动物有发达的神经系统和各种感觉器官,对各种刺激能作出迅速的反应。

适应性一般有两方面的涵义:①生物的结构都适合于一定的功能,如鸟翼构造适合于飞翔,人眼的构造适合于感受物像等;②生物的结构和功能适合于该生物在一定环境条件下的生存和延续,如鱼的体形和用鳃呼吸适合于在水中生活,被子植物的花及传粉过程适于在陆地环境中进行有性繁殖等。

应激性和适应性都是维持生物个体生存和种族繁衍所必需的基本特征,两者既有区别又有联系。应激性是生物接受刺激后才产生的,刺激是因反应是果。生物表现出的适应特征(如保护色、警戒色、拟态等对环境比较固定的适应形式)是通过遗传传给子代的,并非生物接受刺激后才能产生,一般不需要接受刺激就能表现出来。生物因为有了应激性,便能对周围的刺激发生反应,从而使生物体与外界环境协调一致,形成了适应性,应激性包括在适应性之中,但不等于适应性,是生物适应性的一种表现形式。

教材研读

下列教材页面中的仙人掌、南极企鹅表现出哪些对各自生存环境的适应性?适应性是绝对的吗?教材提示"把仙人掌移栽到我们居住的地区要注意什么问题"说明了什么?

- 把沙漠中的仙人柱、仙人球、仙人掌移栽到我们居住的地区，要注意什么问题？

沙漠中的仙人掌

移栽到温室里的仙人掌

- 如果把南极的企鹅养在我们居住的地区，要注意什么问题？

落户在极地馆里的企鹅

南极的企鹅

5. 遗传和变异

生物在繁殖过程中，把它们的特性传给后代，"种瓜得瓜，种豆得豆"，这就是"遗传"。种瓜虽然得瓜，但同一个蔓上的瓜，彼此总有点不同；种豆虽然得豆，但所得的豆也不会完全一样。它们不但彼此不一样，它们和亲代也不会完全一样。这种不同就是"变异"。每种生物的后代都跟它们的亲代相似，这种亲代的性状，能通过遗传物质传递给下一代的现象叫做遗传。但每种生物与它的后代又不会完全相同，必然有或多或少的差异，这种现象叫做变异。由于遗传，生物的种族才能保持稳定；由于变异和变异的遗传，才能在环境改变的条件下，引起物种的进化。

以上是生物的基本特性，都是非生物所没有的。一切生物都是一个能在生存环境中进行自我更新、自动调节和自我增殖的物质体系。一旦丧失或者停止了这种自我更新、自动调节和自我增殖的能力，生命也就随之停止，生命物质体系也就随之解体，这就是死亡。

二、生命的物质基础

不同种类的生物体,在个体大小、形态结构和生理功能等方面都不相同。但是,生物体的生命活动都有共同的物质基础,即组成生物体的化学元素和化合物是大体相同的。

(一)组成生物体的元素

组成生物体的化学元素有二十多种(表2-1-1),含量较多的元素包括碳(C)、氢(H)、氧(O)、氮(N)、硫(S)、磷(P)、氯(Cl)、钙(Ca)、钾(K)、钠(Na)、镁(Mg)11种元素。在这11种元素中,氧、碳、氢、氮四种元素的含量特别多,占生物体总组成的96%以上。除了以上11种元素外,生物体内还有铁(Fe)、碘(I)、锰(Mn)、钴(Co)、铜(Cu)、锌(Zn)、硒(Se)、镍(Ni)等含量极少的元素,它们含量虽少,但在生命活动中起着不可缺少的重要作用。还有些元素偶然存在于细胞中,它们的作用还不清楚,可能对生命活动有一定意义。

表2-1-1 组成细胞的元素及其相对含量(%)

含量最高的必需元素	其他必需元素	偶然存在的元素
碳(C) 18.0	硫(S) 0.25	钒(V)
氢(H) 10.0	磷(P) 1.1	钼(Mo)
氧(O) 3.0	氯(Cl) 0.15	锂(Li)
氮(N) 65.0	钙(Ca) 2.0	氟(F)
	钾(K) 0.35	溴(Br)
	钠(Na) 0.15	硅(Si)
	镁(Mg) 0.05	砷(As)
	铁(Fe) 0.004	锡(Sn)
	碘(I) 0.0004	钡(Ba)
	锰(Mn) 痕量	
	钴(Co) 痕量	
	铜(Cu) 痕量	
	锌(Zn) 痕量	
	硒(Se) 痕量	
	镍(Ni) 痕量	

组成生物体的元素都是自然界中普遍存在的,其中没有一种是生物体所特有的,这说明了生物和非生物在元素组成上具有统一性。

(二)组成生物体的化合物

组成生物体的化学元素,一般都以化合物的形式存在。组成生物体的化合物包括无机物和有机物两大类,无机物主要有水和无机盐,有机物主要有糖类、脂类、蛋白质、核酸和维生素等。

1. 水

水是所有活细胞中含量最高的化合物,约占细胞重量的65~95%。当然,不同的生物细胞中,含水量是不同的。在干燥的种子中,水的含量一般较低,只有10~14%;水母体内含水量占其体重的98%。在同一种生物体内的不同器官中,水的含量也不一致,例如成年人的骨骼含水量为23%,肌肉中为76%,脑为86%。

水在细胞正常的代谢活动中具有重要意义。细胞中的水,大部分是以游离水的形式存在,作为细胞中的无机离子和其他物质的溶剂而参与代谢物质运输。少量水则直接与蛋白质等物质分子结合,成为细胞结构的一部分,称为结构水。游离水和结构水随着代谢活动的进行可以相互转变。

水的比热大,能在温度升高时吸收较多热量,蒸发热也较高,有利于生物体保持体温。

对绿色植物来说,水还是光合作用的原料。

2. 无机盐

生物体中无机盐的含量仅占身体干重的2~5%,无机盐的含量虽少,但在组成生物体结构和维持正常的生命活动中却起着重要的作用。任何一种无机盐在含量上以及与其他无机盐含量的比例上过多或过少,都会引起生命活动的失常,导致疾病的发生,甚至死亡。

细胞中的无机盐一般都是以离子状态存在的,如 K^+、Na^+、Ca^{2+}、Fe^{2+}、Fe^{3+}、Mg^{2+}、Cl^-、SO_4^{2-}、PO_4^{3-}、HCO_3^- 等。细胞中游离态的盐离子有一定的缓冲能力,对维持细胞正常的渗透压和pH值具有重要作用。有些离子则以结合态存在,与有机物结合形成具有特殊性质的蛋白质或作为酶的辅助因子,如铁与卟啉结合形成血红素,镁与卟啉结合形成叶绿素等。

3. 糖类

糖类物质是生物界中分布极广、含量较多的一类有机物,几乎存在于所有的生命有机体中,其中以存在于植物界为最多,约占其干重的80%。糖类是由C、H、O三种元素组成的一类有机化合物,也称作碳水化合物。糖类是光合作用的产物,主要是作为能源和碳源物质,也是重要的中间代谢物质。部分糖类物质参与细胞结构的组成。

糖类按它们的组成可以分为单糖、双糖和多糖。

单糖是最简单的糖,不能用水解的方法降解成更小的糖单位。细胞内最重要的单糖是五碳糖和六碳糖。五碳糖如核糖和脱氧核糖,它们是核酸的成分之一。六碳糖如葡萄糖,它是光合作用的直接产物,也是细胞内能量的主要来源。

双糖是由两个单糖分子脱去一分子水缩合而成的。植物中最重要的双糖是蔗糖和麦芽糖,动物中主要是乳糖,存在于哺乳动物的乳汁中。这几种双糖都溶于水,便于在生物体内运输。当生物体需要能量时,它们又可水解成组成各自的单糖。

多糖是由许多个单糖分子脱水缩合而成为链状或分支链状结构的大分子。多糖在生物体中用途广泛,可作为贮存物质或结构物质。植物中最重要的贮藏多糖是淀粉,以高浓度存在于植物体中,尤以种子、块根、块茎中为多;动物中最重要的贮藏多糖是糖原,主要存在于动物肝脏和肌肉中。当生物体生命活动需要能量时,淀粉和肝糖原都可经过水解,最终成为葡萄糖。作为结构物质的多糖有纤维素和几丁质等。纤维素作为植物细胞壁及其他支持组织的主要成分,几乎占有整个植物界碳素的一半,是地球上最为丰富的有机化合物。人和单胃动物不能利用纤维素,因为其体内缺乏纤维素酶,但反刍动物如牛、羊在瘤胃中具有代谢纤维素的细菌群落,能有效地利用纤维素。几丁质则是真菌细胞壁、节肢动物外骨骼的主要成分之一。

4. 脂类

脂类主要由C、H、O、N、P组成,不溶于水,易溶于乙醚、氯仿、丙酮等有机溶剂。脂类主要包括贮存脂类、结构脂类和功能脂类。

贮存脂类如甘油酯,包括常温下呈固态的脂肪和呈液态的油等。贮存脂类彻底氧化所放出的热能比糖类高得多,是生物体内最经济的贮能物质。此外,在人体和动物体内,脂肪广泛分布于皮下和内脏器官的周围,可减少相互摩擦和撞击等,起着保护垫和缓冲机械撞击的作用。脂肪组织不易导热,还能起保温作用。

结构脂类如磷脂和蜡。磷脂几乎全部存在于细胞的膜系统中,主要的磷脂有卵磷脂、脑磷脂、神经磷脂等。蜡主要构成生物体表面的保护层,如动物表皮、毛、羽、叶、果实等表面都有蜡质层覆盖,其作用是使生物体细胞与外界严密隔离,防止细胞失水。

功能脂类如维生素 A、维生素 D、各种类固醇等,它们是一些生理活性物质,对机体正常的新陈代谢起调节作用。

5. 蛋白质

蛋白质主要由 C、H、O、N、S 组成,约占生物体干物质重量的 50%,它们的种类很多,功能多样,在生命活动中起着极其重要的作用。在生物体各个重要的生命活动中,每一种蛋白质都有它的生物学功能:生物体新陈代谢过程中,起着化学催化作用的酶绝大多数是蛋白质;许多小分子和离子物质,都是由特殊蛋白质转运和贮存的;动物的皮肤和骨骼中的胶原蛋白所形成的纤维具有很强的抗牵拉作用,这类蛋白质具有机械支持功能;抗体是一种具有高度特异性的蛋白质,当一些外源物质(如病毒、细菌等)进入机体,抗体(蛋白质)便与它们结合,使外源物质失去活性,防止疾病的发生,起着免疫防护作用;眼视网膜的杆状细胞中的一种蛋白质(视紫红质),在光线作用下能刺激神经,激发和传导神经冲动通过神经反射机制而产生视觉。另外,生物体的生长、繁殖、遗传、变异,都与核蛋白(一种由核酸与蛋白质组成的结合蛋白质)密切相关。

蛋白质是结构复杂的生物大分子。通常,蛋白质的分子量为 $6000 \sim 1\,000\,000$,有的甚至更大。

蛋白质的基本结构单位是氨基酸,天然的氨基酸有 20 种。除个别氨基酸外,绝大多数氨基酸在结构上具有共同的特点,可以用下列通式来表示(图 2-1-1):

$$\boxed{H_2N-\underset{H}{\overset{R}{C}}-COOH}\ \text{这是组成生物体的氨基酸所共有的部分}$$

图 2-1-1 氨基酸通式

其中,$-NH_2$ 是氨基,$-COOH$ 是羧基,它们都连接在中心碳原子上,R 代表连接在中心碳原子上的基团(也叫侧链),不同氨基酸具有不同的侧链。

蛋白质的种类和结构是复杂多样的。通常,蛋白质含有成百个氨基酸,氨基酸按各种顺序排列组合(一级结构),可以组成无限多样的多肽链。一个蛋白质分子可由一条或几条多肽链组成。蛋白质分子中的多肽链在一级结构的基础上,可按不同的方式盘旋或折叠,形成蛋白质复杂而多样的空间结构。

体内每种蛋白质都有它的正常形状,称为天然构象。但是,各种因素,如高温、X 射线、紫外线、强酸和强碱,以及许多重金属盐,都可以引起蛋白质分子空间结构的破坏,分子内部原有的高度规则性的空间排列发生变化,致使其原有性质发生部分或全部丧失,这种作用称为蛋白质的变性作用。蛋白质变性后,最显著的表现是溶解度降低,生物活性丧失,如鸡蛋煮熟后,卵清(蛋白)就发生变性而凝固。人们正是利用热变性作用,在高压灭菌器消毒过程中,将细菌的蛋白质破坏以杀死细菌。紫外线灭菌也是基于这种道理。

6. 核酸

核酸是生物大分子中最重要的一类,由于它们是酸性的,并且最先是从细胞核中分离的,故称为核酸。核酸分为脱氧核糖核酸(DNA)和核糖核酸(RNA)两大类。DNA主要存在于细胞核内的染色质中,线粒体和叶绿体中也有,是遗传信息的携带者。RNA在细胞核内形成,通过运输,主要存在于各种细胞的细胞质中。RNA有三种类型:核糖体RNA(rRNA)、转运RNA(tRNA)和信使RNA(mRNA),它们与DNA一起在细胞的蛋白质合成过程中起作用。

核苷酸是组成核酸的基本单位,组成DNA和RNA的核苷酸各有四种。这些核苷酸有类似的结构,即每个核苷酸由三种成分组成:一个五碳糖、一个磷酸基团和一个含氮碱基(嘌呤或嘧啶),其中碱基和五碳糖合称核苷(图2-1-2)。

图2-1-2 核苷酸结构示意图

在组成DNA的四种核苷酸中,五碳糖都是脱氧核糖,含氮碱基分别是腺嘌呤(A)、鸟嘌呤(G)、胞嘧啶(C)和胸腺嘧啶(T),由此组成四种脱氧核糖核苷酸(dAMP、dGMP、dCMP、dTMP)。

在组成RNA的四种核苷酸中,五碳糖都是核糖(比脱氧核糖多一个氧原子),含氮碱基分别是腺嘌呤(A)、鸟嘌呤(G)、胞嘧啶(C)和尿嘧啶(U),由此组成四种核糖核苷酸(AMP、GMP、CMP、UMP)(表2-1-2)。

表2-1-2 两种核酸的成分

构成成分		脱氧核糖核酸(DNA)	核糖核酸(RNA)
含氮碱基	嘌呤碱	腺嘌呤(A)、鸟嘌呤(G)	腺嘌呤(A)、鸟嘌呤(G)
	嘧啶碱	胞嘧啶(C)、胸腺嘧啶(T)	胞嘧啶(C)、尿嘧啶(U)
五碳糖		脱氧核糖	核糖
磷酸		磷酸	磷酸

DNA的脱氧核糖核苷酸和RNA的核糖核苷酸虽然各都只有四种,但由于它们的组合不同、排列顺序不同,使DNA和RNA分子具有极大的多样性。在DNA分子中通常包含着几千万乃至几亿个脱氧核糖核苷酸。在RNA分子中,一般也包含着不止1000个核糖核苷酸,即使最小的RNA分子,也有80个以上的核糖核苷酸。如以1000个核苷酸计算,单体核苷酸有四种,2个核苷酸的排列组合有$4^2=16$种,3个核苷酸的排列组合有$4^3=64$种,1000个核苷酸的排列组合就有4^{1000}种。生物学家认为,DNA和RNA中不同核苷酸的排列顺序,蕴藏着遗传信息,这种信息几乎是无穷无尽的。基因就是有遗传效应的DNA片段。

蛋白质和核酸都是生命活动最主要的物质基础。

三、生命的结构基础

除病毒等少数种类的生物以外,绝大多数生物都是由细胞组成的。单细胞生物的唯一细胞就能表现出生命的基本特征,多细胞生物的生命活动也以细胞作为基本单位,因此,细胞是生命体最基本的结构单位和功能单位。

动物、植物细胞的结构如图2-1-3。

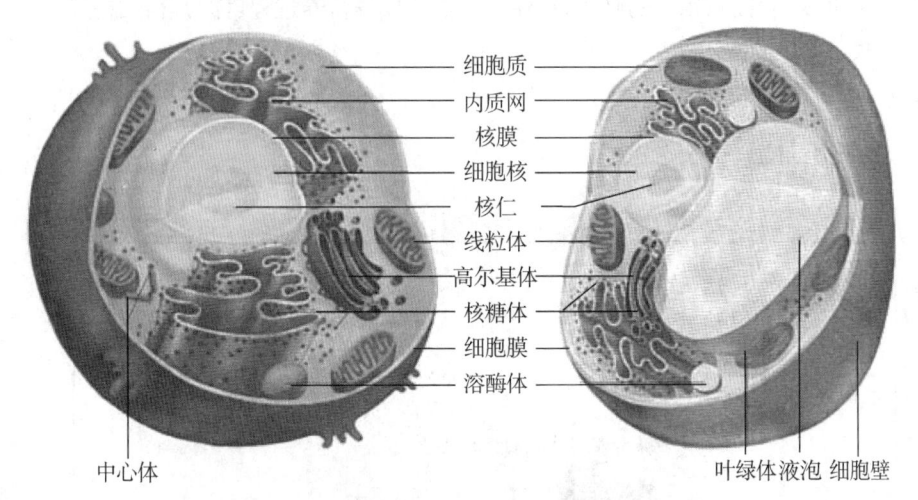

图2-1-3 动物细胞(A)和植物细胞(B)结构模式图

动植物细胞是真核细胞,另有一类如细菌和蓝细菌(以前称作蓝藻)的细胞,它们的结构和功能都较简单,称为原核细胞。

原核细胞和真核细胞的主要区别是:第一,原核细胞体积较小,一般为1~10微米,而真核细胞体积较大,一般为10~100微米。第二,原核细胞没有细胞核的结构,在细胞中央有拟核,另有环状的DNA分子(质粒),不形成染色体。而真核细胞有成形的细胞核,核外有核膜,在细胞核内DNA与蛋白质结合成复杂的染色质(体)结构。第三,原核细胞中只有多功能的细胞膜,细胞质中没有像真核细胞所具有的内质网、质体等细胞器,但有分散的核糖体,其结构也不同于真核细胞的核糖体。

由真核细胞构成的生物体称为真核生物。由原核细胞构成的生物称为原核生物。

第二节 生物的营养与呼吸

生物学上根据同化作用的方式可以将生物分为自养生物和异养生物。自养生物能够利用无机物合成自身的有机物,异养生物只能从外界摄取现成有机物。

根据生物体在异化作用过程中对氧的需求情况,新陈代谢的基本类型可以分为需氧型、厌氧型和兼性厌氧型三种。需氧型生物需要生活在氧充足的环境中,必须不断地从外界环境中摄取氧来氧化分解体内的有机物,释放出其中的能量,以便维持自身各项生命活动的进行。厌氧型生物在缺氧的条件下,仍能够将体内的有机物氧化,从中获得维持自身生命活动所需要的能量。兼性厌氧型生物在氧气充足的条件下进行有氧呼吸,把有机物彻底分解为二氧化碳和水,在缺氧的条件下把有机物不彻底分解为乳酸或酒精和二氧化碳。

一、绿色植物的营养

绿色植物属于自养生物,它们直接从外界环境摄取无机物,通过光合作用,将无机物制造成复杂的有机物,并且储存能量,来维持自身生命活动的进行。

1. 植物的营养器官

根、茎、叶执行养料、水分的吸收、运输、转化、合成等营养过程,称为营养器官。

(1) 根

教材引出的话题

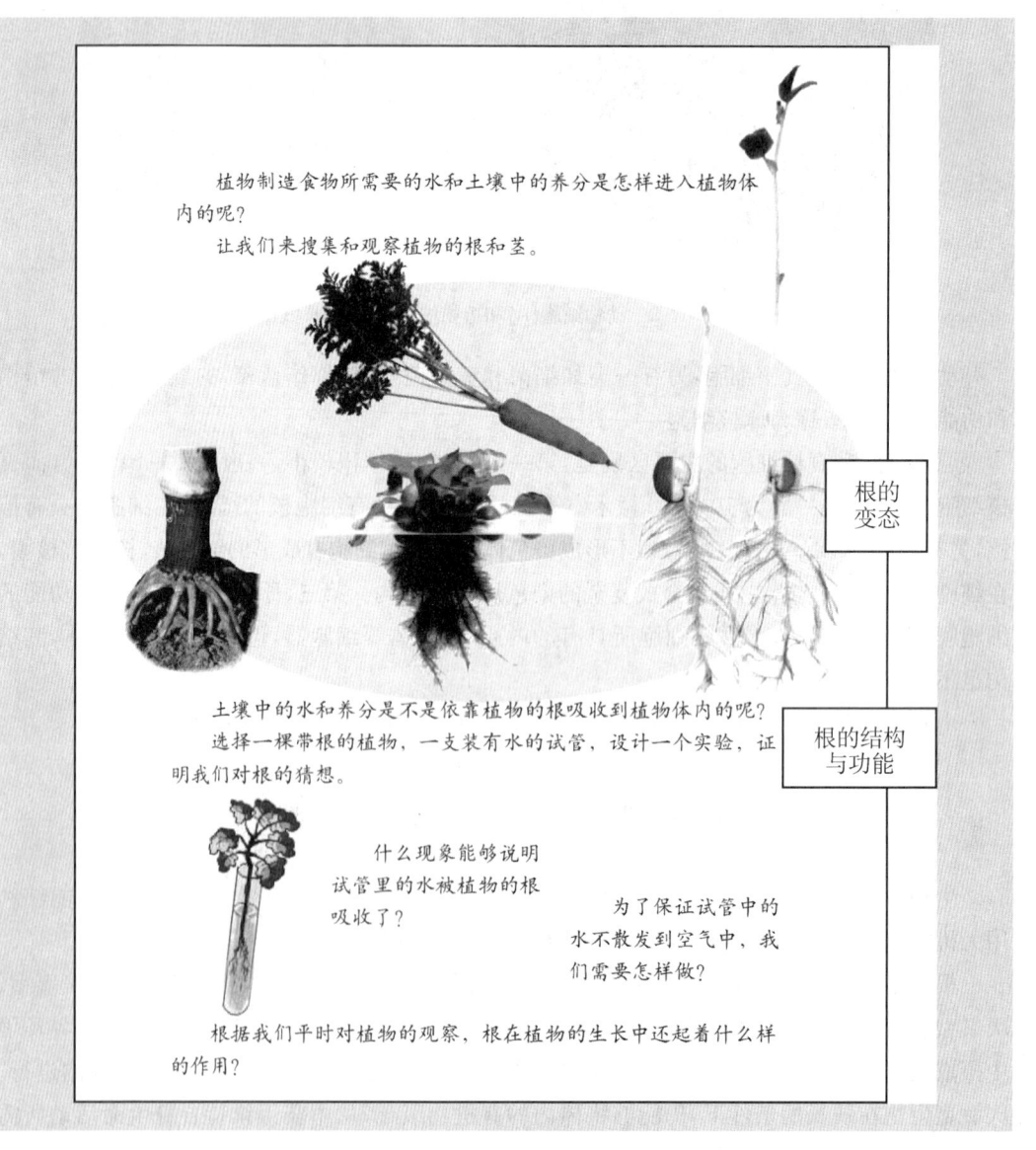

植物制造食物所需要的水和土壤中的养分是怎样进入植物体内的呢?

让我们来搜集和观察植物的根和茎。

根的变态

土壤中的水和养分是不是依靠植物的根吸收到植物体内的呢?

选择一棵带根的植物,一支装有水的试管,设计一个实验,证明我们对根的猜想。

根的结构与功能

什么现象能够说明试管里的水被植物的根吸收了?

为了保证试管中的水不散发到空气中,我们需要怎样做?

根据我们平时对植物的观察,根在植物的生长中还起着什么样的作用?

根是植物进化过程中适应陆地生活而发展起来的器官,它具有吸收、固着、合成、输导、贮藏等功能。在某些条件下,根也可以充当繁殖功能。

根尖指的是从根的顶端到着生根毛的一段,这是根伸长生长、分支和吸收活动的最重要部分。根尖在纵向上可分为根冠、分生区、伸长区和成熟区(图2-2-1),成熟区由于具有根毛,又称作根毛区。根冠像帽子一样套在分生区外面,保护幼嫩的分生组织细胞。随着根尖的生长,根冠外层的细胞与土壤颗粒摩擦,不断脱落、死亡。根冠后方为顶端分生组织(一群分裂旺盛的细胞),该组织所产生的细胞小部分补充到根冠,使根冠保持一定的厚度,大部分进入伸长区,是产生和分化成根各部结构的基础。伸长区上方为成熟区,根的初生组织在此成熟。

根的初生组织由外而内依序为表皮、皮层与中柱(维管柱)。表皮通常仅一层细胞厚,水分及溶于水的矿物质由表皮吸收。大部分陆生植物均具根毛,根毛生长速度快,数量多,每平方毫米可达数百根,扩大了根的吸收表面。皮层负责将水分与溶于水的矿物质由表皮横向输送到维管柱,再由维管柱转运至植物体其他部位。皮层还贮存由叶经维管组织向下运送来的有机物。维管柱位于根的中央,由中柱鞘和维管组织(木质部和韧皮部)构成。木质部负责输导水分及溶于水中的无机盐,组成星状体的核心;韧皮部负责输导有机物,在星状体各芒间形成小群。

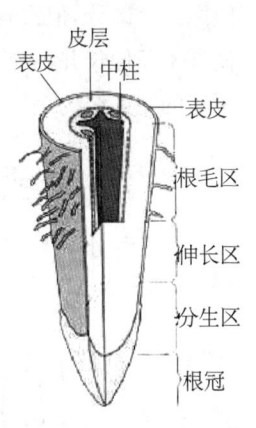

图2-2-1 植物根尖模式图

有些植物的根在形态构造上产生了显著变化,具有特殊的功能,称作变态根。常见的变态根有下列几种:①储藏根,根的一部分或全部肥厚肉质,储藏有丰富的营养物质,如萝卜、胡萝卜、甜菜、甘薯的根。②气生根,生长在地表以上的空气中,能起到吸收气体或支撑植物体向上生长的作用,例如榕树生活在高温多雨的环境中,树干长出许多气生根,它们在伸入土中之前,可以从空中吸收水分。这些气生根在没入地之前,起着呼吸的作用。等到榕树的气生根不断长粗,伸入土中后形成支持根,共同支撑着巨大的树冠。又如,常春藤等攀援植物,用气生根吸附于支持物上,使它可以在直立的支持物上攀援生长。③寄生根,植物茎上产生的起寄生作用的不定根,深入寄主体内,直接吸收寄主的水分和养料。如菟丝子。

资料

多年生木本植物的根逐年加粗,这是由于细胞切向分裂分化而产生了次生组织之故。次生组织不是从顶端分生组织产生的,而是由另一种有分裂能力的细胞,即形成层细胞分裂产生的。形成层位于初生木质部和初生韧皮部之间,为薄的环状几层细胞,环内是木质部,环外是韧皮部。形成层切向分裂产生的细胞向外补充新的韧皮部,即次生韧皮部,向内补充新的木质部,即次生木质部。形成层细胞始终保持分裂能力,所以,多年生植物的根每年都能增生新的韧皮部和木质部,即每年都在加粗。

(2)茎

茎下接根部,上承枝叶,枝上着生叶、花和果实。它具有输导营养物质和水分以及支持叶、花和果实在一定空间的作用。茎上着生叶的位置叫节,两节之间的部分叫节间。

茎的顶端叫做茎尖,茎尖具有与根尖类似的结构,也可人为地划分为分生区、伸长区和成熟区三个部分,但没有类似根冠的结构(图2-2-2)。茎尖细胞不断进行分裂、生长和分化,使茎不断伸长并不断产生新的枝叶。在茎尖的成熟区,各种成熟组织的分化基本完成,形成了茎的初生结构。

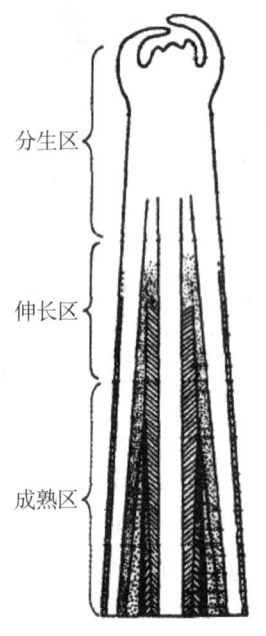

图2-2-2 茎尖的基本结构

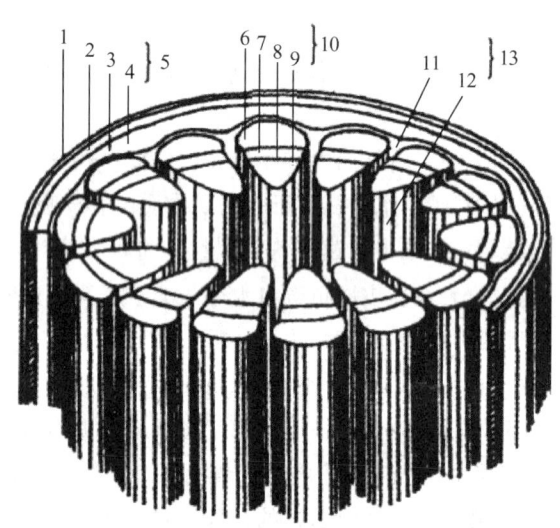

图2-2-3 双子叶植物茎的初生结构图解
1.表皮 2.厚角组织 3.含叶绿体的薄壁组织 4.无色的薄壁组织 5.皮层 6.韧皮纤维 7.初生韧皮部 8.形成层 9.初生木质部 10.维管束 11.髓射线 12.髓 13.维管柱

将双子叶植物的茎尖成熟区做一个横切面观察,就可看到初生结构,它分为表皮、皮层和维管柱三部分(图2-2-3)。

表皮是幼茎最外面的一层活细胞,细胞排列紧密,外壁角质化,形成角质层。表皮既能保护幼茎,防止茎内水分过度蒸腾。幼嫩的茎是绿色的,但把表皮撕下观察,就可知表皮是无色透明的,说明表皮细胞不含叶绿体。有些植物茎的表皮细胞含花青素,因此,茎呈紫、红等颜色,如蓖麻、甘蔗的茎。

皮层位于表皮与中柱之间,多数细胞含叶绿体,故幼茎为绿色,能进行光合作用。

维管柱也叫中柱,是皮层以内的中轴部分,包括维管束、髓和髓射线三部分。维管束是中柱的主要部分,在双子叶植物幼茎的横切面上,很多个维管束排列成一环。多数木本植物幼茎内的维管束,彼此间距很小,几乎连成完整的环,而草本双子叶植物幼茎各维管束之间的距离则较大。每一个维管束包括初生韧皮部、初生木质部和束内形成层三部分。与植物根的维管组织类似,韧皮部把叶制造的有机物输送到植物各部,木质部向上输送根吸收的水分和溶于其中的无机盐。

髓在幼茎的中心部位,有贮藏养料的作用。有些植物的茎在形成时,由于髓早期死亡,变成中空,如蚕豆、南瓜等。

髓射线位于维管束之间,连接皮层与髓,有横向运输和贮藏作用。

大多数双子叶植物的茎同根一样,在初生生长的基础上,出现维管形成层和木栓形成层,通过它们的活动,进行次生增粗生长。

大多数单子叶植物的茎只有初生结构,结构比较简单。以玉米等禾本科植物为例,茎的横切面上明显区分为表皮、基本组织和维管束三部分(图2-2-4),维管束散生于基本组织中,维管束内无形成层,因此不能次生增粗生长。

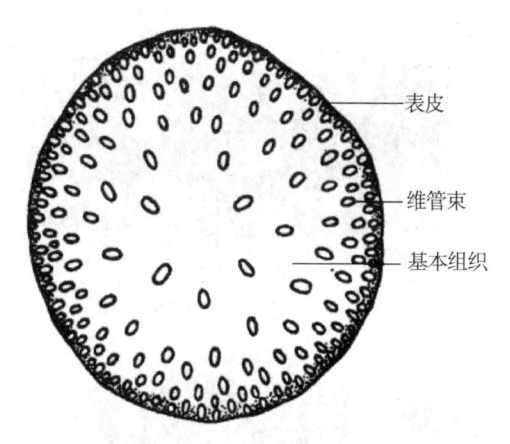

图2-2-4 玉米茎节间部分横截面

资料

树木的年轮是怎么形成的呢?生长在温带的树木,形成层的活动是有周期性的。每年春夏季,气候温暖,雨量充沛,形成层的细胞分裂较快,产生的次生木质部色浅而疏松,构成早材(春材)。秋季气温降低,形成层活动逐渐减弱直至停止,产生的次生木质部色深而紧密,构成晚材(秋材)。同一年的早材和晚材之间的转变是逐渐的,没有明显界限,但是前一年的晚材与第二年的早材之间就有明显的界限。所以,同一年的早材和晚材就形成了一个年轮,根据年轮的数目,可大致推断树木的年龄。

有些植物的茎在长期适应某种特殊的环境过程中,逐步改变了它原来的功能,同时也改变了原来的形态,比较稳定地长期保持下去,这种和一般形态不同的变化称为变态。常见的地上变态茎有:①叶状枝,由茎扁化变态成的绿色叶状体。叶完全退化或不发达,而由叶状枝进行光合作用,如昙花、文竹、天门冬等的茎,外形很像叶,但其上具节,节上能生叶和开花。②枝刺,由茎变态为具有保护功能的刺,如山楂和皂荚茎上的刺,都着生于叶腋,相当于侧枝发生的部位。③茎卷须,由茎变态成的具有攀援功能的卷须,如黄瓜和南瓜的茎卷须。④肉质茎,由茎变态成的肥厚多汁的绿色肉质茎,可行光合作用,发达的薄壁组织已特化为贮水组织,叶常退化,适于干旱地区的生活,如仙人掌类的肉质植物。常见的地下变态茎有:①根状茎,多年生植物的部分茎变态成横卧于地下、形状似根,如竹类、生姜等。②块茎,由茎的侧枝变态成短粗的肉质地下茎,呈球形、椭圆形或不规则的块状,贮藏组织特别发达,内贮丰富的营养物质,如马铃薯块茎。③球茎,某些植物的地下茎先端膨大成球形,如荸荠、慈菇等。④鳞茎,扁平或圆盘状的地下变态茎,其枝(包括茎和叶)变态为肉质的地下枝,茎的节间极度缩短为鳞茎盘,顶端有一个顶芽,鳞茎盘上着生多层肉质鳞片叶,如水仙、百合和洋葱等。

(3) 叶

典型的叶由叶片、叶柄和托叶组成。叶的主要功能是进行光合作用和蒸腾作用。

叶片是叶的主体,多呈片状,有较大的表面积适应接受光照和与外界进行气体交换及水

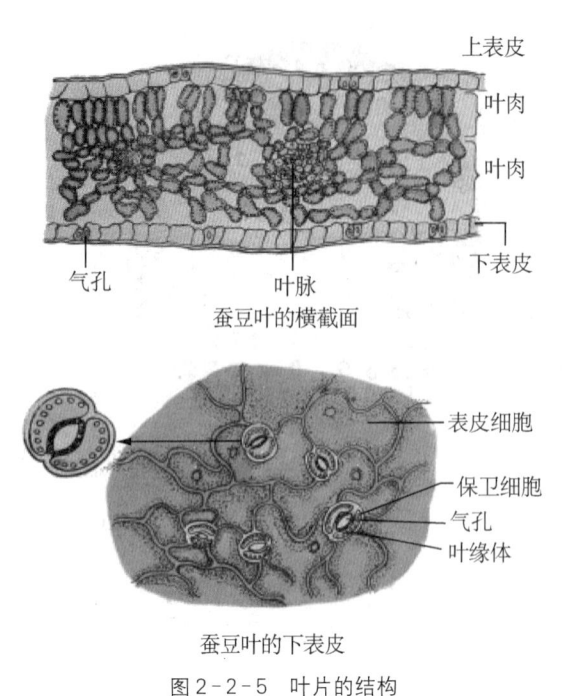

上表皮
叶肉
叶肉
下表皮
气孔　叶脉
蚕豆叶的横截面

表皮细胞
保卫细胞
气孔
叶绿体

蚕豆叶的下表皮

图2-2-5 叶片的结构

分蒸发。被子植物叶片的结构一般比较一致，由表皮、叶肉和叶脉三部分组成(图2-2-5)。表皮通常是由一层活细胞所组成，表皮细胞的外壁较厚，具角质膜，有的还有蜡质，起保护作用。叶片的表面还常有表皮附属物——毛和气孔。叶片通过气孔与外界发生气体交换。富含叶绿体的叶肉组织为进行光合作用的场所。叶片中的维管束叫做叶脉，维管束也和茎中的一样，有木质部和韧皮部，叶脉具有支持叶片伸展和输导水分与营养物质的功能。叶柄位于叶片基部，与茎相连。叶柄的功能是支持叶片，使叶片处在一定的空间位置，以接受较多阳光和联系叶片与茎之间水分与营养物质的输导。托叶位于叶柄和茎的相连接处，通常细小、早落。

叶片表皮上分布着许多气孔。气孔的开闭能调节气体交换，与光合作用和蒸腾作用有密切关系。光合作用需要的二氧化碳以及产生的氧气是从气孔进出的，蒸腾作用的水蒸气也是从气孔出去的。

教材引出的话题

植物的一生

● 研究植物体内的水分是怎样散失的。

1. 给一盆植物浇足水后，选取两根大小差不多的枝条。
2. 将其中的一根枝条的叶全部摘除。
3. 给两根枝条同时罩上塑料袋并扎紧。

几小时后会发生什么现象？

蒸腾作用

● 观察并研究阳光对植物生长的影响。

植物体内的水分以气体状态从叶的表面散发出去，这种现象称作蒸腾作用。

用塑料袋或杯子罩住植物的一些叶片，不久就可以发现塑料袋中或杯壁上有小水珠，这就是植物叶片蒸腾出来的水蒸气凝结成的。蒸腾作用的意义主要在于：拉动水分从根部向上运输，从而促进水分和养料在植物体内的流动。此外，天气炎热时，植物体内的水分变成水蒸气散发出去时，带走了热量，从而避免了叶片被灼伤。

变态叶主要有：①叶刺，由叶或托叶变成的刺状物，如仙人掌类植物肉质茎上的刺，以及洋槐叶柄两侧的托叶刺等。②叶卷须，由叶或叶的一部分变成的卷须，如豌豆的卷须由羽状复叶先端的一些小叶片变态而成，有助于植物攀援向上。③捕虫叶，食虫植物由叶变态为捕食小虫的器官，盘状、瓶状或囊状，能分泌黏液和消化液，将落入其中的小虫消化利用，如茅膏菜、猪笼草等的捕虫叶。④鳞叶，地下茎上着生的变态叶，例如百合的鳞叶肉质肥厚，贮有大量养料，而水仙、洋葱除有肥厚的肉质鳞叶外，还有一些膜质鳞叶包于外面。

2. 光合作用

光合作用是指光合生物吸收太阳能，并将其转换为有机化合物中化学能的过程。

绿色植物和蓝细菌吸收二氧化碳和水，通过氧化还原反应，产生有机物，同时释放氧气。通过同位素标记的实验，科学家发现，光合作用中释放的 O_2 来自于 H_2O，而 CO_2 中的一个 O 又被还原成 H_2O，为了把 CO_2 中的氧和 H_2O 中的氧在形式上加以区别，光合作用可用下列反应式表示：

$$6CO_2 + 12H_2O \xrightarrow[\text{叶绿体}]{\text{光能}} C_6H_{12}O_6 + 6O_2^* + 6H_2O$$

叶绿体存在于叶肉细胞中，是绿色植物特有的细胞器，也是植物进行光合作用的场所。不同的植物叶绿体的形状、数量和大小也不同，大多数叶绿体呈扁平的椭球形或圆球形。在电镜下可见到叶绿体外面有两层膜包被，叶绿体内分布着几十个绿色的圆柱状结构，称为基粒，每个基粒是由许多扁囊状的类囊体重叠而成的片层结构。每个类囊体由单层薄膜构成，叶绿素等光合色素分布在类囊体的薄膜上，光能就在类囊体中被光合色素所捕获。基粒与基粒之间有较大的类囊体贯串。整个叶绿体内充满液态的基质，基质里含有光合作用所需的酶（图 2-2-6）。

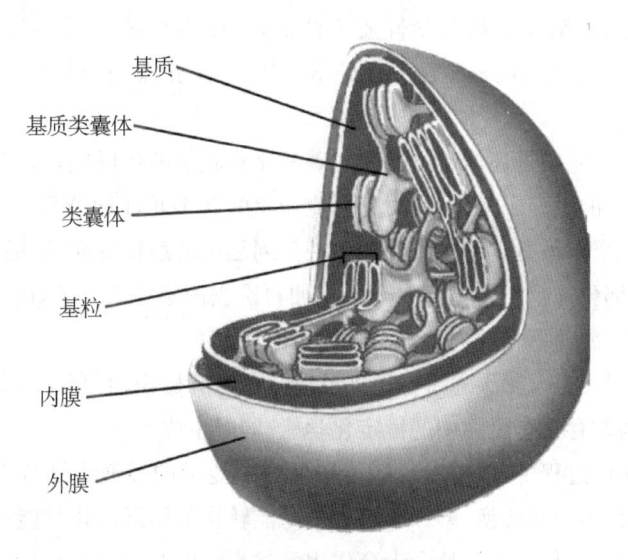

图 2-2-6 叶绿体的亚显微结构

光合作用包括两个前后相继、紧密结合的过程,即光反应和暗反应。

(1) 光反应

光反应发生在类囊体膜上,将光能转换为活跃的化学能,并释放氧气。

光反应的具体过程是:叶绿素吸收光能,被激发出一个高能电子,电子由传递物质传递,原来的低能叶绿素转化成活化的叶绿素,高能电子在传递过程中,一部分能量使二磷酸腺苷(ADP)和磷酸结合形成高能量的三磷酸腺苷(ATP),其余能量继续传递。

活化的叶绿素具有极强的夺回电子的能力,它从周围的水分子中夺回电子促使水分解,水分解成氧(O_2)、电子(e)和氢离子(H^+)三种状态。O_2被释放出来,e被活化叶绿素夺去,H^+和传递中的高能电子最终和$NADP^+$(氧化型辅酶Ⅱ)结合,形成NADPH(还原型辅酶Ⅱ)(图2-2-7)。光反应的结果是:叶绿素吸收光能,水被光解,产生氧气,光能经过复杂的换能作用,成为贮存在ATP和NADPH中的活跃化学能,供暗反应需要。

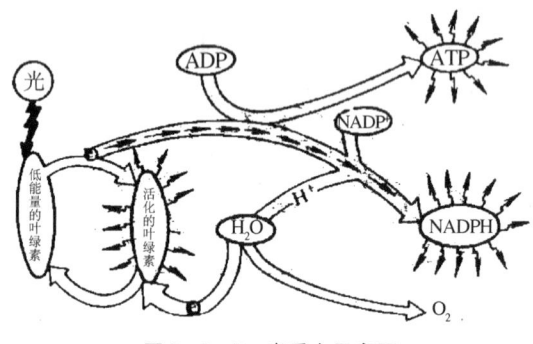

图2-2-7 光反应示意图

(2) 暗反应

暗反应发生在叶绿体的基质中,利用光反应中产生的ATP和NADPH将二氧化碳还原为糖。由于反应不需要光,所以称作暗反应。

暗反应的第一个阶段是羧化阶段。大气中的二氧化碳通过叶的气孔,进入叶肉细胞的叶绿体基质中,但是二氧化碳的化学性质不活泼,不能直接被还原。在叶绿体基质中羧化酶的作用下,一个二氧化碳分子与一分子RuBP(一种五碳糖)结合,生成两分子磷酸甘油酸。

暗反应的第二个阶段是还原阶段。通过磷酸化和脱氢两步反应,磷酸甘油酸被还原为磷酸甘油醛,反应需要的氢离子和能量,由光反应产生的NADPH和ATP提供。

暗反应的第三个阶段是更新阶段。通过一系列复杂的酶促反应,磷酸甘油醛一部分形成糖类等有机物,大部分又重新转化为RuBP,以便再次去固定二氧化碳,进入下一个循环,保证光合作用周而复始、源源不断地进行。

暗反应的结果是:二氧化碳通过一系列反应转化为有机物,贮存在ATP和NADPH中的活跃化学能转换为贮存在有机物中的稳定化学能,同时生成了水。

在整个光合作用过程中,根据光反应与暗反应中能量的转换可划分为三个过程:第一个过程是光能的吸收、传递和转换;第二个过程是光能转换为活跃的化学能;第三个过程是活跃的化学能转换为稳定的化学能。整个光合作用的过程如图2-2-8。

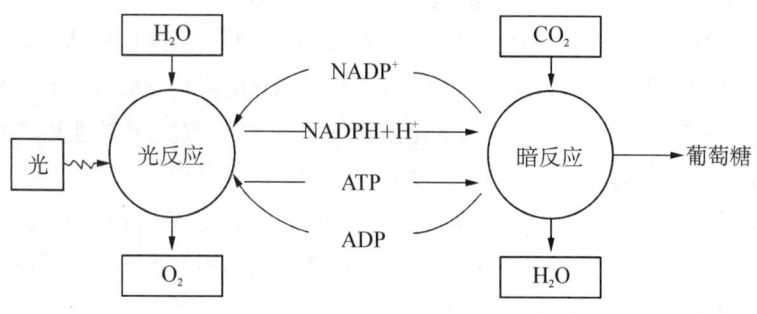

图 2-2-8 光合作用过程示意图

二、其他生物的营养

1. 其他自养生物

像绿色植物那样以日光为能源的营养方式称为光合自养。有些细菌也是光合自养的,如蓝细菌(蓝藻)、紫硫细菌和氢细菌。

蓝细菌的光合作用与绿色植物类似,也能释放氧气,而紫硫细菌和氢细菌的光合作用并不释放氧气,称为非释氧光合作用。

紫硫细菌的光合作用以二氧化碳和硫化氢为原料,氢细菌的光合作用以二氧化碳和氢为原料。

紫硫细菌光合作用的反应式是:

$$CO_2 + 2H_2S \longrightarrow (CH_2O) + H_2O + 2S\downarrow$$

氢细菌光合作用的反应式是:

$$CO_2 + 2H_2 \longrightarrow (CH_2O) + H_2O$$

还有些细菌不能利用日光,而是依靠无机物如 S、H_2、NH_3 等的氧化取得所需要的能(化能合成作用),这种细菌称作化能自养细菌。例如,硝化细菌能够将土壤中的氨(NH_3)转化成亚硝酸(HNO_2)和硝酸(HNO_3),并且利用这个氧化过程所释放出的能量来合成有机物。

2. 异养生物

动物、真菌和大多数细菌都是异养生物。它们不能利用二氧化碳和日光,必须从外界取得有机物作为食物和能源,如多糖、脂肪、蛋白质等。这些有机物都是大分子,不能穿过生物膜,只有在它们被消化成小分子,如多糖被消化为单糖、蛋白质被消化为氨基酸之后,才能穿过细胞膜而进入细胞。所以,异养生物比自养生物多一个"食物加工"即消化的过程。

异养营养又可分为两种类型:

一是吞噬营养。这是动物的营养方式,也称作动物式营养,即吞食固体有机食物,在体内将这些食物消化、吸收。动物摄食的方法和消化的方式有很大的不同。在原始的单细胞动物,如变形虫,消化食物的方式为细胞内消化,主要通过吞噬作用从周围的水环境中摄取微小的食物颗粒,并在体内通过酶将食物分解。原始的多细胞动物,如腔肠动物,除保留细胞内消化的特点外,同时出现了细胞外消化,使动物的摄食量和消化效率得到提高。随着动物的进化,消化系统的结构渐趋复杂,细胞外消化完全取代了细胞内消化,消化系统出现完整的功能复杂的消化管腔,还附有消化腺体,使消化效率进一步提高。

二是腐食性营养。大多数细菌、真菌以及一些原生动物,没有摄取固体食物的器官,不吞噬食物,而是以体表吸收外界的溶解的有机物,或分泌消化酶将食物大分子在体外水解,然后通过体表吸收。食物腐烂就是由于细菌等微生物在分解食物的过程中产生副产品所致。

异养生物所需的有机食物归根到底是来自绿色植物的光合作用。

一般来说,植物界是自养的,动物界是吞噬营养的,真菌界是腐食营养的。但是也有例外,如有些植物(食虫植物)发展了异养的功能,有些寄生动物如绦虫失去了吞噬的功能,而发展了腐食营养的功能。原生生物有自养的、吞噬营养的,也有腐食营养的种类。有些原生生物如金黄滴虫,甚至集三种营养方式于一身,这种情况正说明了原生生物界的原始性。

三、生物的呼吸

生物的呼吸有不同层次的含义,包括个体与外界的气体交换以及细胞呼吸。

1. 细胞呼吸

细胞呼吸也称作呼吸作用,是生物体细胞把有机物氧化分解并产生能量的化学过程。无论是否自养,细胞内完成生命活动所需的能量,都是来自呼吸作用。呼吸作用是生物利用直接或间接来自光合作用合成的有机物中能量的主要手段(图2-2-9),通过呼吸作用,原本贮存在有机物中的能量,转移到三磷酸腺苷(ATP)分子中,供生命活动使用。

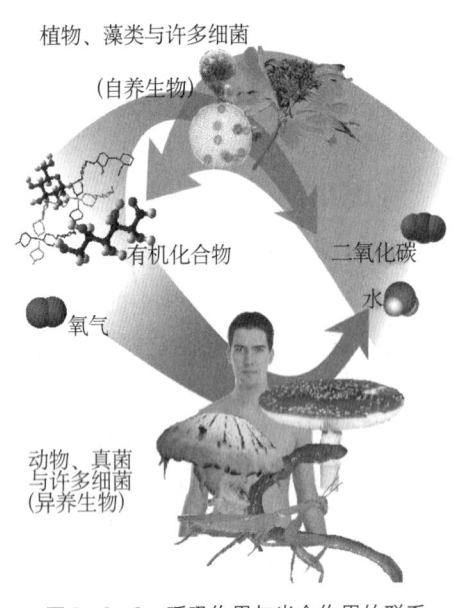

图2-2-9 呼吸作用与光合作用的联系　　图2-2-10 线粒体的结构

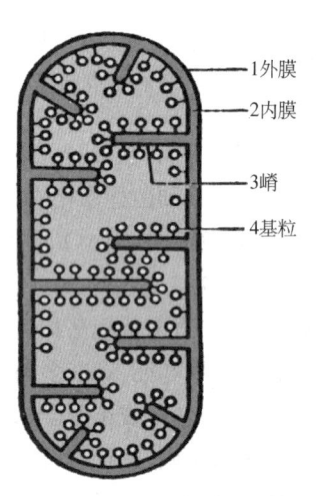

真核细胞中,线粒体是与呼吸作用最有关联的细胞器,呼吸作用的几个关键性步骤都在其中进行。线粒体呈粒状或杆状,有内外两层膜,内膜向内腔折叠形成嵴,嵴的内表面分布着许多带小柄的基粒,嵴的周围充满着液态的基质(图2-2-10)。在内膜、基粒和基质中含有多种与细胞呼吸有关的酶。

细胞呼吸是一种酶促氧化反应。虽名为氧化反应,但不论有否氧气参与,都可称作呼吸作用(这是因为在化学上,有电子转移的反应过程,皆可称为氧化)。有氧气参与时的呼吸作用,称之为有氧呼吸;没有氧气参与的反应,则称为无氧呼吸。

葡萄糖是生物体内基本的能量来源,葡萄糖的有氧分解是呼吸作用的典型,以葡萄糖为例,有氧呼吸的主要过程如下:

第一步是糖酵解,此反应在细胞质(基质)中进行,不需氧气参与。在糖酵解中,1分子葡萄糖经过一系列反应,最终生成了2分子的丙酮酸($C_3H_4O_3$),以及2分子ATP。

第二步是三羧酸循环,此反应主要在线粒体基质中进行。2分子丙酮酸和6分子水中的氢全部脱下,成为还原性氢,生成6分子二氧化碳,以及2分子ATP。

第三步是电子传递链和氧化磷酸化作用,此反应在线粒体内膜上进行。在前两步生成的还原性氢在线粒体内膜上,经过一系列被称做电子传递链的酶的作用,将氢最终传递给氧原子生成水,并合成34分子ATP。

葡萄糖通过有氧呼吸彻底分解的反应式是:

$$C_6H_{12}O_6 + 6O_2 \longrightarrow 6CO_2 + 6H_2O + 能量$$

无氧呼吸是没有氧气参与的反应。例如,某些生物以硝酸根或硫酸根之类的无机物代替氧原子作为电子受体,最后仍生成水,实质与有氧呼吸是一样的。更常见的无氧呼吸是发酵。以葡萄糖的分解为例,不管是有氧呼吸还是无氧呼吸,葡萄糖的降解都必须先经过糖酵解阶段,形成丙酮酸后才"分道扬镳"。无氧呼吸的最终产物是乙醇、二氧化碳(酒精发酵)或乳酸(乳酸发酵)。同样多的有机化合物,进行无氧呼吸时,其产生的能量,比进行有氧呼吸时要少。

有氧呼吸与无氧呼吸是细胞内不同的反应,与生物体没有直接关系。即使是吸入氧气的生物,其细胞内,也可以进行无氧呼吸。例如,人体内在剧烈运动时肌肉供氧不足,便会通过乳酸发酵得到能量,生成的乳酸导致肌肉酸痛。

2. 气体交换

气体交换指的是生物体吸入氧气,把细胞呼吸产生的二氧化碳排出体外的过程。

无论是单细胞生物还是多细胞生物,细胞总是浸浴于液体的介质之中,细胞膜的表面都是湿润的,氧气和二氧化碳都是溶解在介质之中而扩散过膜的,所以生物体的气体交换是在湿润的膜表面进行的。

单细胞生物和小型的多细胞生物,如丝状藻类、水螅、涡虫等,气体交换不需要特殊的"装备"。单细胞生物全身浸浴于水中,它们的表面积足够气体交换之用。海绵、水螅、水母等具有水管系统,海水在其中流过。各细胞都能与海水接触而交换气体。有些海藻,如海带,虽然很大,但较薄,成扁平叶状,细胞层次少,都能和海水直接接触,只有柄部较粗厚,但柄中富有间隙,并与外界相通而充满海水,气体交换也无困难。

然而,生物在进化过程中,细胞分化成各种组织,器官系统的结构越来越复杂、精密,并大多深藏于躯体内部。脊椎动物中只有两栖类的皮肤还保留呼吸的功能,从皮肤扩散进入的氧气由血液运走,但正是由于它们的皮肤保留了呼吸功能,皮肤必须保持湿润,这就限制了它们的分布。所以两栖类只能在多水的环境中生活。

高等动植物,特别是陆生高等动植物随着器官系统的复杂化和明确分工,需要有专门的器官系统来保证氧气的供应和二氧化碳的排除。这个器官系统必须有足够保持湿润的气体交换面，必须有气体出入的管道。在脊椎动物和蚯蚓等无脊椎动物中，这个系统还必须与血液循环系统密切联系，以保证气体在体内的运输，这就是呼吸系统。在陆生植物中，地上部分除气孔、皮孔（茎表面的小孔）等气体出入的门户外，一般都无气体交换的功能。根没有特化的气体出入孔道，根毛和幼根的表皮都可与土壤中的空气进行气体交换，气体可通过根部细胞之间的空隙扩散到其他部位。陆生植物的气体交换面都在体内，经常保持湿润。

教材研读

气孔是否只参与了光合作用？

经过科学家多年的观察研究，现在我们知道了，多数的植物能自己制造养料。这些养料是由植物绿色的叶依靠阳光中的能量、空气中的二氧化碳和水制成的。

在制造养料的过程中，绿叶能产生氧气，所以，绿色植物能够净化环境，为我们带来清新的空气。

每片绿叶的背面，有一些小的气孔，是植物同外界进行气体交换的通道。

下面是显微镜下被放大的叶面气孔。

气孔开时　　　气孔闭时

气孔就像植物的肺。

第三节 生物的繁衍

每种生物个体的寿命都是有限的,但生物种族却是生生不息、代代连绵。生物界个体的新生和死亡,种族的延续,是靠生殖来维系的,而遗传机制保证了代代相继中物种的相对稳定。

一、生殖的基本类型

生殖是指生物孳生后代、绵延种族的现象,这是生命的基本特征之一。生殖的基本类型有无性生殖和有性生殖。

1. 无性生殖

无性生殖是指不经过生殖细胞的结合,由母体直接产生后代的生殖方式。无性生殖多见于低等的生物,常见的有分裂生殖、出芽生殖、孢子生殖和营养生殖四种(图2-3-1)。

分裂生殖又叫裂殖,是生物由一个母体分裂出新子体的生殖方式。分裂生殖产生的新个体大小和形态都是大体相同的。在单细胞生物中,这种生殖方式比较普遍。例如,草履虫、变形虫、眼虫、细菌都进行分裂生殖。

出芽生殖又叫芽殖,是由母体在一定的部位产生芽体的生殖方式。芽体逐渐长大,形成与母体一样的个体,并从母体上脱落下来,成为完整的新个体。酵母菌和水螅常常进行出芽生殖。

孢子生殖是指有的生物体长成以后能够产生一种无性孢子,孢子直接形成新个体。一般低等植物和真菌都是这种生殖方式。

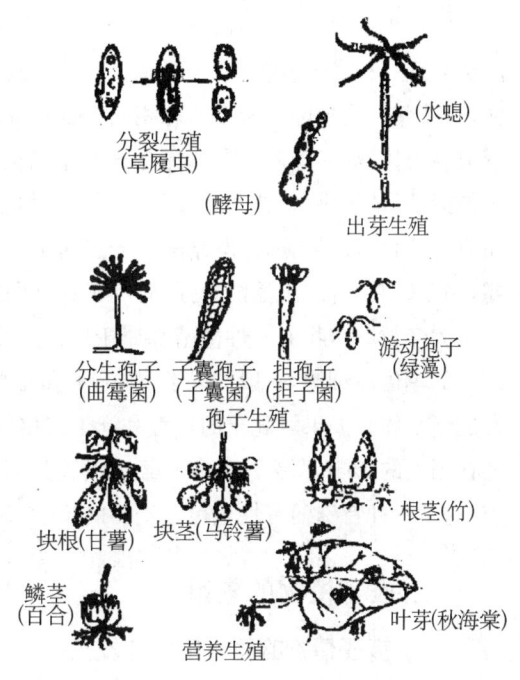

图2-3-1 无性生殖的常见类型

营养生殖是指由植物体的营养器官(根、叶、茎)产生出新个体。例如,马铃薯的块茎、甘薯的块根、秋海棠的叶都能生芽,这些芽都能够形成新的个体。营养生殖多见于被子植物,苔藓植物、蕨类植物也能进行营养生殖。

资料

原生动物的再生作用很强,很多纤毛虫被切割为二后,只要有核存在,都能再生成完整的纤毛虫(如图)。腔肠动物和涡虫的再生能力从身体前端到后端,沿体轴而递减:口端或头部最强,反口端或尾部最弱。蚯蚓头部再生能力也比身体后部体节强。海星、海参等的再生能力也很强。将海星碎割成小块,每一小块只要带有一部分

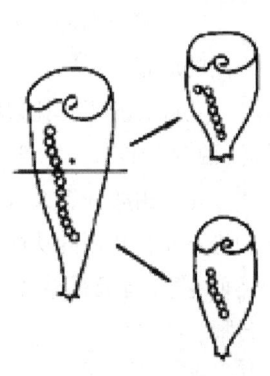

中央盘,就能再生成一个完整海星。脊椎动物也有再生作用。我们的手指破了,很快伤口封住,新组织长出,这就是再生作用,但脊椎动物的再生作用都只限于修补或恢复失去的部分,而不能产生新的生物体。

2. 有性生殖

有性生殖是指通过两性生殖细胞的结合,产生合子,再由合子发育成新个体的生殖方式。有性生殖是生物界中最普遍的生殖方式。有性生殖的后代,具备父母双亲的遗传特性,有更强的生活力和变异性。

早期的性别分化在细菌、纤毛虫、一些藻类和真菌中已有存在,在一定条件下,不同个体之间发生接合,直到配子生殖出现,性别分化才算完善。

有性生殖最主要是进行配子生殖。根据两性配子的差异程度,有性生殖可分成同配、异配和卵配三种:①同配是两个形态、大小相似的性细胞(同形配子)结合成合子,再发育成新个体,如衣藻。②异配是两个形态相同、大小不同的性细胞(大配子和小配子)结合成合子,再发育成新个体,如实球藻。③卵配是异配生殖的进一步发展,卵细胞大,含丰富的营养物质,但不能运动,精子小,含营养物质很少,但运动能力强。精子游向卵,精子核与卵核融合(受精)而成合子,或称受精卵。雌雄配子分工明确,卵承担了贮藏营养的任务,保证受精卵发育的需要,精子轻装活泼,游泳能力强,有利于找到卵,实现受精。

大多数动植物的有性生殖都属于卵配。配子(精子或卵)是由配子母细胞经减数分裂而产生的单倍体细胞,一般情况下,雌配子和雄配子互相融合,成为二倍体的合子以后,才能发育成新个体。如果雌配子的发育和产生二倍体子代没有经过雄配子的融合,而是出于内在或外在因素的影响,那么这种卵不经受精而发育成子代的繁殖方式,就称为孤雌生殖或单性生殖,这是一种特殊的有性生殖。蜜蜂的雄性个体,就是由不经过受精的卵发育而成的。

二、被子植物的繁殖

(一) 被子植物的有性生殖与发育

花、果实和种子与植物的有性繁殖密切相关,故称为繁殖器官。

1. 花的结构

一朵典型的花,主要包括花梗、花托、花萼、花冠、雄蕊和雌蕊(图2-3-2)。

花梗(花柄)是着生花的小枝,它使花处于一定的空间位置,同时又是联系茎和花的通道。当果实形成时,花梗便成为果柄。花梗的有无或长短因植物种类而异。

花梗的顶端部分为花托,花的其他部分按一定方式着生于花托上。不同植物的花托呈现不同的形态。

花被着生于花托边缘或外围,分为花萼和花冠。很多植物的花萼和花冠通常分为内外两轮,两者在形态、大小和颜色上有明显的区别。

花萼由萼片组成,位于花各部的最外轮。花萼通常绿色,外形与叶相似,主要有保护花蕊和进行光合作用的功能。有些植物的花萼还有其他功能,如一串红等植物的花萼颜色鲜艳,类似花冠,有吸引昆虫传粉的作用;而蒲公英等植物的萼片特化为冠毛,则有助于果实的传播。

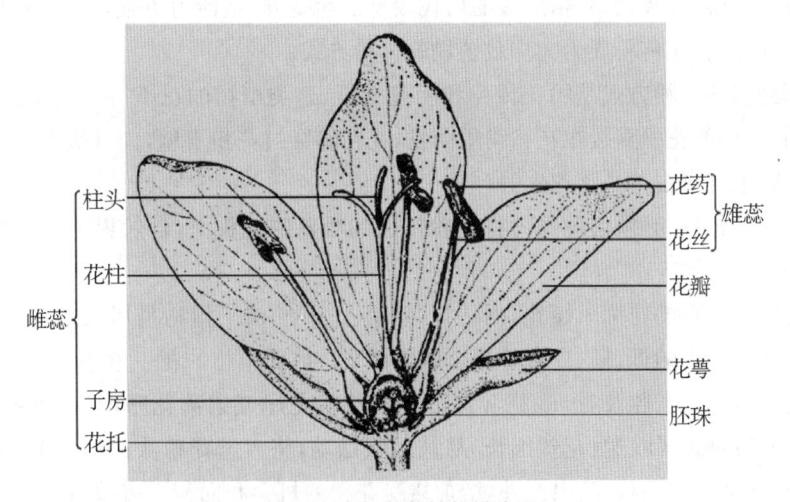

图 2-3-2 花的结构模式图

花冠位于花萼的内轮，由若干花瓣组成，排列成一轮或几轮。由于花瓣细胞内常含有花青素或有色体，因而具有各种美丽的色彩。有些植物的花瓣中还具分泌结构，可释放出香味或蜜汁。故花冠的主要功能是吸引昆虫传播花粉以及保护花蕊。

雄蕊由花丝与花药两部分组成，花丝通常细长，一端着生在花托上，另一端连着花药，将花药伸展在一定的空间位置，以便散发花粉。花药是雄蕊的主要部分，通常由四个花粉囊组成，其内产生花粉。花粉成熟后花粉囊壁裂开，散出花粉。

雌蕊位于花的中央部分，是花的最内轮。雌蕊是由柱头、花柱及子房三部分组成。柱头在雌蕊的先端，是传粉时接受花粉的部位。花柱连接着柱头和子房，是柱头通向子房的通道。子房是雌蕊基部膨大的部分，着生在花托上。子房内中空，着生有胚珠。成熟胚珠的结构包括珠柄、珠心、珠被、珠孔、合点几个部分（图2-3-3）。在珠被发育的同时，珠心中近珠孔的一端有一个细胞经过一系列分裂和分化，最终形成胚囊。胚囊是经过减数分裂而产生的单倍体细胞，它的核进行了三次有丝分裂产生八个细胞核（核外都有细胞质，无细胞壁）。在胚囊中央的两个细胞称为极核细胞（极核）。近珠孔一端的三个细胞，中央的大

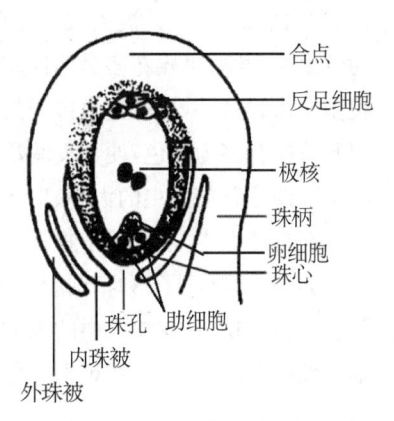

图 2-3-3 成熟胚珠的结构

细胞称卵细胞（卵核），两旁两个较小的称助细胞。在合点端的三个细胞，称反足细胞。胚囊发育成八个细胞以后即告成熟，称为八核胚囊，胚珠即以此状态准备受精。

2. 传粉和受精

由花粉囊散出的花粉借助于一定的媒介力量被传送到同一花或另一花的柱头，这一过程称为传粉。传粉是有性生殖过程中不可缺少的环节，没有传粉，就不可能完成受精作用。

自然界中，普遍存在着自花传粉和异花传粉两种方式。花粉到同一朵花的柱头上的过程称自花传粉。一朵花借助外力将花粉传送到另一朵花的柱头上的过程称异花传粉。从生物学意义上说，异花传粉较自花传粉进化，这是因为异花传粉的精细胞和卵细胞产生于不同的

环境条件,遗传性差异较大,受精形成的后代较易产生变异,生活力更强,适应性更广。因此,经过长期的演化,异花传粉成为大多数植物的传粉方式。

最典型的自花传粉方式是闭花传粉和闭花受精,这类植物的花不待花苞张开,就已经完成受精作用,它们的花粉直接在花粉囊里萌发,花粉管穿过花粉囊壁,向柱头生长,完成受精,如豌豆、苦草(毛秆野古草)、落花生等。

异花传粉的植物,必须借助外力将花粉传送到雌蕊的柱头上,自然界中主要借助风及昆虫传送。

借风力传送花粉的花称风媒花,据估计,约有1/10的被子植物是风媒的,大部分禾本科植物以及木本植物中的栎、杨、桦木等都是风媒植物。风媒植物的花一般小而多,花被小或退化,无鲜艳色彩,也无蜜腺及香气,花常常密集成穗状花序或柔荑花序;花粉数量多,粒小而轻,表面光滑,容易被风吹送;花丝细长,易被风吹摆动,将大量花粉吹散到空中;雌蕊花柱往往较长,柱头膨大呈羽毛状,高出花外,增加接受花粉的机会和面积。多数风媒植物的花比叶先开放,散出的花粉可以不受枝叶的阻挡。

借昆虫传送花粉的花称虫媒花,虫媒花的种类很多,如大多数的果树和花卉。传粉的昆虫常见的有蜂、蝶、蚂蚁、飞蛾等,这些昆虫在花丛之间往来,在花朵上栖息,采食花粉或花蜜,在与花接触中将花粉从一朵花传到另一朵花,实现了传粉过程。虫媒花一般大而显著,花被具有鲜艳的颜色,有芳香的气味或其他特殊的气味以吸引昆虫,不同植物散发的气味不同,所以趋附的昆虫种类也不一样,有喜芳香的,也有喜恶臭的;虫媒花多具蜜腺,能产蜜汁,昆虫摄蜜时,花粉粒粘附在昆虫体上而被传布开去;虫媒花的花粉粒较大,外壁粗糙有纹饰,具有黏性,常粘集成块,不易被风吹散,而易于粘附在虫体上;虫媒花花粉富含多种营养物质,可作为昆虫的食物;虫媒花多为两性花,在有一定数量昆虫存在的条件下,两性花传粉机会较单性花多一倍。另外,适应昆虫传粉的另一特点是白天开花的花多为红色、黄色等鲜艳的颜色;夜间开花的花多为白色,便于夜间活动的昆虫识别。由于长期的互相适应,虫媒花的大小、结构和蜜腺的位置与昆虫的大小、形体、结构和行为之间产生了各种巧妙的关系。

在自然界中,还有些植物靠水传送花粉,例如水生植物中的金鱼藻。

卵细胞(雌配子)和精细胞(雄配子)相互融合的过程称为受精。大多数植物的花药干燥开裂准备传粉时,花粉粒中的细胞核已经分裂为两个核,大的为营养细胞,小的为生殖细胞。落在柱头上的花粉经过"识别",生理上亲和的花粉粒即在柱头上萌发产生花粉管,向花柱组织中生长和伸长。花粉粒的营养细胞和生殖细胞移入花粉管后,生殖细胞在花粉管中进行一次分裂,形成两个精子,而营养细胞的核一般在花粉管到达胚囊时就消失,或仅留下残迹。花粉管伸长把两个精子带到子房并送入胚囊后,其中一个精子与卵细胞融合而成受精卵(合子),另一个精子与两个极核融合(图2-3-4)。这种两个精子分别与卵细胞及极核融合的现象称为双受精。双受精现象在被子植物中普遍存在,也是被子植物所特有。

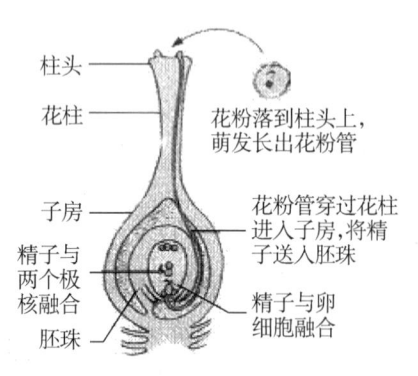

图2-3-4 双受精示意图

3. 果实和种子的形成

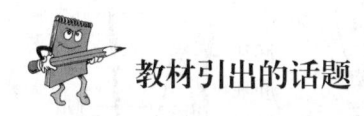

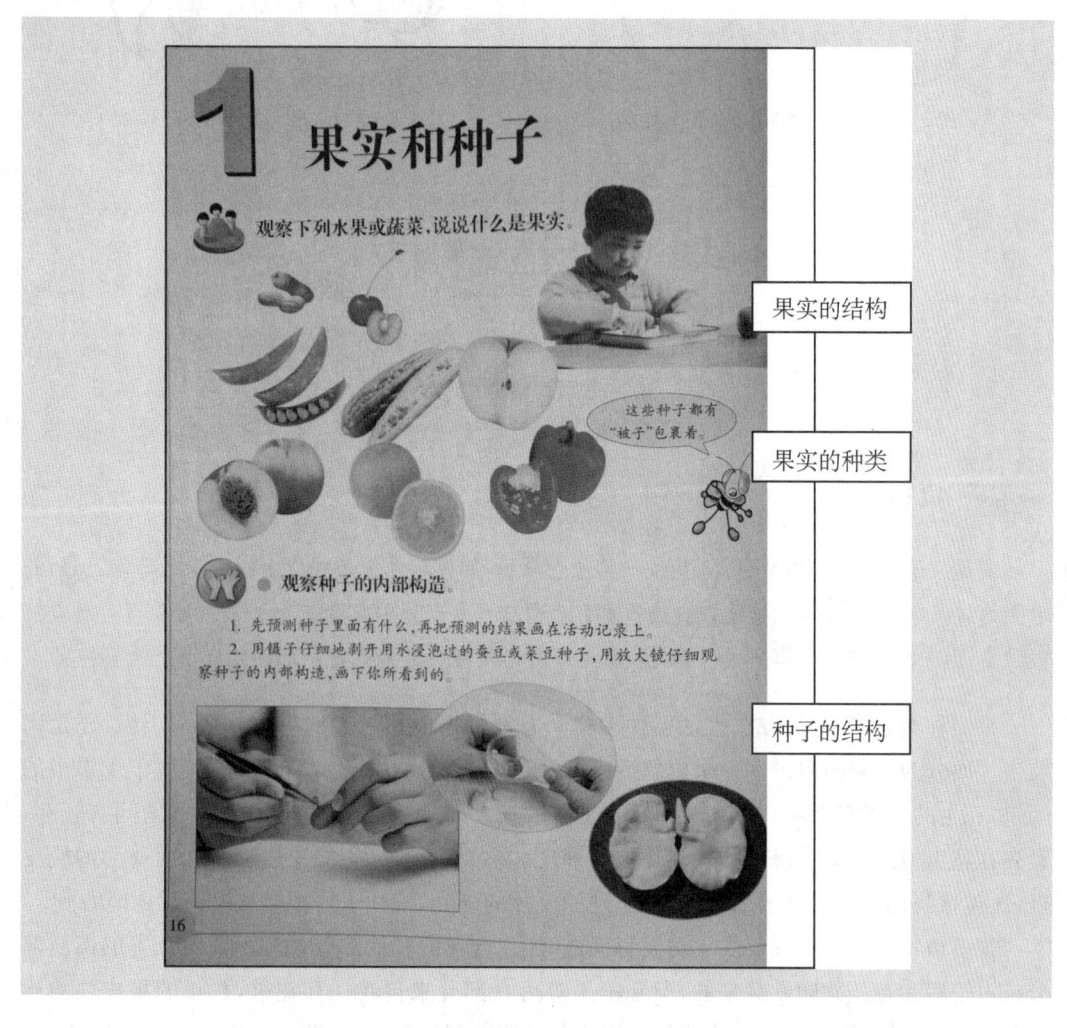

教材引出的话题

受精之后，子房和胚珠继续发育而成果实和种子，花的其他部分如花萼、花冠、雄蕊、雌蕊的柱头和花柱等都逐渐萎蔫、脱落。

受精卵逐渐发育为种子的胚，受精极核发育为种子的胚乳，珠被发育成种皮，整个胚珠发育为种子。成熟的种子，可看见其上有小孔（种孔），即保留下来的珠孔，这是将来种子萌发时吸收水分和胚根伸出的部位。

双子叶植物的胚包含两片子叶和胚芽、胚轴、胚根等部分，很多双子叶植物的胚乳细胞在胚发育过程中逐渐消失，所含养分除供胚发育之外，剩余的均转移到子叶中保存，故子叶大多肥厚，如花生、菜豆等（图2-3-5）。大部分单子叶植物的种子都具有胚乳，胚只占种子一小部分（图2-3-6）。

胚珠在继续发育的过程中，能分泌物质，刺激包在胚珠外面的子房壁发育成为果皮，果实就是由果皮和种子两部分构成的（图2-3-7）。

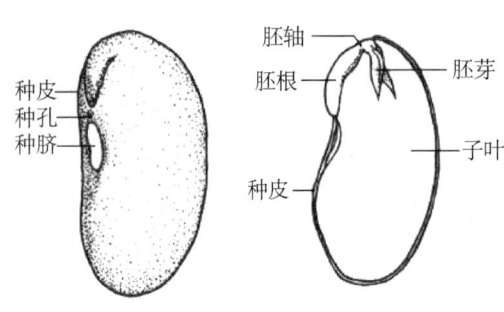

图 2-3-5 菜豆种子的外形和结构 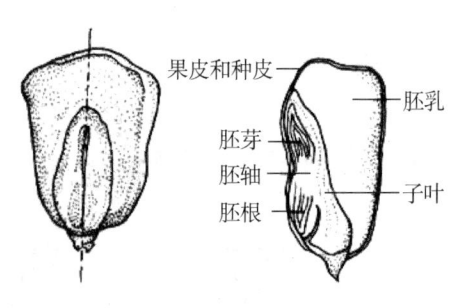　　　　图 2-3-6 玉米种子的外形和结构

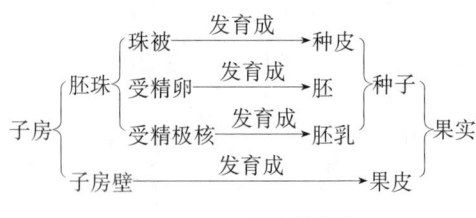

图 2-3-7 果实的发育

资料

成熟种子的种皮有各种色泽、花纹和其他附属物，如棉花种子外种皮上的表皮毛即棉纤维，是主要的纺织原料；石榴外种皮的表皮细胞发育为肉质可食部分。有些植物种子的种皮以外还具有假种皮，由珠柄等结构发育而成，例如荔枝、龙眼的肉质可食部分就是由珠柄发育而来的假种皮。

果实种类繁多，分类方法也是多种多样。通常根据成熟果实的果皮是脱水干燥，还是肉质多汁而分为干果与肉果。干果成熟后是否开裂，又分为裂果与闭果等。花生属于干果中的闭果，花生的外壳是果皮，花生粒是种子，种子的最大部分是两个子叶，两个子叶之间有胚芽，紧裹在花生粒之外的"红袍"是来自珠被的种皮。桃属于肉果，它的果皮除了表面薄薄的桃皮外，还包括我们吃的多汁的果肉，以及坚硬的桃核的外壳，其种子要把桃核敲开后才能看到。

很多植物的果实不仅仅由子房发育而成，还包含花的其他部分，如西瓜、冬瓜等的肉质部分是由子房和花托共同发育来的，梨和苹果等可食部分来自花托和花被，真正的果皮在肉质部分以内、紧邻种子的地方。草莓的食用部分主要是肥厚的花托，花托上密生小而硬的果实。

4. 果实和种子的散布

各种植物的果实和种子多种多样，它们各具适应性的特征，都能通过不同的途径而散播到远处，这对植物的生存是十分重要的。种子如果不能散布而密集一处，植物发育必将受到阻碍。果实和种子有适合散布、传播的结构，并具有各自不同的传播方式：①靠弹射传播，如凤仙花的果实成熟后，只要风吹动或被别的东西轻碰一下，果实立即爆裂，果皮急骤向内卷起，把种子弹射出去。②靠风力传播。利用风力传播的果实或种子通常轻而小，另外，果实或种子上往往还长有便于借助风力的各种附属物，例如榆、槭的果实有翅，凌霄的种子有翅，蒲公英的果实具有萼片变成的冠毛，杨、柳的种子长有毛。③靠水力传播。借水力传播果实或种子的主要是水生植物和沼泽植物，如莲的花托膨大成内部疏松的莲蓬，有载运种子到处漂浮的作用。陆生植物中利用水流传播的果实一般大而轻，易于飘浮，如椰树果实的中果皮疏松而富有纤维，可以顺水漂浮，内果皮坚硬，可以防止海水的侵蚀。④靠动物传播。一种情况是果实具有鲜艳的颜色和甘美的果肉，吸引动物采食，食后将种子丢弃或经动物消化后随粪便排出，从而散布各地。另一种情况是果实具有钩刺（如苍耳），当动物经过时就钩挂在动物的皮毛上，或者果皮或种皮上具有黏液，可粘附在动物身体上。此外，有些动物有贮藏食物的天性，如松鼠喜欢吃松子、板栗、橡实等，常将这些种子和果实搬运贮藏在土中，藏后却每每忘记，使果实和种子得以传播。

5. 种子的萌发

种子萌发要有一定的内在和外在条件，内在条件即种子本身具有的健全的萌发能力：种子结构健全，活力强。外界条件主要是水分、温度和空气。

充足的水分是种子萌发的必需条件。干燥的种子，细胞处于凝胶状态，除了微弱的呼吸作用外，其他各种生理活动大部分停止。只有充足的水分使种皮膨胀软化，氧气才易透入，使呼吸增强，促进各种生理活动。种子萌发时，胚所需要的养料都来自胚乳或子叶中所贮存的营养物质，这些物质必须溶解于水并经酶的分解后，才能转运到胚，为胚吸收利用。

种子吸足水分，还应有适当的温度才能萌发。各种生理活动都要在酶的作用下进行，而酶的作用需要一定的温度。

种子得到足够的水分和适宜的温度后，胚开始萌动，酶的催化作用和种子的呼吸作用开始加强，需氧量急剧增加，只有足够的氧气供呼吸，才能使细胞内贮藏的养料氧化，分解成二氧化碳和水，并释放出能量供给生命活动之用，种子才能正常萌发。

除了上述条件外，有的种子萌发还需要一定的光照条件，如烟草、莴苣、胡萝卜等，在光照下才能很好地萌发；与此相反，如苋菜、西瓜等少数植物的种子在黑暗中才能萌发。

教材研读

下列教材设计中，研究了种子萌发需要的哪几方面条件？

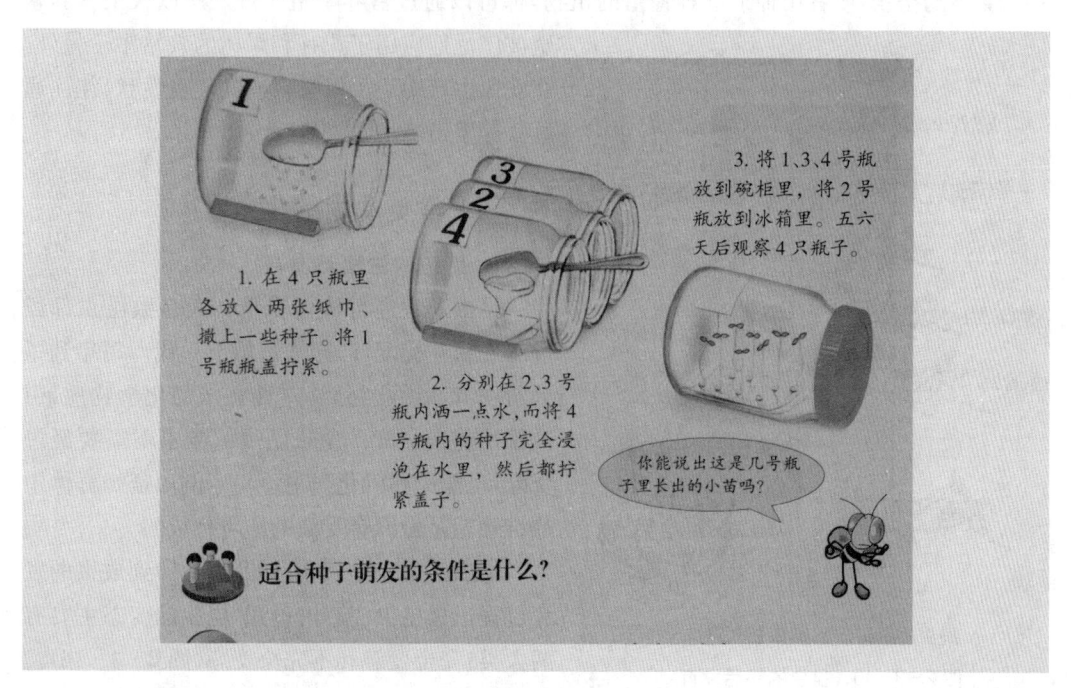

1. 在4只瓶里各放入两张纸巾、撒上一些种子。将1号瓶瓶盖拧紧。

2. 分别在2、3号瓶内洒一点水，而将4号瓶内的种子完全浸泡在水里，然后都拧紧盖子。

3. 将1、3、4号瓶放到碗柜里，将2号瓶放到冰箱里。五六天后观察4只瓶子。

你能说出这是几号瓶子里长出的小苗吗？

适合种子萌发的条件是什么？

（二）被子植物的营养繁殖

被子植物的根、茎、叶等营养器官的一部分在脱离植物体后，仍然能够存活并且长成一株维持其母本原有性状的植物，这种在自然状态下进行的营养繁殖，叫做自然营养繁殖。如果人为地取部分植物体繁殖，则是人工营养繁殖。人工营养繁殖常见的有四种方式：①分株，将一株植物从根部分为两株以上的植株，使它们成为独立的植株，例如吊兰的繁殖。②压条，选择树上较长的枝条，把它弯压固定入土中，等压埋在土中的枝条部分长出根后，再把枝条与母体截断，长成新的植株（图2-3-8），例如夹竹桃的繁殖。③扦插，剪取植物上带芽的枝段，插入土中，不久这些枝段就会生根发芽，长成新的植株，例如富贵竹的繁殖。④嫁接，将一种植物的枝或芽接到另一种植物的茎上，使两者的形成层（茎中具有分生能力的组织）紧贴，不久它们就会长成一体，成为一株新植物（图2-3-9），例如多种果树的繁殖。

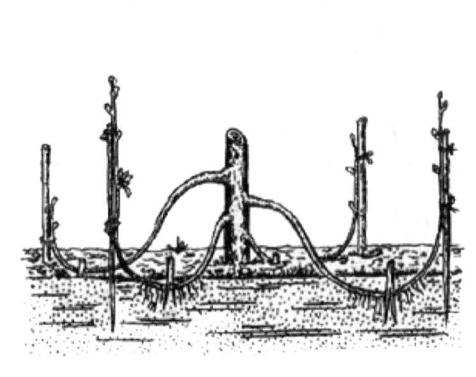

图2-3-8 压条

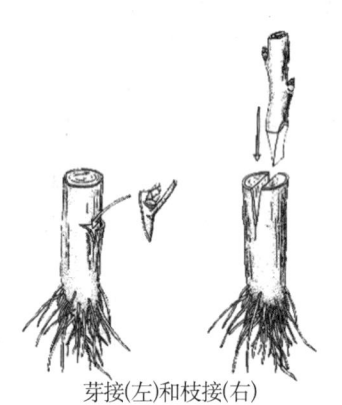

芽接（左）和枝接（右）

图2-3-9 嫁接

营养繁殖的优点是能够保持植物的优良性状，而且繁殖速度较快，在生产实践中，无法用种子繁殖的植物，或者用种子很难繁殖的植物，都可以通过营养繁殖实现。所以人工营养繁殖被广泛地应用于花卉和果树的栽培中。另外，在农业生产中为了保持果树的优良性状，往往通过营养繁殖来培育果树。

三、常见动物的生殖

1. 昆虫的生殖与发育

昆虫通常进行体内受精。大多数昆虫都经过两性相互交配，产卵来繁殖下一代。每年到了繁殖季节，雌性能分泌一种特殊的化学物质，引诱雄性前来交配。少数昆虫的雌虫不需要经过交配，也能产卵孵化出下一代。例如蜜蜂群体中的雄蜂就是由没有受精的卵孵化成的。

昆虫的生命是从卵开始的，由卵到成虫的发育过程也是昆虫变态的过程，昆虫的变态主要有两大类：完全变态和不完全变态（图2-3-10）。

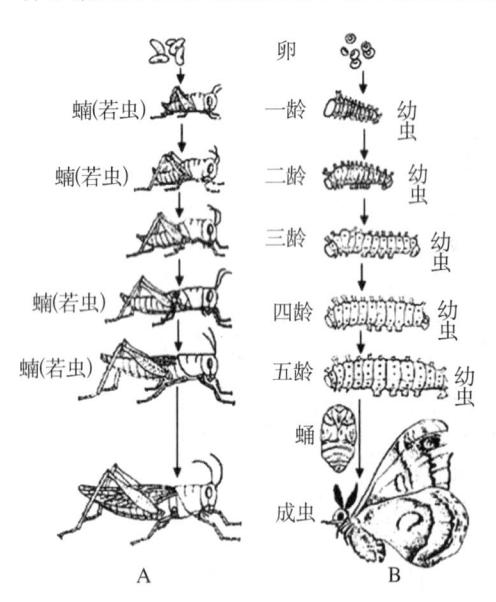

A. 蝗虫的不完全变态；B. 蛾类的完全变态

图2-3-10 昆虫的胚后发育

不完全变态过程可概括为卵——若虫(稚虫)——成虫。从卵里孵出的幼虫,不经蛹的阶段,只是经过几次蜕皮逐渐成熟。不完全变态昆虫的幼虫,生活在陆地上的叫若虫,生活在水里的叫稚虫。如蝗虫、蚱蜢、椿象、蜻蜓、蟋蟀、蝼蛄、蝉等的发育都属于不完全变态。

完全变态过程可概括为卵——幼虫——蛹——成虫。虫体自卵孵化后,幼虫和成虫不仅形态不同,生活方式和生活环境也不一致,从幼虫到成虫要经过一个蛹期。在蛹期,体内进行剧烈的器官的改造过程,蛹期过后,成虫破蛹而出。绝大多数昆虫属于这种变态类型,如各种甲虫、蝶、蛾、蜂和蝇类等。

2. 常见脊椎动物的生殖与发育

(1) 鱼类

由于鱼类生活在水环境中,所以多数鱼类生殖方式为体外受精,只有少数鱼类为体内受精。体内受精的鱼类是成熟卵在母体内受精,为把成熟精子输入雌性体内,雄鱼一般具有特化交接器,如软骨鱼类的雄鱼腹鳍内侧鳍条特化成鳍脚。

鱼类的生殖方式主要有卵生、卵胎生和胎生三种类型:

卵生为大多数鱼类的生殖方式。鱼类将卵产至体外,胚胎发育在体外进行,胚胎发育过程中完全依靠卵内的营养物质。少数卵生鱼类,卵产出后又受到亲体的保护,但受精卵并不在母体的生殖系统中发育,与母体更无营养关系。

卵胎生指的是成熟卵在母体生殖道内受精发育,产出体外时已长成幼鱼。胚体营养由自身的卵黄供给,或主要依靠卵黄营养,母体仅供给水分和矿物质等部分营养物质,很多鲨鱼属此种生殖方式。

胎生指的是成熟卵在母体生殖道内受精发育。母体生殖道类似子宫,壁上有突起与胚体连接,形成类似胎盘的结构,使胚体与母体在血液循环上产生联系。胚体营养除自身的卵黄外,也通过各种胎盘由母体供给。这与哺乳类的胎生类似,称为假胎生,如灰星鲨。

(2) 两栖类

两栖类通常在春季繁殖,以体外受精为主,少数可行体内受精,但无真正的交接器。

两栖类的生殖方式大部分为卵生。不同的种,卵的大小、颜色、形态各异。卵外胶膜遇水膨胀,有防止受精异常、聚集阳光热量、保护等作用。繁殖无法离开水。少数两栖动物能把卵产在泡沫中包在树叶里,幼体孵化后落入树下的水塘中,或者卵产在背部皮肤褶内,并在其中孵化。

发育过程中经过变态。由于两栖类幼体在水中生活,用鳃呼吸,用鳍游泳,成体用肺呼吸,有四肢,因此,两栖类幼体的发育过程中,必然要经过变态。

(3) 爬行类

爬行类为雌雄异体,体内受精,雄性有交接器。

爬行类的生殖方式大多为卵生。在繁殖期,雌性到比较潮湿、温暖、阳光充足的地方产卵,或者把卵产在特别挖掘的土坑内或铺好的草堆中,借助阳光的照射或植物腐败后所产生的热量来孵化。爬行类也有少数卵胎生。

与鱼类、两栖类不同的是,爬行类具有羊膜卵,生殖摆脱了水的限制。羊膜卵指具有羊膜结构的卵,是爬行类、鸟类、卵生哺乳动物所产的卵。从两栖类到爬行类,卵是从完全裸露演化为卵外覆有硬壳,因此爬行动物的卵可获得较佳的保护。更重要的是,羊膜卵多了羊膜、尿

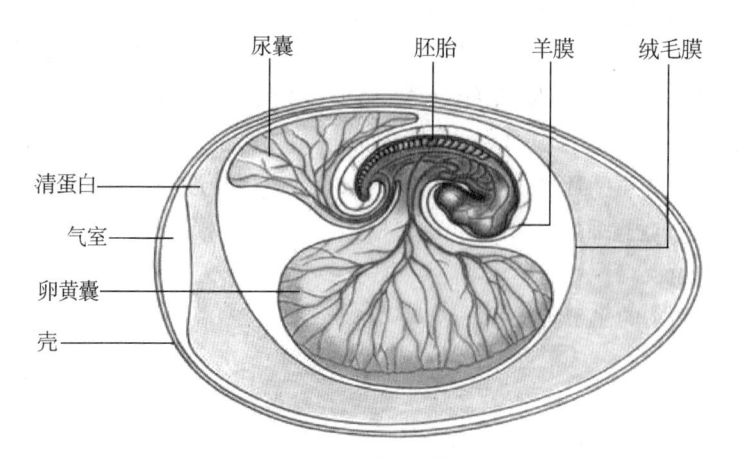

```
            尿囊    胚胎   羊膜   绒毛膜
清蛋白
气室
卵黄囊
壳
```

图 2-3-11 羊膜卵的结构

囊与绒毛膜等胚外膜,其中羊膜腔充满羊膜液,使得胚胎在腔内发育犹如在水中一般而不怕干燥,而尿囊则提供胚胎排泄和呼吸的功能。爬行动物是最先出现羊膜卵的,羊膜卵的出现是脊椎动物进化史上的一个飞跃,使陆生脊椎动物在个体发育中完全摆脱了对水的依赖,因此羊膜卵的演化诞生可说是爬行类成功登陆最关键的一步。

(4) 鸟类

鸟类也是体内受精。繁殖期间绝大多数种类成对活动。有些种类多年结伴,有的种类一雄多雌,少数种类一雌多雄。

鸟类的生殖也是卵生(羊膜卵),具有营巢、孵卵和育雏等完善的繁殖行为,因而提高了子代的成活率。

(5) 哺乳类

哺乳类也是体内受精。

大多数哺乳动物的生殖方式为胎生,胚胎在母体内发育时通过胎盘吸取母体血液中的营养物质和氧气,同时把排泄物送入母体内。幼体产出后,依靠母体的乳腺分泌的乳汁供给发育所需营养。哺乳使后代能在优越的营养条件和安全的保护下迅速成长,极大地提高了哺乳类后代的成活率。

低等的哺乳类如鸭嘴兽,生殖方式是卵生。

第四节　生物的遗传与变异

每种生物的后代都与跟它们的亲代相似,这种亲代的性状能通过遗传物质传递给下一代的现象叫做遗传。但每种生物的亲代与它的后代又不会完全相同,必然有或多或少的差异,这种现象叫做变异。

一、遗传的物质基础

1. 性状与基因

在自然界中,生物表现出各自不同的特征,有的是形态结构特征,如豌豆种子的颜色、形状,有的是生理特征,如人的ABO血型、植物的抗病性、耐寒性,有的是行为方式,如狗的攻击性、服从性,等等。遗传学中把生物体所表现的形态结构、生理特征和行为方式等统称为性状。同种生物同一性状的不同表现称为相对性状,例如,豌豆花色有红色和白色,种子形状有圆和皱等等。显性性状指具有相对性状的纯合亲本杂交所产生的子一代中能显现出的亲本性状,未表现出来的性状叫隐性性状。

生物体的各种性状是由基因控制的。控制显性性状的基因叫显性基因,通常用大写英文字母表示;控制隐性性状的基因叫隐性基因,通常用小写字母表示。性状的遗传实质上是亲代通过生殖过程把基因传递给了子代。在有性生殖过程中,精子和卵细胞就是基因在亲子间传递的"桥梁"。但是,性状的表现是基因和外界环境的共同作用,以基因为主,外界环境为辅。

2. 基因的本质与基因表达

研究表明,基因是含特定遗传信息的核苷酸序列,是遗传物质的最小功能单位。除某些病毒的基因由RNA构成以外,多数生物的基因由DNA构成。基因是有遗传效应的DNA片段,每个DNA分子上有很多个基因,每个基因中又可以含有成百上千个脱氧核苷酸对。在一个DNA分子上的基因一般是分散的,被不编码蛋白质的DNA片段所分开。

生物的性状是由基因通过转录和翻译等过程,控制蛋白质的合成所表现出来的。

转录是遗传信息从DNA到RNA的传递。转录发生在细胞核内,细胞核中的DNA分子双链打开,以其中一条链(转录链)为模板,以周围环境中的核糖核苷酸为原料,按照碱基互补配对原则,在聚合酶的作用下形成一条信使RNA(mRNA)单链。这样,DNA上的遗传信息就被转录到mRNA上。

翻译也叫转译,是生物按照从DNA转录得到的mRNA上的遗传信息合成蛋白质的过程。翻译发生在细胞质中。mRNA形成后,从细胞核内进入到细胞质中,附着在核糖体上。蛋白质的多肽链中氨基酸的排列顺序,由mRNA中的碱基序列决定。mRNA中每三个相邻的碱基决定一个氨基酸。如果以字母表示,即三个字母表示一个密码子,代表一种特定的氨基酸,称为三联体密码子,即遗传密码。细胞内游离的氨基酸被酶激活后,结合到转运RNA(tRNA)上,一种tRNA只能结合一种相应的氨基酸。各种tRNA携带各种相应的氨基酸,识别mRNA上的遗传密码,把与密码相对应的氨基酸连接上去,并且把氨基酸逐个连接形成肽链。伴随着核糖体在mRNA上的移动,肽链不断地延长,这一过程直到遇到mRNA上的终止密码子才结束。翻译形成的肽链自行盘曲折叠,成为具有空间结构的蛋白质(图2-4-1)。

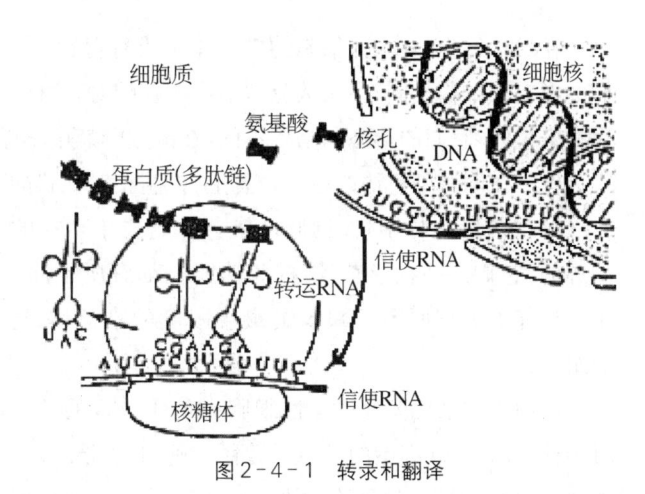

图2-4-1 转录和翻译

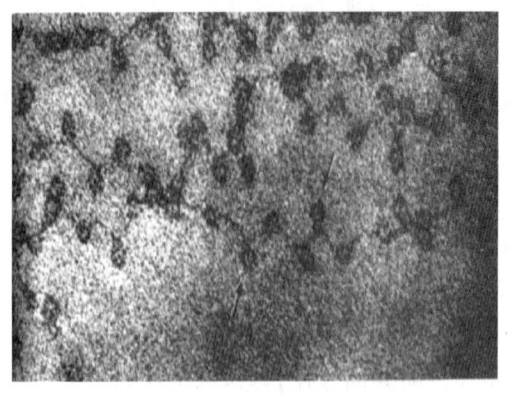

图 2-4-2 染色质的电子显微镜照片

3. 基因的载体——染色质（体）

原核细胞的染色质是裸露的 DNA，而真核细胞的染色质除 DNA 外还有蛋白质。在高分辨率的电子显微镜下，真核细胞的染色质是一长串念珠状的结构（图 2-4-2）。核小体是构成染色质的基本单位，它的核心由组蛋白构成，外绕 DNA 分子。核小体靠 DNA 互相连接形成串珠结构（图 2-4-3）。在细胞分裂过程中，染色质丝螺旋或折叠构建成染色体（图 2-4-4）。

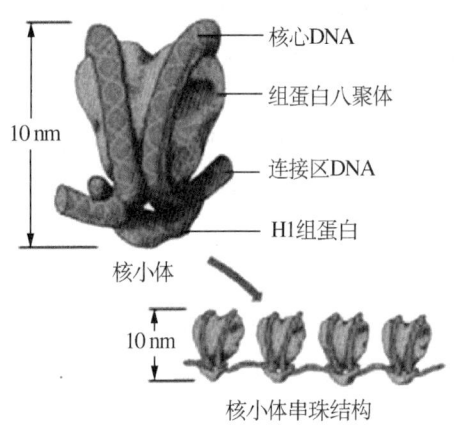

图 2-4-3 核小体及其串珠结构模型

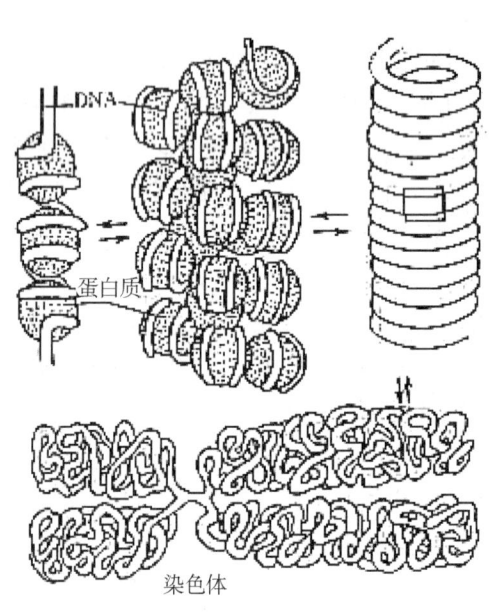

图 2-4-4 染色质丝构建成染色体示意图

在二倍体生物中，体细胞的染色体是成对存在的。体细胞中成对染色体的两个成员，它们的形态和结构相同，在减数分裂中能相互配对，这样的一对染色体称为同源染色体，而不同对的染色体，它们的形态和结构不同，在减数分裂中不能相互配对，这样的染色体称为非同源染色体。在同源染色体的相同位置上，控制相对性状的一对基因称作等位基因。

在二倍体生物中，性细胞的染色体是成单存在的，因此性细胞的染色体彼此之间是非同源的，它们之间在形态、结构和功能上都有所不同。它们包含了对于一个生物的发生和生活机能的表现所不可缺少的最小限度的染色体，这样的一组染色体称为染色体组或基因组。

体细胞的染色体数目是性细胞染色体数目的两倍。通常用 2n 表示体细胞的染色体数目，而用 n 表示性细胞的染色体数目。例如，水稻 2n=24，n=12；普通小麦 2n=42，n=21；人类 2n=46，n=23。性细胞的染色体数就是该生物单个染色体组的染色体数目。例如，水稻染色体组的染色体数目为 12。每种生物细胞内染色体数目是恒定的，这一特性已作为分类学上区别物种的重要依据之一。

二、遗传规律

1. 孟德尔的遗传规律

奥地利遗传学家孟德尔于1857年起对豌豆进行了大量的实验,揭示了遗传的分离规律和自由组合规律。

对于一对相对性状的遗传,孟德尔认为,在杂合体的状态下,位于一对同源染色体上的等位基因,彼此互不影响,保持相对的独立性。在形成配子时,等位基因随同源染色体的分离而分开,分别进入到不同的配子中去,独立地随配子遗传给后代。这一规律称作基因的分离规律。

对于两对和两对以上相对形状的遗传,孟德尔认为,由于非同源染色体在形成配子时可以自由组合,因此位于非同源染色体上的非等位基因也就相互自由组合,即一对染色体上的等位基因与另一对染色体上的等位基因的分离或组合是彼此间互不干扰的,使得一对性状独立于另一对性状而遗传,各自独立地分配到配子中去。例如豌豆种子形状(圆或皱)这一对性状独立于种子子叶颜色(黄或绿)而遗传。这一规律称作基因的自由组合规律。

2. 孟德尔遗传规律的发展

继孟德尔以后,生物学家们相继从事不同生物的遗传研究,除看到孟德尔规律具有普遍性外,还发现了许多与孟德尔规律有差异的地方,对孟德尔规律加以补充和发展。

(1) 不完全显性

孟德尔的豌豆性状实验都有明显的显隐性关系,这是一种完全显性。而后人在实验中发现有例外,如紫茉莉花色的遗传,将开红花(RR)与开白花(rr)的紫茉莉杂交,F_1(子一代)全都开粉红色花(Rr),介于红、白花之间,F_2有红、粉红和白花三种类型,比例为1∶2∶1(图2-4-5)。紫茉莉花色是由一对基因控制的,只是显性不完全,这种不完全显性遗传现象在生物界也普遍存在。

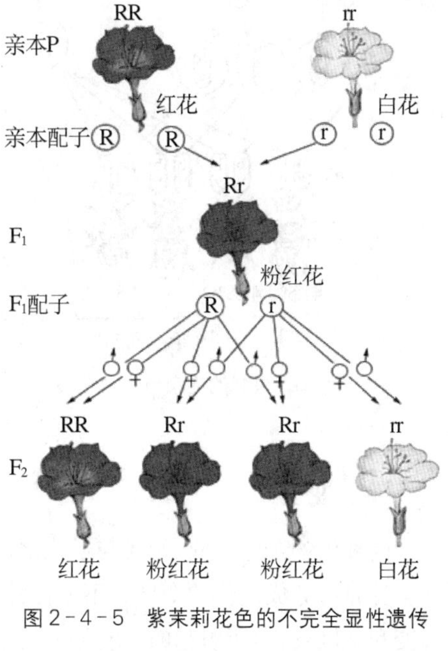

图2-4-5 紫茉莉花色的不完全显性遗传

(2) 复等位基因

孟德尔研究的豌豆,其每对相对性状都是由一对等位基因控制的。在近代遗传学研究中发现,在同一对位点上,有的可以由很多个等位基因控制。有三个以上的等位基因称为复等位基因。实际上一对位点只能容纳两个基因,复等位基因并不是许多等位基因同时存在于一对位点上。如人类ABO血型系统的遗传,就属于复等位基因遗传。ABO血型系统有四种表现型:A型、B型、AB型和O型。ABO血型系统受三个等位基因控制,控制A型的等位基因以I^A表示;控制B型的等位基因以I^B表示;控制O型的基因以i表示。I^A、I^B对i都是显性,如I^A和I^B在一起时都能表现出来。ABO血型系统的表现型和基因型关系见表 2-4-1。

表 2-4-1 ABO 血型系统的表现型和基因型

表现型（血型）	基因型
O	ii
A	$I^A I^A, I^A i$
B	$I^B I^B, I^B i$
AB	$I^A I^B$

复等位基因的遗传方式，仍符合孟德尔的遗传规律。

3. 基因的连锁和互换规律

孟德尔的自由组合规律只解释了位于非同源染色体上的不同对等位基因的遗传规律，然而，一条染色体上有很多基因，位于同源染色体上的非等位基因，遵循什么遗传规律呢？摩尔根和他的学生通过研究果蝇的遗传，提出了基因的连锁和互换规律。

摩尔根认为，在配子形成过程中，位于同一染色体上的基因是连锁在一起，作为一个单位进行传递，称为连锁律。另外，在配子形成过程中，一对同源染色体上的不同对等位基因之间可以发生互换，称为互换律或交换律。连锁和互换是生物界的普遍现象。一般而言，两对等位基因之间相距越远，发生互换的机会越大，即互换率越高；反之，相距越近，互换率越低。因此，互换率可用来反映同一染色体上两个基因之间的相对距离。

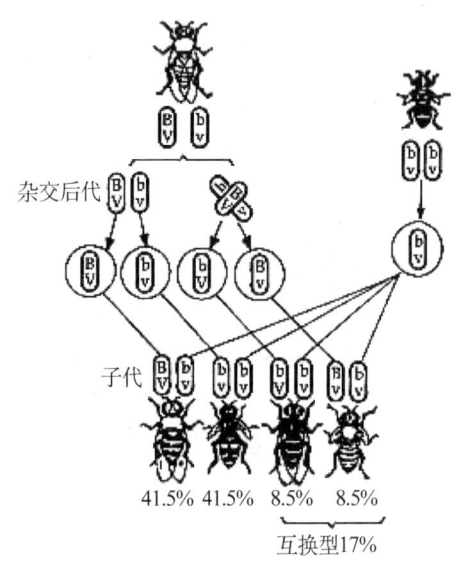

图 2-4-6 果蝇的连锁与互换遗传

三、变异

同种生物个体之间、亲代与子代之间存在的差异称为变异。变异是生物界的一种普遍现象。变异可分成遗传的变异和不遗传的变异。遗传的变异是由于遗传物质的改变（如染色体畸变和基因突变）所引起的，变异一旦发生，就可遗传下去。如果蝇的红眼变成粉红眼、白眼等。不遗传的变异是由于环境条件不同而产生的变异，不影响遗传物质。这种变异只表现在当代，而不能遗传。如同种植物，种植在肥沃和贫瘠的土壤中，结果植株的高矮、粗细、植株的外形和产量都会有明显的差异，这种差异是不遗传的。

（一）染色体畸变

染色体畸变是指染色体结构和数目上的变化。

1. 染色体结构变异

染色体结构变异表现在，一个正常的染色体会发生断裂，有的断裂后就失去了一个片段，比正常染色体少了一段,这失去片段上的基因也随之失去,如果缺失严重,个体将不能成活,这种变异称为缺失;有的染色体断裂后,重新差错地接合一段与自己重复的片段,比正常染色体多出一段,这叫重复,如重复片段过大,个体也不能成活;有的染色体断裂后,倒转180°,重新差错地接合起来,造成这段染色体倒位,染色体上的基因位置顺序颠倒,这叫倒位或逆位;还有的染色体断裂后,差错地接合到非同源染色体上或两条非同源染色体相互交换了染色体片段,这叫易位(图2-4-7)。这些染色体断裂后的片段,丢失或重新接合时发生的差错,都会造成染色体结构的变化。

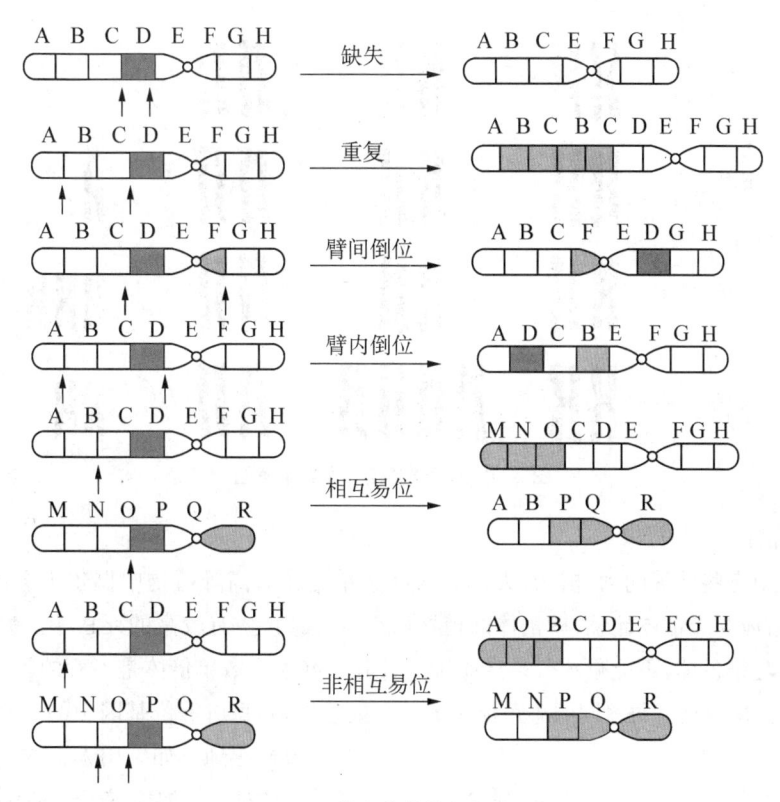

图2-4-7 染色体结构变异的示意图

2. 染色体数目的变异

一般生物体细胞中的染色体都是成对存在的,也就是说具有两套相同的染色体,这称为二倍体(用2n表示),二倍体生物经减数分裂形成配子时,配子里只含有一套染色体(用n表示)。如生物体细胞中只有一套染色体的,称为单倍体。染色体数目变异可以分为非整倍性变异、单倍性变异和多倍性变异。

(1) 非整倍性变异

非整倍性变异是指正常的染色体组中,丢失或添加了一条或几条完整的染色体。在有丝分裂和减数分裂过程中,丢失单条染色体可以产生非整倍性变异。非整倍性变异也可以通过有丝分裂时姐妹染色单体的不分离,或减数分裂时同源染色体的不分离而产生。

在二倍体生物中,非整倍性变异有四种主要类型:①缺体性变异,即丢失一对同源染色体,细胞的染色体数为2n-2;②单体性变异,即丢失单条染色体,细胞的染色体数为2n-1;

③三体性变异,即增加一条额外的染色体,染色体组中有一条染色体具有三个拷贝,细胞的染色体数为 2n+1;④四体性变异,即增加一对额外的染色体,使染色体组中有一条染色体具有四个拷贝,细胞的染色体数是 2n+2(图 2-4-8)。

图 2-4-8 非整倍性变异示意图

(2) 单倍性变异

自然界中有些低等的动、植物,大部分时间为单倍体。高等植物中偶尔也会出现单倍体植株,但单倍体与二倍体比较,单倍体的植株瘦小,生活力差,有较高的死亡率。另外,因为单倍体只有一套染色体,不能减数分裂产生配子,因此,绝大多数单倍体是不育的。

由于单倍体只具有每对同源染色体中的一个染色体,和每对等位基因中的一个基因,因此遗传基础很纯。如果用人工的方法处理,将单倍体的染色体加倍,就可得到遗传上稳定、纯合、性状不分离的二倍体纯系。根据这一特点,单倍体在育种和良种繁育中具有极其重大的意义。单倍体育种可明显缩短育种年限,如一般常规育种,不同品种杂交,后代出现分离要经过四至五代或更长年限的选择,才能获得相对稳定的株系。如不让杂交一代自交,而采用单倍体培育,用花粉培养产生单倍体,再进行染色体加倍,大约两年即可培育出性状不分离的纯系(图 2-4-9)。

图 2-4-9 烟草的单倍体育种

(3) 多倍性变异

多倍性变异是指具有比正常细胞更多的染色体组数的细胞和生物。生物体细胞中有两套以上染色体的称为多倍体,有三套称三倍体,有四套称四倍体(图 2-4-10)。多倍体通常有两类:偶数染色体组的多倍体和奇数染色体组的多倍体。具有偶数染色体组的多倍体至少是部分可育的,因为在减数分裂过程中染色体能配对在一起。可是,具有奇数染色体组的多倍体总是带有不能配对的染色体,因此产生正常配子的可能性是很低的,即通常是不育的。

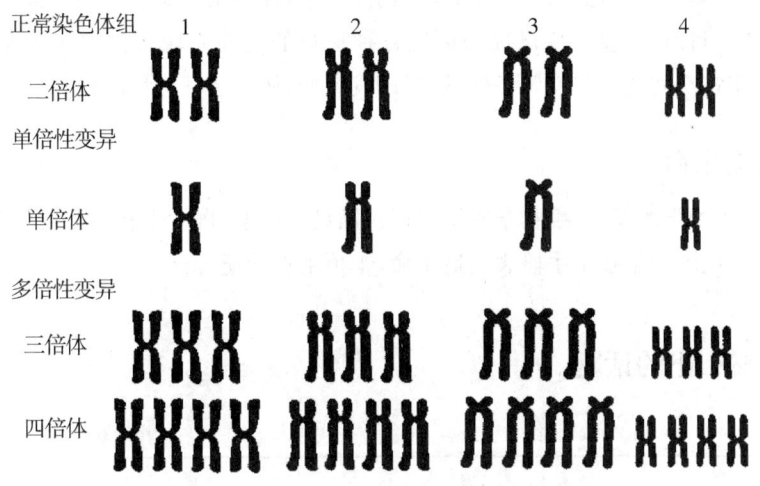

图 2-4-10 单倍性变异和多倍性变异示意图

当动物具有多于两个染色体组时,其后果是严重的,可以致死。多倍性变异是人类和动物早期自然流产的主要原因之一。相反,植物对多倍体具有较强的耐受力。例如普通小麦是六倍体,它产生具有 21 条染色体的配子,这种配子是可育的。香蕉是三倍体,它的配子具有不同数目的染色体,几乎没有种子。一般多倍体植物生长旺盛、茎秆粗壮,花、果实、种子较大,抗寒、抗旱、抗病能力强,但同时具有发育延迟、结实率低的缺点。人们在育种中,利用多倍体的优点,采用秋水仙素处理萌发的种子或幼苗,使染色体加倍,人工培育出许多多倍体的新品种,如三倍体无子西瓜、三倍体高糖甜菜、四倍体巨型葡萄、四倍体水稻等。

(二) 基因突变

发生在基因水平上的突变称为基因突变,它可以涉及基因 DNA 序列上的任何一个或多个改变,包括一对或多对碱基对的替换、增加或缺失。人类的色盲、血友病、镰刀形细胞贫血症、白化病;果蝇红眼变白眼、长翅变残翅;高秆水稻变矮秆水稻等,都是由于基因突变而产生的。例如,人类的镰刀形细胞贫血症的发生原因是构成血红蛋白的一条多肽链(β 链)上的一个氨基酸被另一个氨基酸替换了,其实质是控制血红蛋白分子的 DNA 碱基序列发生了变化,造成了氨基酸的改变(表 2-4-2)。

表 2-4-2 正常血红蛋白和镰刀形细胞贫血症血红蛋白氨基酸的差异

血红蛋白	β 链上氨基酸的顺序						
	1	2	3	4	5	6	7
正常	缬氨酸	组氨酸	亮氨酸	苏氨酸	脯氨酸	谷氨酸	谷氨酸
镰刀形细胞贫血症	缬氨酸	组氨酸	亮氨酸	苏氨酸	脯氨酸	缬氨酸	谷氨酸

如果是显性突变,在表现型上可立即显现出来,如果是隐性突变,可能要以杂合型状态潜伏几代,直到产生双隐性纯合体时才显现出来。基因突变有些是自发产生的称自发突变,如水稻和玉米的糯性都来源于自发突变,人类的白化病、镰刀形细胞贫血症也是自发突变。一般情况下,就某一生物的某一个性状来说,基因突变的频率是很低的,如白化病的突变频率只有百万分之三。基因突变也可在人为条件下诱发产生,称为诱发突变。诱发突变的频率大大高于自发突变。目前,诱发突变已成为创造育种材料的重要手段。我们在航天器上携带种子,就是利用宇宙空间的一些特殊条件,造成诱发突变,从而选育优良品种。

四、改造生命

随着现代生物学的发展,生物学家不再仅仅满足于探索、揭示生物生长与繁殖的奥秘,而开始跃跃欲试,试图利用技术手段去改造生命,干预生物的遗传。

教材引出的话题

> **袁隆平爷爷的故事**
>
> 袁隆平,我国著名水稻专家。有一次,他在稻田里偶然发现了一株谷大粒多、子粒饱满的野生水稻,他把这些稻穗采集回来,并进行了杂交试验。经过多年的选育,他培育出了杂交水稻新品种,使粮食产量大幅度提高,解决了世界农业科研难题。2001 年 2 月,他荣获首届"国家最高科学技术奖"。

杂交育种

1. 植物的杂交育种——以"超级稻"为例

用两种遗传特性不同的品种作为父母本进行杂交,得到的杂种第一代,往往比父母本有较强的生长势、适应性、抗逆性和生产力,这叫做杂种优势。杂种优势不会遗传,因为根据遗传定律,杂种 F_1 自交后会出现性状分离。保持杂种优势必须年年配制第一代杂交种。

杂交水稻是通过不同稻种相互杂交产生的,而水稻是自花授粉作物,对配制杂交种子不利。要进行两个不同稻种杂交,先要把一个品种的雄蕊进行人工去雄或杀死,然后将另一品种的雄蕊花粉授给去雄的品种。可是,如果我们用人工方法在数以万计的水稻花朵上进行去雄授粉的话,工作量极大,实际上并不可能解决生产所需的大量用种。

袁隆平运用三系法培育杂交水稻。三系指的是雄性不育系、雄性保持系和雄性恢复系。

母本是雄性不育系,它的雄蕊瘦小退化,花药干瘪畸形,靠自己的花粉不能受精结子。使用雄性不育系,免去了大量的人工去雄工作,既节省劳动力,又保证杂交种的纯度。

雄性保持系(父本 1)外表极像母本,但有健全的花粉和发达的柱头,用它的花粉授给母本后,得到的后代与母本一模一样,也是雄蕊瘦小退化,花药干瘪畸形、没有生育能力。

雄性恢复系(父本2)外表与母本截然不同,一般要比母本高大,也有健全的花粉和发达的柱头,用它的花粉授给母本后,得到的后代比父、母本都要健壮。这就是我们需要的杂交水稻。

有了"三系"配套,我们就知道在生产上是怎样配制杂交水稻的了:生产上要种一块繁殖田和一块制种田,繁殖田种植不育系和保持系,当它们都开花的时候,保持系花粉借助风力传送给不育系,不育系得到正常花粉结实,产生的后代仍然是不育系,达到繁殖不育系的目的。我们可以将获得的不育系种子,保留一部分在来年继续繁殖,另一部分则与恢复系制种,当制种田的不育系和恢复系都开花的时候,恢复系的花粉传送给不育系,产生的后代就是提供大田种植的杂交稻种。由于保持系和恢复系本身的雌雄蕊都正常,各自进行自花授粉,所以各自结出的种子仍然是保持系和恢复系(图2-4-11)。

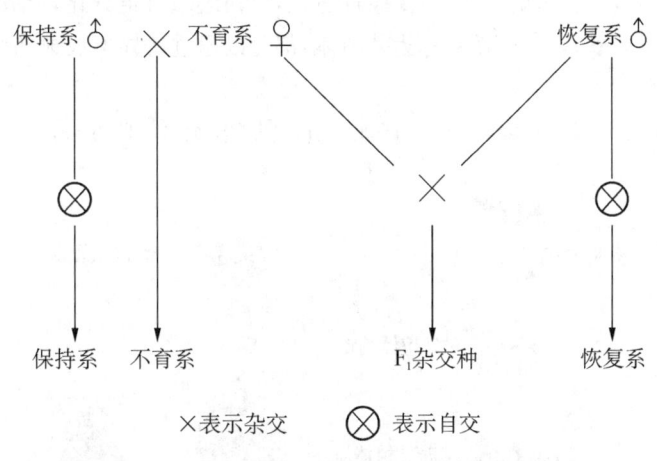

图 2-4-11 三系法配制杂交水稻种子示意图

袁隆平成功的关键是在野生稻中发现了雄性不育株,利用野生稻独特的基因为人类服务,这再次体现了生物多样性的价值。

2. 克隆

克隆一词是由英文 Clone 音译而来。Clone 源于希腊语中的 Clonos(嫩枝),而希腊语中动词 Clonizo 意为"砍下嫩枝"。许多世纪以来,克隆广泛应用于农业方面,不使用种子而是把老树的嫩枝进行扦插就可以得到树苗。英文 Clone 引用了这个意思,当作名词用时,是指无性繁殖系,意为来源于单个细胞无性繁殖的细胞群体,当作动词用时,指的是形成无性繁殖系的过程或方法。在生物的分子、细胞、个体三个不同层次上,"克隆"有不同的含义。在分子水平上,用分子生物学技术使某一 DNA 片段复制出一群相同 DNA 片段的过程,叫做分子克隆或 DNA 克隆;在细胞水平上,细胞克隆通常指的是细胞培养技术;在个体水平上,自然界早已存在动植物和微生物的天然克隆,例如同卵双胞胎实际上就是一种克隆。

(1) 细胞培养

细胞培养就是将生物有机体的某一部分组织取出一小块,在体外经过表面消毒处理后,使其分散成单个游离的细胞,并放置在人工配制的培养基中进行培养,使之生长、分裂的技术。由于生物体的一种组织,往往包含有两种或两种以上的细胞(如叶片组织至少包括叶肉细胞、维管束鞘细胞和表皮细胞等),在培养过程中不易分离,所以细胞培养有时又叫组织培养,或统称为细胞与组织培养。

体外细胞培养的重要条件是营养与生存环境。供给离开整体(离体)的动植物细胞所需营养的是培养基,培养基中除了含有丰富的营养物质外,一般还含有刺激细胞生长和发育的一些微量物质。培养基一般有固态和液态两种。由于培养基中营养丰富,像酵母、霉菌等微生物也会在其中繁衍后代,导致培养细胞的死亡,因此,体外细胞培养必须在无菌条件下进行,培养基也必须经过灭菌处理后才能使用。此外,温度、光照、振荡频率等也都是影响培养的重要条件。

植物细胞与组织培养是利用植物植株的不同组织培养成完整植株的方法,它是根据植物细胞的全能性发展起来的。植物因机械损伤后,会在伤口处长出一块软组织,称为愈伤组织,其原因是由于受创伤的刺激后,创伤面附近的生活组织恢复了分裂机能,加速生长而将创伤面愈合。在植物细胞与组织培养中,只要条件适宜,愈伤组织可再分化,形成芽、根,再生成植株。例如叶片、茎段、根等离体组织(称为外植体)都可以通过诱导形成愈伤组织,而后培养成植株。

植物细胞与组织培养的基本过程包括如下几个步骤(图2-4-12):

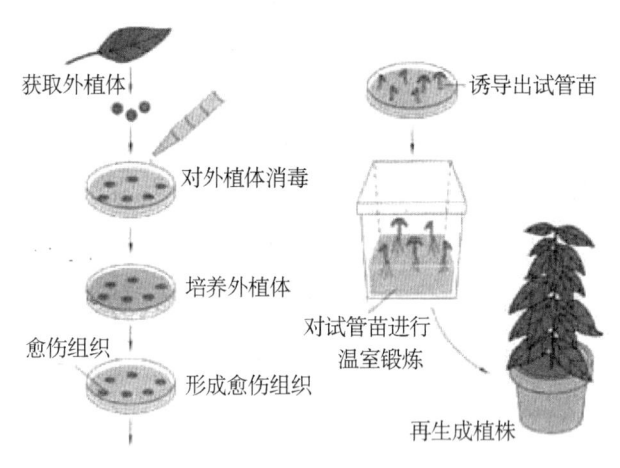

图2-4-12 植物组织培养

第一步,从健康植株的特定部位或组织,如根、茎、叶、花、果实、花粉等,选择用于培养的起始材料(外植体)。

第二步,用一定的化学药剂(最常用的有次氯酸钠、升汞和酒精等)对外植体进行表面消毒,建立无菌培养体系。严格控制无菌条件,这是获得培养成功的重要一步。

第三步,形成愈伤组织和器官,外植体块在培养基上形成疏松的愈伤组织,由愈伤组织分化出芽、根并可进一步诱导形成小植株。另一途径是用外植体或愈伤组织细胞经液体悬浮培养诱导胚状体再长成植株。胚状体的形成可极大地提高繁殖效率,并可减少变异。

与植物细胞培养相比,动物细胞对于营养要求更加苛刻,对于培养的环境适应性更差,培养时间要求更长。与植物细胞的离体培养不同,动物细胞的离体培养不可能再生出幼小动物。以人的皮肤细胞培养为例(图2-4-13),动物细胞培养的主要步骤如下:

第一步，在无菌条件下，从健康动物体内取出适量组织，切割成小薄片。

第二步，加入适宜浓度的酶与辅助物质进行消化作用使细胞分散。

第三步，将分散的细胞进行洗涤并纯化后，以适宜的浓度加在培养基中，37℃下培养，并适时进行传代。

通过细胞培养技术，我们可以获得多种植物、动物和微生物的克隆，例如，如上所述，通过对植物外植体的培养而再生出小植株来，就是克隆。

单克隆是指由一个细胞进行无性繁殖以及由此而形成的细胞群体，例如，如上所述，我们从经过消化而分散开的动物细胞中挑选一个出来进行培养，就是单克隆，由此形成的最初来自于同一个动物细胞的一群细胞就是一个单克隆。

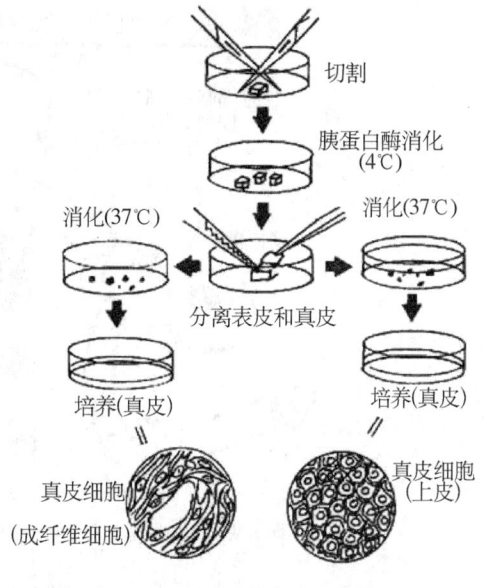

图2-4-13 人的皮肤细胞培养

(2) 细胞核移植

在自然条件下，许多植物本身就适宜进行无性繁殖，所以很容易形成克隆。由于克隆是无性繁殖，所以同一克隆内所有成员的遗传构成是完全相同的，这样有利于忠实地保持原有品种的优良特性。但是，天然的哺乳动物克隆的发生率极低，因此，人们开始探索用人工的方法来进行高等动物克隆。目前，哺乳动物克隆的方法主要有胚胎分割和细胞核移植两种。

哺乳动物的成熟期长，产仔数少，孕期不排卵，繁殖有季节性，这些特性成为制约家畜良种大量繁殖的因素。胚胎分割和移植技术为大量繁殖优良牲畜品种提供了有力的技术手段。母牛一般一胎只能生一头小牛，一头良种母牛一生只能繁殖大约10头小牛，如果将良种牛的早期胚胎切割成数块，再分别移植入数头普通母牛（代理母亲）子宫内培育，则可同时获得数头良种小牛，由于这一技术的应用，使本来一生只能生下10头后代的优良母牛变得可以每年产50头以上的小牛。

细胞核移植技术是指用机械的办法把一个被称为"供体细胞"的细胞核（含遗传物质）移入另一个被称为"受体"的除去了细胞核的细胞中，然后这一重组细胞进一步发育、分化。

1996年，英国爱丁堡罗斯林研究所伊恩·维尔穆特（I·Wilmut）研究小组成功地利用细胞核移植的方法培育出一只克隆羊——多利（图2-4-14），这是世界上首次利用成年哺乳动物的体细胞进行细胞核移植而培育出的克隆动物。这些研究证明了动物已分化的体细胞的细胞核可被逆转，而回复到全能性。

在核移植中，作为供体的细胞有两种：一种是胚胎细胞，一种是某些体细胞。也就是说，并不是所有的细胞都可以作为核供体。细胞核存有发育的全部程序，细胞在分化发育过程中，细胞核内各种基因的活动程序一旦发动，在通常情况下是很难逆转的，因而逐步丧失了全

①从A绵羊的乳腺组织抽取细胞

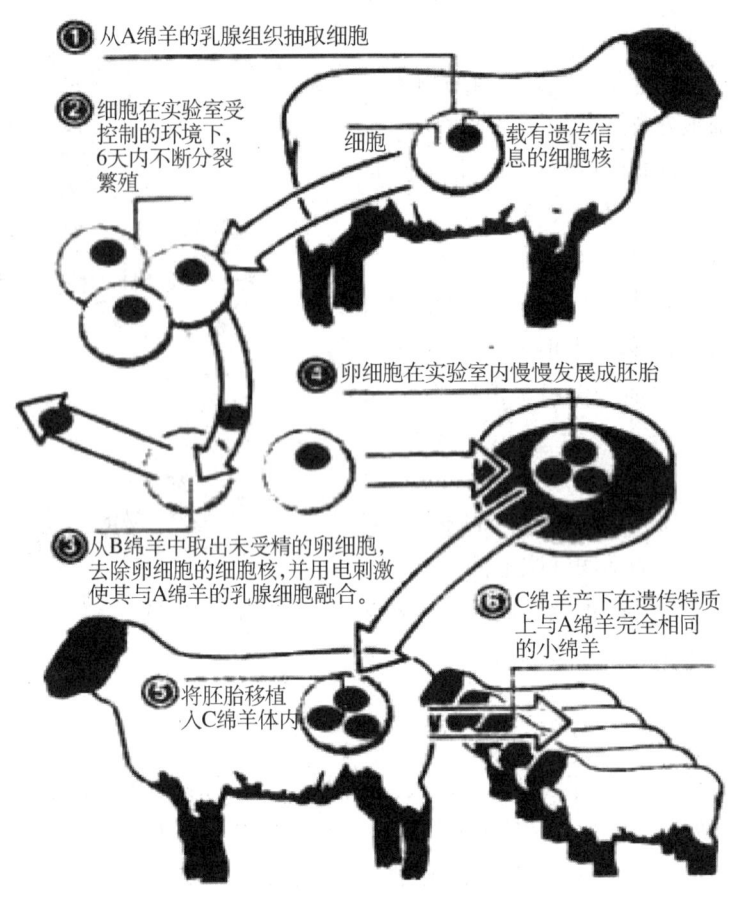

②细胞在实验室受控制的环境下,6天内不断分裂繁殖

细胞　载有遗传信息的细胞核

④卵细胞在实验室内慢慢发展成胚胎

③从B绵羊中取出未受精的卵细胞,去除卵细胞的细胞核,并用电刺激使其与A绵羊的乳腺细胞融合。

⑥C绵羊产下在遗传特质上与A绵羊完全相同的小绵羊

⑤将胚胎移植入C绵羊体内

图2-4-14　克隆羊示意图

能性。因此,供体细胞要么是尚未分化的胚胎细胞,其细胞核仍具有全能性,要么是某些可以接受改造的体细胞,其细胞核可以被改造而回复全能性,就好像是把生命的时钟拨回了"0"点。

如何改造体细胞,使其细胞核回复全能性呢?这取决于受体细胞。受体细胞的细胞质中含有的大分子物质(如RNA、蛋白质等),对供体核的改造起着关键的作用。研究表明,卵细胞、卵母细胞和受精卵细胞都是合适的受体细胞。

资料

细胞的全能性是指每一个细胞中都包含着产生一个完整机体的全套基因,在适宜条件下,能形成一个新的个体。1958年,有科学家成功地将一个胡萝卜细胞经过试管培养,长成了一株具有根、茎、叶等器官的完整植株,植物细胞全能性获得了充分的论证。克隆羊多利的诞生说明:动物体中执行特殊功能、具有特定形态的所谓高度分化的细胞与受精卵一样具有发育成完整个体的潜在能力。动物体细胞中的细胞核,只要有合适的条件,原来只执行某一种功能的细胞核照样也能控制发育长成一个完整的个体,也就是说,动物细胞(准确地说是细胞核)与植物细胞一样,也具有全能性。

本章思考题

1. 举例说明应激性与适应性的区别。
2. 胡萝卜、马铃薯分别是植物哪一部分器官的变态？有什么简单的办法判别植物的储藏根与具有储藏功能的变态茎(如块茎、根状茎、鳞茎、球茎)？
3. 植物光合作用和呼吸作用之间有怎样的关系？
4. 为什么卧室不适宜摆放过多的植物,试用植物光合作用与呼吸作用产生的环境效应加以解释。
5. 被子植物果实各部分分别是由什么结构发育而成的？白果、葵花子、南瓜子是我们常吃的坚果,它们是植物的哪部分结构？
6. 举例说明可遗传变异与不可遗传变异,这两类变异与遗传物质之间有怎样的关系？
7. 克隆的本质是什么？有些教师认为克隆是一种高新技术,这种理解是否准确？
8. 网上流传的辨别转基因农作物的方法是否可靠？袁隆平培育的"超级稻"是转基因农作物吗？

第三章　生物与环境

热身体验

教材画面中蕴含了哪些层次的生物学学科知识呢?

为什么极地狐狸的耳朵短而圆?为什么非洲沙狐的耳朵长而大?

极地狐狸　　　　　　非洲沙狐

收集关于恐龙灭绝原因的种种假说,做成手抄报,在班上交流。

100多年来,更多的科学家继达尔文之后仍在进行着对生物进化现象的研究。随着新的考古证据的不断发现,达尔文的经典进化论也不断面临着挑战。

澄江动物化石是我们现在所看到的绝大多数无脊椎动物祖先的化石,它们生活的时代为5.3亿年前的寒武纪。在当时不到300万年的时间里,它们一下子大规模地爆发式地出现了——对于35亿年的地球生命史来说,这几百万年的时间不过是短短的一瞬。然而这表明,生命从单细胞形式向多细胞形式的演变是一个十分突然的过程,而并不像达尔文认为的那样,是缓慢的、渐进的。因此,澄江生物群对达尔文的生物进化学说提出了挑战。

科学家在云南澄江发现了一个震惊世界的巨大古生物化石宝库。

微网虫

帽天山虫　　奇虾　　螺旋藻

学习指导

1. 了解关于生命起源与进化的主流理论,以及人类起源与进化的主要过程。
2. 了解生物对环境的适应以及生物之间的关系。
3. 了解生态系统的基本概念、生态系统的功能以及生态平衡的机制。

第一节 生命的起源与进化

生物和非生物之间存在着本质上的差别,早期的地球上并没有生命,从非生物到生物是一次巨大的飞跃。地球上的生命是如何起源,又如何进化成今天如此多样的生物呢?

一、生命起源的化学进化说

20世纪20年代,生物化学家奥巴林(Oparin)和霍尔丹(Haldane)提出了化学进化假说,认为最初的原始生命是由原始地球上的非生命物质通过化学作用,逐步由简单到复杂、经过一个极漫长的自然演化过程而形成的。近几十年来,各国学者对生命起源问题进行了广泛的研究,普遍认为这个化学进化过程可以分为以下几个阶段:

1. 从无机分子到有机小分子

地球的第一代大气是星云凝聚时宇宙空间中的气体物质,第一代大气很快就逸散到宇宙空间。第二代大气是在地球圈层分化的过程中,由原始地球内部喷出大量气体而形成的,通常被叫做原始地球大气。原始大气中含有氨(NH_3)、甲烷(CH_4)、氰化氢(HCN)、硫化氢(H_2S)、一氧化碳(CO)、二氧化碳(CO_2)、氢(H_2)和气态水(H_2O)等成分,但没有游离的氧气,在化学上是还原性的,这是原始生命诞生的重要条件。因为只有在还原性大气条件下,最初形成的有机分子才能长期积累和保存下来。此外,由于原始大气中没有游离氧,所以高空也没有臭氧层,太阳的紫外线可以全部直射地面,为小分子有机物的合成提供了能量。原始大气在强大的紫外线作用下,不断合成氨基酸和糖等有机物。1953年,美国青年科学家米勒(Stanley Lloyd Miller)设计了一个实验,模拟在原始还原性大气条件下氨基酸产生的过程。此后,许多学者进行了类似的模拟实验,采用各种不同的气体混合物作为初始物质用以模拟原始大气,并采用放电、紫外线、电离辐射和加热等,模拟原始地球的自然能源条件,结果证明构成生物体的20种常见氨基酸均可在原始地球条件下经多种途径产生。此外,还通过模拟实验得到了嘌呤、嘧啶、核糖、脱氧核糖和脂肪酸等物质。

2. 从有机小分子到生物大分子

尽管有实验证明有机小分子可以在生命出现之前的地球上产生,但蛋白质和核酸等生物大分子才是构成生命的基石,因此生命起源的关键是有机小分子如何形成蛋白质及核酸等生物大分子。

在原始的地球环境中,生物大分子是怎样起源于有机小分子的还不是很清楚,主要有陆相起源和海相起源两种观点。海相起源派学者认为,生物小分子在氰化氢等的作用之下可以在潮湿的环境中脱水而聚合生成生物大分子,并于1972年用脱水剂进行氨基酸聚合实验获得含有50个氨基酸的肽链,使海相起源论得到初步证实。陆相起源派重要代表人物美国人福克斯(S. W. Fox)模拟原始地球的条件,将一些氨基酸溶液混合后倒入160～200℃的热沙或黏土中,使水分蒸发、氨基酸浓缩,经过0.5～3.0小时后就产生一种琥珀色的透明物质,它具有蛋白质的部分特性,因此被称为类蛋白。福克斯等认为,在原始地球不断有火山爆发的条件下,火山喷出气体中的甲烷、氨气和水蒸气等可能在高温条件下合成氨基酸,而氨基酸又可能通过热聚合反应而缩合为多肽。此外,也有人用模拟实验得到类似核酸的物质多聚核苷酸。

虽然用模拟实验的方法所得到的类似于生物大分子的产物的结构还比较简单,有序化程度比较低,功能也不够专一,与现代生命中实际存在的蛋白质和核酸相比还有较大的差距,但可以推测,在生命出现之前地球上也已经有简单的蛋白质和核酸等生命物质形成了,但这些原始的生命物质也许要经过很漫长的演化历程才能形成更复杂而更有序的结构。

3. 多分子体系的形成和原始生命的诞生

生物大分子并不能独立表现生命现象,而蛋白质和核酸又容易遭受破坏,只有当它们形成了众多的,乃至成百万的以蛋白质和核酸分子为基础的多分子体系时,才能表现生命的萌芽。关于蛋白质和核酸怎样结合成多分子体系,有两种学说:

(1) 团聚体学说

从20世纪50年代末起,奥巴林等用多种生物大分子如明胶和阿拉伯胶等各种蛋白质以及核酸和多糖等形成各种类型的团聚体。他们的实验表明,团聚体具有吸收、合成、分解、生长、生殖等类似生命的现象。奥巴林认为,原始海洋中有机大分子浓缩成为团聚体,是非生命物质向生命物质过渡的一种重要形式。他也指出,团聚体小滴对于我们的研究是最方便的,但它绝不是复制遥远过去现象的唯一可能的模型。

(2) 微球体学说

20世纪60年代,福克斯提出了微球体学说,强调了蛋白质在生命起源中的重要作用。福克斯认为,干热聚合的类蛋白,被雨水冲入原始海洋,会聚结成大小一致的微球体。这种微球体直径较均一,在1～2微米之间,相当于细菌的大小。它表现出很多生命特征:其表面具有双层膜,能随着介质的渗透压变化而膨胀或收缩;能吸收溶液中的类蛋白而生长,并能像细菌那样进行繁殖;在电子显微镜下还可以观察到它具有类似于细菌的超微结构。

团聚体假说和微球体假说是海相起源论与陆相起源论在化学演化的第三阶段的集中表现。由于两种假说各自都有一定的实验基础和理论基础,因此,团聚体和微球体两者都可能是生物大分子向着原始细胞演化的模型。

虽然从团聚体和微球体等多分子体系中还只能看到一些原始的生命现象,但这足以使人们联想到,多分子体系经过一系列的进化就可能发展成为原始的生命。这一系列的进化过程中必须包括几个方面:首先,多分子体系还须具有一定的物理化学结构,分子有规律的空间排列,体系更加稳定,体系中的化学反应及体系内外的物质交换更能有条不紊地进行。其次,多分子体系的主要组成成分中必须包括蛋白质和核酸,有了这两类生物大分子,多分子体系才能逐步建立完善的转录和翻译机制,才能实现遗传功能。第三,多分子体系的表面还必须形成比较完善的膜结构,这样才可能和外界分开,成为相对独立的稳定的体系,才有可能选择性地从外界吸收所需要的物质。

原始生命最初是非细胞形态,再经漫长的历史演变,逐渐发展成具细胞形态的原核细胞,继而又产生真核细胞,由单细胞进化到多细胞。

二、物种及其进化

物种是生物分类学上的一个基本分类单位,是指有相同形态特征、在生殖上与其他自然群体相互隔离的自然群体。实际上,一个物种是由一群群个体组成的,每一群都有特定的地理分布区域,并具有一定的个体数量,个体之间往往在形态特征上存在着微小的差异。组成物种的任何一群这样的个体就称为种群。

生命在地球上形成后,最简单的物种形式就诞生了,那么,今天地球上众多的物种从何而来,一般认为,物种起源于其他的物种,在漫长的历史长河中,物种经过不断地变异和分化产生了新的物种。

1. 生物进化的证据

生物进化的证据来自古生物学、比较解剖学、生物地理学、分子生物学等多方面。

资料

化石是指埋藏在地壳中的古生物的遗体、遗物、遗迹经石化或经长时间固化后形成的物体。目前发现的化石大致可分为四类:实体化石、模铸化石、遗迹化石、化学化石。

各种地质年代的地层里分布着化石,记录了生物进化的历程,成为进化的直接证据。各种生物在地质年代中出现,是有一定时间顺序和规律的。在古老的地质年代地层里的生物化石,结构简单、低等,且种类也少,而在年轻的地质年代地层里的生物化石,结构复杂、高等,且类型多样化。各种生物的出现都有一个繁盛、衰老和绝灭的时期。古生物学揭示了生物由少到多、结构由简到繁、低等到高等的进化顺序和规律。

同源器官和痕迹器官是比较解剖学为生物进化提供的最有价值的证据。同源器官是指胚胎发育中起源相同、内部结构和分布位置相似,而形态和功能不同的器官,如鸟的翼、蝙蝠的翼手、鲸的鳍、马的前肢和人的上肢,虽然它们在形态和功能上各不相同,但使用比较解剖学方法研究,发现这些器官的内部结构都由相似的骨块组成,排列方式也基本一致,从上到下都由肱骨、桡骨和尺骨、腕骨、掌骨和指(趾)骨组成(图3-1-1)。同源器官的存在说明了这些动物都起源于共同的祖先。痕迹器官是指生物体进化过程中,有些作用不大,但依然存在的器官。如人的盲肠、阑尾、耳肌和尾椎骨等,都已退化成痕迹器官,说明人类祖先体内存在这些器官,由于适应新的环境,这些器官无用而逐渐退化了。痕迹器官的存在,也证明了生物进化中的亲缘关系。

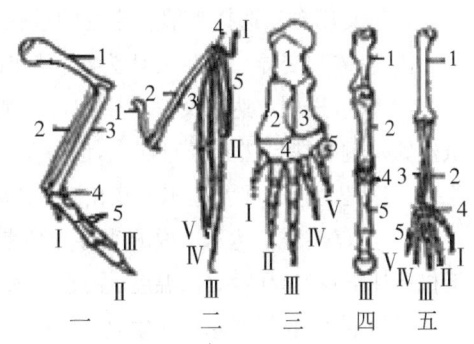

一、鸟 二、蝙蝠 三、鲸 四、马 五、人
1. 肱骨 2. 桡骨 3. 尺骨(马的尺骨缩小,并与桡骨紧密结合) 4. 腕骨 5. 掌骨(鸟为腕掌骨) Ⅰ—Ⅴ. 指骨

图3-1-1 同源器官——不同脊椎动物的前肢骨

三 教材研读

如何解释教材中提出的问题？

> 科学家们发现，海豚和非洲黑猩猩身体某些部位的骨骼排列基本相同。
>
> 海豚的鳍状肢
>
> 黑猩猩的手臂
>
> 困惑五：为什么有些动物肢体的动作方式完全不同，而它们的骨骼排列会如此相似？

生物地理学研究了生物在地球上的分布，以及其分布的规律，说明了地球上的生物虽都起源于共同的祖先，但由于生物的地理分布不同，都有它们自己的发展史，而各自进化形成了不同的物种。

分子生物学的证据中，最著名的例子是各类生物细胞色素c的成分比较，细胞色素c是生物氧化中细胞色素酶系中的一员，是一种蛋白质。细胞色素c的氨基酸排列顺序，在各类生物之间有极大的相似性氨基酸顺序差别越小，生物间亲缘关系越近，差别越大，则亲缘关系越远的规律。如人和黑猩猩细胞色素c的氨基酸顺序完全相同，人和猴只有一个氨基酸不同，人和牛、羊有10个不同，人和果蝇有27个不同，人和酵母菌有44个不同。

2. 达尔文的自然选择学说

生物为什么会进化？达尔文(Charles Robert Darwin)继承了进化论先驱的思想，综合当时自然科学的成果，创立了生物进化的理论——达尔文进化学说。

达尔文用自然选择来解释生物的进化，其学说概括起来有以下几点：

① 遗传和变异。达尔文认为，变异和遗传在自然界普遍存在，变异是随机发生的。

② 繁殖过剩。达尔文发现生物普遍都具有高度的繁殖率，都有按几何级数增加的倾向。虽然繁殖过剩在自然界普遍存在，但事实上自然界各种生物的数量在一定时期内都保持相对稳定。这是为什么呢？达尔文指出，这主要是繁殖过剩引起了生存斗争。

③ 生存斗争。达尔文说的生存斗争包括生物与无机条件的斗争、种间斗争和种内斗争。无机条件指自然界的水分、温度、湿度、光和空气等理化因素。与自然环境的斗争，如生活在两极地区的生物，要与严寒作斗争，生活在沙漠地区的生物，要与干旱作斗争，生活在海岛上的昆虫要与大风作斗争。种间斗争是指不同物种之间相互争夺食物和空间的斗争，如作物和杂草之间争夺阳光、水分、养料和土壤的斗争，狼吃羊、羊吃草等都是种间斗争。种内斗争是指同一物种个体之间，争夺生活场所、食物、配偶或其他生存条件的斗争。总之，生存斗争是时刻在进行着的，并且是十分错综复杂的。通过生存斗争，有些生物活下来了，有些生物被淘汰或消灭了。

④ 适者生存。不同的个体在形态、生理等方面存在着不同的变异。有的变异使生物在斗争中生存下来,有的变异却使生物在斗争中无法生存。例如,在寒冷地区,皮毛厚的个体就容易生存下来,皮毛薄的个体就会被淘汰。在常有大风的海岛上,无翅的昆虫不飞翔,不致被大风吹到海里,有翅昆虫却在飞翔时被风吹到海里而死亡。在种内斗争中,身强有力、取食力强的个体生存下来,体衰而取食力弱的个体被淘汰。达尔文认为,同种生物由于要求相同的生活条件,竞争最为激烈,因此繁殖过剩引起的种内斗争是进化的动力。所以生存斗争的结果就是适者生存,即具有适应性变异的个体被保留下来,这就是选择;不具有适应性变异的个体被消灭,这就是淘汰。反过来说,凡是生存下来的都具有适应性的变异,这就是适应性的起源,即适应性是在选择中累积而成的。

3. 进化理论的发展

达尔文进化论的一个重要思想在于,进化是靠微小变异的积累来实现的,按照他的理论,自然选择导致的进化只能是非常缓慢的、渐变的过程。他深信"自然界无跳跃"的法则,通常将这种渐变的进化称为达尔文式的进化。

20世纪以来,进化理论的发展表现在:一是现代综合进化论对达尔文式的进化给予了新的更加精确的解释;二是古生物学研究发现物种进化过程并非"匀速"、"渐变"的,而是"快速进化"与"进化停滞"相间的,因此可能还存在其他方式的进化,可称作非达尔文式的进化。

现代综合进化论使自然选择学说更加精确,更新了自然选择学说的一些基本概念,它认为:首先,生物进化的单位不是个体而是种群(个体群)。在一个种群中,能进行生殖的个体所含有的全部遗传信息的总和,称为基因库。进化是种群基因库变化的结果。其次,自然选择的机制更为多样。在达尔文学说中,自然选择来自繁殖过剩和生存斗争,而在综合进化论中,则将自然选择归结为不同基因型有差异的延续。生存斗争中,竞争的胜利者被选择保留,它的基因型得以延续下去,这固然具有进化价值,但除此以外,生物之间的一切相互作用,包括捕食、竞争、寄生、共生、合作等,只要影响基因频率和基因型频率的变化都具有进化价值。没有生存斗争,没有"生死存亡"问题,单是个体繁殖机会的差异也能造成后代遗传组成的改变。可见,所有影响个体繁殖机会的环境因素都应归属于自然选择机制。

总的来看,物种形成的方式可以划分为渐进式和骤变式。在物种内部分异之初,外界物理因素(如地理的或其他环境因素的隔离)起着阻止种群间基因交流的作用,从而促进不同种群间基因库差异逐渐、缓慢地增大,通过若干中间阶段,最后达到不同种群间的生殖隔离而形成新种,这就是渐进式物种形成。如果种群内一些个体由于特殊的遗传突变以及其他随机因素,相对快速地获得生殖隔离而形成新种,这就是骤变式物种形成。骤变式物种形成一般不涉及地理隔离等外界物理因素。骤变式物种形成表明,生物的遗传系统本身具有某种进化功能,进化过程可能有内因的"驱动"和"导向",自然选择并非总是进化的主因素。当然,通过骤变式形成的新种能否大量繁殖和分化,还是取决于它们是否适应环境,这依然还是自然选择机制在起作用。渐进式和骤变式并不是对立的,在生物进化历程中,两种方式可能都是存在的。

三、人类的起源与进化

1. 从猿到人

大量证据表明,人类与现代类人猿有着密切的亲缘关系。现代类人猿有非洲的黑猩猩和大猩猩、东南亚的猩猩以及我国南方的长臂猿,它们与人类有许多相似之处。例如,在形态上,有相似的耳廓和四肢、脸部与手无毛、无尾、无臀疣和颊囊;在胚胎发育上,都有类同的胎盘和相似的发育过程;在生理生化上,月经周期和怀孕期相近,猿类的血液也有人的四种血型,人和黑猩猩的细胞色素 c 的结构相同;在病理上,人类与类人猿所感染的疾病和肠道寄生虫相似;在行为上,刚出生的婴儿可以双手攀援木棍并悬挂起来,重演猿类祖先的臂行性特征;在发音和语言上,最初都发单音节叫声,后来人类才逐渐学会音节分明的语言。近百年来发现的古猿和古人类化石,更说明了人类和现代类人猿是近亲,它们有共同的祖先。

人类和现代类人猿的共同祖先是生活在距今 3000～2000 万年前的森林古猿,它们生活在气候温暖潮湿的古非洲大陆的森林中,大小类似黑猩猩,依靠四肢行走。

新生代第三纪中期以后,由于广泛的构造运动,使地表形态发生了巨大的变化,继而引起了气候变化和生态变化。随着森林的消失,一部分古猿迁移到新的森林中,逐渐进化成现代猿类;另一支古猿留在原地生活,被迫逐渐从树栖转为地面生活,成为行走的猿类,其中一支发展成为南方古猿。南方古猿属于灵长目人科化石成员,但不属于人属,存在于距今大约 400～100 万年前。根据对南方古猿化石的研究,大多数古人类学家认为,南方古猿阿尔法种是从猿到人过渡阶段的晚期代表。南方古猿已采用两足直立行走的行动方式,使双手得到了解放,完成了从猿到人的具有决定性意义的一步。

2. 人类发展的基本阶段

人类进化历程可以划分为早期猿人、直立人、早期智人和晚期智人四个阶段。从现有的人属化石资料来看,每一阶段人属化石形态差异很大,缺少过渡类型化石;各个阶段都相对稳定地存在过一段较长的时间,且相互有重叠。因此,人类进化的历程应该是一个复杂的过程。

早期猿人大约生活在距今约 250～100 万年前,以 1960 年在坦桑尼亚发现的能人为代表。能人生活于距今大约 190 万年前,脑容量约 640 毫升,能直立行走,制造砾石工具。能人是否是直立人祖先尚不得知。

直立人旧称猿人,生活在距今约 200～20 万年之前。在亚洲、非洲、欧洲都发现过直立人的化石和文化遗物。直立人能制造石器工具,并有用火经验,晚期直立人的肢骨基本上已和现代人相似,脑容量约 1000 毫升左右。我国云南发现的距今 175 万年前的元谋人、周口店发掘出来的距今 79 万年前的北京直立人,都属于这一阶段。元谋人被认为是世界上最早用火的人类,而北京直立人的用火水平已相当高明。

早期智人即古人,生活在距今约 25～4 万年前,其中以德国发现的尼安德特人最为著名,他们的脑容量已增大到与现代人相近,所制造的石器规整、用途明确,显示出劳动技能有很大的提高,早期智人已从用天然火过渡到人工取火。古人类学家认为,尼安德特人是走向歧途的进化盲支,并非现代欧洲人的祖先。

晚期智人即新人,生活在距今约 4 万年前。我国发现的山顶洞人和欧洲的克罗马农人,常被作为本阶段的代表,他们的体质与现代人一致。在生产上,出现了燃制陶器和冶炼金属工具,在文化上,已有雕刻和绘画艺术,并出现了装饰品。不同地区的晚期智人已表现出了黄种人、白种人和黑种人的形态区分,例如,古人类学家认为,山顶洞人是原始黄种人的代表。

人科现存物种仅有智人一个种,其余物种都是化石物种(图 3-1-2)。从动物分类学来看,现代人属于哺乳纲、灵长目、人猿超科、人科、人属、智人种。关于现代人的起源,有多起源学说和非洲起源学说之争。多起源学说认为,世界各地的现代人类起源于非洲,从直立人开始,以后向早期智人、晚期智人进化的过程中从非洲扩散到世界各地,并在各地独立进化。非洲起源学说认为,现代人类的发生过程在非洲完成,然后陆续扩散到世界各地并取代了当地的早期人类。

```
哺乳纲─灵长目─人猿超科┬人科┬人属┬智人种
                              │    │    └人属化石
                              │    └人科化石(南方古猿)
                              ├大猿科(猩猩、大猩猩、黑猩猩)
                              └长臂猿科(长臂猿)
```

图 3-1-2　现代人的分类地位

第二节　生物对环境的适应

适应性是生命的本质特征之一,生物对环境的适应是自然界的普遍现象,生物对环境的适应有多种形式,不仅表现在形态结构上,还表现在生理、行为等各方面,适应的形成是自然选择的结果。

对于每一个生物来说,它周围的一切都属于它的环境。环境因素很多,也很复杂,既包括无机或物理因素,如光照、温度、湿度、土壤等,也包括有机或生物因素,即各种生物之间的关系。

一、生物对光的适应

地球上除极少数化能合成生物之外,绝大多数生命都依赖绿色植物合成的有机物而生长发育、繁衍后代,但是,太阳光对动、植物的影响是不同的。

1. 动植物对光照度的适应

根据植物与光照度的关系,可把植物分为阳性植物、阴性植物和耐阴植物三种类型:阳性植物在强光环境中生长健壮,而在弱光条件下发育不良。阳性植物要求全日照,一般不存在光照过强的问题,代表植物有松、杨、蒲公英等。阴性植物在较弱的光照条件下比在强光下生长良好,它们多生长在潮湿背阴的地方或密林内,如阴生蕨类、兰科的许多植物等。耐阴植物既能在有光的地方生长,也能在较荫蔽的地方生长。

阳性植物和阴性植物在茎、叶等形态结构上有明显区别。阳性树种一般枝叶稀疏、透光,茎粗,节间短,分枝多,树皮通常较厚;阴性树种树叶浓密,透光度小,茎细长,节间较长,分枝少,树皮通常较薄。从茎的内部结构看,阳性植物茎内细胞体积较小,细胞壁厚,木质部和机械组织发达,维管束数目较多,结构紧密,含水量较少;阴性植物茎内细胞体积较大,细胞壁薄,细胞的大部分充满着细胞液,木质化程度较差,机械组织不发达,维管束数目少,结构疏松,含水量较多。

叶是直接接受阳光的器官,因此形态结构受光的影响最大。阳性植物的叶一般较小,叶色淡,质地较厚,叶面上常有很厚的角质层覆盖,有的叶表面有绒毛。叶细胞较小,细胞壁较厚,且排列紧密,细胞间隙小。气孔通常小而密集,叶脉细密而长。阴性植物叶的形态结构与上述相反。阳性植物的叶在着生排列上常与直射光成一定角度,而阴性植物的叶柄或长或短,叶形或大或小,使叶成镶嵌状排列在同一平面上以充分利用阴暗不足的光线。

植物在生理上对光照度的适应同样是很明显的。例如,植物在日照强烈时,光合作用和蒸腾作用都很旺盛,以制造有机物和散热;在夜晚则停止光合作用,气孔关闭以减弱蒸腾作用。阳性植物叶肉细胞中叶绿素 a/叶绿素 b 的比值较大,光合作用主要利用红光,因而适应直射光,阴性植物叶肉细胞中叶绿素 a/叶绿素 b 的比值较小,光合作用主要利用蓝紫光,因而适应散射光。阳性植株通常开花结实能力强,生长快,寿命较短;阴性植物则生长慢,寿命较长。

资料

常绿性针叶树的叶呈针状的多为阳性树,叶呈扁平或呈鳞片状,并且表面、背面区别明显的为耐荫树;阔叶树中的常绿树多为耐荫树,而落叶树种多为阳性树或中性树。

动物的生活节律大都与光照有关。昼出性动物在强光下捕食和活动,适应高光度条件,如多数鸟类、灵长类白天觅食,夜晚休息;夜出性动物或晨昏性动物在夜晚、早晨及黄昏的弱光下活动,适应弱光度条件,如鼠类;全昼夜动物的活动不受光强的影响,白天和夜晚都可活动。

2. 动植物对光周期的适应

由于日照长度是地球上最严格和最稳定的周期性变化,所以被生物用作发育和行为节律的最可靠的信息。分布在地球各个地区的生物长期适应于特定的昼夜长度变化格局,形成了以年为周期、由特定日长启动的繁殖和行为,即生物光周期现象。光周期实际上是生物的一种适应策略,有利于充分利用资源,避开不利季节。现已确定大部分生物的光周期不是由日照长度引起的,而是由连续的黑暗长度启动。引起生物繁殖(花芽形成或性腺活动)的最小或最大黑暗长度叫临界夜长。

植物根据诱导花芽分化所需的临界夜长,可分为四类:①长夜植物,只有当暗期长于其临界夜长时才能开花的植物,也叫短日照植物。如果诱导的暗期不够长则只有营养生长,不能形成花芽。一品红和菊花是典型的短日照植物,它们在夏季长日照的环境下只进行营养生长而不开花,入秋后当日照时间减少到10~11小时,才开始进行花芽分化。多数秋冬季开花的植物属于短日照植物。②短夜植物,只有当暗期短于其临界夜长时才能开花的植物,也叫长日照植物。这类植物常在春末和夏季开花。唐菖蒲是典型的长日照植物,为了常年供应唐菖蒲切花,冬季在温室栽培时,要用电灯来增加光照时间。③中夜植物,只有当昼夜长短比例接近相等时,才能开花的植物,也叫中日照植物,如甘蔗。④日中性植物,不受暗期长短影响,只要其他条件合适都能开花,如黄瓜、番茄、蒲公英等。

与植物一样,大部分动物也是以日长作为启动繁殖的信息:在白昼逐步缩短的秋冬之际才开始性腺活动的为长夜动物(短日照动物),如山羊和鹿,它们在秋季交配刚好能使它们的幼崽在春天条件最有利时出生。在春夏之际日照渐长期交配、怀孕或孵卵的为短夜动物(长日照动物),如狐狸、家猫、野兔、马、驴和鸟类等。性腺活动很少受光照长短影响的为无光周期动物,只要温度适合,什么时候都能繁殖,如大家鼠等。

此外,光照长度还会影响动植物其他的一些生理变化或行为。很多鸟类的迁移和换羽都因日长引起，在不同年份迁离和到达某地的时间不会相差几日。其他动物的迁徙、换毛（冬夏毛色不同），也与日长有关，例如雪兔到了秋季日照时间逐渐缩短时，就会把棕色的夏毛换成白色的冬毛。昆虫的发育、滞育，植物的落叶休眠、地下贮藏器官形成等也与日长变化有关。

二、生物对温度的适应

温度影响新陈代谢的强度，因而也影响生长发育的速度以及生物的数量与分布。此外，温度还常通过影响其他环境因子对生物起间接的作用。

对生物影响最大的是极端温度。所谓极端温度是指生物生存的温度极限，超过这个极限，生物就会死亡，极限温度包括最高温度和最低温度。一般被子植物所能忍受的最高温度是49.8℃，裸子植物是46.4℃。对于动物来说，大多数海产无脊椎动物只能忍受到30℃，淡水动物能忍受到41~44℃，陆生无脊椎动物忍受的高温极限可达40~50℃以上。哺乳动物体温达到42℃以上即引起死亡。干燥的细菌孢子能耐受130℃的高温，一些细菌能生活在80℃以上的温泉中，更极致的是深海底部热泉喷口附近的细菌能耐受300℃以上的高温。对于低温，不同植物间差异很大。热带植物所忍受的最低气温为5~10℃，寒带植物如东北大兴安岭地区的兴安落叶松，能在-69.5℃条件下生存。对于动物来说，某些原生动物可忍耐-15℃的低温，在排除自身组织水分的条件下，某些轮虫、线虫及熊虫可忍受-190℃的低温。干燥的细菌孢子能耐受-250℃的低温。

在可耐受的温度范围内，生物的生长发育及各种生理活动一般都是随温度上升而加快。生物在最适温度下生长发育最快，生命力较强。

温度也是决定生物分布的一个重要因素，热带生物不能在寒带生存。温带水果如苹果、梨等主要因温度的限制而不能在热带生长，柑橘也主要是因温度的限制而不能在北方栽种。动物的区系分布也主要决定于温度。一般而言，温暖地区生物种类多，寒冷地区生物种类较少。例如，我国两栖类动物，广西有57种，福建有41种，浙江有40种，江苏有21种，山东、河北各有9种，内蒙古只有8种。植物的情况也不例外，我国高等植物有30 000多种，巴西有40 000多种，而前苏联的植物种类只有16 000种左右。

1. 动植物对低温的适应

在形态方面，北极和高山植物的芽和叶片常受到油脂类物质的保护，芽具鳞片，植物体表面生有蜡粉和密毛，植物矮小并常成匍匐状、垫状或莲座状等，这种形态有利于保持温度，减轻严寒的影响。植物在繁殖方式上，一年生草本多以种子越冬，而多年生草本则以鳞茎、球茎、根茎或块茎越冬，木本植物则以落叶相适应。生活在高纬度地区的恒温动物，其个体往往比生活在低纬度地区的同类个体大，因为个体大的动物，其单位体重散热量相对少，这就是贝格曼规律。另外，恒温动物身体的突出部分如四肢、尾巴和外耳等在低温环境中有变小变短的趋势，这也是减少散热的一种形态适应，这一适应常被称为阿伦定律，阿伦定律著名的例子是热带的大耳狐、温带的赤狐、北极狐的外耳随栖息环境温度下降而变短。恒温动物的另一种适应是在寒冷地区和寒冷季节增加毛或羽毛的数量和质量或增加皮下脂肪的厚度，从而提高身体的隔热性能。

在生理方面，生活在低温环境中的植物常通过减少细胞中的水分和增加细胞中的糖类、脂肪或色素等物质来降低植物的冰点，增强抗寒能力。例如鹿蹄草就是通过在叶细胞中大量储存五碳糖、黏液等物质来降低冰点的,这可使其结冰温度下降到-31℃。鸟类和哺乳类等恒温动物有较高的热能代谢水平,能靠自身代谢产热维持体温,因而受外界温度的影响较小,并且抗寒力也较强(狗能短时间内抗-100℃的低温)。寒带动物由于具有高隔热性的皮毛,能使其在少增加甚至不增加代谢产热的情况下就能保持恒定的体温。

动物在行为上的适应主要表现在休眠和迁移两个方面,前者有利于增强抗寒能力,后者则可躲过低温环境。

2. 动植物对高温的适应

植物对高温环境的适应表现在形态、生理和行为三个方面。有些植物生有密绒毛和鳞片,能过滤一部分阳光;有些植物体呈白色、银白色,叶片革质发亮,能反射一大部分阳光,使植物体免受热伤害;有些植物叶片垂直排列使叶缘向光或在高温条件下叶片折叠,以减少光的吸收面积;还有些植物的树干和根茎生有很厚的木栓层,具有绝热和保护作用。植物对高温的生理适应主要是降低细胞含水量,增强糖或盐的浓度,这有利于减缓代谢速率和增强原生质的抗凝结力。有些植物是靠增强蒸腾作用避免植物体因过热受害,还有一些植物具有反射红外线的能力,夏季反射的红外线比冬季多,这也是避免使植物体受到高温伤害的一种适应。

动物对高温环境的一种重要的适应方式就是适当放松恒温性,使体温有较大的变幅,即在高温炎热时身体能暂时吸收和储存大量的热并使体温升高,在环境条件改善或躲到阴凉处时再把体内的热量释放出去,体温也会随之下降。在炎热干旱的沙漠中,昆虫和小型哺乳动物多在夜间活动,白天隐蔽于洞穴或阴凉处。夜出加穴居是躲避高温的有效行为适应。此外,有些动物如蜗牛在炎夏不活动,进入夏眠。

三、生物对水的适应

生物长期生活在特定水分条件的地区,在结构生理和行为等方面均产生了适应性的特化。

1. 动植物对水生环境的适应

水体中氧含量很低,植物适应缺氧的结果是根、茎、叶内形成一整套相互连接的通气组织系统。例如荷花,从叶片气孔进入的空气能通过叶柄、茎的通气组织而进入地下茎和根部的气室,形成了一个完整的、开放型的通气联络系统,以保证地下各器官、组织对氧的需要;另一类植物如金鱼藻,属封闭式的通气组织系统,这个系统不和植物体外的大气直接相通,但可贮存由呼吸作用释放出来的二氧化碳供光合作用的需要和贮存由光合作用释放出来的氧供呼吸作用利用。另外,植物体内存在大量通气组织就能减轻体重,增加植物体积,特别是叶片的漂浮能力。

水生植物长期适应水中弱光、缺氧的结果,致使水下叶片常分裂成带状、线状或者很薄,以增加对光、无机盐和二氧化碳的吸收表面积。最典型的是有些伊乐藻属植物只有一层细胞,这不仅能增加受光面积,并且使水中的二氧化碳和无机盐类容易直接进入细胞内。又如有的水生植物出现异型叶,即同一植株上有两种不同形状的叶片,在水面上呈片状,而在水下则呈丝状或带状。沉水植物是典型的水生植物,表皮细胞没有角质层和蜡质层,能直接吸收水分、矿质营养和水中的气体,这些表皮细胞逐步取代根的机能,因此根逐步退化甚至消失。

水生植物还要有一定的适应水环境盐度的机制,淡水植物生活在低渗水环境里,能利用细胞中的物质自动调节渗透压,而海水植物细胞的渗透压则是与海水等渗的。

水生动物进化过程中形成了适应环境的一些特殊的呼吸方式。例如水爬虫、蚊的幼虫及水蠓虫等皆具有呼吸管,能伸到水面上吸收大气中的氧;鱼类、甲壳类使水流过鳃进行气体交换。

水生动物生活在水的包围之中,似乎不存在缺水问题,其实不然。因为水中往往溶解有不同种类和数量的盐类,水生动物体表通常具有渗透性,所以存在渗透压调节和水平衡的问题。不同类群的水生动物有着各自不同的适应能力和调节机制。淡水无脊椎动物、鱼类和两栖类的体液渗透压高于水环境的渗透压,因此外界的水通过可渗透的鳃、口腔黏膜、体表等大量渗入体内。适应排出较多水分的需要,淡水鱼类的肾脏排低浓度尿液,鳃内有盐腺向体内分泌盐分,补偿因排尿丢失的盐离子,使体内水分调节取得平衡。海产硬骨鱼类体液的渗透压比海水低,体内水分大量外渗,机体面临失水威胁,于是大量吞饮海水,过多盐分通过鳃上的泌氯盐腺排出,以免因吞饮海水而使盐分在体内大量积累,含氮废物以氨的形式从肾排出,同时肾的重吸收水分能力强,泌尿量少,从而保持体内水盐代谢取得平衡(图3-2-1)。海产软骨鱼类,如鲨鱼血液中盐类的含量和海洋硬骨鱼相似,它们的直肠腺具有和泌氯腺同样的作用,能排出多余盐分。由于鲨鱼的血液中积累较多尿素,其体液渗透压比海水还要高,体外水分渗进体内,需要通过肾脏增加尿量排出多余水分。多数海洋无脊椎动物体液与海水是等渗的,如海胆和贻贝等。等渗不会因渗透作用而失水或得水,但等渗使动物受环境离子浓度变化的影响较大,它们只能分布在一定的狭窄的生态环境中。

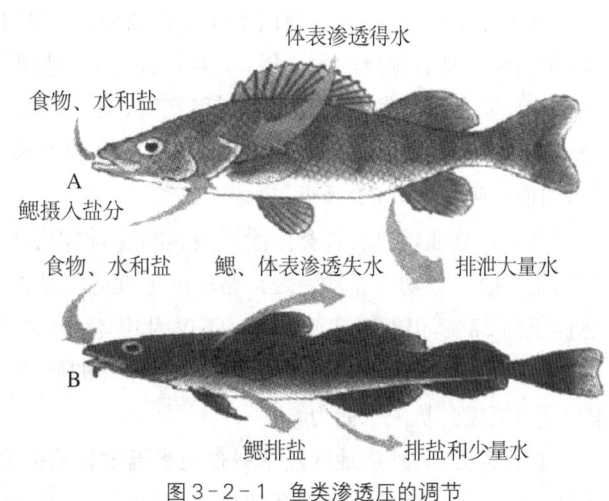

图3-2-1 鱼类渗透压的调节
A——淡水鱼类 B——海产硬骨鱼类

2. 动植物对陆生环境的适应

陆生植物包括湿生、中生和旱生植物。

湿生植物生长在潮湿环境中,不能忍受较长时间的水分不足,是抗旱能力最弱的陆生植物。湿生植物还可进一步区分为阴性湿生植物和阳性湿生植物。阴性湿生植物生长的环境光照弱,大气湿度大,植物蒸腾弱,容易保持水分平衡,因此这些植物根系极不发达,叶片柔软,海绵组织发达,栅栏组织和机械组织不发达,防止蒸腾、调节水分平衡的能力极差。阳性湿生植物虽生长在经常潮湿的土壤中,但由于土壤经常发生短期缺水,特别是大气湿度较低,因此这类植物湿生形态结构特征不明显。叶片有角质层等防止蒸腾的各种适应,输导组织较发达。但由于适应潮湿土壤的结果,根系不发达,没有根毛,根部有通气组织和茎叶的通气组织相连接,以保证根部获得氧气。

中生植物生长在水分条件适中的陆地上。中生植物的根系和输导系统比湿生植物发达,这样就保证能吸收、供应更多的水分;叶片表面有一层角质层,栅栏组织比较整齐,比湿生植物发达。

旱生植物生长在干旱环境中,能忍受较长时间干旱而仍能维持水分平衡和正常生长发育,多分布在干热草原和荒漠区。在形态结构上,旱生植物通常有发达的根系,例如沙漠地区的骆驼刺,地面部分只有几厘米,而地下部分可以深达15米,以吸收更多的水分。有的叶面积很小,例如仙人掌科许多植物,叶特化成刺状。许多单子叶植物在缺水的情况下,叶面可以卷曲以尽量减少水分的散失。另一类旱生植物具有发达的贮水组织,能储备大量水分,以适应干旱条件下的生活。例如美洲沙漠中的仙人掌,高达15~20米,可贮水2吨左右;南美的瓶子树、西非的猴面包树,可贮水4吨以上。旱生植物在生理上的适应主要是细胞质的渗透压特别高,能够使根系从干旱的土壤中吸收水分,同时不至于发生反渗透现象而使植物失水。

陆生动物生活在干燥的环境中,皮肤蒸发、呼吸和排泄等都可使动物失水,影响内环境的稳定和细胞的代谢活动。在进化过程中,动物产生各种适应性变化,减少失水,保持体内的水分和渗透压调节平衡。

在形态结构上,陆生动物以不同方式减少皮肤和呼吸失水。昆虫具有不透水的几丁质体壁,爬行动物具有很厚的角质层,鸟类具有羽毛和尾脂腺,哺乳动物有皮脂腺和毛,都能防止水分从皮肤过量蒸发。节肢动物利用气管、书肺呼吸,通气发生在气门开放瞬间。肺呼吸的脊椎动物有长而复杂的呼吸道,温度较低的鼻腔使来自肺部的湿热气体凝结成水被鼻腔回收,温润呼吸气体,减少呼吸失水。

在生理方面,昆虫、鸟类排泄尿酸、哺乳动物排泄尿素,减少排泄水分的丧失,肾脏具有良好的重吸收水分功能。沙漠之舟骆驼的生理适应是典型例子,它可以17天不喝水,身体脱水达体重的27%,仍然照常行走。这不仅因其有贮水的胃,其驼峰中还藏有丰富的脂肪,在消耗的过程中可产生大量水分,血液中还具有特殊的脂肪和蛋白质,不易脱水。骆驼的血细胞还能变形,能提高抗失水能力。

在行为方面,沙漠地区夏季昼夜地表温度相差很大,因此,地面和地下的相对湿度和蒸发力相差也很大。沙漠中的许多动物,为避开干燥的空气,白天躲藏在潮湿的地方或水中,而在夜间出来活动。干旱地区生活的许多鸟类和兽类,在水分缺少、食物不足的时候,往往会迁移到别处,以避开不良的环境条件。在非洲大草原,旱季到来时大型草食动物就开始迁徙。干旱还会引起爆发性迁徙,例如蝗虫有趋水性,常常从干旱地带成群迁飞至低洼易涝地方。

四、生物之间的关系

每一种生物的周围都有多种其他生物,生物的身体内部也可能有其他生物生活其中。每一生物周围的各种生物和它体表、体内的各种生物都构成了这个生物生活环境中的生物因素。生物之间的关系通常有种内关系和种间关系。

1. 种内关系

种内关系中最常见的是种内斗争和种内协作。

种内斗争是指同种个体间为了争夺资源、领地、配偶等而进行的生存斗争。例如,有的动物在繁殖期时,雄性个体往往为了争夺雌性个体与同种的雄性个体进行斗争。种内斗争是调节种群密度的一种机制,如果群体密度过大,种内斗争会变得非常激烈,有限的食物只能允许最能适应的个体存活,雄性间的竞争使得只有最强壮的才能生育后代。

种内协作是指同种个体间为了共同防御敌害、获得食物及保证种族生存和延续而进行的相互帮助、相互有利的行为。例如,野牛结群组成防线,用以抵御捕食者的侵袭;狼群的合作可杀死一头牛;白蚁精巧的蚁巢也是工蚁通力合作的结果,这些都是种内协作的例子。

2. 种间关系

物种之间的关系,除捕食与被捕食的关系外,比较常见的还有竞争、寄生、共栖、合作、共生等。

捕食指一种生物以另一种生物为食的种间关系。

竞争指物种之间由于争夺有限生存条件(如阳光、水分、空间)或生活资源(如营养、食物)而存在的相互排斥的关系。竞争的结果,或对竞争双方都有抑制作用,大多数的情况是对一方有利,另一方被淘汰,一方替代另一方。

寄生指一种生物(寄生物)寄居在另一种生物(寄主)的体内或体表,从那里吸取营养物质来维持生活。生物界的寄生现象十分普遍,几乎没有一种生物是不被寄生的,连小小的细菌也要受到噬菌体的寄生。人体内的绦虫、血吸虫、蛔虫,植物中的菟丝子、槲寄生、桑寄生等都是寄生生物。在寄生关系中,一般寄生物为小个体,寄主为大个体,以小食大。寄生关系大都一方受益,一方受害,甚至引起寄主患病或死亡。

共栖指两个物种的个体生活在一起,其中一方受益而另一方不受益也不受害的现象。共栖伙伴彼此分离,各自有独立的生活能力。共栖现象在海洋生物中最多。例如,僧帽水母的触手上有刺囊,可捕杀各种小生物,但有一种小鱼,经常徘徊于触手之间,它们不受僧帽水母刺囊的攻击,反而以僧帽水母为"保护伞",有时游出水母漂浮体之外,遇警又游回。

合作指两种生物共同生活、互相有利,如分开各自都能生活。例如,寄居蟹隐藏于螺壳内,螺壳上有时附有一、两个海葵,寄居蟹藏于其下不易为敌害发现,并且海葵触手上多刺细胞,可帮助寄居蟹驱赶敌害动物,另一方面寄居蟹行动迅速,可帮助海葵扩大捕食区域,寄居蟹捕食时,一些食物碎渣就可为海葵食用,它们的关系是合作的关系,但这种合作关系并不紧密,如果分开,则双方都能独立生活。蚂蚁和蚜虫的关系也属于合作。

共生指两种生物共同生活,互相有利,彼此都要依靠对方才能生活,如果分开双方的生活都要受到很大影响,甚至不能生活而死亡。地衣是单细胞藻类和真菌的共生体,藻类进行光合作用,制造养料,大部分供给真菌;真菌吸取外界水分、无机盐和二氧化碳提供给藻类。又如,白蚁必须依靠鞭毛虫来消化纤维素,鞭毛虫必须生在白蚁消化管内这样一个条件适宜、食物丰富的环境中,否则便要死去。新孵化的白蚁总要从成年白蚁的肛门附近舐食流出的液体,取得其中的鞭毛虫,否则虽食入木屑,却不能消化。

此外,除了上述六种直接关系外,生物之间还有一些间接关系,如通过化学物质而实现的互助或拮抗关系。一种生物产生的化学物质促进另一种生物或同种生物的生长繁殖,称作化学互助。例如,生物在土壤中杂居共处时,有些生物产生一些物质,如生长素、维生素等,对其他生物有促进生长的作用;土壤微生物使土壤活化,变为肥沃土壤,有利于其他植物的生长,也是一种化学互助作用。一种生物产生并释放某些物质,抑制另一种生物或同种生物的生长繁殖,称作化学对抗或拮抗。化学拮抗最突出的例子是抗生素。例如,青霉分泌青霉素,使周围细菌死亡。

五、保护色、警戒色和拟态

保护色、警戒色、拟态是生物适应环境的典型。

动物适应栖息环境而具有的与环境色彩相似的体色,叫做保护色。具有保护色的动物不易被其他动物发现,这对它躲避敌害或猎捕动物都是有利的。例如,生活在北极地区的北极狐和白熊,毛是纯白色的,与冰天雪地的环境色彩协调一致,这有利于它们猎捕食物。有些动物在不同的季节具有不同的保护色。例如生活在寒带的雷鸟,在白雪皑皑的冬天,体表的羽毛是纯白色的,一到夏天就换上棕褐色的羽毛,与夏季苔原的斑驳色彩很相似。有些蝗虫在夏天草木繁盛时体色是绿色的,到了秋末则变为黄褐色。还有些动物的体色是随时都可以改变的,避役(又叫变色龙)和比目鱼等。比目鱼在白色的背景下,身体是白色的;在黑色的背景下,身体是黑色的;在黑白相间的背景下,身体就像打了很多黑白相间的补丁。

教材研读

斑马条纹在草原上很显眼,是不是保护色呢?如何解释其作用?

生活在草原上的斑马身上的条纹有什么作用?

斑马是生活在非洲草原上的典型动物。它美丽的条纹引起了动物学家的研究兴趣,动物学家得出两种不同的结论:

1. 条纹使斑马在草丛中不易被发现

斑马在草原上还是太显眼

2. 动物学家模仿狮子蹲在草丛中观察斑马,得出了另一种结论。猜猜另一种结论可能是什么。

斑马为什么总是成群结队地待在一起?

把你的结论写在活动记录上。

某些有恶臭或毒刺的动物所具有的鲜艳色彩和斑纹，叫做警戒色。例如，黄蜂腹部黑黄相间的条纹就是一种警戒色。据研究，鸟类被黄蜂蜇一次，会记忆几个月，再遇到黄蜂就会很快地避开。有些蛾类幼虫具有鲜艳的色彩和斑纹，身上长着毒毛，如果被鸟类吞食，这些毒毛就会刺伤鸟的口腔黏膜，尝过这种苦头的鸟再见到这些幼虫就不敢吃了。警戒色的特点是色彩鲜艳，容易识别，能够对敌害起到预告示警的作用，因而有利于动物的自我保护。

　　某些生物在进化过程中形成的外表形状或色泽斑，与其他生物或非生物异常相似的状态，叫做拟态。例如，竹节虫的虫体延长呈棒状像竹节或树枝，尺蠖幼虫的形状像树枝，枯叶蝶翅的背面颜色鲜艳，在停息的时候，两翅合拢起来，翅的腹面向外，呈现出枯叶的模样。蜂兰的唇形花瓣常常与雌黄蜂的外表相近，可以吸引雄黄蜂前来"交尾"。黄蜂从一朵蜂兰花飞向另一朵蜂兰花时，就会帮助蜂兰花传粉。

第三节　生态系统

　　生态系统是在一定空间中栖息着的所有生物与其环境之间由于不断地进行物质循环、能量流动和信息传递而形成的统一整体。一定空间内，所有生物与其生活的非生物环境共同组成的物质——能量——信息系统，称为生态系统。在地球上，有许多大大小小的生态系统，生物圈是最大的生态系统，小至一片草地、一个池塘，也是一个生态系统。生态系统也可分为自然生态系统（如原始森林、草原等）、半自然生态系统（如养鱼的湖泊、人工林、牧场和农田等）和人工生态系统（如城市、矿区、工厂等）三种类型。

一、生态系统的基本结构

　　所有的生态系统一般包括以下四个基本组成部分：
　　一是非生物成分，包括无机物质（如阳光、二氧化碳、水和各种无机盐）、有机化合物（包括蛋白质、糖类和腐殖质等）、气候因子（如温度、湿度、风、雨、雪等）以及太阳能。非生物物质是生态系统的物质基础，太阳能是生物能量的主要来源。
　　二是生产者，主要是植物，也包括某些能进行光合作用和化能合成作用的细菌。它们能利用简单的无机物制造出有机物，并同时把太阳能（或无机物氧化所释放的能量）转换成化学能贮存在有机物中。生产者都是自养生物，它们制造的有机物不仅为自身的生存提供营养物质和能量，而且是消费者和分解者唯一的能量来源。可见，生产者是生态系统中最基本和最重要的生物成分。
　　三是消费者，主要是动物，也包括寄生生物。消费者是异养生物，它们直接或间接地以植物为食，因而物质和能量从植物转移到动物体内。
　　四是分解者，也称还原者，主要是细菌和真菌，也包括某些原生动物和蚯蚓、白蚁、秃鹫等腐食动物。分解者也是异养生物，它们靠分解有机物为生（腐生），将动植物尸体、粪便等各种复杂的有机物分解（或还原）为简单的无机物，并释放到环境中，供植物再一次利用，因此又称为还原者。在这个过程中，分解者也获得了自身生长和繁殖所需要的物质和能量。分解过程对于物质循环和能量流动具有非常重要的意义，所以分解者在任何生态系统中都是不可缺少的组成成分。

这四个组成部分是互相联系、互相作用的。生产者、消费者和分解者称为生态系统中的三大功能类群,通过完成能量流动和物质循环的过程,彼此紧密地联系起来。

资料

生物群落是指在一定空间内各个生物种群有规律的集合。群落中各类生物的个体,并不是偶然组成的,而是在一定的生态因素综合作用下种群的集结。在不同的环境中,生存着不同的生物群落。群落中的各种生物彼此之间存在着直接或间接的食物联系,形成复杂的食物链。食物链上的各生物分别属于生产者、消费者和分解者三大功能类群。

生态系统中各种生物按其摄食关系而排列的顺序称为食物链,如草→昆虫→鸟,就是一个简单的食物链。生态系统中的食物链不是固定不变的,而是随个体发育的不同阶段、食物的季节变化和环境变化而改变。

自然生态系统中主要有三种食物链类型,即牧食食物链、寄生食物链和碎屑食物链。

牧食食物链又称为捕食食物链,是以活的绿色植物为基础,从食草动物开始的食物链,其构成方式是:植物→植食性动物→肉食性动物。这种食物链既存在于水域,也存在于陆地环境。例如,草原上的青草→野兔→狐狸→狼;湖泊中的藻类→甲壳类→小鱼→大鱼。牧食食物链虽然比较常见,但它在陆地生态系统和很多水生生态系统中并不是主要的食物链,只在某些水生生态系统中,生产者通常是微小的单细胞藻类,很快就能被浮游动物或其他动物整个吃掉,这时牧食食物链才会成为能流的主要渠道。

寄生食物链是以活的动植物有机体为基础,从某些专门营寄生生活的动植物开始的食物链。寄生物是消费者,它与寄主紧密生活在一起,以寄主的组成物质为食。例如,哺乳类或鸟类→跳蚤→原生动物→细菌→病毒。由于寄生物的生活史很复杂,所以寄生食物链也很复杂。与捕食食物链不同的是,越是在寄生食物链的基部环节,动物个体越大,随着环节的不断增加,寄生物的体积越来越小。

碎屑食物链又称为分解链,它是以腐烂的动植物尸体及排泄物为基础、多种分解者(包括微生物、原生动物及其他小型动物等)参与的食物链,植物残体→蚯蚓→线虫类→节肢动物。以往人们更多地关注捕食食物链而忽略了碎屑食物链的重要价值。在森林中,有90%的净生产是以食物碎屑方式被消化掉的。即使在大型食草动物十分发达的草原生态系统中,被吃掉的牧草通常也不到植物生产力的1/4,其余部分也是在枯死后被分解者分解。可见,牧食食物链和碎屑食物链在生态系统中往往同时存在,相辅相成地起着作用。

生态系统中的每一种生物都可能成为其他几种生物的食物,不可能固定在某一食物链上,因此,食物链彼此交错联结,形成复杂的营养网络,即食物网(图3-3-1)。复杂的食物网是生态系统保持稳定的重要条件。一般来说,食物网越复杂,生态系统越稳定,食物网越简单,生态系统越容易发生波动和毁灭。

营养级是指处于食物链某一环节上的全部物种的总和。营养级的概念使得生物之间复杂的营养关系变得简明。例如,所有的绿色植物都位于食物链的起点,它们构成了第一营

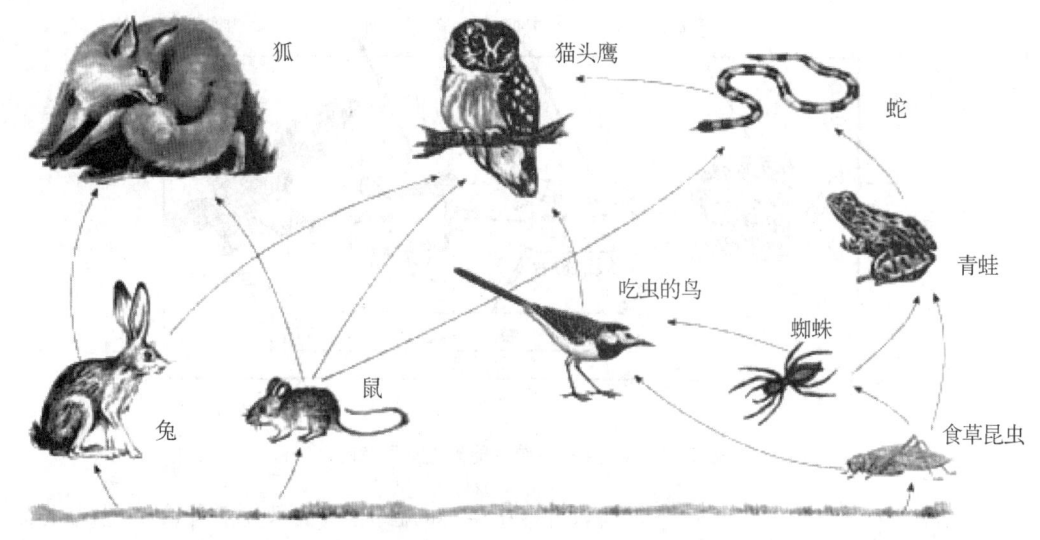

图 3-3-1 温带草原的食物网

级;所有以植物为食的动物都归属于第二营养级;所有以植食动物为食的肉食动物则属于第三营养级,以此类推。但是,很多动物不止在一个营养级上取食,因此,判断一个动物处于哪一级营养级上,还需要针对具体的食物链来加以讨论。

二、生态系统的基本特征与功能

所有的生态系统都具有以下基本特征:

首先,生态系统具有自我调节能力。生态系统结构越复杂,调节能力就越强,但自我调节能力是有一定限度的。

其次,生态系统具有能量流动、物质循环和信息传递三大功能。能量流动是单方向的,物质流动是循环式的,信息传递则包括营养信息、化学信息、物理信息和行为信息,组成信息网。

再次,生态系统是一个半开放的动态系统,要经历从简单到复杂、从不成熟到成熟的演变,在不同阶段有不同的特征。

能量流动和物质循环是生态系统的重要功能。

太阳能通过绿色植物的光合作用转换成化学能贮存在体内后,便进入生态系统的营养结构中流动,被生产者固定下来的总能量,除了动植物尸体的一部分能量被分解者利用并通过呼吸作用释放到环境中去以外,其余的能量通过食物链的各个营养级而流动。这一部分能量在流动中也由于生产者和各级消费者的呼吸作用而被消耗很大部分,并且各营养级总有一部分生物未被下一个营养级的生物所利用,所以能量在流动中越来越少,最终被完全消耗掉。可见,生态系统需要不断地输入能量,这些输入的能量都按照递减的规律,单向地在生态系统中流动(图 3-3-2)。

在生态系统中,由于能量通过食物链流动时呈现递减的规律,从上一营养级到下一营养级的能量转化率大约只有 10%,这一规律称作十分之一定律。这里 10% 这个数目不是绝对的,不同的生态系统有不同的能量流动效率,变异是很大的。但是,生态系统中能量传递的效率低,逐级递减,则是普通规律。因此各营养级的能量呈一种金字塔状,生物数量和生物量

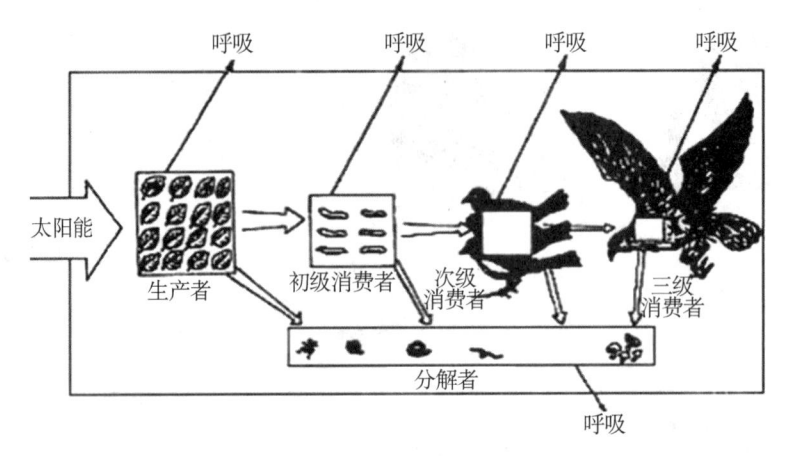

图 3-3-2　生态系统的能量流动示意图

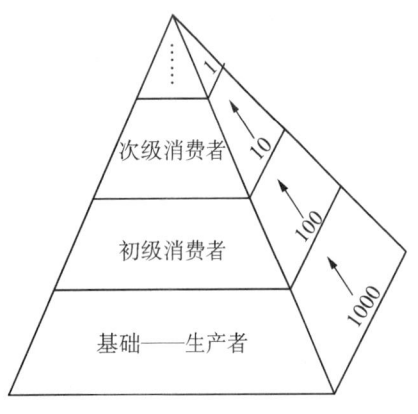

图 3-3-3　生态金字塔示意图

（营养级中生物的总重量）也呈金字塔状，统称为生态金字塔（图3-3-3）。生态金字塔形象地说明，最高营养级的数量总是小的，正和塔尖一样，其上不可能有更高的营养级。虎、狮、鹰等肉食动物，需要大量的生产者供食，因此它们数目不多，种群总是小的，从来不是密集的，而是在大面积的山林、旷野徘徊，以获取它们必需的食物。此外，正因为种群小，它们经不起干扰，绝灭的机会多，东北虎、华南虎都是濒危动物。

对生态系统来说，物质同能量一样重要。生物有机体在生活过程中需要的各种矿质营养元素首先被植物从空气、水、土壤中吸收利用，然后以有机物的形式从一个营养级传递到下一个营养级。当动植物有机体死亡后被分解生物分解时，它们又以无机形式的矿质营养元素归还到环境中，再次被植物重新吸收利用。可见，物质循环的特点是循环式，与能量流动的单方向性不同。能量流动和物质循环都是借助于生物之间的取食过程进行的，在生态系统中，能量流动和物质循环是紧密地结合在一起同时进行的，它们把各个组分有机地联结成为一个整体，从而维持了生态系统的持续存在。

全球的物质循环可分为三大类型，即水循环、气体循环和沉积循环。

水循环的主要路线是从地球表面通过蒸发进入大气圈，同时又不断地从大气圈通过降水而回到地球表面。水循环对于生态系统具有特别重要的意义，水中携带着大量的各种化学物质（各种盐和气体）周而复始地循环，极大地影响着各类营养物质在地球上的分布。由于水总是从高处往低处流，所以高地往往比较贫瘠，而低地比较肥沃，如沼泽地和大陆架就是这种最肥沃的低地，也是地球上生产力最高的生态系统之一。

碳、氧、氮的循环均为气体循环。以碳循环为例，生物可直接利用的碳是水圈和大气圈中以二氧化碳形式存在的碳，二氧化碳或存在于大气中或溶解于水中，所有生命的碳源均是二氧化碳。碳的主要循环形式是从大气的二氧化碳蓄库开始，自养植物及自养细菌通过光合作用和化能合成作用把大气中的二氧化碳同化为糖,再由此合成脂类和蛋白质等其他有机物。这些糖类化合物供绿色植物生长及呼吸之用。动物则直接或间接地从植物取得碳。动、植物的呼吸向空气中释放二氧化碳,但是它们呼吸释放的二氧化碳远远不足以补偿绿色植物光合作用所摄取的二氧化碳,因为动、植物的生长已将大量的碳制成了它们身体的细胞和它们身体内储藏的食物了。所以动、植物死亡后,尸体被细菌和真菌等分解者分解而释放二氧化碳,是碳循环中十分重要的步骤。这些二氧化碳进入大气中才使大气中二氧化碳的消耗得到有效的补偿。植物死后如果长期压在地下,而未被细菌、真菌等全部分解,就可能通过一系列化学变化而成了泥炭,或进一步成了煤、石油、天然气等。约3亿年以前的石炭纪地层中的煤层就是这样产生的。这些地下能源是远古植物从大气中吸取二氧化碳而储存下来的,这些化石能源的开采和燃烧把以前储存的二氧化碳还给了大气(图3-3-4)。

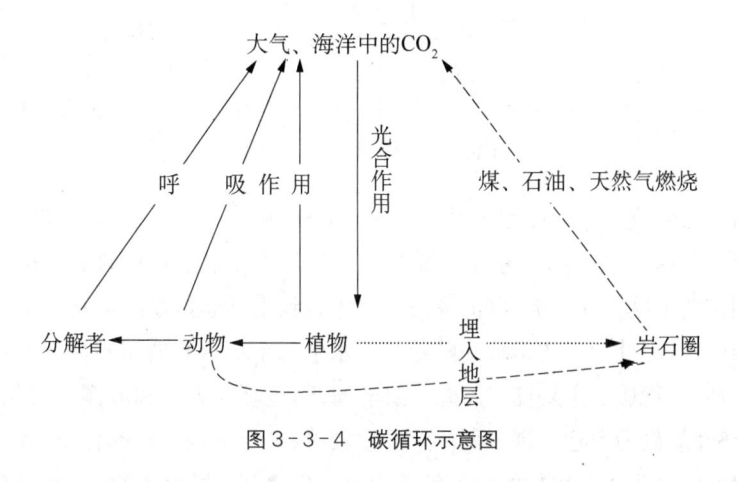

图3-3-4 碳循环示意图

在生态系统中,碳循环的速度是很快的,最快的在几分钟或几小时内就能够返回大气,一般会在几周或几个月内返回大气。一般来说,大气中二氧化碳的浓度基本上是恒定的。但是,近百年来,由于人类活动对碳循环的影响,一方面森林大量砍伐,同时在工业发展中大量化石燃料的燃烧,使得大气中二氧化碳的含量呈上升趋势。虽然二氧化碳对地球气温影响问题还有很多不明之处,有待人们进一步研究,但大气中二氧化碳浓度不断增大,对地球上生物具有不可忽视的影响,这是不容置疑的。

钙、钾、钠、镁、磷等盐类的循环均属于沉积循环。以磷循环为例,生态系统中的磷的来源是磷酸盐岩石和沉积物以及鸟粪层和动物化石,由于风化、侵蚀作用和人类的开采活动,磷才被释放出来。一些磷经由植物、植食动物和肉食动物而在生物之间流动,待生物死亡和分解后又使其重返环境。在陆地生态系统中,磷的有机化合物被细菌分解为磷酸盐,其中一些又被植物吸收,另一些则转化为不能被植物利用的化合物。由于水循环,陆地的一部分磷则随水流进入湖泊和海洋。虽然通过海鸟和人类的捕捞活动可使一部分磷返回陆地,但数量很少。在淡水和海洋生态系统中,磷酸盐能够迅速地被浮游植物吸收,而后又转移到浮游动物和其他动物体内。浮游动物排出的磷有一半以上是可以被浮游植物吸收的无机磷酸盐。水体中其他的有机磷可被细菌利用,细菌又被一些小动物取食,这些小动物可以排泄磷酸盐。磷有一部分沉积在浅海,一部分沉积在深海。一些沉积在深海的磷又可以随着海水的上涌被带到光合作用水层并被浮游植物利用。由于动植物残体的下沉,常使水表层的磷被耗尽而深水中的磷过多(图3-3-5)。

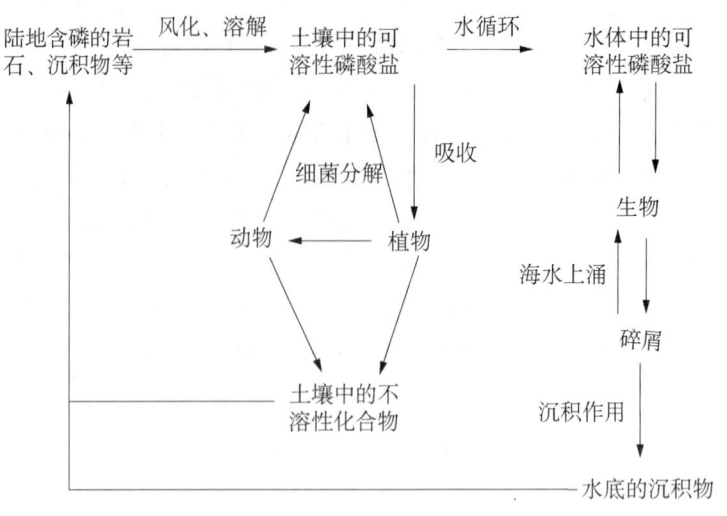

图3-3-5 磷循环示意图

人类的活动已经改变了磷的循环过程。由于农作物耗尽了土壤中的天然磷,人们便不得不施用磷肥,磷肥主要来自磷矿、鱼粉和鸟粪。由于大部分用作肥料的磷酸盐都变成了不溶性的盐而被固结在土壤中或池塘、湖泊及海洋的沉积物中,同时,浮游植物不足以维持磷的循环,所以沉积到海洋深处的磷比增加到陆地和淡水生态系统中的磷还要多。

在气体循环中,物质的主要储存库是大气和海洋,循环与大气和海洋密切相联,具有明显的全球性,循环性能最为完善。沉积循环速度比较慢,参与沉积循环的物质,其分子或化合物主要是通过岩石的风化和沉积物的溶解转化为可被生物利用的营养物质,而海底沉积物转化为岩石圈成分则是一个相当长的、缓慢的、单向的物质转移过程,时间要以千年来计。这些沉积循环物质的主要储库在土壤、沉积物和岩石中,而无气体状态,因此这类物质循环的全球性不如气体循环,循环性能也很不完善。气体循环和沉积循环虽然各有特点,但都受能量的驱动,并依赖于水循环。

三、生态平衡

生态平衡是指一定时间内,生态系统中的生物与环境、生物与生物之间通过相互作用达到的协调稳定状态。生态系统的平衡表现在三个方面:①生产者、消费者、分解者的组成和数量比例相对稳定;②物质循环和能量流动协调畅通;③非生物环境保持相对稳定,系统的输入和输出在数量上接近相等。一般来说,生态系统的结构与功能越复杂,系统的稳定性就越高。

生态系统是一种控制系统或反馈系统,它具有一种反馈机能,能自动调节和维持自己稳定的结构和功能,以保持系统的稳定和平衡。物质循环与能量流动中的任何变化,都是对系统发出的信号,会导致系统向进化或退化的方向变化。但是变化的结果又反过来影响信号本身,使信号减弱,最终使原有平衡得以保持。例如,某一森林生态系统中食叶昆虫(如松毛虫)数量增多(信号),林木因此受害。这种信号传递给食虫鸟类(如灰喜鹊),促使其大量繁殖,捕食食叶昆虫,使虫口得到控制,于是森林生态系统的生态平衡逐渐得到恢复。而且,生态系统结构愈复杂,物种愈多,食物链和食物网的结构也愈复杂多样,能量流动与物质循环就可以通过多渠道进行,有些渠道之间可以起相互补偿的作用。一旦某个渠道受阻,其他渠道有可能替代其功能,起着自动调节作用。

生态平衡是动态的。在生物进化和群落演替过程中,不断打破旧的平衡,建立新的平衡。如果生态系统中物质与能量的输入大于输出,其总生物量增加,反之则生物量减少。在自然状态下,生态系统的演替总是自动地向着物种多样化、结构复杂化、功能完善化的方向发展。如果没有外来因素的干扰,生态系统最终必将达到成熟的稳定阶段。那时生物种类最多,种群比例最适宜,总生物量最大,系统的内部稳定性最强。

生态系统的调节作用是有限度的,当外界环境的改变超过系统自我调节能力时,就会造成生态失衡。影响生态平衡的因素可概括为自然因素和人为因素两大类。前者如火山喷发、地震、山洪、海啸、泥石流、林火等,都可使生态系统在短时间内受到严重破坏,甚至毁灭。但这些自然因素引起的环境变化频率不高,而且在地理分布上有一定的局限性和特定性,从全球范围看,自然因素的突变对生态系统的危害还是不大的,受破坏的生态系统在一定时期内有可能自然恢复或更新。人为因素所造成的环境改变,导致了自然生态系统的强烈变化,破坏了生态平衡,同时也给人类本身带来了灾难。人为因素对生态系统平衡的影响,主要表现在两方面:

一方面,人类活动改变生物因子。由于不尊重生物在食物链中相互制约的规律,任意消除食物链中某个必要环节,或不慎重地引入新的环节而没有采取相应的控制措施,导致食物链的失控,从而引起系列不良的连锁反应。另外,人类为了满足生产和生活的需要,不合理地开发利用自然资源,常常导致毁灭森林、破坏草场和其他植被资源,从而打破了生态系统的平衡,引起生态灾难。

另一方面,人类活动改变环境因子,污染了环境,从而导致生态系统平衡的破坏。

生态平衡的破坏往往出自人类的贪欲与无知,过分地向自然索取,或对生态系统的复杂机理知之甚少而贸然采取行动。近年来有些生态学家提出了许多正确的见解,并把它提高到规律和定律的高度。例如,有美国的环境学家提出了生态学三定律:

生态学第一定律:我们的任何行动都不是孤立的,对自然界的任何侵犯都具有无数效应,其中许多效应是不可逆的。该定律可称之为多效应原理。

生态学第二定律:每一种事物无不与其他事物相互联系和相互交融。此定律可称为相互联系原理。

生态学第三定律:我们生产的任何物质均不应该对地球上自然的生物地球化学循环有任何干扰。此定律或可称之为勿干扰原理。

本章思考题

1. 达尔文自然选择学说的核心内容有哪些?20世纪以来,进化理论的发展对达尔文理论作了哪些完善和补充?
2. 从目前发现的化石证据来看,人类进化各阶段的年代相互有重叠,这说明了什么?
3. 从形态结构、生理、行为习性三方面各举一例,说明生物对环境的适应。

4. 有些小朋友认为,老虎等凶猛的肉食动物不需要保护色,这种想法对不对?为什么?
5. 一条食物链的环节多少是否有数量上的限制?为什么?
6. 现在社会上购买动物放生的行为越来越多,你如何看待放生对生态系统的影响?
7. 某老师这样的讲述是否准确:一条完整的食物链包括植物、动物和微生物。试从食物链的类型加以分析。

第四章 健康生活

热身体验

教材页面中蕴含了哪些层次的生物学学科知识呢?

学习指导

1. 了解人体的运动、消化、呼吸、心血管、神经等系统的结构与生理作用。
2. 了解人体生长发育的基本阶段以及相应变化。
3. 了解营养、运动、卫生保健等方面的良好生活习惯。

第一节 生 理 与 健 康

人体是一个有序的结构。构成人体基本的结构和功能单位是细胞,细胞与细胞之间存在着细胞间质,对细胞起着支持、保护、连结和营养作用,参与构成细胞生存的微环境。众多形态相似功能相近的细胞由细胞间质组合成的细胞群体叫做组织。以一种组织为主体,几种组织有机地结合在一起,形成具有一定形态、结构和功能特点的器官。若干功能结构相近的器官组成系统,共同执行某一完整的生理功能。构成人体的系统有运动系统、消化系统、呼吸系统、泌尿系统、生殖系统、循环系统、神经系统、内分泌系统,这些系统执行着人体的各种功能。

一、运动系统

运动系统由骨、骨连结、骨骼肌三部分组成。骨以不同形式(不动、微动或可动)的骨连结相互连结在一起,构成骨骼,形成了人体体形的基础,并为肌肉提供了广阔的附着点。肌肉是运动系统的主动动力装置,在神经支配下,肌肉收缩,牵拉其所附着的骨,以可动的骨连结为枢纽,产生杠杆运动。

运动系统具有运动、支持、保护功能。运动系统顾名思义其首要的功能是运动。运动系统的第二个功能是支持,包括构成人体体形、支撑体重和内部器官以及维持体姿。运动系统的第三个功能是保护,人的躯干形成了几个体腔,颅腔保护和支持着脑髓和感觉器官;胸腔保护和支持着心、大血管、肺等重要脏器;腹腔和盆腔保护和支持着消化、泌尿、生殖系统的众多脏器。骨和骨连结构成了体腔完整的壁或大部分骨性壁,肌肉也构成某些体腔壁的一部分,当受外力冲击时,肌肉反射性地收缩,起着缓冲打击和震荡的重要作用。

1. 骨

人体共有206块骨,分为头骨、躯干骨、四肢骨三部分(图4-1-1)。

头骨也叫颅骨,包括脑颅骨和面颅骨。脑颅由8块骨组成,它们围成颅腔支持、保护脑。面颅骨由15块骨组成,面颅骨连接构成眼眶、鼻腔和口腔的骨性支架。

躯干骨包括脊柱(颈椎、胸椎、腰椎、骶骨及尾骨)、胸骨、肋骨。脊柱位于背部正中,分五段,由24个椎骨、1个骶骨和1个尾骨组成。它们借助韧带、软骨和关节连成一个完整的脊柱。24个椎骨可分为颈椎(7个)、胸椎(12个)和腰椎(5个)。胸廓由12个胸椎、12对肋骨和1个胸骨借助关节、软骨连结而组成。人类的脊柱从侧面看有四个明显的生理性弯曲,即颈曲、胸曲、腰曲、骶曲,这是由于人类直立姿势所形成的特征。颈曲、腰曲凸向前,胸曲、骶曲凸向后,这样可增大胸腔和盆腔的容积,并使人体重心后移,有利于保持直立。这些弯曲还像弹簧装置,可以减少走路与跳跃时对脑的冲击和震荡。

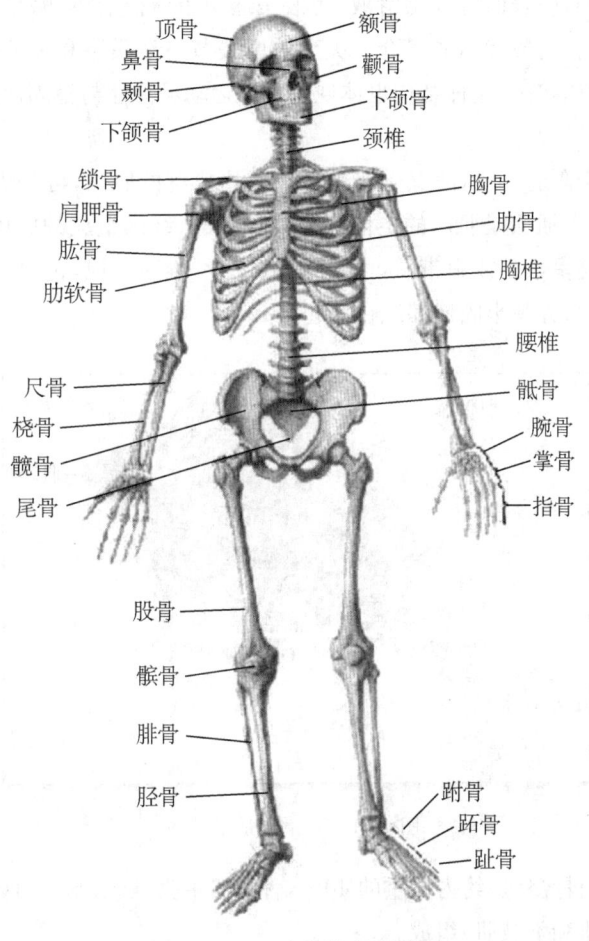

图 4-1-1 人体的主要骨骼

四肢骨包括上肢骨和下肢骨。上肢骨有锁骨、肩胛骨、肱骨、尺骨、桡骨、腕骨、掌骨、指骨，下肢骨有髋骨、股骨、髌骨、胫骨、腓骨、跗骨、跖骨、趾骨。

2. 骨连结

人体骨和骨之间借助于结缔组织、软骨或骨相互连接起来，称骨连结。

从连接形式上可分为直接连接和间接连接两种。直接连结是指骨与骨之间借结缔组织膜、软骨及骨直接相连，如颅骨之间的骨缝、椎骨之间的椎间盘等。直接连结的活动范围很小。间接连结就是我们熟知的关节，关节活动范围大，不同形式的关节可以做各种不同的运动。

关节的基本构造包括关节面、关节囊、关节腔（图4-1-2）。构成关节的两骨相对的骨面上，被覆以软骨，形成关节面。关节面一般是一凸一凹互相适应。

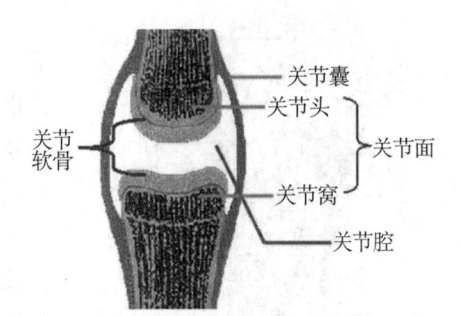

图 4-1-2 关节的结构

凸的叫做关节头，凹的称为关节窝。关节面由于覆盖有软骨，表面光滑，面间有少许滑液，磨擦系数小于冰面，故使运动更加灵活，且由于软骨具有弹性，因而可承受负荷和减缓震荡。关节囊包在关节的周围,内表面可分泌滑液,滑液是透明蛋清样液体,略呈碱性,除具润滑作用外,还是关节软骨进行物质代谢的媒介。关节腔由关节囊滑膜层和关节软骨共同围成,含少量滑液,呈密闭的负压状态,这种结构也体现了关节运动灵活性与稳固性的统一。

3. 骨骼肌

运动系统的肌肉附着于骨,故又名骨骼肌。一块典型的肌肉,可分为中间的肌腹和两端的肌腱(图4-1-3)。肌腹是肌肉的主体部分,由横纹肌纤维组成的肌束聚集构成,色红,柔软有收缩能力。肌腱呈索条或扁带状,由平行的胶原纤维束构成,色白,有光泽,但无收缩能力,肌腱附着于骨处与骨膜牢固地编织在一起。

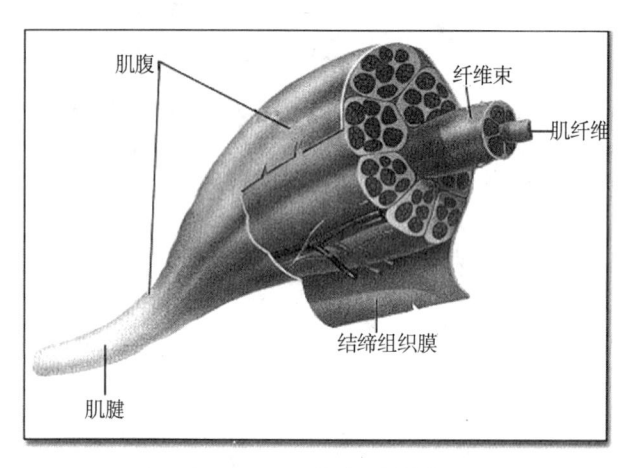

图4-1-3 骨骼肌的结构

人体有600多块骨骼肌,约占体重的40%,骨骼肌由头颈肌、躯干肌(胸肌、背肌、腹肌、膈肌)及四肢肌(上肢肌和下肢肌)组成。

二、营养与吸收

在人和高等动物体内,消化系统执行着对食物的消化和营养物质的吸收功能。

1. 消化系统的组成

消化系统由消化管和消化腺两部分组成。消化管包括口腔、咽、食管、胃、小肠、大肠、肛门。消化腺可分为大消化腺和小消化腺。大消化腺包括唾液腺、肝脏、胰腺,它们分布在消化管外,分泌物经导管排入消化管(图4-1-4)。小消化腺指胃腺、肠腺等,它们分布在消化管壁内。

口腔里面有牙齿和舌,还有唾液腺导管的开口。牙齿生长在上颌骨和下颌骨的牙槽里,它的主要功能是切断、撕裂和磨碎食物。

胃位于左上腹部,是消化道最膨大的部分,呈囊状。胃的主要功能是暂时贮存食物,使食物和胃液充分混合,并且进行初步消化。胃壁有由黏膜上皮凹陷而形成的胃

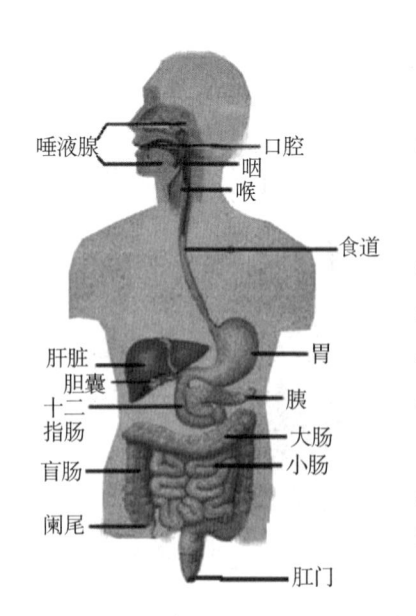

图4-1-4 人体消化系统的主要构成

腺,胃腺开口在胃壁的内表面。

小肠盘曲在腹腔里,长约5~6米,开始的一段叫十二指肠。小肠是消化道中最长的一段,这是消化食物和吸收营养物质的主要场所。小肠内表面具有皱襞和小肠绒毛,大大地增加了消化食物和吸收营养物质的面积,其面积可达200平方米以上(图4-1-5)。小肠绒毛中有毛细血管和毛细淋巴管。绒毛壁和毛细血管、毛细淋巴管的管壁都很薄,都只由一层上皮细胞构成,这种结构特点有利于吸收营养物质。小肠壁内,还有由黏膜上皮凹陷而形成的肠腺。肠腺开口于相邻的两个小肠绒毛之间。

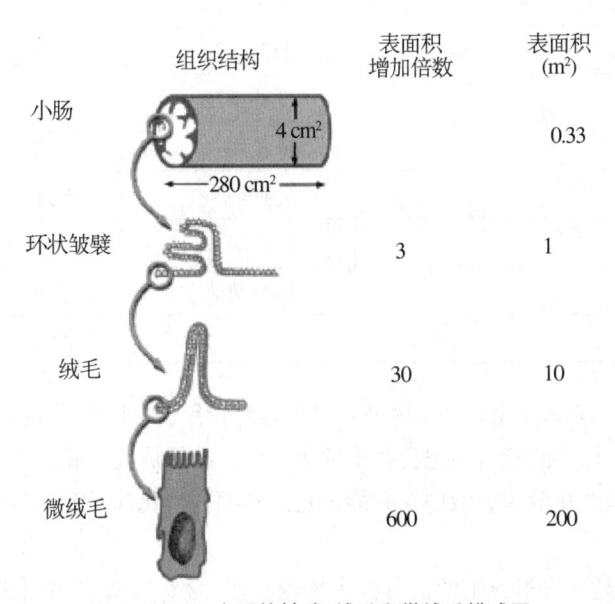

组织结构	表面积增加倍数	表面积(m^2)
小肠		0.33
环状皱襞	3	1
绒毛	30	10
微绒毛	600	200

图4-1-5 小肠的皱襞、绒毛和微绒毛模式图

大肠长约1.5米,它的起始部分叫做盲肠,在腹腔的右下部。盲肠上连着一条细小的盲管,叫做阑尾。大肠的末端开口于肛门。食物经过消化以后留下的残渣,在大肠内形成粪便,通过肛门排出体外。

2. 食物的消化

食物的营养成分一般指的是能被动物和人体消化、吸收和利用的有机物和无机物,也称作营养素。营养素包括糖类、脂类、蛋白质、矿物质、维生素和水六大类。

资料

膳食纤维能帮助清理肠道,对保持人体健康有重要作用,但是它本身不能被人体消化吸收,不属于营养素。

食物的消化有两种,一种是机械性消化,即依靠牙咀嚼、舌搅拌以及消化管壁肌肉收缩和蠕动,把食物磨碎与消化液充分混合,并向前推进。另一种是化学性消化,即通过消化腺分泌的消化液,对食物进行化学分解,最终分解成可被吸收的小分子物质(表4-1-1)。两种消化同时进行,互相协调。

表 4-1-1 消化腺和消化酶的产生和作用

消化腺	消化液	酸碱性	消化酶	作用
唾液腺	唾液	近于中性	唾液淀粉酶	淀粉→麦芽糖
胃腺	胃液	酸性	胃蛋白酶	蛋白质→多肽
胰腺	胰液	碱性	胰脂肪酶	脂肪→脂肪酸+甘油
			胰淀粉酶	淀粉→麦芽糖
			胰蛋白酶	蛋白质→多肽
肠腺	肠液	碱性	肠淀粉酶	淀粉→麦芽糖
			麦芽糖酶	麦芽糖→葡萄糖
			蔗糖酶	蔗糖→果糖+葡萄糖
			乳糖酶	乳糖→半乳糖+葡萄糖
			肠肽酶	多肽→氨基酸
			肠脂肪酶	脂肪→脂肪酸+甘油
肝脏	胆汁	碱性		胆盐能乳化脂肪成微粒

淀粉的分解是从口腔开始的,食物进入口腔,经过牙齿的咀嚼,舌的搅拌,使食物与唾液混合。唾液里含有唾液淀粉酶,能把食物中的部分淀粉分解成麦芽糖。当淀粉和麦芽糖到达小肠后,由于小肠里的胰液和肠液中含有能消化这些糖的消化酶,因此,这些糖又进一步分解成葡萄糖。

蛋白质的分解是从胃里开始的。胃液由胃腺分泌,含有胃蛋白酶原和盐酸,胃蛋白酶原在盐酸激活下,变成具有活性的胃蛋白酶,把食物中的蛋白质水解成多肽。小肠内的胰液和肠液中也含有能消化蛋白质和多肽的酶,因此,在这些消化酶的作用下,进入小肠的蛋白质和多肽又进一步分解成氨基酸。

脂肪的分解主要在小肠内进行,因为小肠内的胰液和小肠液中含有能消化脂肪的酶。由肝脏分泌的胆汁里不含消化酶,但是,胆汁能使脂肪变成微小的颗粒,从而增加了脂肪与消化酶的接触面积,这样有利于脂肪的消化。脂肪在上述消化液的作用下,最后分解成甘油和脂肪酸。

3. 营养成分的吸收

经消化后的营养成分,通过肠黏膜上皮细胞进入血液和淋巴液的过程称为吸收。

人体各段消化道的吸收能力是不同的。口腔、咽和食道基本上没有吸收作用。胃只能吸收少量的水、无机盐和酒精。大肠只能吸收少量的水、无机盐和部分维生素等。

小肠是主要的吸收器官,葡萄糖、氨基酸、甘油、脂肪酸,以及大部分的水、无机盐和维生素都是由小肠吸收的。小肠绒毛吸收的营养物质中,大部分脂肪成分由小肠绒毛的毛细淋巴管吸收,然后经过淋巴循环进入血液循环,其他的营养物质由小肠绒毛的毛细血管直接吸收,进入血液循环。

三、呼吸系统

人体在生命活动中不断地消耗能量,这些能量来源于细胞内的新陈代谢。机体细胞在进行分解代谢时主要是生物氧化，不断地消耗氧并产生二氧化碳。机体的细胞、组织和器官在代谢过程中，不能由外环境直接摄取氧，并排出二氧化碳，而必须依靠呼吸系统与外界环境进行气体交换，即排出二氧化碳和吸入氧，这个过程称为呼吸。

呼吸系统的组成包括呼吸道和肺两大部分，组成呼吸道的器官有鼻腔、咽、喉、气管和支气管，临床上将鼻腔、咽、喉称为上呼吸道，气管和支气管称为下呼吸道，呼吸道的壁内有骨或软骨支持以保证气流的畅通。肺主要由支气管反复分支及其末端形成的肺泡共同构成。肺泡外面包绕着毛细血管。肺泡和毛细血管的壁都很薄，只由一层上皮细胞构成，这些结构特点，适于气体交换在肺泡和血液之间进行。

呼吸过程包括三个互相联系的环节：①外呼吸，指外界环境中的气体通过呼吸道与肺部的血液进行气体交换，包括肺通气和肺换气。肺通气是通过呼吸运动来实现的。呼吸肌收缩和舒张所造成的胸廓扩大和缩小，称为呼吸运动。平静呼吸时，当吸气肌（膈肌和肋间外肌）收缩或舒张，引起胸廓扩大或缩小，肺随之扩大或缩小，导致肺内压降低或升高。肺内压低于大气压，外界空气进入肺泡即吸气；肺内压高于大气压时气体排出肺即呼气。在这过程中，吸气末和呼气末肺内压等于大气压。吸气过程是主动的，呼气过程是被动的。肺换气指的是空气中的氧气，透过肺泡进入毛细血管，血液中的二氧化碳透过毛细血管壁进入肺泡。②气体在血液中的运输，即氧由肺经过血液循环运送到组织，同时二氧化碳由组织运输到肺。③内呼吸或组织呼吸，指细胞通过组织液与血液间的气体交换过程。氧气进入组织细胞中，供给其所需，组织细胞代谢产生的二氧化碳进入血液中（图4-1-6）。

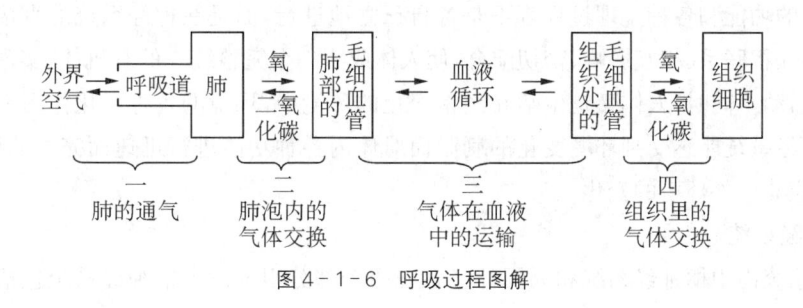

图4-1-6 呼吸过程图解

四、心血管系统

人体的循环系统包括心血管系统和淋巴系统两部分，淋巴系统是静脉系统的辅助装置，一般所说的循环系统指的是心血管系统。血液循环的主要任务是运输物质出入组织，保证机体新陈代谢的进行。由于血液循环活动的顺利进行，血液的全部机能，如维持内环境的恒定、体温调节、白细胞和各种防御物质以及激素的运送等得以实现，并随时调整分配血量，以适应活动着的器官、组织的需要。

心血管系统由心脏、动脉、静脉、毛细血管、血液等组成。心脏的结构包括左心室、右心室、左心房、右心房，动脉是把血液送出心脏的血管，静脉是把血液送回心脏的血管，而毛细血管是连接动、静脉之间的极细微的血管，互相连接成网状，是血管内血液与血管外组织液进行物质交换的场所。毛细血管数量很大，除软骨、角膜、毛发上皮和牙釉质外，遍布全身。毛细血管壁薄，管径较小，血流很慢，通透性大，有利于血液与组织之间进行物质交换。

根据循环途径的不同,可将血液循环分为体循环和肺循环两部分。体循环起始于左心室,左心室收缩将富含氧气和营养物质的动脉血泵入主动脉,经各级动脉到达全身各部组织的毛细血管,与组织细胞进行物质交换,即血中的氧气和营养物质为组织细胞所吸收,组织细胞的代谢产物和二氧化碳等进入血液,形成静脉血。再经各级静脉,最后汇合进入上、下腔静脉注入右心房。体循环也称作大循环。肺循环则起于右心室,右心室收缩时,将大循环回流的血液(含代谢产物及二氧化碳的静脉血)泵入肺动脉,经肺动脉的各级分支到达肺泡周围的毛细血管网,通过毛细血管壁和肺泡壁与肺泡内的空气进行气体交换,即排出二氧化碳,摄入氧气,使血液变为富含氧气的动脉血,再经肺静脉回流入左心房。左心房的血再入左心室,又经体循环遍布全身。这样血液通过体循环和肺循环不断地运转,完成了血液循环的重要任务。肺循环也称作小循环(图4-1-7)。

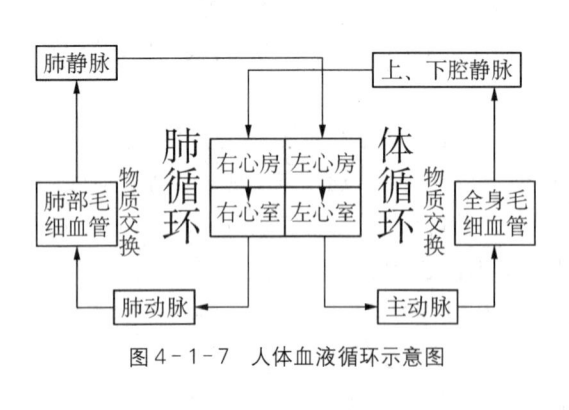

图4-1-7 人体血液循环示意图

五、神经系统与感觉器官

神经系统是人体内起主导作用的功能调节系统。人体的结构与功能均极为复杂,体内各器官、系统的功能和各种生理过程都不是各自孤立地进行,而是在神经系统的直接或间接调节控制下,互相联系、相互影响、密切配合,使人体成为一个完整统一的有机体,实现和维持正常的生命活动。同时,人体又是生活在经常变化的环境中,环境的各种变化作用于人体的感受器,使神经系统能感受到环境变化的刺激而对体内各种功能进行迅速而完善的调整,从而使人体适应体内外环境的变化。

1. 神经系统

神经系统由中枢神经系统和周围神经系统两个部分组成。中枢神经系统包括脑(大脑、小脑和脑干)和脊髓,分别位于颅腔和椎管内。周围神经系统包括12对脑神经和31对脊神经,它们一端同中枢神经系统的脑或脊髓相连,另一端通过各种末梢装置与身体其他器官、系统相联系。根据周围神经系统在各器官、系统中所分布的对象不同,又可分为躯体神经和内脏神经。躯体神经分布于体表的皮肤、黏膜,以及骨、关节和骨骼肌;内脏神经分布于内脏、心血管和腺体。躯体神经和内脏神经都含有感觉神经和运动神经两种成分。感觉神经将神经冲动自周围的感受器传导至中枢,又称传入神经;运动神经将神经冲动自中枢传导至周围的效应器,又称传出神经。内脏神经中的传出部分支配心肌、平滑肌和腺体,不受人的意志控制,又称自主神经系统或植物神经系统。植物神经根据其功能又可分为交感神经和副交感神经(图4-1-8)。

神经元是一种高度特化的细胞,是神经系统的基本结构和功能单位,它具有感受刺激和传导兴奋的功能。神经元由细胞体和突起两部分构成。神经元的突起根据形状和机能又分为树突和轴突。树突一般较短但分支较多,它接受冲动,并将冲动传至细胞体,各类神经元树突的数目多少不等,形态各异。每个神经元只发出一条轴突,长短不一,胞体发出的冲动则沿

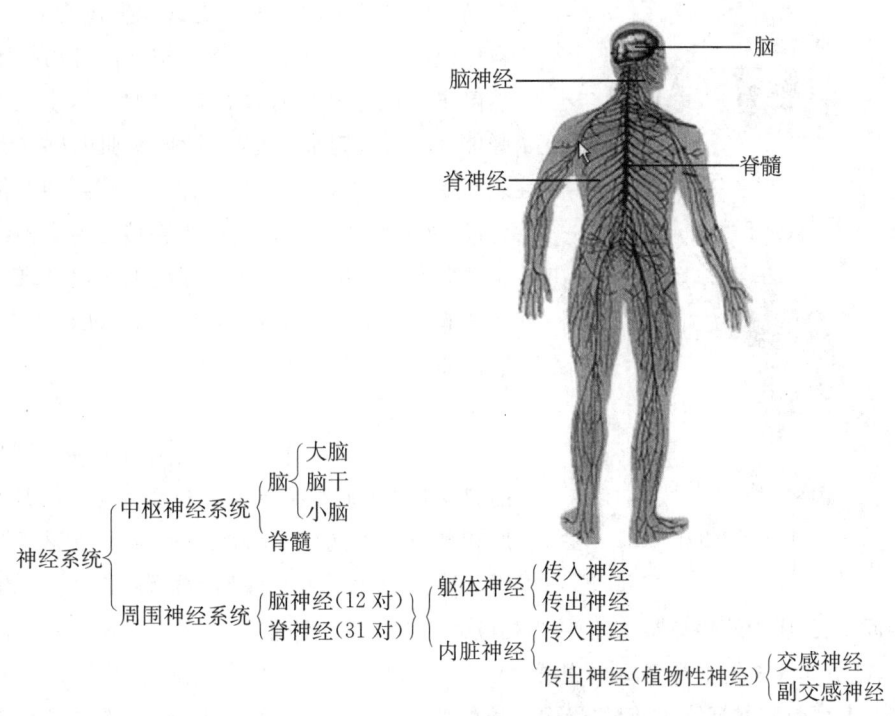

图 4-1-8 人体神经系统示意图

轴突传出。神经元之间联系方式是互相接触,该接触部位的结构特化称为突触,通常是一个神经元的轴突与另一个神经元的树突或胞体借助突触发生机能上的联系,神经冲动由一个神经元通过突触传递到另一个神经元(图 4-1-9)。

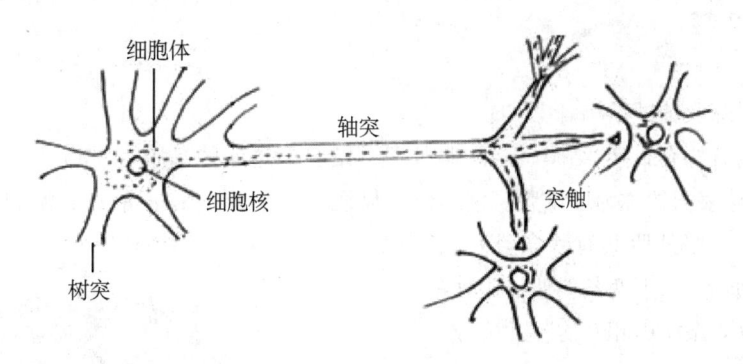

图 4-1-9 神经元和突触示意图

神经系统的基本活动方式是反射,指机体在受到内、外环境的刺激后作出适宜的反应。执行反射的全部神经结构称为反射弧,一般包括五部分:感受器、传入神经、神经中枢、传出神经和效应器。接受刺激的器官或细胞称为感受器,发生反应的器官或细胞称为效应器。简单地说,反射过程是这样进行的:一定刺激被相应的感受器所感受,感受器发生了兴奋;兴奋以神经冲动的方式经过传入神经传向神经中枢;通过神经中枢的分析与综合活动,如果神经中枢产生兴奋过程,则神经中枢的兴奋过程经过一定的传出神经到达效应器,使效应器发生相应的活动;如果神经中枢发生抑制过程,则神经中枢原有的传出冲动减弱或停止。人体的一个简单反射是膝跳反射。受试者坐在椅上，一条腿自然地搭在另一条腿上，脚悬空。试者用小木槌突然敲击受试者悬空腿膝盖下位的韧带，小腿立刻上弹伸直。敲击韧带时，大腿股四头肌的感受器接受刺激而产生神经冲动，神经冲动由传入神经传送至脊髓，在脊髓中传入神经纤维直接与传出神经元的胞体联系，冲动由位于股神经内的传出纤维传递至大腿股四头肌中的效应器，从而引起肌肉收缩，使小腿前伸(图4-1-10)。

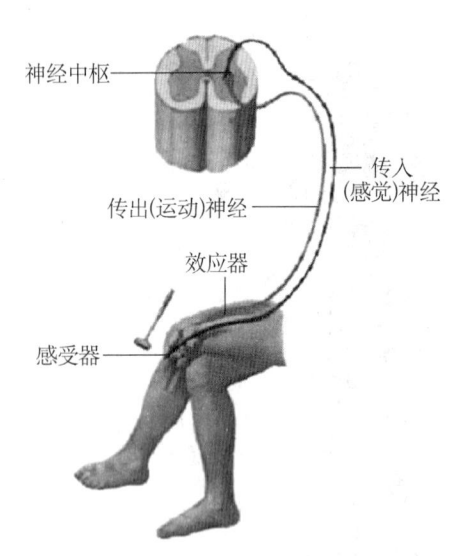

图4-1-10 反射弧示意图

2. 感受器

感受器是具有感觉神经末梢的特殊感受装置，能感受刺激并转变为传入的神经冲动。根据感受器所在部位的不同，可分为外感受器和内感受器两大类。视、听、嗅、味和皮肤痛、温、触、压感受器位于体表或接近体表，属于外感受器，它们接受相应的外界刺激，产生传入的神经冲动至脑的高级神经中枢，能引起清晰的主观感觉。内感受器位于身体的内部，存在于血管、内脏、骨骼肌、肌腱、关节、内耳前庭器等处，它们感受内环境的变化，有的专门感受内脏器官的活动和机能状态，如内脏压力感受器或牵张感受器、化学感受器等，有的则专门感受身体在空间的位置和运动状况，如肌肉、肌腱中的牵张感受器和前庭、平衡感受器等。

感觉器官和感受器这两个名词有时可通用，但含义不完全相同。感觉器官常指除了具有感受器外还有一些辅助装置或附属结构的器官，如眼和耳就是结构和机能比较复杂的视觉器官和听觉器官。

(1) 眼

眼包括眼球及辅助结构。

眼的辅助装置有眼睑、结膜、泪器、眼外肌。结膜为透明的黏膜，被覆在眼睑内面的称为睑结膜，在眼球表面的称为球结膜。泪器位于眼眶的上外侧，分泌泪液具有湿润角膜、清除灰尘和杀菌作用。眼外肌共有六条，即上、下、内、外四条直肌和上、下两条斜肌。眼球的正常转动即由这六条肌肉相互协作而完成。

眼球包括眼球壁和内容物(图4-1-11)。

眼球壁分为三层：①外层为纤维膜，有角膜和巩膜之分。角膜位于纤维膜层前1/6部位，主要由透明无血管的结缔组织组成，具有折光作用。巩膜位于纤维膜层后5/6部位，为白色坚韧不透明的厚膜。②中层富有血管和色素，可分为脉络膜、睫状体和虹膜三部分。脉络膜位于眼球壁的后2/3部位，在睫状体后部，内有丰富的血管和色素，呈棕黑

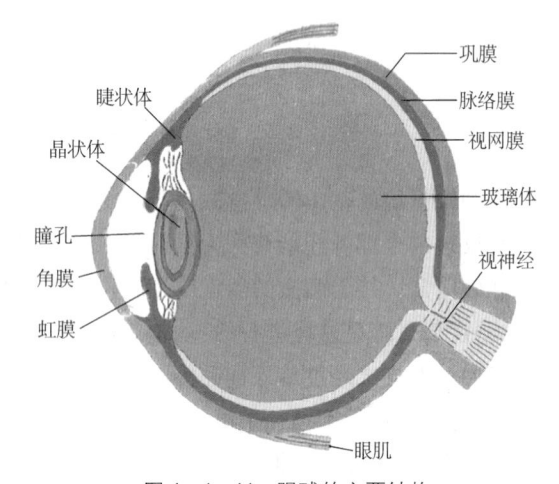

图4-1-11 眼球的主要结构

色,其功能是供给眼球营养,吸收眼球内散射后的多余光线。睫状体前方连接虹膜根,后方与脉络膜相连。睫状体内有平滑肌称为睫状肌,可调节晶状体的曲度,以增加视觉清晰度。虹膜位于睫状体前方呈圆盘状,可因人种不同而颜色不同。中央有一圆孔,是光线进入眼球的通道,称为瞳孔。虹膜内有两种不同方向排列的平滑肌,一部分环绕瞳孔周围,称缩瞳肌,另一种呈放射状排列,称扩瞳肌。缩瞳肌收缩时使瞳孔缩小;扩瞳肌收缩时使瞳孔扩大。③视网膜是眼球壁的最内层,有感受强光和色彩的视锥细胞和感受弱光的视杆细胞,还有视神经。

眼球内容物有房水、晶状体和玻璃体。三者都是透明的,具有折光作用。晶状体位于虹膜后方,外包有弹性的透明囊,具有弹性和聚光作用,如发生混浊(称为白内障),则影响视力。角膜与晶状体间的腔隙中充满房水。房水是一种无色透明的液体,房水不断地生成,不断地回收,对晶状体、玻璃体及角膜有营养和运走代谢产物的作用。如房水循环发生障碍,房水量积留过多,眼内压过高,严重时可造成视力减退甚至失明(称为青光眼)。玻璃体呈透明胶冻状,充满于晶状体和视网膜之间,具有折光和填充作用。

从物体发出的光透过角膜进入眼球,穿过房水、晶状体、玻璃体,成倒像投射于视网膜上,刺激感光细胞,形成神经冲动经视神经传递到大脑,经大脑加工形成视觉。当物体的远近发生变化时,通过调节使晶状体凸度发生改变,使成像始终保持清晰。

(2) 耳

人耳有双重功能,既是听觉器官,又是位置和平衡感觉器官。人耳由外耳、中耳和内耳组成(图4-1-12)。

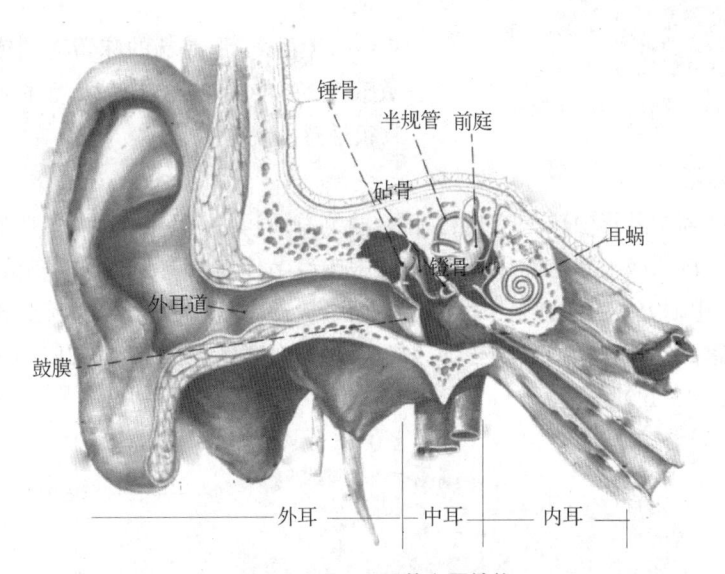

图4-1-12 人耳的主要结构

外耳包括耳廓、外耳道、鼓膜三部分。鼓膜为椭圆形的半透明薄膜,将外耳与中耳分隔。鼓膜随声波振动把刺激传导到中耳。

中耳包括鼓室、咽鼓管、乳突小房三部分。咽鼓管为中耳与鼻咽部的通道,中耳与外界空气压力可通过咽鼓管取得平衡。鼓室内有听小骨三块,与鼓膜接触的称为锤骨,与内耳前庭窗相连的称为镫骨,连于两骨之间的称为砧骨。当声波振动鼓膜时,三块听小骨的连串运动,将声波的振动传入内耳。乳突小房位于外耳道后方,与中耳相通,故中耳感染时,易引起乳突炎。

外耳和中耳是声波的传导器官,如果任何部位有病变,即可造成传导性耳聋。例如有些中耳炎病人,由于鼓膜穿孔或听小骨功能障碍,传声能力减退,因而听力减退。

内耳是感受声音和位觉的感受器。内耳由前庭、半规管和耳蜗组成。前庭可感受头部的位置,半规管可感受旋转刺激,耳蜗可感受声波刺激。有些人前庭机能非常敏感,前庭受到轻微刺激就可引起不适反应,严重时称为晕动症,如晕车、晕船等。

(3) 味感受器

人的味感受器比较集中,主要分布在舌的背面和两侧的黏膜中,小部分散在咽部及口腔后部的黏膜中。

人类味感受器的基本结构是味蕾,集中于舌乳头中。味蕾顶端有味孔。味孔通于口腔。人的味蕾直径约50微米,由40~50个细胞组成,其中有两种细胞,即味细胞和支持细胞。味细胞的顶端有微绒毛,微绒毛向味孔方向伸展与唾液接触。味细胞的基部有神经纤维(图4-1-13)。味细胞的适宜刺激是一些能溶于水的有味物质。口腔内的食物,必先溶于水中,才能刺激味觉细胞,然后经由神经细胞传到大脑而产生味觉。

一般而言,舌前端的味蕾对甜或咸味的食物敏感,舌两侧对咸或酸味敏感,舌根则对苦味的食物很敏感。

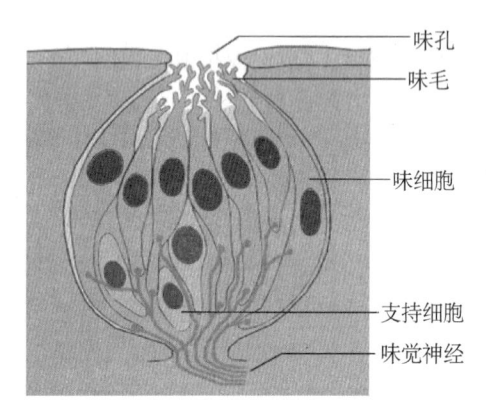

图4-1-13 味蕾的结构示意图

(4) 嗅感受器

人的嗅感受器主要集中在鼻腔的上后部,两侧总面积约有5平方厘米,叫做嗅黏膜。嗅黏膜上具有嗅细胞。嗅细胞呈杆状,一端有几根嗅纤毛伸向嗅黏膜表面的黏液中,另一端变细,为嗅细胞的中枢突。由嗅细胞中枢突合并而组成的20多条嗅丝穿过筛骨板的小孔进入颅腔,终止于嗅球。与嗅球内的二级感觉细胞发生突触联系,二级感觉细胞的轴突离开嗅球形成嗅束(图4-1-14)。

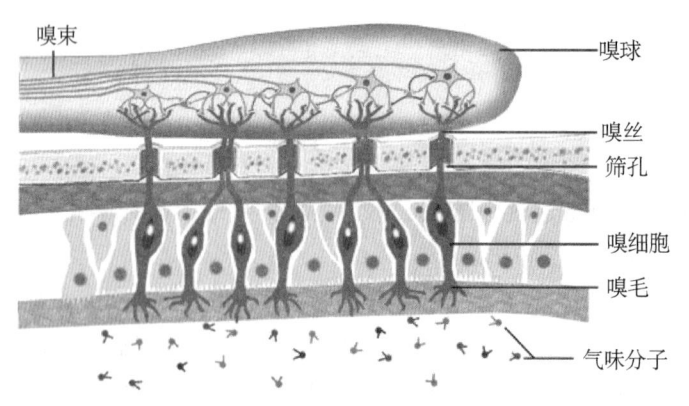

图4-1-14 嗅感受器的结构示意图

嗅细胞把气味的信息首先传给嗅球,然后嗅球再把信息传给大脑皮层中负责嗅觉的相应区域。嗅球是大脑的一个小小的附属组织,位置大约在我们眼睛的后方。

资料

我们进食时,有味物质刺激味感受器的同时,食物中的气味物质还刺激着嗅感受器,此外,食物还刺激着口腔和舌的触觉和温、冷觉感受器,这些感觉冲动经过综合,让我们感受到比甜、咸、酸、苦四种基本味觉丰富得多的食物的"滋味"。

(5) 皮肤感受器

皮肤有四种基本感觉类型,即触压觉、温觉和冷觉以及痛觉。

触觉和压觉都是皮肤受机械刺激时产生的感觉。物体与皮肤接触,轻微的、不引起皮肤变形的刺激所产生的感觉为触觉,引起皮肤变形而产生的感觉为压觉。如果压力均匀地分布在皮肤表面则不引起压觉。

皮肤温度感受器的适宜刺激是皮肤温度的变化。皮肤温度升高时,温觉感受器兴奋。反之,皮肤温度下降时,冷觉感受器兴奋。过高的温度会产生烫的感觉,这是一种温觉和痛觉的复合感觉。

痛觉不是单由一种刺激所引起。皮肤受到过强的机械力、过冷、过热以及其他各种强烈的物理和化学因素的作用时,都能引起痛觉。

通过人体皮肤感觉测试得知,这几种皮肤感受器在皮肤上是呈点状分布的,但疏密不匀。一般冷点较温点为多,痛点较触点(或压点)为多。

不同形态的感觉末梢是各种专门的皮肤感受器,它们能分别特异性地感受作用于皮肤上不同性质的刺激,产生的传入冲动分别沿着专门的神经通路,传向大脑皮层的感觉中枢而产生不同的皮肤感觉。一般认为,皮肤中的触觉小体是触觉感受器;环层小体是压觉感受器;克劳氏终球和路菲尼末梢则分别是冷觉和温觉感受器(图 4-1-15);游离神经末梢为痛觉感受器。

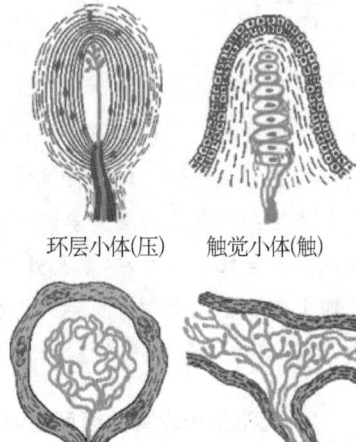

环层小体(压) 触觉小体(触)

克劳氏终球(冷) 路菲尼末梢(热)

图 4-1-15 几种皮肤感受器

第二节 生 长 发 育

人的生长过程是从受精卵开始,直至个体或组织衰亡的持续过程。在外观上表现为组织和器官大小、重量的增加,以及组织的更新和修复。发育指身体各组织、器官、系统的构造和机能从简单到复杂的变化过程。人出生以后的发育大致可分为婴儿期、幼儿期、儿童期、青春期、壮年期、中年期、老年期。

通常所说的发育,主要是指从婴儿出生发育到成年人这一阶段。经过婴儿期(0～1岁)、幼儿期(2~6岁)、儿童期(7~11岁)、青春期(10~20岁)的生长发育过程后,人体才发育成熟。这时人的身高和体重基本稳定,生殖器官具有繁殖后代的能力,神经系统发育完善。

一、儿童生长发育的规律

在正常情况下,儿童身体的生长发育符合一般的规律,同时,在正常范围内,个体间生长发育又存在着一定的差异。

1. 儿童的生长发育具有阶段性和程序性

儿童生长发育的每一个阶段都有其特点而区别于其他阶段,例如,婴儿的动作发展的规律是:婴儿1个月时只会偶然抬一下头,3个月能支肘抬头,4个月扶着能坐起,6个月时扶着其前臂能站起,7个月时会爬,8个月时自己会坐,11~12个月时能自己站立,12~14个月时能自己走等。动作发展先是头部的运动(抬头、转头),然后是上肢运动(挥手、取物),以后发展到躯干运动(翻身、直坐),最后发展为下肢的运动(站立、行走)。这种从头部向下肢的发展过程称为"头尾发展规律"。但在学龄期和青春期,身体各部分的生长发育却是四肢先于躯干,下肢先于上肢,呈现先四肢后躯干、自下而上的规律,称为生长发育程序的"向心律"。

资料

新生儿的颅骨还没有发育完全,骨与骨之间缝隙较大,并为结缔组织膜所充填,称为囟。额骨与顶骨之间称额囟(前囟),顶骨与枕骨之间称枕囟(后囟)。额囟闭合最晚,约在一岁半左右才能完全闭合。这一特征适合于在分娩时新生儿顺利通过产道。

新生儿的脊柱只有简单的向背侧凸的弯曲。生理性弯曲是随着小儿的生长发育逐渐形成的。出生三个月左右,婴儿开始抬头,学坐,一岁左右学习站立、走路,在这一过程中逐渐形成四个弯曲。儿童和青少年的脊柱发育时间较长,在整个生长发育时期,易受多种因素的影响,因此应该注意预防脊柱畸形,如脊柱侧曲、驼背等。

2. 儿童生长发育的速度呈波浪式

在生长发育过程中,儿童的生长速度时快时慢,呈波浪式增长,其间有两次突增的阶段。

第一次生长突增阶段是由胎儿4~6个月开始到1周岁,这是一生中身高、体重增长最快的阶段。其中妊娠中期(4~7个月)身高增长最快,约增长27.5厘米,为一生中身高增长最快的阶段。妊娠末期(7~9个月)体重增长最快,约增长2.3千克,是一生中体重增长最快的阶段,以后体重继续增长,3岁后增长速度缓慢下降,直到10岁左右。

第二次生长突增阶段开始于青春期,女孩一般从10~12岁开始,比男孩早两年。这个阶段,身高年增长值一般为6~8厘米,个别可达10~12厘米,体重年增长值一般为5~6千克,个别可达8~10千克,形成了第二个生长高峰,以后身高、体重增长速度再次减慢,直到发育成熟,身高便停止增长。

一个人从出生到发育成熟,头部增大了一倍,躯干增长了两倍,上肢增长了三倍,下肢增长了四倍(图4-2-1)。

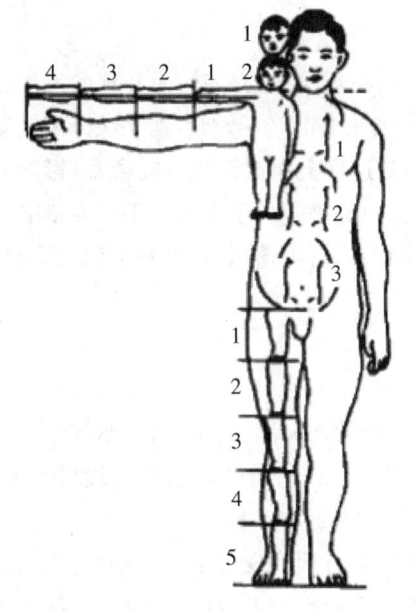

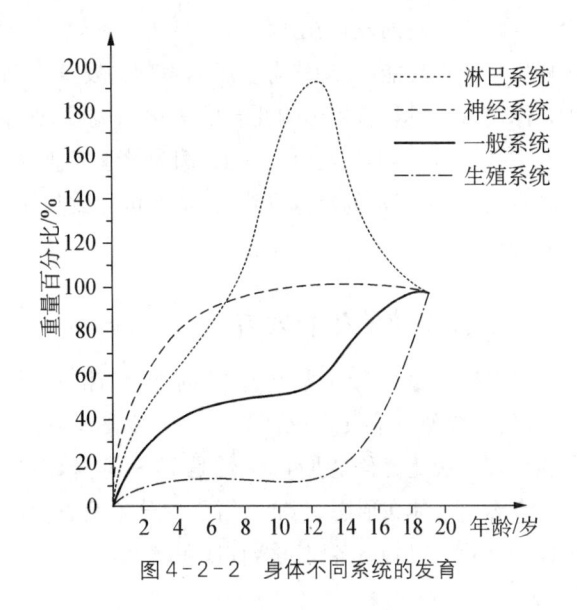

图 4-2-1　婴儿至成人身体各部分发育的比例

图 4-2-2　身体不同系统的发育

3. 儿童各系统的发育不平衡

在儿童生长发育过程中,身体各器官、系统的发育是不平衡的,表现为时间上有先有后,速度上有快有慢(图 4-2-2)。

全身许多系统如呼吸系统、循环系统、泌尿系统、消化系统、运动系统等的生长发育和身高体重有一致性,呈波浪式发展。骨骼肌的发育有一个特点,大的肌群发育较早,小的肌群(如手部的肌肉群)发育较晚。当身高增长时,肌纤维以增加长度为主,当体重增长时,以肌纤维增粗为主。

神经系统的发育最早。胎儿早期头部占全身长度的 1/2,新生婴儿的脑重已达到成人脑重的 25%,而此时体重只有成人体重的 5% 左右。脑重在出生后第一年已达成人脑重的 50%,6 周岁时约达成人脑重的 90%,此时,各种生理功能、语言发展和肌肉活动的进展已初步满足生活各方面的需要。6~20 岁之间,脑的重量虽然只增加 10%,但脑细胞的结构和功能变化很大,尤其在 18~25 岁之间,其变化更加复杂,从而达到神经系统功能上的完善。

在出生后的 10 年中,淋巴系统的发育特别迅速,12 岁左右淋巴系统已达到成年时的两倍,因为儿童时期其他系统的功能不完善,机体对疾病的抵抗力较弱,需要强有力的淋巴系统来加强防护。10~20 岁期间,随着机体各系统的成熟和抵抗力的增强,淋巴系统逐渐退化。

在各系统的生长发育中,生殖系统的发育最晚,在全身发育接近成熟时,生殖系统才开始迅速发育。10 岁以前,生殖系统几乎处于相对静止状态,青春期开始后才迅速发育,女孩出现月经初潮,男孩首次遗精。月经初潮并不意味着生殖器官已发育成熟,一般于初潮后一年或一年半后才开始周期性排卵,卵巢一般要到 18 岁左右才完全发育成熟。因此,女性的月经初潮不能作为生殖系统成熟的标志。

4. 儿童生长发育包括生理和心理两个方面

生理和心理的发育在儿童身上是统一的,生理发育是心理发育的基础,而心理的发展也同样影响生理功能,心理状态会影响生理的发育。例如,当儿童情绪不好时,消化液分泌会减少,导致食欲减退,直接影响儿童的消化和吸收,如果经常这样会引起消化机能紊乱,影响儿童获得营养,妨碍生长发育。又如,国内外学者研究认为,家庭破裂的子女和再婚子女遭受虐待歧视,影响了正常的身体发育,严重的可导致身体发育矮小,骨龄落后,性发育迟缓,成为社会心理性侏儒。

二、青春期的生长发育

青春期是由儿童到成年的过渡时期,从体格生长突增开始,到骨骺完全闭合、躯体停止生长、性发育成熟时结束。一般在10~14岁是发育的迅猛阶段,15~20岁发育逐渐缓慢下来。女孩发育一般比男孩早两年,大约是11~19岁,而男孩是14~20岁。

青春期人体在形态、功能、性征、内分泌及心理、行为等各方面都发生了巨大变化,主要表现在:体格生长加速;各内脏器官体积增大,功能日渐成熟;生殖系统发育增快,第二性征出现等(表4-2-1)。

表4-2-1 青春期的发育顺序

发育指标	年龄(岁)	
	男	女
身高突增开始	11.0	9.0
乳房开始发育	12.0	10.7
生长突增高峰(身高、坐高、体重、肩宽)	12.0	10.0
盆宽	12.0	11.0
胸围	13.0	11.0
阴毛出现	13.2	11.3
腋毛出现	14.6	12.8
月经初潮年龄平均期望值		13.6
首次遗精平均期望值	15.6	

1. 青春期的形态发育

青春期人体的增长几乎涉及全身骨骼、肌肉和绝大多数内脏器官。全身骨骼的增长速度并不完全相同,因此,生长突增后改变了人体的整个骨骼框架。身高是生长突增变化良好的指标,青春期男子每年可增长7~9厘米,最多可达10~12厘米;女子每年也可增长5~7厘米,最多可达9~10厘米。生长突增开始的年龄范围,女孩为8~11岁,男孩为10~14岁。

青春期体重的生长突增不如身高的明显,但增长的时间比身高的长,幅度也较大,同时在性成熟后,体重仍继续增长。在青春期,肌肉的增长非常突出。例如,8~15岁的七年中,肌肉与全身重量之比仅增加5.4%,而在15~17、18岁的二三年中增加达11.6%。男子肌肉一直持续增长到20多岁才达到高峰。皮下脂肪的增长从1~6岁一直是很缓慢的,女孩从8岁、男孩从10岁起才又开始加快增长。女孩在青春期,皮下脂肪的分布以乳房、臀部、上臂内侧等处为多,皮下脂肪的增长是持续的,有时甚至达到过胖的程度。男孩则在身高、体重生长突增后,皮下脂肪的增长逐渐减少。因此,在青春期,女青年显得较丰满,而男青年则因肌肉发达而显得更加强壮。

2. 青春期的性发育

男性在10岁以前性器官发育很慢,进入青春期后发育才开始加速。首先是睾丸的体积开始增大,此时的睾丸不产生睾酮,生精小管为实心的。前列腺发育后,出现遗精现象,首次遗精的年龄多数为14~16岁。此时精液中并无精子。第一次遗精后,体格的增长已由生长突增高峰转到缓慢阶段。附性器官和第二性征随着睾丸的发育而依序迅速地发生和生长。青春期开始后,首先出现阴毛,腋毛比阴毛晚1~2年出现。唇颏部开始长出胡须,额部发际后移。喉结突起一般从12岁开始出现。有1/3~1/2的男孩乳房也发育,经常是一侧,有时两侧都有,表现为乳头突出,偶尔在乳晕下有硬块,少数有轻微触痛,数月后即消失,属正常现象,可能与雌激素在此期分泌相对过多有关。

女性在8岁以前卵巢是很小的,8~10岁发育开始加快。在月经初潮前,卵巢、输卵管及子宫一起下降到展宽的盆腔内到达成人的位置。我国女子的月经初潮年龄平均约为14.5岁。月经初潮时,卵巢不发生排卵。在多次无排卵月经周期后,才出现有排卵的月经周期。开始几次月经常不规则,约在一年内才逐步按月来潮。乳房的发育是女性青春期出现最早的指标。腋毛的出现约比阴毛晚半年至一年。

此外,青春期伴随着明显的形态发育和性发育,其他身体功能也在发生相应的变化。在心脏、肺、呼吸肌、胸廓形态发育的同时,心肺功能也相应增强,每搏输出量增加,每次呼吸量上升,逐渐达到成年水平。青春期前,男、女之间的心率、呼吸频率、血压、肺活量差别不大。青春期女性心率略高于男性,而血压和肺活量则以男性的增长值为大。青春期神经细胞的功能进一步加强,有一定的推理、分析和判断能力,但因性腺活动加强,内分泌活动发生变化,神经系统的兴奋性与神经活动过程的敏感性不稳定,情绪易激动也易造成疲劳,动作的协调性可能下降,尤以女性表现明显。

3. 青春期的心理变化

过渡性是青春期心理发展的最根本特点。这一时期的青少年既保留着童年期的一些心理特点,同时一些成人的心理特点也开始出现和发展,导致青少年表现出各种矛盾的心理现象。主要表现在以下两方面:

一是独立性与依赖性的矛盾。随着身体的迅速发育、外形逐渐接近成人,青少年心理上的成人感也愈发增强,他们希望能摆脱家长和老师的呵护,以独立自主的姿态学习和生活。但与此同时,由于认知水平发展得不够成熟、社会经验的缺乏,他们又无法做到真正的独立,很多时候又需要成年人的帮助。

二是性意识增强与道德要求的矛盾。随着性器官的发育和第二性征的出现,青少年性意识增强,容易出现性欲望和性冲动,开始对异性具有好感和爱慕之心,有与异性亲近交往的愿望。但由于社会舆论和传统道德伦理观念的影响,加之性知识的不足,因而有时会在性意识和性道德方面发生冲突和矛盾,并且伴随着紧张、忧郁、悔恨、羞愧等心理。

此外,在青少年心理发展中,还存在闭锁与开放、勇敢与怯懦、高傲与自卑、否定童年又眷恋童年等诸多矛盾的心理,这些矛盾心理使青少年往往具有动荡的情绪和冲动。

教材研读

青春期发生的变化可大致梳理出哪几个方面?

青春期是我们由儿童向成年人过渡的时期。女孩大约从10岁开始,将陆续进入青春期;而男孩要稍晚一些。在这个时期,我们的身体形态、心理方面都发生着巨大的变化。

身体形态的变化

青春期的心理特点

1. 性意识骤然增长,易对异性产生好感;
2. 智力水平迅猛提高;
3. 独立欲望增强,对事物有自己的见解,并能作出自己的判断,但对自我的认识和评价过高或过低;
4. 情感世界充满风暴,情绪不稳定,易与老师、家长对立;
5. 兴趣爱好日益广泛,求知欲和好奇心强烈;
6. 人际交往欲望强烈,有强烈的集体归属感和依赖性。

青春期身体发育表

年龄	女生	男生
9~10岁	身高突增开始	
10~11岁	乳房开始发育,长出阴毛,进入身高突增期	身高突增开始,睾丸、阴茎开始增长
12岁	乳房继续增大	身高突增并出现喉结
13岁	月经初潮发生,长出腋毛	长出阴毛,睾丸、阴茎继续增长
14岁	乳房明显增大	变声,长出腋毛
15岁	脂肪积累增多,体态丰满,臀部变圆	首次遗精,出现胡须
16岁	月经规则	阴茎、睾丸达到成人大小
17~18岁	骨骼闭合,停止生长	体毛接近成人水平
19岁以后		骨骼闭合,停止生长

三、影响生长发育的因素

儿童生长发育受诸多因素的影响,概括起来包括先天遗传因素和后天环境因素。遗传因素提供了儿童生长发育的可能性,即决定了生长发育的潜力或最大限度,环境条件则可在不同程度上影响遗传因素所赋予的生长潜力的发挥,并最后决定了发育的速度及可能达到的限度。

1. 遗传因素

遗传因素是影响生长发育的最基本的因素,儿童的身高在很大程度上取决于遗传因素的影响。一般来说父母高的,子女也高;父母矮的,子女也矮。据统计,若儿童和父母在同样的良好环境下长大,其成年后的身高和父母平均身高之间的相关系数为0.75,即人体身高的75%取决于遗传因素,但遗传潜力的发挥主要取决于后天环境条件。因此,应当为儿童少年创造良好的生长发育环境。

儿童少年的体形、躯干和四肢的比例主要受种族遗传的影响。比如非洲儿童和欧洲儿童,在同等生活条件下成长,平均身高无明显差别,但非洲儿童的腿长超过欧洲儿童。

2. 营养

营养素不仅是构成身体结构的原材料,而且是保证儿童生长发育的物质基础。在不同的年龄和发育阶段,营养对生长发育的影响不尽相同,一般来说,年龄越小,发育越迅速,营养需求量越大,而营养不良所造成的危害也越大。例如1岁以内患严重营养不良的婴儿,可影响脑细胞分裂,使智力发育受到严重影响;而1岁以后严重营养不良的幼儿,脑细胞数并不减少,只是脑细胞体积变小,经及时治疗可不影响脑的发育。良好的营养能保证其同化作用超过异化作用,促进身体的正常发育。进入青春期后,儿童少年的形态、生理、心理变化更加迅猛,对营养有了更高的要求,营养的供给必须与青春期发育过程的变化相适应,否则可能造成生长速度减慢,性成熟推迟,骨骺软骨的骨化过程迟缓,身高、体重也低于同龄儿童,出现各种营养缺乏症。

此外,营养素不均衡或不合理的膳食也会影响儿童生长发育,所以在膳食组成方面还要注意食物的多样化。

3. 疾病

任何引起生理功能紊乱的急、慢性疾病,对儿童少年的生长发育都有直接的影响,其中以慢性疾病的影响最为严重。影响的大小取决于病变的部位、病程的长短和严重的程度。一般急性疾病对生长的影响是暂时的,尤其是在疾病治愈和营养状况改善的情况下,会出现"赶上生长"现象,即身高、体重、骨龄等短期内加速增长,以弥补患病期间造成的损失。但反复的呼吸道感染和腹泻等,如果治疗不当时,往往会影响儿童的生长发育。长期性疾病如慢性感染、慢性肝炎、慢性肾炎、哮喘、心脏病、贫血等均可影响儿童的生长发育。因此,及时防治儿童各种急、慢性疾病对保证儿童的正常发育十分重要。

4. 体育锻炼和劳动

体育锻炼和适宜的体力劳动,可以促进新陈代谢,为生长发育积累更多的物质基础。体育锻炼和劳动可促进儿童心血管的发育,使心脏每搏输出量增加,呼吸功能增强,促进胸部发育,使安静时呼吸变深变慢,肺活量和胸围都明显增加。体育锻炼能使关节灵活性增加,肌纤维增粗,肌肉的耐力增强,骨骼增粗增长,神经系统的功能提高,从而使儿童的发育更迅速,运动的速度、耐力、肌力等明显提高,动作的反应更加准确和灵敏。体育锻炼还可增强儿童少年对外界刺激的适应力和对疾病的抵抗力。

5. 生活制度

合理安排有规律有节奏的生活制度,保证儿童有足够的户外活动和适当的学习时间,定时进餐及充分的睡眠,可以促进儿童的生长发育。在合理的生活制度下,包括大脑在内的身体各部分的活动和休息都能得到适宜的交替,加上及时补充营养保证能量代谢正常进行,能使儿童的遗传潜力得到最充分的发挥。

6. 环境污染

儿童少年发育尚未成熟,对毒性物质非常敏感。生活环境的严重污染不仅影响儿童少年的健康状况,而且影响其身心的正常发育。长期生活在大气污染环境下的儿童,其身高、体重、胸围、呼吸差和肺活量都比较低,肌力发育落后,贫血也相当普遍,心理发育迟缓,智力下降。

第三节　良好生活习惯

世界卫生组织(WHO)在1978年国际初级卫生保健大会上发表的《阿拉木图宣言》中重申:健康不仅是没有疾病或不虚弱,而是身体、精神的健康和社会适应良好的总称。青少年应建立起良好的生活习惯,促进身心的健康成长。

一、科学膳食

任何一种单一的食物都无法满足人体的营养需要,因此,科学膳食要做到均衡合理。根据中国营养学会制定的"中国居民膳食指南",合理的膳食原则包括:

1. 食物多样,谷类为主

各种食物所含的营养成分不完全相同。除母乳外,任何一种天然食物都不能提供人体所需的全部营养素。平衡膳食必须由多种食物组成,才能满足人体各种营养需要,达到合理营养、促进健康的目的。另外要注意粗细搭配,经常吃一些粗纤维、杂粮等。

2. 多吃蔬菜、水果和薯类

蔬菜、水果和薯类含有丰富的维生素、矿物质和膳食纤维,对保持心血管健康、增强抗病能力、减少儿童发生干眼病的危险及预防某些癌症等,起着十分重要的作用。

3. 常吃奶类、豆类或其制品

奶类除含丰富的优质蛋白质和维生素外,含钙量较高,且利用率也很高,是天然钙质的极好来源。豆类含大量的优质蛋白质、不饱和脂肪酸、钙及多种维生素等。为提高农村人口的蛋白质摄入量,以及防止城市中过多消费肉类带来的不利影响,应大力提倡豆类及其制品的生产和消费。

4. 经常吃适量鱼、禽、蛋、瘦肉,少吃肥肉和荤油

动物性蛋白质的氨基酸组成更适合人体需要,且赖氨酸含量较高,有利于补充植物蛋白质中赖氨酸的不足。鱼、禽、蛋、瘦肉等动物性食物是优质蛋白质、脂溶性维生素和矿物质的

良好来源。肥肉和荤油为高能量和高脂肪食物,摄入过多往往会引起肥胖,并且是导致某些慢性病的危险因素,应当少吃。

5. 食量与体力活动要平衡,保持适宜体重

食物提供人体能量,体力活动消耗能量。如果进食量过大而活动量不足,多余的能量就会在体内以脂肪的形式积存即增加体重,久之发胖;相反若食量不足,劳动或运动量过大,可由于能量不足引起消瘦,造成劳动能力下降。所以人们需要保持食量与能量消耗之间的平衡。三餐分配要合理。一般早、中、晚餐的能量分别占总能量的 30%、40%、30% 为宜。

6. 吃清淡少盐的膳食

吃清淡膳食有利于健康,即不要太油腻,不要太咸,不要吃过多的动物性食物和油炸、烟熏食物。摄入过多的钠容易导致高血压,因而食盐不宜过多。世界卫生组织建议每人每日食盐用量不超过 6 克。膳食钠的来源除食盐外,还包括酱油、咸菜、味精等高钠食品,及含钠的加工食品等。应从幼年起就养成吃少盐膳食的习惯。

7. 如饮酒应限量

高度酒含能量高,不含其他营养素。无节制地饮酒,会使食欲下降,食物摄入减少,以致发生多种营养素缺乏。过量饮酒造成酒精性肝硬化,还会增加患高血压、中风等危险。应严禁酗酒,若饮酒可少量饮用低度酒,青少年不应饮酒。

8. 吃清洁卫生、不变质的食物

在选购食物时应当选择符合卫生标准的食物,严把病从口入关。进餐要注意卫生条件,包括进餐环境、餐具和供餐者的健康卫生状况。集体用餐要提倡分餐制,减少疾病传染的机会。

营养学家根据"中国居民膳食指南",结合我国居民的膳食把平衡膳食的原则转化成各类食物的重量,绘制出"中国居民平衡膳食宝塔",提出了一个营养上比较理想的膳食模式。

6~12 岁是小学阶段,小学生正值长身体、长知识的重要时期,设计出科学的膳食食物组成十分重要,要保证每天有足够的摄食量。低年级小学生生长发育较慢,而高年级小学生即将进入人生第二次生长发育加速期,智力发育迅速,学习活动紧张,活动量加大,除一日三餐外,还可增加一次课间餐或点心,热量分配为早餐 20~25%、午餐 35%、点心 10~15%、晚餐 30%。对于小学生而言,特别应该做到:①保证吃好早餐。②少吃零食,饮用清淡饮料,控制食糖摄入。

二、科学锻炼

体育锻炼是提高人的身体素质的重要手段。

经常性的体育锻炼能增强大脑皮层的生理调节功能,提高神经活动的灵活性和平衡性,增强机体对外界环境的适应能力和体内各器官系统间的平衡能力;体育锻炼能增强心肌的收缩力,增加心脏每搏输出量,增加血管弹性,改善血液循环;体育锻炼促进呼吸肌发达和胸廓发育,增加肺活量;经常性体育锻炼对骨骼、肌肉、关节等运动系统的作用尤为明显,能使肌肉变得更粗壮、强健、富于弹性,关节活动更灵活,韧带更坚固;体育锻炼还能促进体内物质的新陈代谢,增强胃肠道的消化吸收功能、肾脏的排泄功能,调整内分泌功能,增强免疫功能。适当的体育锻炼可以促进青春期的体格发育和性发育。

教材研读

运动后为什么心跳会加速？经常体育锻炼对循环系统和呼吸系统有什么益处？

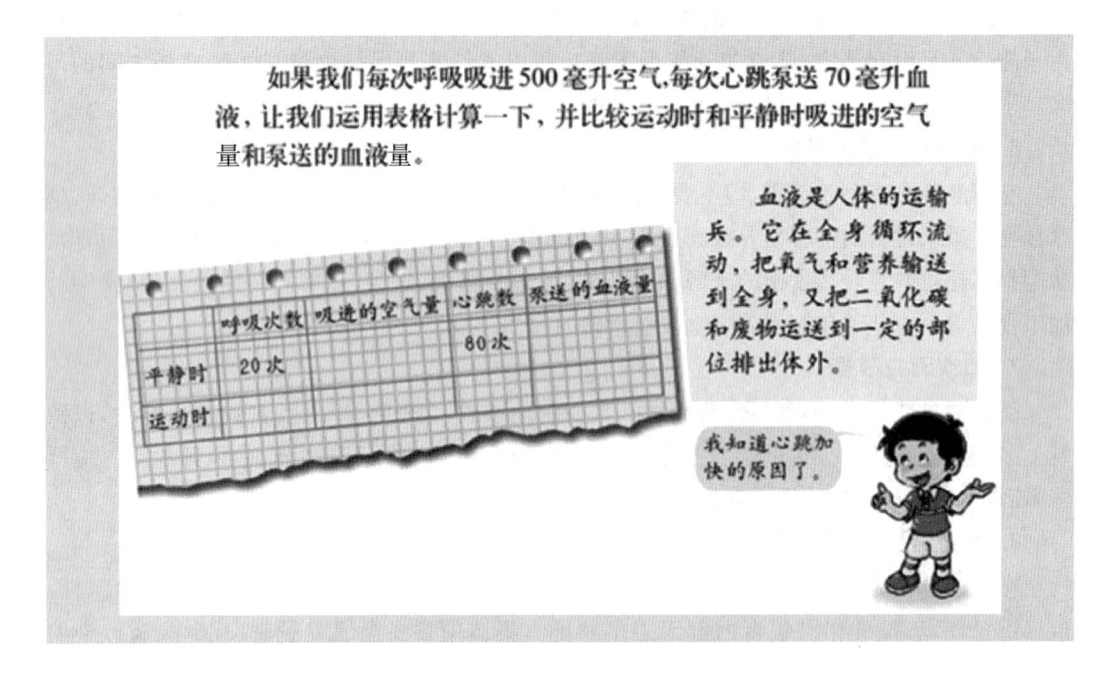

如果我们每次呼吸吸进500毫升空气，每次心跳泵送70毫升血液，让我们运用表格计算一下，并比较运动时和平静时吸进的空气量和泵送的血液量。

	呼吸次数	吸进的空气量	心跳数	泵送的血液量
平静时	20次		80次	
运动时				

血液是人体的运输兵。它在全身循环流动，把氧气和营养输送到全身，又把二氧化碳和废物运送到一定的部位排出体外。

我知道心跳加快的原因了。

体育锻炼必须遵循一定的基本原则，以保证既能达到锻炼目的，又不至于因运动不当而产生一些不利于健康的作用。体育锻炼的基本原则包括以下几点：

1. 坚持经常性锻炼。

在体育运动中，动作的掌握、技巧的熟练以及成绩的进步，都是建立在反复训练和强化的基础上的。体育运动的良好影响，也是必须坚持经常锻炼才能产生。

2. 循序渐进。

运动量、技巧难度和复杂程度必须有计划、有步骤地提高，突然大幅度地增加运动量，很容易发生运动创伤或产生过度疲劳。

3. 全面锻炼。

要坚持各种项目的全面锻炼，使人体在力量、速度、耐力、灵敏、柔韧、弹跳等方面得到全面发展。

4. 要有准备活动和整理活动。

准备活动可使植物神经系统、心血管系统有足够的时间逐渐提高活动水平，以适应剧烈运动的需要，还可以解除肌肉关节的僵硬状态，减少运动创伤的发生。运动后的整理活动能使植物神经系统由紧张状态逐渐恢复到正常安静状态，使躯体与内脏尤其是心血管系统比较一致地恢复到安静状态。

5. 要因人而异。

开展体育锻炼时，要根据个人的年龄、性别、体力、体质、健康状况、运动水平等，采用不同的运动项目、运动量和难度。

6. 运动与休息交替。

体育锻炼时,一定的运动后,应有一段时间休息,这有利于身体各部分生理功能的及时恢复,消除和避免疲劳,防止运动创伤的发生。但是,休息时间不宜过长,否则容易引起大脑皮层的抑制,不利于继续运动。

儿童进行体育锻炼除了要遵循上述原则外,还要根据儿童的生理发育特点,着重注意以下几方面:

1. 不要过早从事力量性练习,注意对称性练习,防止发育不均衡和脊柱变形。

儿童骨骼承受的压力和肌肉拉力的功能均不及成人,骨容易弯曲变形,因此不要过早从事力量性练习,另外,有的运动项目只是单一的一侧运动,如乒乓球、羽毛球、投掷等,应注意对称性练习,防止发育不均衡和脊柱变形。

2. 不宜在坚硬的地面上反复进行跑跳练习,避免过多地从高处向下跳的练习。

儿童的脊柱生理弯曲小于成人,缓冲作用较差,不宜在坚硬的地面上反复进行跑跳练习。同时,要避免过多地从高处向下跳的练习,防止骨盆变形。

3. 宜进行柔韧性练习,但要防止脱臼。

儿童的关节柔韧性好,宜进行柔韧性练习,但儿童的关节牢固性差,要防止脱臼。

4. 合理安排运动量。

儿童的心血管系统和呼吸系统处于发育过程中。小学生的心脏容积小于成人,脉搏频率远超过成年人,且心脏每搏输出量比成人小,心脏搏动频率大约每分钟80~90次。儿童10岁时的肺活量只有1400毫升左右,随着肺组织和呼吸肌的发育,肺活量到14岁急速发展,青春期可增至2000~2500毫升,但是,尽管肺活量增加,而体内气体交换的效率却比成人差。青少年的呼吸特点是未能把空气中的氧充分留在体内,也未能把体内的二氧化碳尽量呼出。因此要合理安排运动量,强度大的练习,密度要相应降低,强度小的练习,密度可增加一些。

三、保证充足睡眠

睡眠是一种最全面而又有效的休息,它不仅能使人恢复精力,还能提高人体免疫力,因此,睡眠是身体健康的重要保障。

首先,睡眠是消除身体疲劳的重要方式。人体经过一段时间紧张的工作、学习之后需要休息,需要消除疲劳,恢复体力。休息一般来说有三种形式:动的休息,如跑步、打球等体育活动;松弛性休息,如听音乐、弹琴等娱乐性活动;静的休息,如躺卧和睡眠。睡眠是一种重要的休息形式。

其次,睡眠可以保护大脑,恢复脑力。我们在感到困的时候常常会不停地打哈欠,其实这也是一种脑部缺氧的表现。在睡眠状态中,大脑耗氧量大大减少,有利于保护大脑,恢复脑力。

再次,睡眠是儿童生长发育的重要保证。生长激素能加速软骨的生长,使人长高。一天中,生长激素主要在夜间分泌,白天分泌得很少。在人的一生中,青少年时期是生长激素分泌的高峰期。生长激素在入睡初期的深度睡眠时分泌最多。如果减短了睡眠的时间,生长激素的分泌就会减少,身高的增长也就必然受到影响。白天人的身体基本上是保持直立的,尤其是站立的时候,身体的重量几乎全压在下半身。到了晚上,人平躺在床上,骨骼能得到充分的休息,有利于生长。

四、远离烟酒和毒品

健康生活还应该杜绝不良生活习惯,尤其是要远离烟酒和毒品,这些物质对人体有很大的危害。

1. 吸烟的危害

卷烟燃烧后能产生4720种化合物,烟雾中最危险的物质是焦油、尼古丁(烟碱)和一氧化碳。焦油有致癌作用;尼古丁是使人成瘾的剧毒物质,量小时,兴奋中枢神经系统,量大时,起抑制作用,使血管痉挛、血压升高、心率加快,并可使心脏需氧量增加而诱发心绞痛;一氧化碳进入人体后,易与血液中的血红蛋白结合成碳氧血红蛋白,从而引起人体组织器官缺氧。

2. 酗酒的危害

短时间内一次饮用超量酒精(乙醇)制品后出现的急性中毒症状,即"酒醉"或"醉酒"状态,轻度中毒时表现恶心、呕吐、兴奋甚至狂暴。重度中毒时出现昏迷、皮肤湿冷、体温下降、呼吸减慢、心率加快、瞳孔散大等。

慢性中毒表现易兴奋,共济失调,控制力、判断力、记忆力及注意力下降,并出现人格变化和其他精神病症。长期饮用还可能出现脂肪肝、肝硬变、冠心病发病率增加,也可出现营养不良、维生素缺乏症等。

3. 毒品的危害

毒品,包括各种兴奋剂、抑制剂和致幻剂都会损害人的健康。

第一,毒品摧残人的生理健康。

一是毒品毒害人体一些重要的组织和器官,干扰、破坏正常的新陈代谢。如鸦片类毒品对人的中枢神经系统有强烈的抑制作用,降低呼吸频率,由此引起机体缺氧,代谢功能紊乱,严重时因呼吸中枢麻痹、衰竭而死亡。鸦片类毒品对循环系统的毒害表现为血压下降,心动过缓,脑脊液压力升高,输尿管平滑肌和膀胱括约肌受到抑制后会导致尿量减少等症状。

二是吸毒导致人的体质下降。因为鸦片类毒品因兴奋作用提高了胃肠道平滑肌和括约肌的张力,使蠕动减弱,食物在胃肠道的正常消化、输送减慢,出现消化和吸收功能的障碍并导致食欲不振甚至完全丧失。吸毒者整天沉溺于毒品之中,正常的生活节律被破坏,经济状况恶化,使营养摄入不足,健康状况日益下降。

第二,毒品导致严重传染病蔓延。

采用静脉、皮下或肌肉注射形式吸毒的人,使用不洁注射器或共用注射器造成艾滋病的直接血液传播。据统计以注射形式吸毒的人其艾滋病感染率约为$50\%\sim 60\%$。此外,毒品还助长了性病、肝炎和结核等多种危害人体健康传染病的蔓延。

第三,毒品损害人的心理健康。

许多毒品都能直接改变人脑中部分化学物质的结构,破坏、扰乱人体正常的高级神经活动,有的甚至毒害、损伤神经组织,导致精神和心理异常、智力衰退、性情乖张、冷漠孤独、人格扭曲甚至心理变态。

第四,吸毒影响民族素质的提高。

大量的事实表明,怀孕吸毒者死胎比例远远高于正常人群,即使胎儿存活也大都有体质孱弱、智能低下、先天畸形或肢体残缺等缺陷。因此,若放任毒品蔓延,必将影响民族素质的提高。

本章思考题

1. 制作一张表格,标明淀粉、蛋白质和脂肪在消化管各部位的消化与吸收。
2. 查找资料,结合人体呼吸过程,分析一氧化碳中毒导致呼吸抑制的原理。
3. 小学阶段学生生长发育的特征有哪些?如何安排他们的运动锻炼才能更好地促进其生长发育?
4. 开展调查,小学生中主要存在哪些不良生活习惯?
5. 查找资料,为什么有些咳嗽药水会导致上瘾?
6. 某老师这样的讲述是否准确:有些小朋友不爱吃蔬菜,蔬菜中含有丰富的膳食纤维,能帮助清理我们的肠道,是非常重要的营养素,所以我们不应该挑食。试从食物营养素的分类加以分析。

第五章 物体与物质

热身体验

教材页面中蕴含了哪些层次的化学学科知识呢?

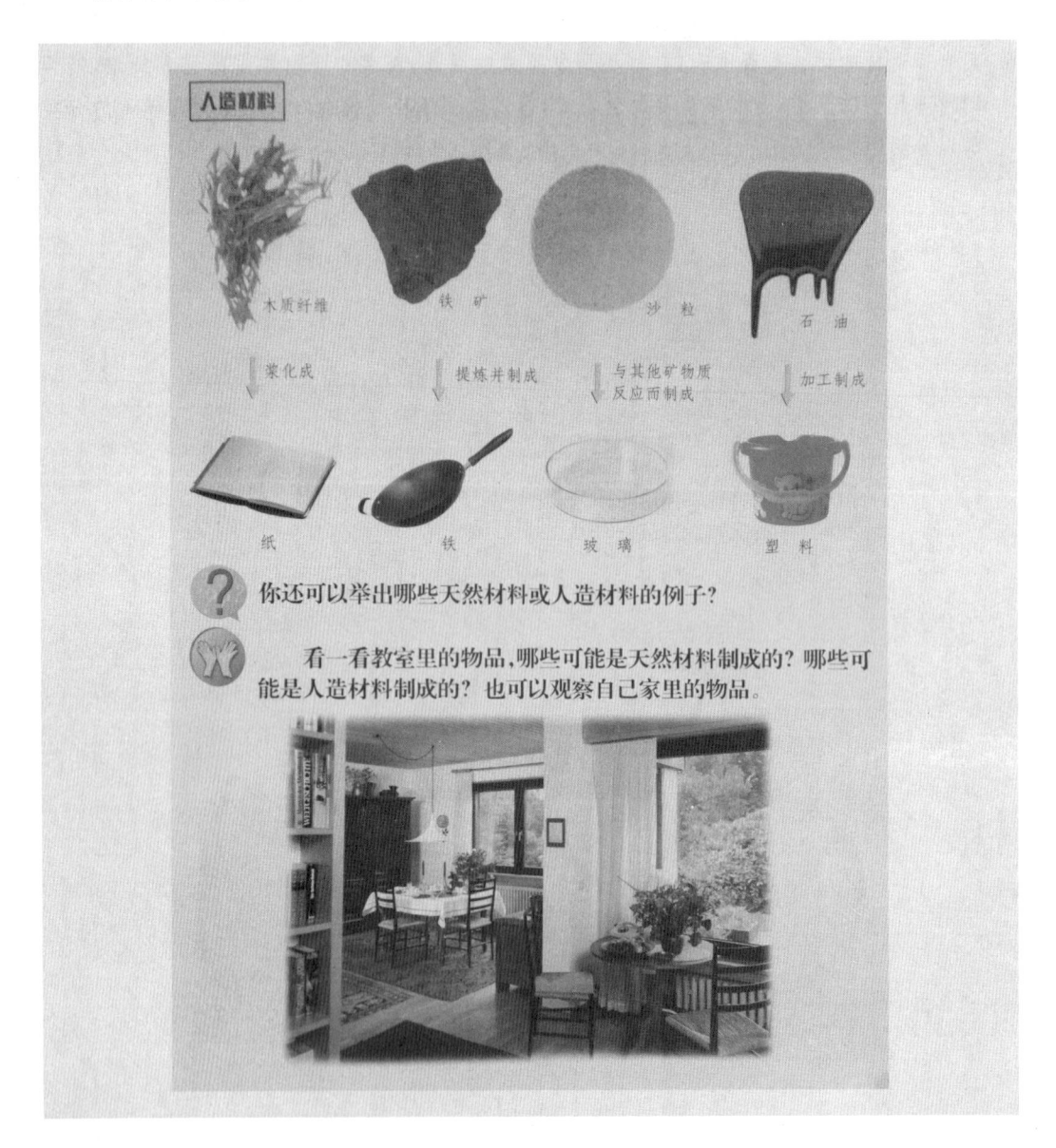

学习指导

1. 了解物体具有物理性质和化学性质。
2. 知道变化包括物理变化和化学变化,有的变化可逆有的不可逆。
3. 认识到物质可以依据特性加以利用,并关注利用过程中对健康和环境的影响。

第一节 物体的特征

自然界的物体千差万别,各自具有不同的特征,如大小、轻重、形状、颜色、冷热、沉浮等,物体的这些特征是由其组成物质的成分、结构决定的,有的还受组成物质数量影响。长期研究表明,地球上的各种物质,都是由 90 多种元素,按不同形式结合而成的。物质可分为混合物和纯净物两大类。纯净物是化学组成单一的物质,混合物是化学组成不单一的物质。纯净物根据其是由一种元素组成,还是由两种(或两种以上)元素组成可分为单质与化合物。单质分金属和非金属两类;化合物可分为无机化合物和有机化合物。物质的分类可表示为:

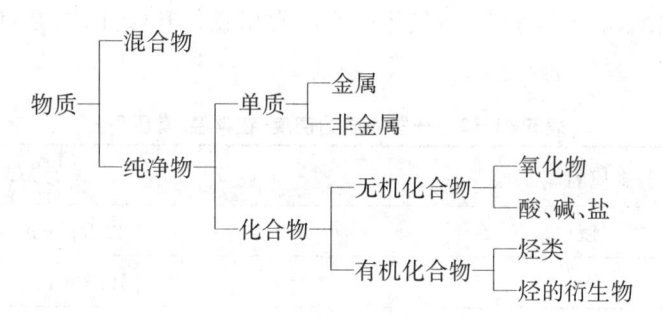

```
            ┌─ 混合物
            │              ┌─ 金属
物质 ┤           ┌─ 单质 ┤
            │           │      └─ 非金属
            └─ 纯净物 ┤
                        │              ┌─ 氧化物
                        │    ┌─ 无机化合物 ┤
                        │    │         └─ 酸、碱、盐
                        └─ 化合物 ┤
                             │         ┌─ 烃类
                             └─ 有机化合物 ┤
                                       └─ 烃的衍生物
```

物质的性质分成物理性质和化学性质两类。

一、物理性质

物质不需要发生化学变化就能表现出来的性质叫做物理性质,颜色、状态、硬度、气味、密度、熔点、沸点、溶解度、导电性、导热性等都属于物质的物理性质。了解物质的物理性质对于研究其化学变化、组成和结构都非常重要。下面就有关物质物理性质的几个基本概念作一简单介绍。

1. 熔点和沸点

当温度升高时,固态冰会变成液态的水。物质从固态变成液态叫做熔化,物质熔化的温度叫做熔点;把水加热到一定的温度时,水就会沸腾,液体沸腾时的温度叫做沸点。实验表明,液体沸腾的沸点随着大气压强的变化而变化。物体在单位面积上受到的压力叫做压强,大气压强是由于大气层受到重力作用而产生的,离地面越高的地方大气越稀薄,那里的大气压强越小。由于大气压强不是固定不变的,人们规定 101 千帕(kPal)的压强为一个标准大气压。例如在西藏拉萨,平均海拔约 3700 米,气压较低,水的沸点仅为

89℃左右。

表 5-1-1 一些常见物质的熔点和沸点（在标准大气压下）

物质	熔点/℃	沸点/℃
水	0	100
酒精	−117	78
氨气	−78	−34
氧气	−218	−183
食盐	801	1413
铁	1535	2750
铝	660	2467

2. 密度

对于体积相同的铁块和铝块，有经验的人只需要用手掂量一下就能判断哪块是铁块，哪块是铝块，这是由于体积相同的铁块和铝块，它们的质量是不相等的，铁块要重得多。某种物质单位体积的质量，叫做这种物质的密度。密度的单位可用千克每立方米（kg/m³），或是克每立方厘米（g/cm³）来表示；气体的密度常用克每升（g/L）或是克每毫升（g/mL）表示。

表 5-1-2 一些物质的密度（在常温、常压下）

物质名称	密度
锇	22.5 g/cm³
金	19.3 g/cm³
铅	11.3 g/cm³
铁	7.9 g/cm³
铝	2.7 g/cm³
蜡	0.9 g/cm³
干松木	0.5 g/cm³
水	1.0 g/cm³
酒精	0.8 g/cm³
硫酸	1.8 g/cm³
植物油	0.9 g/cm³
汽油	0.71 g/cm³
二氧化碳	1.98 g/L
空气	1.29 g/L

密度是物质的基本属性,每种物质都有自己的密度。密度在社会生活中有重要的价值。例如勘探队员在野外勘探时,通过对样品密度等信息的采集,可以确定矿藏的种类和经济价值;在麦场上,农民用风力扬场,对饱满的麦粒和瘪粒、草屑进行分拣;配制盐水挑选种子;商业中对牛奶、酒的浓度进行鉴别等,这些都要用到密度的知识。在工业生产中,人们要根据不同的要求来选择合适的材料,汽车、飞机和航天器主要的结构部件要选用高强度、低密度的合金材料,外层则要选用耐烧蚀、低密度的玻璃钢等复合材料;产品包装常要用到低密度的泡沫塑料作填充物,防震、便于运输,且价格低廉。由此可见,密度知识在社会生产和生活中应用广泛。

3. 溶解度

将一定量的食盐或蔗糖倒入水中,搅拌一段时间后,食盐或蔗糖的颗粒会消失不见。像这样一种或几种物质分散到其他物质里,形成均一的、稳定的混合物,叫做溶液,能溶解其他物质的液体叫溶剂,被溶解的物质叫溶质。溶质溶解在溶剂中形成溶液。水是一种最常见的溶剂,能溶解很多物质。汽油和酒精等也可作为溶剂,如汽油能溶解油脂,酒精能溶解碘,等等。

溶质在溶剂中溶解的量是有限度的。某物质在 100 克溶剂中达到饱和状态时所溶解的质量,叫做溶解度。如果不指明溶剂,通常所说的溶解度是指在水中的溶解度。例如,在 20 ℃ 时,100 克水里最多能溶解 36 克食盐(达到饱和状态),我们就说食盐在 20 ℃ 时,在水中的溶解度是 36 克。

表 5-1-3 溶解度的相对大小

溶解度/g	一般称为
<0.01	难溶
0.01~1	微溶
1~10	可溶
>10	易溶

一般来说,某种物质在水中的溶解度会随温度的变化而发生改变,有的变化不明显,如 NaCl,而有的变化则很显著,如 KNO_3(见表 5-1-4)。

表 5-1-4 几种物质在不同温度时水中的溶解度

温度/℃		0	10	20	30	40	50	60	70	80	90	100
溶解度/g	NaCl	35.7	35.8	36.0	36.3	36.6	37.0	37.3	37.8	38.4	39.0	39.8
	KCl	27.6	31.0	34.0	37.0	40.0	42.6	45.5	48.3	51.1	54.0	56.7
	NH_4Cl	29.4	33.3	37.2	41.4	45.8	50.4	55.2	60.2	65.6	71.3	77.3
	KNO_3	13.3	20.9	31.6	45.8	63.9	85.5	110.0	138.0	169.0	202.0	246.0

教材研读

下列教材页面中提到的面粉在水里留下了沉淀,并能被过滤分离,是否说明淀粉在水中不溶解?

面粉在水里溶解了吗

取一小匙面粉,放入一个盛水的玻璃杯内,用筷子轻轻搅拌,观察面粉在水中的变化。

观察比较搅拌成的三杯混合物。

面粉在水里沉淀吗?

能用过滤的方法把沙、面粉、盐从水里分离出来吗?

面粉在水里溶解了吗?

小贴士

淀粉有直链淀粉和支链淀粉两类。直链淀粉含几百个葡萄糖基,支链淀粉含几千个葡萄糖基。在天然淀粉中直链淀粉占20～26%,它不溶于冷水,在50～60℃热水中是可溶的,其余的则为支链淀粉,支链淀粉不溶于水但在热水里膨胀(溶胀)。

二、化学性质

在平时生活中,我们可以看到木柴能燃烧,铁块放置在潮湿的环境中会生锈,在这些过程中都伴随着新物质生成,发生了化学变化,物质在化学变化中表现出来的性质就是化学性质。物质的化学性质包括可燃性、稳定性、酸性、碱性、氧化性、还原性、助燃性、腐蚀性、毒性、脱水性等。它牵涉到物质分子(或晶体)化学组成的改变。

利用使物质发生化学反应的方法可以得知物质的化学性质。

1. 可燃性

物质的可燃性指的是物质在火焰中燃烧或产生可燃物并燃烧的性质。可燃性物质很多,例如可燃性气体有:氢气(H_2)、一氧化碳(CO)、甲烷(CH_4)、乙烷(C_2H_6)、丙烷(C_3H_8)、丁烷(C_4H_{10})、乙烯(C_2H_4)、丙烯(C_3H_6)、丁烯(C_4H_8)、乙炔(C_2H_2)、丙炔(C_3H_4)、丁炔(C_4H_6)、硫化氢(H_2S)、磷化氢(PH_3)等。易挥发可燃液体包括甲醇、甲醚、二甲醚、苯、甲苯、汽油等。

以氢气为例,氢气是一种极易燃的气体,氢气的着火点为500℃,在空气中的体积分数为4～75%时都能燃烧(该范围被称为氢气的爆炸极限)。氢气的燃烧热为－286千焦/摩尔。当氢气以体积百分比5～95%的浓度与氯气混合时是极易爆炸的气体,在热、日光或火花的刺激下易引爆,并生成具有潜在危险性的酸——氯化氢。因为氢气比空气轻,所以氢气的火焰倾向于快速上升,故其造成的危害小于碳氢化合物燃烧的危害。

2. 酸碱性

酸性是酸类以及强酸弱碱盐的水溶液所具有的通性,主要表现为与碱发生中和反应生成盐和水,以及能使酸碱指示剂变色、与活泼金属反应生成氢气,还有与某些盐发生复分解反应生成新酸和新盐。

碱性是碱类以及强碱弱酸盐的水溶液所具有的通性,主要表现为与酸发生中和反应生成盐和水,与酸性氧化物生成盐和水,以及能使酸碱指示剂变色,还有与某些盐发生复分解反应生成新碱和新盐。

物质酸碱性的判定应根据其水溶液中氢离子、氢氧根的相对浓度多少:氢离子浓度大于氢氧根浓度时为酸性,氢离子浓度等于氢氧根浓度时为中性,氢离子浓度小于氢氧根浓度时为碱性。为方便表示溶液酸碱性强弱,引进pH概念:

$$pH = -\lg[H^+]$$

pH即氢离子物质的量浓度的负对数。通常pH是一个介于0和14之间的数,当pH<7的时候,溶液呈酸性,当pH>7的时候,溶液呈碱性,当pH=7的时候,溶液呈中性。

常用的酸碱指示剂有石蕊试液、酚酞试液等。酸性溶液能使紫色的石蕊试液变红,碱性溶液能使紫色的石蕊试液变蓝。中性溶液不能使紫色的石蕊试液变色。酸性溶液不能使无色的酚酞试液变色,中性溶液不能使无色的酚酞试液变色。碱性溶液能使无色的酚酞试液变红。

3. 氧化还原性

氧化性是指物质得电子的能力。处于高价态的物质一般具有氧化性,如部分非金属单质:O_2,Cl_2;部分金属阳离子:Fe^{3+},MnO_4^-等。氧化性反映了物质的原子在化学反应中吸收电子能力,吸收电子能力越强的原子其非金属性也就越强。

还原性是指物质失电子的能力。处于低价态的物质一般具有还原性,如部分金属单质:Cu,Ag(金属单质只具有还原性),部分非金属阴离子:Br^-,I^-等。具有还原性的物质的原子吸收电子能力越弱,其非金属性也就越弱,而其金属性就越强。

在氧化还原反应中,某一物质所含元素化合价降低,被还原,则该物质作为氧化剂,显示氧化性;某物质所含元素化合价升高,被氧化,则此物质作为还原剂,显示还原性。氧化性和还原性在同一个氧化还原反应中总是成对出现的,而且具有相对性,在一个反应中显现氧化性的物质,在其他反应中可能表现为还原性。

三、部分物性的表征

我们周围物体的许多特征通过人的感官直接观察就可以了解的,比如颜色、形状、在水中的沉浮。而有的特征就必须通过测量才能得到正确结果,如物体的长度、体积、质量、温度等。这几方面是日常生活中最常遇到的问题。测量就是借助于各种不同类型的工具对周围世界的一种定量测量,也是一种通过数学语言与别人进行交流的工具。

在实施各种类型的测量操作时,各有不同的要求,但使用任何一种测量工具时,都要先了解它的零刻度、量程和分度值。

1. 长度的测量

在科学领域中,长度测量的国际单位制基本单位是米(常用派生单位是公里、厘米、毫米等)。要求学生会使用国际单位制的长度单位来测量长度并不难,但要注意两点:(1)注意不确定数值的确定;(2)注意测量工具的选择。选择合宜的测量工具不仅直接关系到测量结果的准确性与精确性,而且也关系到测量的效率。例如有一种测量轮,在测量比较长的距离时又方便又准确,这种测量轮的周长是1米,每转一周都会发出响声,在测量操场等长的距离时十分有用。而软尺在测量弯曲及不规则物体时也很方便。

2. 体积的测量

在科学领域中,体积测量的国际单位制基本单位是立方米(常用派生单位是立方厘米)。体积测量的方法要根据被测量物体而定。小学生对规则物体体积的测量一般只限于长方体或立方体(长×宽×高)。体积不大的不规则物体(不溶于水、也不发生化学反应的固体)体积可借助量筒或量杯,用水置换法来测定,即先在量筒中放入大约1/3体积的水,记下读数,小心倾斜量筒后将物体慢慢滑入量筒,再次记下读数,两次测量的差值就是该物体的体积。量筒是用来测量体积的工具,在使用前要先观察清它的量程和分度值(即最大刻度和最小刻度)。

在测量液体体积时,由于液体表面张力的作用,液面呈圆弧形,读数时,量筒要放平,视线与量筒内液面的凹液面最低处保持水平。

3. 质量及重量的测量

在科学领域中,质量的国际单位制基本单位是千克(公斤)(常用派生单位是克、毫克)。

托盘天平是小学生使用最多的一种称量工具,其称量的精确度是0.1克,结构如图5-1-1。为保证测量结果的准确性,必须规范操作天平:

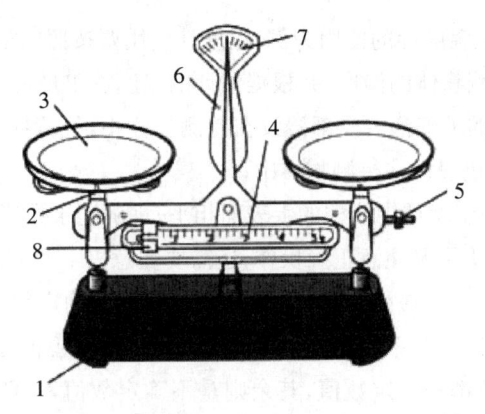

图5-1-1 托盘天平

1. 底座 2. 托盘架 3. 托盘 4. 标尺 5. 平衡螺母 6. 指针 7. 分度盘 8. 游码

（1）调节天平平衡。使用前,先将游码放在刻度尺的零处,检查天平摆动是否平衡。如果平衡,则指针摆动时所指示的标尺上的左右格数应相等,当指针静止时应指在标尺的中线。如果不平衡,可以调节平衡螺母,使之平衡。

（2）一般左盘放被称量的物体,右盘放砝码。

（3）砝码通常是从大的加起,如果偏重,就调换小的砝码,10克以下的砝码用游码代替,直到天平平衡为止。托盘天平的砝码和游码用镊子夹取或移动(不可以用手指直接拿取和移动)。

（4）被称量物如果是化学药品或是会对托盘有污染的物质,必须在左盘上放纸张隔离并调节天平平衡后进行称量。

（5）称量液体时,要用已经称过质量的容器盛放液体,称量所得数据扣除容器质量即为液体质量。

在科学领域中,重量的国际单位制基本单位是牛顿,小学常用称量工具有弹簧测力计(又称弹簧秤),这是一种用来测量力的大小的工具。弹簧秤是一种利用弹簧的形变与外力大小成正比的关系制成的测量作用力大小的装置。

弹簧秤分压力和拉力两种类型,压力弹簧秤的托盘承受的压力等于物体的重力,秤盘指针旋转的角度指示所受压力的数值。拉力弹簧秤的下端和一个钩子连在一起(这个钩子是与弹簧下端连在一起的),弹簧的上端固定在壳顶的环上。将被测物挂在钩上,弹簧即伸长,而固定在弹簧上的指针随着下降。由于在弹性限度内,弹簧的伸长与所受之外力大小成正比,因此作用力的大小或物体重力可从弹簧秤的指针指示的外壳上的标度数值直接读出。

在使用时应注意所测的重力或力不要超过弹簧秤的量度范围,还应注意弹簧秤上的分度值,检查在弹簧秤未挂物体时指针是否指在零刻度,若不在零刻度可扭动指针进行修正。所测力的方向应沿弹簧的轴线方向。未挂物体前,最好轻轻地来回拉动挂钩几次,防止弹簧指针卡在外壳上。此外还应注意勿使弹簧和指针与外壳摩擦,以免误差过大。

4. 温度的测量

以常用的酒精或水银温度计的使用为例,温度计使用要按照以下操作要求进行:

(1) 测量前,估计被测物体的温度,并根据估计的温度选出量程合适的温度计;

(2) 测量时,温度计的玻璃泡要全部浸没在待测物体中,等待一会,待温度计显示稳定后读数,此时温度计玻璃泡仍浸没在待测物体中;

(3) 读数时视线要与温度计中液柱的上表面相平,正确记录数值及单位。

在精确测量过程中,除了要注意正确操作,还需要注意以下两方面的内容:

正确读取"不确定数值"。在科学领域中,测量精确度的确定很重要,不仅直接关系到科学结果的精确性与准确性,也关系到科学成果交流的科学性与规范性。测量中读取测量工具最小刻度以上的各位读数都是确定数值,其余则是不确定数值,一般精确测量读数需要保留一位不确定数值。例如用最小刻度为1厘米的尺测量一支铅笔的长度,发现铅笔长度介于15厘米与16厘米之间,根据保留一位不确定数值法则,测量结果可以写为15.0~15.9厘米之间,也就是说15.4厘米或15.5厘米都正确。

多次测量求平均值。既使借助精确的科学仪器,测量中的人为误差在所难免,所以对同一物体要反复多次测量后取平均值,这是一种十分有效的提高测量质量的方法。

第二节 物质的变化

天气寒冷时,有的河流表面会结冰,等来年气温升高,冰又会熔化成水;大块的岩石(碳酸盐岩)在流水冲刷下矿物质溶解,石块变小,而流水携带的矿物质在特定的环境下逐渐沉积,又形成了千姿百态的石钟乳、石笋……城市里建设高楼大厦,工人将水泥和水搅拌,浇铸成了坚实的地基;一些露天雕塑作品,在酸雨冲淋下,逐渐面目模糊……我们周围无时无刻不在发生各种物质的变化,其中有的是可逆的,有的是不可逆的,有的是对人类有利的变化,而有的则需要防止发生。

一、物质的常见状态及转化

1. 物质的常见状态

各种物质都是由微观粒子(如分子、原子、离子等)聚集而成的。由于微观粒子作用力的差别,物质的聚集状态也有所不同。常见的聚集状态有气态、液态和固态三种,在特定环境条件下,物质还可以有其他聚集状态(如等离子体等)形式存在。下面将分别介绍物质的主要聚集状态及其与物质的物理性质的关系。

在物质的气、液、固三态中,固态和液态也叫做聚集态,从宏观的性质来看,固体(通常指晶体)具有一定的形状和体积,既不易变形,又不易压缩;液体的形状可随容器的形状而改变,但体积不能轻易作较大的改变,其压缩性很小;气体能自由地扩散,均匀地充满整个空间,又能压缩到较小的容器(如钢瓶)中运输和贮存。

气、液、固三态物理性质的不同可以从微观结构来解释(图5-2-1):

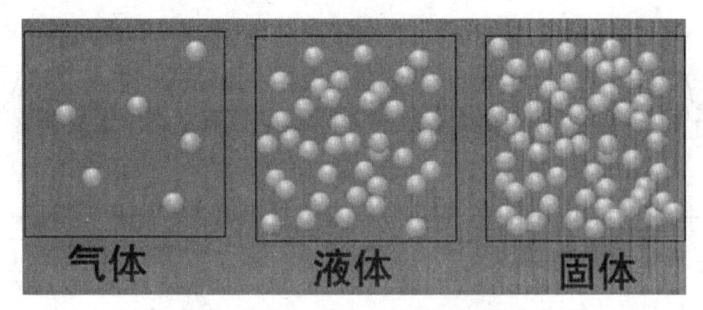

图 5-2-1　分子间隔微观示意图

气体分子间相距很远,其分子间的距离要比分子本身大几千倍,因此分子的引力很小,分子可以自由地高速运动。由于气体分子间的互相碰撞,其运动方向也在不断改变,因此气体没有一定的形状,能很快地充满整个容器。而且一种气体能在另一种气体中运动,进行相互扩散。气体压力的产生就是分子对容器壁碰撞的结果。此外,由于气体密度很小,分子间的间隙很大,使气体具有压缩性。

组成固体的微粒紧密地堆积在一起,不能自由移动,只能在一定的位置上作热振动。温度越高,振动越剧烈,仅偶尔有微粒能克服结合力而变换位置或挣脱出来。由于这些微粒在距离很近时能产生强的斥力,所以固体是不易压缩的。而微粒间的结合力则使固体不易改变形状。

液体中组成微粒间的距离比气体小得多,而接近于固体。因此,当固体熔化时,一般密度仅减小 10~15%。而当液体气化时,一般密度要减小 99.0~99.9%。在液体中某些区域的微粒几乎是紧密堆积的,而在另一些区域,由于堆积的不规则性,产生一些空缺。因为液体的分子是在不停地滑动,这些空缺就不可能有固定的大小和形状,它们也随之而不停地产生、消灭、移动或变化。但总的来说,液体中由于空缺的存在,增大了分子间的平均距离,因而减小了密度,又由于空缺给分子提供了活动的空间,所以使液体具有流动性和扩散性。

2. 物态变化

随着温度变化,物质会在气、液、固三态间变化。

(1) 熔化和凝固

物质从固态变成液态的过程叫做熔化,从液态变成固态的过程叫做凝固。有些固体在融化过程当中尽管不断吸热,温度却保持不变,例如冰、食盐、各种金属等,这类固体有确定的熔化温度,叫做晶体,晶体熔化的温度被称为熔点,晶体凝固时也有固定的温度,即为凝固点,同一种物质熔点和凝固点相同。有些固体在融化过程中只要不断吸热,温度就不断上升,没有固定的熔点,如沥青、玻璃、蜡、松香等,这类固体叫做非晶体。非晶体也没有固定的凝固点(图 5-2-2,图 5-2-3)。

晶体在熔化过程中虽然温度没有变化,但仍需继续加热,才能完成熔化过程,表明晶体熔化过程是吸热的。反过来,晶体在凝固过程中要放热,但温度不变。非晶体在熔化或凝固过程中要吸热或放热,而温度在变化。北方的冬天,菜窖里要放几桶水,利用水结冰时放热,使窖内温度不致过低,菜不会被冻坏。

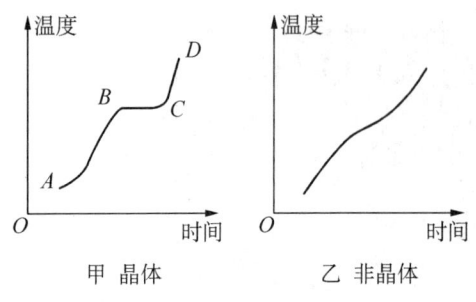

图 5-2-2 物质熔化时的温度变化曲线　　　　图 5-2-3 物质凝固时的温度变化曲线

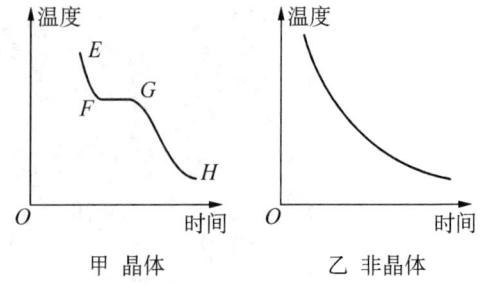

（2）汽化和液化

物质从液态变成气态叫做汽化，从气态变成液态叫做液化。

汽化有两种方式：沸腾和蒸发。沸腾是液体表面和内部同时发生的剧烈汽化现象。水的沸腾是一种剧烈的汽化现象，这时大量气泡上升，变大，到水面破裂，里面的水蒸气散发到空气中。在沸腾的过程中，虽然水继续吸热，但只能不断地变成水蒸气，它的温度却保持不变。各种液体沸腾时都有固定的温度，叫做沸点。盘子里盛水，晾晒湿衣服，温度没有达到水的沸点也会变干，这种在任何温度下都会发生的汽化现象叫蒸发。蒸发只发生在液体的表面。液体在蒸发过程中吸热，致使液体和它依附的物体温度下降。

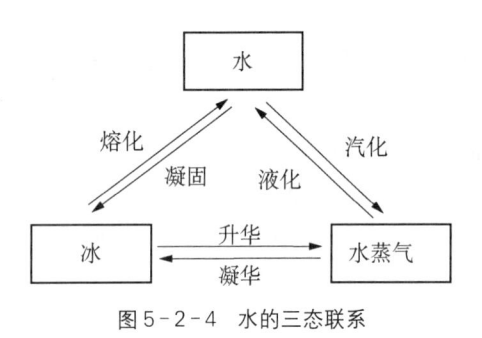

（3）升华和凝华

物质直接从固态变成气态叫升华，从气态变成固态叫凝华。

衣柜里防虫用的樟脑片，过一段时间会变小，继而消失不见，这就是升华现象。秋天、冬天的霜，我国北方冬天树上的雾凇，这都是凝华现象。像熔化和汽化一样，升华也需要吸热；像凝固和液化一样，凝华也会放热。

物态间的转化是可逆的（图 5-2-4）。

图 5-2-4 水的三态联系

二、物理变化

仅有物质的物理性质发生变化，而没有新物质生成的变化，称为物理变化。物理变化包括物体的位移、物质体积或形状的变化、物质的混合、物质的吸附、物态变化等。下面就举例说明几种物理变化。

1. 热胀冷缩

热胀冷缩是物体的一种基本性质，物体在一般状态下，受热以后会膨胀，在受冷的状态下会缩小。大多数物体都具有这种性质。

物体受热时会膨胀，遇冷时会收缩。这是由于物体内的粒子（原子）运动会随温度的变化而改变，当温度上升时，粒子的振动幅度加大，令物体膨胀；但当温度下降时，粒子的振动幅度便会减小，使物体收缩。一般来说，气体热胀冷缩最显著，液体其次，固体最不显著。因为气体分子之间的引力比液体和固体分子之间的引力小，受温度的影响就更容易一些。

物体一般都有热胀冷缩的现象,日常生活中我们可以针对这种现象想出一些解决办法。有时候夏天路面会向上拱起,这就是路面膨胀,所以路面每隔一段距离都有空隙留着;买来的罐头很难打开,这是因为工厂生产时放进去的食品是热的,气体膨胀,冷却后里面气体体积减小,外面大气压大于内部,所以难打开;而微加热的罐头就很容易打开了;夏天,电工在架设电线时,如果把线绷得太紧,那么到冬天,电线受冷缩短时就会断裂。所以一般夏天架设电线时电线都要略有下垂。

反常的热缩冷胀也存在,如水在4℃以上会热胀冷缩而在4℃以下会冷胀热缩,而冰的密度只有 0.9×10^3 千克/米^3。正因为这样,冰才会浮在水面。此外,锑、铋、镓和青铜等物质在某些温度范围内受热时收缩,遇冷时会膨胀。

资料

1825年,英国铺设了第一条铁路,钢轨是一根连一根地焊接在一起的。结果,到了炎热的夏天,钢轨就变得七歪八扭,左右弯曲,有些地方甚至还向上拱了起来;而到了寒冷的冬天,钢轨竟断裂成几段。其中的原因就是金属的热胀冷缩。根据有关数据,温度每变化1℃,1米长的钢轨大约伸缩0.000 018米,假如一年中气温变化60℃那么1千公里长的铁路就要伸缩780米。所以相邻铁轨之间必须有小的间隙来起缓冲作用。

2. 毛细现象

把几根内径不同的细玻璃管插入水中,可以看到,管内的水面比容器里的水面高,管的内径越小,里面的水面越高。把这些细玻璃管插入水银中,发生的现象正好相反,管内的水银面比容器里的水银面低,管的内径越小,管内的水银面越低。像这样,由于液体表面与固体表面存在吸引力,毛细管插入浸润液体中,管内液面上升,高于管外,毛细管插入不浸润液体中,管内液体下降,低于管外的现象,就是毛细现象。毛巾吸水,地下水沿土壤上升都是毛细现象。能够产生明显毛细现象的管叫做毛细管。

在自然界和日常生活中有许多毛细现象的例子。植物茎内的导管就是植物体内的极细的毛细管,它能把土壤里的水分吸上来。砖块吸水、毛巾吸汗、粉笔吸墨水都是常见的毛细现象。在这些物体中有许多细小的孔道,起着毛细管的作用。

有些情况下毛细现象是有害的。例如建筑房屋的时候,在夯实的地基中毛细管又多又细,它们会把土壤中的水分吸上来,使得室内潮湿。建房时在地基上面铺油毡,就是为了防止毛细现象造成的潮湿。

水沿毛细管上升的现象,对农业生产的影响很大。土壤里有很多毛细管,地下的水分经常沿着这些毛细管上升到地面上来。如果要保存地下的水分,就应当锄松地面的土壤,破坏土壤表层的毛细管,以减少水分的蒸发。

3. 物质混合

将几种物质混合在一起,如果没有产生新物质,则只产生了原来几种物质的混合物。

把一种(或多种)物质分散在另一种(或多种)物质中所得到的体系,叫做分散系。如氯化钠溶于水形成的溶液;酒精溶于水形成的溶液;牛奶溶于水形成的乳浊液;把泥土放入水中形

图 5-2-5 分散系

成的悬浊液;水蒸气扩散到空气中形成的雾。这些混合物均被称为分散系。其中,被分散的物质(可以是固体、液体、气体)叫做分散质,如上述分散系中的食盐、酒精、牛奶、泥土、水蒸气都是分散质;起容纳分散质作用的物质(可以是气体、液体、固体),叫做分散剂。

根据分散质与分散剂的状态,它们之间可有 9 种组合方式(如图 5-2-5):

气体分别分散于气体、液体、固体;液体分别分散于气体、液体、固体;固体分别分散于气体、液体、固体。

值得注意的是,溶液不一定是液体,如合金属于溶液;同理,浊液不一定是液体,不洁净的空气属于浊液,各种分散系的比较如表 5-2-1。

表 5-2-1 各种分散系的比较

分散系	分散质	分散质直径	主要特征	实例
溶液	分子,离子	<1 nm(能透过半透膜)	澄清,透明,均一稳定,无丁达尔现象	氯化钠溶液,溴水
胶体	胶粒(分子集体或单个高分子)	1 nm~100 nm(不能透过半透膜)	均一,较稳定,有丁达尔现象,常透明	肥皂水,淀粉溶液,氢氧化铁胶体
悬浊液	固体颗粒	>100 nm(不能透过滤纸)	不均一,不稳定,不透明,能透光的浊液,有丁达尔现象	水泥,乳剂水溶液
乳浊液	小液滴			

三、化学变化

化学变化是相互接触的分子间发生原子或电子的转换或转移,生成新的分子并伴有能量变化的过程。化学变化在生产和生活中普遍存在,如铁的生锈、节日的焰火、酸碱中和、镁条的燃烧等等。宏观上可以看到各种化学变化都产生了新物质,这是化学变化的特征。化学变化常伴有光、热、气体、沉淀产生或颜色、气味改变等现象发生,可以参照这些现象来判断有无化学反应发生。但要注意与物理变化的区别。物理变化也常伴有发光(电灯)、放热(摩擦)、释放气体(开启汽水瓶盖)、颜色变化(无色的氧气变成淡蓝的液氧)、产生沉淀物(明矾净水)等,只是没有新物质生成,这是物理变化与化学变化的根本区别。物体在化学变化中表现出来的性质是化学性质。化学变化中一定包含物理变化,而物理变化中一定没有化学变化。

化学变化种类较多,可根据不同方面将其分类。根据反应物、生成物种类不同可以把化学反应分为化合、分解、置换和复分解四种基本类型。也可以从其他角度给化学反应分类,如分成氧化还原反应与非氧化还原反应;吸热反应与放热反应等。

教材研读

下列教材页面中提到的铁制品生锈的例子中,铁与空气中的哪些物质发生了反应?属于什么类型的反应呢?

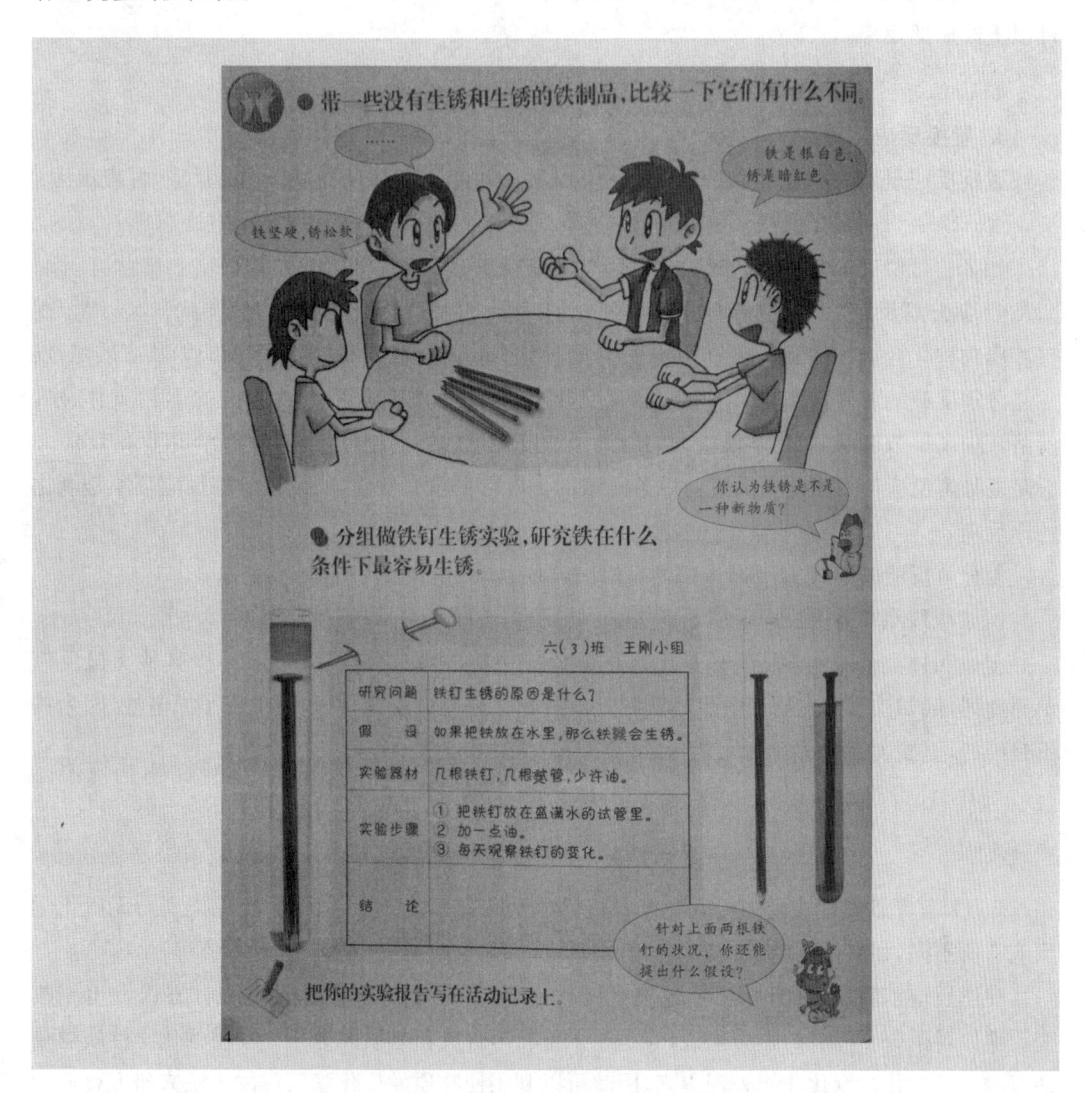

以下是按照反应物和生成物的种类及数量进行划分,可以把化学变化分为四种基本反应类型:

1. 化合反应

化合反应是指由两种或两种以上的物质生成一种新物质的反应。其中部分反应为氧化还原反应,部分为非氧化还原反应。此外,化合反应一般释放出能量,但不是所有的化合反应都是放热反应。

化合反应的通式为:A + B = AB

如:$C + O_2 \xrightarrow{\text{点燃}} CO_2$

2. 分解反应

分解反应是指一种化合物分解成两种或两种以上单质或化合物的反应，是化合反应的逆反应。

分解反应的通式为：AB → A ＋ B

可以简单地理解为"一变多"，也可以理解成由一种反应物发生化学反应后生成两种或两种以上物质的反应。

如 $CaCO_3 \xrightarrow{加热} CaO + CO_2\uparrow$，$CuCO_3 \xrightarrow{加热} CuO + CO_2\uparrow$

3. 置换反应

置换反应是指一种单质和一种化合物生成另一种单质和另一种化合物的反应，可表示为：A ＋ BC ＝ B ＋ AC

如 $Zn + H_2SO_4(稀) = ZnSO_4 + H_2\uparrow$

4. 复分解反应

由两种化合物互相交换成分，生成另外两种化合物的反应，叫做复分解反应。其实质是：发生复分解反应的两种物质在水溶液中相互交换离子，结合成难电离的物质——沉淀、气体、水，使溶液中离子浓度降低，化学反应即向着离子浓度降低的方向进行。酸、碱、盐溶液间的反应一般是复分解反应。因为此类反应前后各元素的化合价都没有变化，所以复分解反应都不是氧化还原反应。

复分解反应的通式为：AB ＋ CD ＝ AD ＋ CB

例如盐酸除铁锈的反应就属于此类型：$Fe_2O_3 + 6HCl = 2FeCl_3 + 3H_2O$

上述四种类型的化学反应只是无机化学反应中的四大典型类型，还有不少其他无机反应不属此列，例如铁暴露在空气中生锈实际上涉及到了原电池反应，铁与碳形成了原电池（因为铁不是纯的，里面含有 C 等其他元素）。反应方程式是：

$$4Fe + 6H_2O + 3O_2 = 4Fe(OH)_3$$

$$2Fe(OH)_3 = Fe_2O_3 + 3H_2O$$

Fe_2O_3 就是铁锈的主要成分。此外有机化学反应有其自身特点，因而反应类型与无机化学反应有所不同，如取代反应、加成反应、氧化反应、加聚反应、消去反应、酯化反应等。

化学反应前后原子的种类、个数没有变化，仅仅是原子与原子之间的结合方式发生了改变。例如对于分子构成的物质来说，就是原子重新组合成新物质的分子。物质的化学性质需要通过物质发生化学变化才能表现出来，因此可以利用使物质发生化学反应的方法来研究物质的化学性质，制取新的物质。

第三节　材料的性质和用途

材料是人们用来制造有用物品的各种物质。材料是人类生产和生活的物质基础，也是社会进步的反映与标志。材料的品种繁多。它的分类有多种方式。从来源分类可分为天然材料，如木材、石头、沙等；人造材料，如塑料、尼龙、玻璃钢等。若按材料的基本化学组成来分，可分为：金属材料、非金属材料、有机材料及复合材料等四大类。如果按用途分，则可以分为结构材料和功能材料。以下将从化学组成的角度分别予以介绍。

一、金属材料

在多种多样的材料当中,金属材料对于促进生产发展、改善人类生活,发挥了巨大的作用,即使在各种新材料层出不穷的现代社会中,铁、铝、铜、金、银等金属依然在工业、农业、国防、科学技术以及人类生活等方面起着不可替代的作用。

在目前已知的一百多种元素中,金属占80%以上,金属单质有许多共同特性:能导电、能导热、富有延展性、有金属光泽等,这都与金属键的特征有关。例如,金属镁原子核外有12个电子,其最外层的2个电子不完全固定地属于哪个原子,而能流动于整个金属晶体中,这些能流动的电子取名为自由电子,自由电子和金属阳离子之间产生没有方向性的"胶合"作用力,这种力就是金属键。形象地说,"好像把金属原子或离子沉浸在自由电子的海洋中"。金属键没有方向性和饱和性。

金属键在一块金属晶体的整个范围内都起作用,电子和金属阳离子之间的作用力相当强,要断开金属键比较困难,所以大多数金属都有较高的熔点和沸点。由于自由电子具有流动性,当金属受到外力锻压时,金属原子间容易相对滑动,所以金属一般有较好的延展性。自由电子能吸收可见光,使金属不透明,又能把各种波长的光大部分再发射出来,因而金属通常具有光泽。金属具有较好的导电性也与自由电子有关,这是由于在外加电场的作用下,自由电子可以沿着外加电场方向定向移动形成电流。金属的导热性也决定于自由电子的运动,电子在金属中运动,会不断地和原子或离子发生碰撞而产生能量的交换。所以,当金属的某一部位受热使原子或离子的振动加强时,就把热能通过自由电子的运动传递给邻近的原子和离子,使热运动扩展开来,这样金属的整体温度很快就一样了。

1. 常见的几种金属

金属的种类是丰富的,但自然界中各种金属的含量和分布却是不一样的,因而人类利用的金属大多是容易冶炼且含量较多的。

(1) 铜

人类利用铜的历史至少可以追溯到距今7000年前。铜在地壳中的含量并不高(低于0.0055%),是在地壳中含量排第22位的金属。铜容易加工,但是所做成的工具或武器太软,不实用。后来人们发现,将铜矿石和锡矿石共同冶炼,就可以得到性能好得多的青铜。青铜制品的性能优越,它的熔点较低,约为700~900℃,硬度是红铜的好几倍,炽热的青铜冷却时体积会稍微变大,所以它的填充性好,气孔少,特别适合铸造。

青铜器时代随着历史的前进渐渐没落了,但是人类对于铜的感情却依然深厚,即便是到了现代,铜由于其美丽的色泽,高贵的品质,依然受到人们的喜爱,如纽约的自由女神像就是由薄铜板制成的。而铜优良的传导性、延展性和抗腐蚀性则使其被广泛应用于电子工业和航天工业上。现代工业利用焙烧的方法得到粗铜,含铜约99.5~99.7%,再用电解的方法得到含铜99.95~99.98%的精铜。

(2) 铁

铁是自然界含量比较多的金属元素,仅次于铝。铁矿在地球上的分布比铜矿多,但是铁器的出现普遍比铜器晚,主要原因在于铁的熔点(1539℃)比铜的熔点高,要得到铁,就要掌握获得更高温度的技术。铁器大量出现,得益于各种能产生更高温度的地炉、竖炉,铁矿石、木柴等原料在炉子里加热、混合。这样,铁矿石中的铁就可以被还原出来。

$$Fe_2O_3 + 3CO \xrightleftharpoons{\text{加热}} 2Fe + 3CO_2$$

钢铁工业是国家的基础工业,钢产量是衡量一个国家发展水平的重要指标,新中国成立以后我国钢铁工业得到了飞速发展,1949年我国的钢产量仅居世界第26位,1996年我国钢产量已跃居世界首位。

平常讲的钢铁主要是铁和碳的合金。根据合金中含碳量的不同,通常将钢铁分成生铁(含碳量高于2.0%)、钢(含碳量介于生铁和熟铁之间)和熟铁(含碳量低于0.1%)。铁合金中含碳量多少,直接与它的性能有关。一般而言,含碳量变多,铁合金的强度和硬度都会升高,而塑性和韧性则有所降低。如果在钢中掺入铬、锰等金属就可以得到性质特殊的特种钢。1914年,英国冶金专家亨利·布雷尔利(Henry Brearly)在钢中掺入了18%的铬和8%镍制得了坚韧、不易生锈的"不锈钢"。

(3) 铝

铝是第十三号元素,纯净的铝较软、密度小,也具有较强的韧性和延展性。铝的化学性质十分活泼,其表面易形成氧化物保护膜,不过酸、碱、盐等可直接腐蚀铝制品,因而铝制的餐具不宜用来蒸煮或长时间盛放具有酸性、碱性或咸味的食物。

铝的用途,不仅限于它的单质,铝的化合物用途也十分广泛,例如治疗胃酸过多的药物中就含有$Al(OH)_3$,而明矾$KAl(SO_4)_2 \cdot 12H_2O$,除了可以净水外还是印染工业中很好的固色剂。不过更多的时候人们在铝中加入别的元素制成铝合金使用,因为比起铝本身,铝合金的强度高,同时也保留了铝原来的抗腐蚀、重量轻、导电、导热、没有毒性等优良性能。1906年德国人威尔姆(Alfred Wilm)在铝中加入铜、镁和锰等形成了第一种铝合金——硬铝,它被用来制造飞机。现代家庭中装修门窗所用的又轻又硬的铝合金是铝与镁或锰的合金。

2. 特种金属材料

人类对金属材料的应用有着不断寻找新材料并不断改进原有材料的趋势。人们根据自己的需要,不断开发各种有着特殊性能的金属材料,称之为特种金属。

(1) 记忆合金

具有形状记忆功能的合金称为形状记忆合金。有的能记住一种温度下的形状,称为"单向形状记忆合金";有的可以在温度升高到某一温度时变成一种形状,而温度降至某一温度时又立即变成另一种形状,称为"双向形状记忆合金",这种形状记忆能力可以重复500万次以上。发生这种变化的温度称为相变温度。例如:镍钛(Ni-Ti)合金为$-50 \sim 80$ ℃,镍铝(Ni-Al)合金为$-180 \sim 100$ ℃,金镉(Au-Cd)合金为$30 \sim 100$ ℃,铟钛(In-Ti)合金为$60 \sim 100$ ℃。

形状记忆合金为什么具有记忆功能呢?科学家认为这跟合金的晶体结构有关。金属固体大多数以晶体的形式存在。形状记忆合金既可以形成奥氏体结构,又可以形成马氏体。通常,工程技术人员在较高的温度下将形状记忆合金加工成所需要的形状(奥氏体),然后在较低的温度下改变它的外形(马氏体),当外界温度回升至原来的温度时,它的形状又会变得跟原来一模一样。

记忆合金的神奇本领使它在很多领域有广泛应用。记忆合金在恢复原有形状的同时,会产生强大的恢复力,这是形状记忆合金应用的主要基础。儿童牙齿排列不整齐,可以利用转变温度为人体口腔温度的形状记忆合金丝做成矫形弓丝,在体温下,矫形弓丝便对牙齿施力,牙齿在不知不觉中变得整齐好看。还有很多棘手问题借助形状记忆合金得以解决,例如在太空放置巨大的抛物面天线,可以用单向形状记忆合金制作天线,然后降低温度揉成团后用火箭送上太空,经阳光照射温度升高后,天线便自发伸展开,从而大大减少了天线在火箭运载中占用的空间。形状记忆合金还用以制造很多装置和设备,如海水温差发电装置、温室自动开闭臂、无电池万年钟等。

(2) 储氢合金

现代社会能源问题日益成为人们关注的焦点,很多人都在寻找新能源,于是高效清洁的氢能源成为人们的首选。而氢能源的广泛利用问题还很多,其中关键一点就是氢气的贮存和运输。常温下,氢是密度最小的气体,单位体积蕴含的能量很低,而且很容易爆炸,如果像液化石油气那样将氢气压缩成液态储存,所需的压强非常高,对钢瓶的耐压要求也就要相应提高,而且钢瓶十分笨重,运输不便,同时氢气钢瓶就像一个重磅炸弹,安全很成问题。

美国的赖利(Reilly J. J.)和威斯沃尔(Wiswall R. H.)在1966年首先找到一种能吸贮氢气的铜镁合金,它在$15\times10^5\sim20\times10^5$ Pa下吸收氢气,但需要250～300℃才能释放氢气,实际难以应用。在这种新型的储氢方法中,金属原子与氢原子发生结合,一个金属原子可以结合二至三个氢原子,形成金属氢化物,只有受热后才会分解,释放出氢气。具有实用价值的储氢材料应具有储氢量大,吸收和释放氢气都比较容易,速度都比较快,而且使用寿命长,制造成本低等特点。目前储氢合金主要有三大系列:镁系、稀土系、钛系储氢合金。

目前,储氢合金已经在氢动力汽车上试验成功,为今后零排放污染物汽车提供了颇有前途的能量来源。此外,储氢合金在吸氢时会放热,放氢时会吸热,利用这种放热—吸热循环进行热的贮存和传输,可做成制冷和采暖设备。另外,储氢合金还可以用来提纯和回收氢气,它可以将氢气提纯到99.9999%的超纯氢,大大降低提纯氢的成本。

二、无机非金属材料

1. 传统的非金属材料

传统的非金属材料主要是常见的水泥、玻璃和陶瓷。这三类材料都是以含硅的材料为原料经过加热制成的,所以这些材料也一般被称为硅酸盐材料。

(1) 水泥

硅酸盐水泥是在1824年,由英国泥水匠约瑟夫·阿斯普丁(Joseph Aspdin)发明的,但早在1700年前的古代,罗马人用石灰、石膏和火山灰混合焙烧而发明更优质的黏合剂。这与今天所使用的水泥在性质上极其相似。

水泥有独特的性能——水硬性,跟水掺和搅拌后很容易凝固变硬。制造水泥时以碳酸钙和黏土为主要原料,经过研磨、混合后在水泥回转窑中煅烧,再加上适量石膏,以调节水泥的凝结时间,并研细成粉末就得到普通的水泥了。水泥中只需加入砂、石就能成为混凝土,再加入钢筋就成为钢筋混凝土了。直到现在这项技术仍然在建筑业中广泛使用。后来人们还发明了各种新式水泥,如不怕海水侵蚀的矾土水泥、过硫酸水泥、膨胀水泥以及凝固水泥等。水下凝固水泥在桥梁、大坝等水下工程中采用十分广泛。

(2) 玻璃

普通玻璃的主要原料是纯碱(Na_2CO_3)、石灰石($CaCO_3$)和石英(SiO_2)。生产时,把原料粉碎,按适当的比例混合后,放入玻璃窑中加强热就可以制造得到透明的普通玻璃。如果添加某些金属氧化物,可以制出具有各种美丽颜色的玻璃,如氧化钴(Co_2O_3)可使玻璃呈蓝色,氧化铜(Cu_2O)或金的氧化物可使玻璃呈红色。一般普通玻璃呈现淡绿色,这是因为原料中含有二价的亚铁离子。

(3) 陶瓷

陶瓷是陶器和瓷器的总称。两者的差别在于,陶器表面没有釉质或只有低温釉,原料是一般的黏土,烧制温度较低(低于1000℃);而瓷器表面有高温釉,用高岭土在高温下烧制成(达1200℃)。

陶瓷是中国人的骄傲,在我国有悠久历史。早在新石器时期我们祖先就已能够制作陶器,随着制陶水平发展,釉料和烧制工艺逐渐改进,到了距今约1900年的东西汉之交,真正的瓷器——青瓷诞生了。当另一种低温下就能熔化的铅釉料被人们发现和使用后,中国瓷器历史上又一伟大成就——唐三彩也逐渐发展起来。唐三彩以白黏土制作胎,表面所用的低温釉中用铜、铁、锰等金属的氧化物给陶器着色。烧制时,不同颜色的金属氧化物熔化前在铅液体中浸润、扩散、漂浮,因而呈现出绿、蓝、黄、白褐、赭等多种颜色交汇成丝丝缕缕、飘忽不定的美丽图案。自唐代起中国的瓷器就出口到世界各地,影响深远。以后宋、元、明各朝代期间,中国瓷器仍然在不断发展。

2. 新型非金属材料

(1) 新型陶瓷

相比传统陶瓷,新型陶瓷在许多方面都有不同。一方面,原料更加丰富、纯净,另一方面,制作更加精良,更重要的是新型陶瓷的显微结构也发生了很大的变化。于是材料的性能也有了很大的变化。新型陶瓷主要在机械、光学、电磁和热性能等几个方面有很大突破。

从机械性能看,耐高温、耐磨、硬度高的陶瓷是人们研究的热点。氧化铝(称为人造刚玉)就是一种具有以上优越性能的新型陶瓷材料。以其优越性能被封为"陶瓷王"。人们利用它的耐热性来制造坩埚、高温炉管,利用它硬度高的特点来制造刚玉球磨机和切割用的陶瓷刀具。若使用高纯度原料,可以使氧化铝陶瓷变得透明,用于制作高压钠灯的灯管。若在氧化铝陶瓷中掺入碳化钨、氧化钛,再辅以氧化镁等添加剂可以制出比硬质合金还要硬的陶瓷。

为了克服传统陶瓷的脆性,韧性陶瓷应运而生。普通陶瓷材料不纯净,内部晶粒也比较大,晶粒间的结合常不牢固,所以陶瓷内部通常会存在细微的裂纹、气孔、夹杂物、晶体缺陷等不足,同样,陶瓷的表面也会存在一些不足。这些不足都是陶瓷脆弱的根源。一旦受到外力冲击,不足的地方会率先破裂。改变陶瓷的脆性,要从陶瓷的内部开始,制造韧性陶瓷的材料尺寸一般达到纳米级,这样的陶瓷内部晶粒小、结合牢固、缺陷少,受到外力后有一定的变形空间,所以有了韧性。韧性陶瓷可以用来制作切削刀具、防弹盔甲、人造骨骼、人造关节、手表外壳等(图5-3-1)。

a b

图 5-3-1 新型陶瓷制品

压电陶瓷是一种具有能量转换功能的陶瓷,它在机械力的作用下发生形变时,会引起表面带电。带电程度的大小,可以和施加压力强度成正比,也可以成反比。在医学上,工程师利用压电陶瓷的性能制造出用以诊断疾病的仪器;军事上,将之用于炸弹的点火引信;渔业上,可以用来探测鱼群;地震预测工作中也能用到压电陶瓷。压电陶瓷还可以制作电子打火机。

新型陶瓷还有很多,能够制作录像机磁头的低温陶瓷,具有纤维特性的陶瓷纸等。陶瓷这一古老而又年轻的无机非金属材料还会继续谱写辉煌的新篇章。

(2) 碳纤维

碳纤维是指主要成分为碳的纤维。第一根碳纤维是伟大的发明家爱迪生在1879年用竹子纤维烧结、碳化制成的白炽灯丝。此后的半个世纪中碳纤维销声匿迹,直到20世纪60～70年代以后,人造碳纤维才真正投入使用。

碳纤维一般都是把含有碳元素的纤维经过高温碳化而成。目前的主要碳纤维是由聚丙烯腈制备的。碳纤维的优越性能在于质量轻、强度大。以同体积相比,它只是铁重量的1/4,比铝合金还要轻得多,而它的强度却大于钢的4倍。此外,弹性或热膨胀系数都很优越。1918年8月,美国生产的第一架波音767民用飞机,首次采用了碳纤维复合材料。以后碳纤维材料又被汽车工业所采用。体育用品中碳纤维也大展身手,如羽毛球拍、网球拍等采用这种材料以后,具有重量轻、弹性好、刚性大、应变小的优点,可降低球与球拍接触的偏离度,使球获得较大的初速度,运动员也能挥动自如。

三、有机高分子材料

有机化合物是由碳氢组成的化合物及其衍生物,当其分子量达到几万到几百万就称为高分子化合物。高分子材料主要包括塑料、橡胶、纤维,这一领域是新材料发展的重点领域之一。

1. 塑料

塑料是一种具有密度小、强度高、化学性能稳定、电绝缘性好、耐磨擦等优点的材料。根据性质可将塑料分为两类:一类为热塑塑料,可以多次经加热、冷却成型;另一类是热固塑料,它在模型中形成,但只能被浇铸一次。

目前产量较大的塑料按用途大致可分为以下几类:

通用塑料：聚乙烯、聚丙烯、聚氯乙烯、酚醛塑料、氨基塑料；

工程塑料：聚酰胺、聚甲醛、有机玻璃、聚碳酸酯、ABS塑料；

特种塑料：含氟塑料、有机硅塑料、特种环氧树脂、离子交换树脂。

许多饮料瓶、矿泉水瓶的底部都有一个带有箭头的三角形标志，里面标有数字，不同的数字代表不同的材料(图5-3-2)。

图5-3-2 塑料种类标志

图中的数字编号和缩写符号对应的塑料主要成分分别是PETE(PET)聚对苯二甲酸乙二醇酯、HDPE高密度聚乙烯、V(PVC)聚氯乙烯、LDPE低密度聚乙烯、PP聚丙烯、PS聚苯乙烯、Other(O)聚碳酸酯及其他。这些不同材质的塑料品种有不同的性质及对应的使用领域。

例如聚乙烯塑料是最常见的塑料之一，它的化学性质十分稳定，除了氧化性酸以外，能耐大多数酸碱的腐蚀，在60℃以下不溶于任何溶剂，又因为它的分子链中不含有极性基团，因此吸水性极低。因而聚乙烯塑料常用于各种纸张或者织物表面作为保护层。同时，聚乙烯热塑性很好，所以用来制成薄膜、大量用于食品袋等包装材料，还可以制成各种管材、板材、容器、玩具等。

聚氯乙烯塑料的突出优点是耐化学腐蚀、不易燃烧、成本低廉、加工容易，广泛用于制造农用/民用薄膜、导线和电缆、化工防腐设备、隔音绝热泡沫塑料及包装材料、日常生活用品等。但这种塑料耐热性差，且有一定毒性，不能用作食品包装。

人们熟悉的一次性饭盒多是用聚苯乙烯塑料经发泡后生产的。这种发泡塑料有良好的隔热、隔音、防震等性能，所以也被广泛用作精密仪器的包装和隔热材料。在聚苯乙烯塑料中加入颜料，就可以得到色彩鲜艳的制品，用来制造各种玩具和器皿。

1938年首次被合成的聚四氟乙烯，是一种性能特别优越的塑料，被冠以"塑料王"的美誉。它特别耐化学腐蚀，除了熔融的碱金属以外，不和任何化学药品反应，即使在王水中煮沸也不会发生变化。零下269.3℃不会被冻变脆，300℃的高温也不会融化裂解。聚四氟乙烯还被制成各种医疗器具，如胃镜钳导管，人体器官替代品(如心脏补充、人造动脉血管、人工器官)等。

几乎所有的合成塑料都具有很高的化学稳定性，它们耐酸耐碱，不蛀不霉，被埋入地下，上百年也不会腐烂。塑料耐久的优点也是它们致命的缺点，现在废弃的塑料已经成为污染环境的罪魁祸首之一。人们正致力于合成对环境友好的塑料——可降解塑料。

2. 橡胶

橡胶指的是有显著高弹性的一类高分子化合物。橡胶可以分为天然橡胶和合成橡胶。天然橡胶可以从近500种不同植物中获得，但主要是从热带植物——橡胶树中取得。橡胶树是一种高达40米左右的高大植物，印第安人最早从它们树干上划破的裂口中获得了状如牛奶的"橡树眼泪"——胶乳，这些胶乳凝固后就成了天然橡胶。

欧洲开始使用天然橡胶是在哥伦布发现美洲大陆之后。1770年英国科学家普里斯特利(Joseph Priestley)发明了用橡胶制成的橡皮擦。19世纪开始，欧洲人已经学会用橡胶来制造胶鞋等，可是这时候的天然橡胶，虽然比较有弹性，却受冻容易冻裂，受热容易变黏。直到1839年，美国人古德伊尔在天然橡胶中掺入了硫，才制得了不黏、不脆而且有弹性的橡胶——硫化橡胶。未经硫化的橡胶是线型或只有少数短支链的高分子，这样的橡胶容易被溶剂溶解。加入硫之后，大分子通过硫桥进行适度胶联，成为网状或体型结构。此时橡胶的抗张强度、硬度、耐磨性、抗撕性都有了很大改善，加入炭黑等填充料后，橡胶的耐磨性能明显增强。

天然橡胶是由成百上千个异戊二烯分子聚合成的长链有机高分子。第一次世界大战中，橡胶需要量大增，天然橡胶的产量渐渐不能满足人们需要，合成橡胶成了努力的方向。开始时，合成橡胶是仿制天然橡胶的结构合成的聚异戊二烯。后来，丁苯橡胶、氯丁橡胶和丁腈橡胶也陆续合成出来。

特种橡胶是在普通合成橡胶的基础上发展起来的，具有更优异的性能，包括硅橡胶、氟橡胶、聚氨酯橡胶、聚硫橡胶等。其中硅橡胶在人体内具有很好的生物相容性和稳定性，可以用于制作人造器官，如人造心脏、人造血管等，还被用于美容整形。

3. 纤维

人类利用纤维的历史就是纤维的发展史，古时候，人们利用的纤维主要包括棉、麻、羊毛以及蚕丝，它们都属于天然纤维。棉和麻是植物性纤维，从化学组成上看，都属于碳水化合物，它们的主要成分是纤维素，相对分子质量约为200万。羊毛和蚕丝属于动物纤维，它们的主要成分是蛋白质。

木材、芦苇、甘蔗渣、棉秆、麦秆等物质中都含有纤维素，可是它们结合的方式不像麻和棉花中的纤维素，因而不能用来纺丝。欧洲人模拟了能像蚕那样喷射液体的装置，将纤维素经过浓硫酸和浓硝酸处理后溶解在酒精和乙醚中得到了溶液，再把液体通过上面的装置中直径1毫米的小孔挤出来，就得到了细长的硝化纤维。这就是人造纤维。不同的处理方法可以得到不同的人造纤维，黏胶纤维、铜氨纤维、醋酸纤维相继出现，大大丰富了纤维品种。人造纤维可以纺成长丝或切成短丝，长丝与蚕丝可以混纺成各种绸缎；短丝与棉花混纺就是人造棉。人造纤维技术最大的不足在于它产生很多污水，污染环境。

合成纤维是由小分子化合物通过聚合得到的。1940年让世界纺织市场为之震动的尼龙出现了，它的主要成分是"聚己酰胺（尼龙-6）"或"聚己二酰己二胺（尼龙-66）"，尼龙最大的优点是强度大、弹性好、耐摩擦。也用于制造渔网、绳子等。1950年问世的人造羊毛——聚丙烯腈，耐光、不怕霉蛀，常用来制作毛毯、毛线。"的确良"衬衫曾风靡一时，其主要成分是聚酯纤维（涤纶），涤纶自发明至今以它绝对的优势取得了快速的发展，其数量已占世界纺织纤维的1/3，约占我国纺织纤维加工量的一半，成为合成纤维中的佼佼者，是当今理想的纺织材料。它的优越性主要是强度大、弹性好，加工性能也好，其制成的面料挺括而不易变形，洗后不用熨烫，可纯纺也可和各种天然纤维混纺或交织，广泛用于服装、家用纺织品和产业用纺织品。1968年，美国人合成了聚芳酰胺纤维——芳纶，它的强度达到铝合金的45倍，是生产防弹背心的主要原料。现在合成纤维的种类不胜枚举，腈纶、维尼纶、丙纶、氯纶等都是产量高、用途广的合成纤维。

四、复合材料

复合材料是由金属、有机高分子、无机非金属等具有不同结构和功能的材料，通过特殊工艺复合为一体的新型材料,通常由承受载荷的基体和增强剂组成。这种复合材料利用优势互补和优势叠加而制得,既能克服原有材料的缺陷,又能突出其综合性能。

1. 玻璃钢

玻璃钢是第一代复合材料的代表,它是一种以塑料树脂为基体、玻璃纤维为增强剂的玻璃纤维增强塑料。玻璃钢具有质量轻、强度高、耐腐蚀的性能,并具有良好的隔热、隔音、抗冲击和透波能力。玻璃钢最早用于航空和军事工业,现广泛用于民用产品,例如许多城市雕塑、工艺美术造型、快餐桌椅、摩托车部件、玻璃钢花盆、安全帽、高级游乐设备、家用电器外壳等,玻璃钢都成功地被大量应用。

2. 碳纤维增强树脂复合材料

20世纪60年代后,航空、航天事业的迅猛发展对复合材料提出了更高要求,由此产生了第二代复合材料。碳纤维增强树脂复合材料是其中的代表,它与玻璃钢的不同在于所用的增强剂是经高温分解和碳化后获取的碳纤维。其与玻璃钢性能相比更加优越,抗腐蚀性好、磨擦系数小,主要用于航空、航天事业,制造火箭和导弹头、人造卫星支撑架以及飞机的机翼等。民用工业中,大量用于汽车和运动器具。80年代后,又研制了碳-碳复合材料,由多孔碳素基体和埋在其中的碳纤维骨架组成,其工作温度几乎居于所有复合材料的首位,因此是一种高温结构和热防护的理想材料,特别是火箭和航天飞机上受热最高部位的最理想材料。

3. 聚合物基、金属基和陶瓷基复合材料

复合材料的性能大多取决于选择不同的增强纤维、基体和加工工艺,其中,基体的特性既关系到复合材料的力学性能,也决定着它的使用温度和加工条件。第三代复合材料采用了以不同特性的基体材料,提高其综合性能,常见的有聚合物基、金属基和陶瓷基复合材料。

聚合物基复合材料有更好的热稳定性、抗湿性和耐环境性,易于加工,不过使用温度上限仅为350℃。金属基复合材料所用的基体种类很多,目前发展最快的是碳化硅颗粒增强铝合金基复合材料,重量轻,又比铝合金、钛合金耐磨性强,金属基复合材料性能优越,存在的问题是制造工艺复杂和成本较高。陶瓷基复合材料也称多相复合陶瓷,例如80年代产生的功能梯度复相陶瓷,其功能和性质随空间或时间连续变化,这种材料中的陶瓷/金属基功能梯度材料,就是通过精心设计和特殊工艺,在原子级水平上混合起来,它在组成和结构上,在整个材料内部都是均匀分布的,其界面层的组分、结构和性能呈连续变化,这种连续变化减轻了陶瓷、金属异种材料界面区域的突变,消除了界面的热应力集中,不会引起材料的开裂或剥离。这种材料在高温下是能耐热的陶瓷,在低温下则是具有高热导率的金属,用作航天飞机表面材料,它能耐受高达1880℃的高温和巨大的温差。

五、创造新材料

新材料的发展与新技术、新工艺的发展是密切相关的,现代人们利用新兴的技术,创造着一种又一种新材料。

1. 超导材料

1911年荷兰物理学家卡默林·昂尼斯(Heike Kamerlingh Onnes)发现在-269℃附近的低温下,水银的电阻突然消失,这意味着在出现"零"电阻的情况下,导体线圈中一旦有电流产生,这一电流便几乎可以永远存在。所以这一现象叫做超导现象,能够产生超导现象的材料叫做超导材料。

超导材料可以是元素超导材料、合金超导材料、化合物超导材料、陶瓷超导材料。

材料由正常状态转变为超导状态的温度,叫超导材料的转变温度。铅的转变温度为 7.0 K,水银的转变温度为 4.2 K,铌锗合金的转变温度为 23.2 K。超导材料的转变温度很低,要维持这样的低温在技术上是非常困难的。多年来,科学家们积极进行了高温超导的研究。

在远距离输电中,在很长的输电线上白白损耗了大量的电能,如果使用超导输电线,将可避免电能的大量损耗。在大型的电磁铁和电机中通过线圈的电流很强,损耗的电能很多,如果用超导材料做成线圈,损耗的功率大大降低,则可以制成强大功率的超导电磁铁和超导电机。各种电子器件如果能实现超导化,将会大大提高它们的性能。

2. 纳米材料

纳米(nm)是长度的度量单位,是十亿分之一米(10^{-9} m),相当于四个原子大小。而纳米材料是由尺寸在 0.1~100 纳米之间的超微颗粒构成。由于纳米材料会表现出特异的光、电、磁、热、力学、机械等性能,纳米技术迅速渗透到材料的各个领域,成为当前世界科学研究的热点。

纳米科技是当今科技发展的热点之一。纳米科技的核心思想是制备纳米尺度的材料或结构,发掘其不同凡响的特性并对此予以研究,以致最终能很好地为人们所应用。将这种思想和相关的方法引入到各个领域,便形成形形色色的各类纳米科技研发领域。

1959 年 12 月,在美国物理学会年会上,著名物理学家、诺贝尔物理奖得主理查德·费曼(Richard Feynman)教授作了一次非常著名的演讲,题目叫作"自底层构造的丰富结构(There's plenty of room at the bottom)"。这次演讲引发了纳米科技热潮。

纳米材料具有以下特殊性能:

(1) 特殊的光学性能

金属在超微颗粒状态下都呈现为黑色。尺寸越小,颜色越黑,银白色的铂(白金)变成铂黑,金属铬变成铬黑。这说明金属的超微颗粒对光的反射率极低。利用这个性质做成的材料可以高效率地将太阳能转换为热能、电能。

(2) 特殊的热学性

固体物质超细微化后其熔点将显著降低,当颗粒小于 10 纳米量级时尤为显著。例如,金的常规熔点为 1064℃,2 纳米尺寸时的熔点仅为 327℃左右;银的常规熔点为 670℃,而超微银颗粒的熔点可低于 100℃。因此,超细银粉制成的导电材料可以进行低温烧结,此时的元件的基片不必采用耐高温的陶瓷材料,甚至可用塑料。

(3) 特殊的磁学性能

研究发现海豚、蝴蝶、蜜蜂以及生活在水中的趋磁细菌等生物体中存在超微的磁性颗粒,使这类生物在地磁场导航下能辨别方向,具有回归的本领。磁性超微颗粒实质上是一个生物磁罗盘,生活在水中的趋磁细菌依靠它游向营养丰富的水底。小尺寸的超微颗粒磁性与大块磁性材料明显不同,随着超微颗粒尺寸减小,它会呈现出超顺磁性。利用这种特性可制成用途广泛的磁带、磁盘、磁卡以及磁性钥匙。

(4) 特殊的力学性能

陶瓷材料通常很脆,然而由纳米超微颗粒制成的纳米陶瓷材料却有良好的韧性。因为纳米材料使两种物质界面的原子排列发生变化,原子的迁移更容易,从而表现出良好的韧性与一定的延展性。研究表明,人的牙齿之所以有很高的强度,是因为它由磷酸钙等纳米材料构成的。纳米晶粒的金属要比传统的粗晶粒的金属硬三至五倍。

(5) 特殊的电学性质

金属材料中的原子间距会随粒径的减小而变小。因此,当金属晶粒处于纳米范畴时,其密度随之增加。这样,金属中自由电子移动的路程将会变小,使电导率降低。因此原来的金属良导体就转变为绝缘体,这种现象称之为尺寸诱导的金属——绝缘体转变。

纳米材料和纳米技术是知识创新和技术创新的源泉,新规律、新原理的发现及新理论的建立促进了基础科学的发展,对未来高新技术产业的发展及国家和地区经济性技术竞争能力的提高都将具有前瞻性的重大带动作用,使其越来越引起世界广泛的重视。

第四节 物质的利用

20世纪许多发达国家和发展中国家进入了大量生产、大量消费、大量废弃的社会模式,带来了诸多的问题:一是自然资源出现短缺,尤其是矿产资源之类的不可再生资源;二是废弃物处理压力日益增大,废弃物处理的社会成本不断加大;三是传统的社会经济模式造成生态失衡,环境破坏,使国民生活质量下降。随着天然资源的日渐短缺和固体废弃物排放量的激增,许多国家把固体废弃物作为开发的"再生资源"加以综合利用,以谋求建立以可持续发展为基本理念的简洁、高质量的循环型社会。

一、可再生和不可再生资源

1. 自然资源的内涵和外延

自然资源是指具有社会有效性和相对稀缺性的自然物质或自然环境的总称,包括土地资源、气候资源、水资源、生物资源、矿产资源、能源资源、海洋资源、旅游资源等。联合国环境规划署(UNEP)对自然资源下过这样的定义:"所谓自然资源,是指在一定时间、地点条件下能够产生经济价值的、以提高人类当前和将来福利的自然环境因素和条件的总称"。

就自然资源来讲,其本质是自然环境和人类社会相互作用的一种价值判断与评价,是以人类利用为标准的。正是人类的能力和需要,而不仅仅是自然界的存在,创造了资源的价值。所以自然资源的外延随着知识的增加、技术的改善、人类需求的变化和文化的发展而随时变动。虽然地球的总自然禀赋本质上是固定的,但资源却是动态的,没有已知的或固定的极限。迄今的资源利用史一直是不断发现的历史,对基本自然资源的范围在不断拓展。旧石器时代的人类所知的资源不多,天然可得的植物、动物、水、木头和石头是那时的全部基本资源。青铜器、铁器时代的到来,使得金属矿物成为了人类大力开发的有用之物。1886年电解铝法发明后,铝被广泛地应用到工业上,原先视为无用之物的铝矾土变成了人们趋之若鹜的重要财富。由于核能的使用,含铀的岩石陡然身价百倍,成为国际上最为重要的矿产资源之一。历史上的每一次技术革新,基本上都导致了自然资源概念外延的拓展;而新的资源的利用又为下一次技术革命提供了物质条件。

2. 自然资源的分类

(1) 依据自然资源的属性分类,自然资源包括土地资源、气候资源、水资源、生物资源、矿产资源、能源资源、海洋资源、旅游资源等。

(2) 依据人类对自然资源的利用速度,自然资源可分为恢复速度较快的可再生资源和较慢的不可再生资源。可再生资源可连续而稳定地为人类提供各种所需的物质和能量。它包括风能、水力能、地热能和太阳辐射能、淡水资源,森林草原资源等;不可再生资源是指相对于人类的自身再生产及人类经济再生产的周期而言不能再生的各种资源,主要是各种矿产资源,如煤、石油等。

二、废弃物回收

废弃物是指在生产建设、日常生活和其他社会活动中产生的,在一定时间和空间范围内基本或者完全失去使用价值,无法回收和利用的排放物。废弃物主要包括城市垃圾、工业和城市建筑工程排出的废渣及少量废水。对环境的污染表现在:①污染水体,如垃圾、废渣随地表径流进入地面水体,垃圾、废渣中的渗漏水通过土壤进入地下水体,细颗粒固体废弃物随风飘扬落入地面水体,将废弃物直接倒入湖泊、河流和海洋等。②污染大气,如细颗粒固体废弃物随风扩散到大气中,固体废弃物本身或者在焚化时散发毒气和臭气等。③污染土壤,如固体废弃物及其渗出液和滤沥所含的有害物质进入土壤,改变土壤性质和结构,影响土壤微生物活动,有碍植物根系生长。

在现代生活中,每天都会产生大量的废弃物,带来后处理的麻烦。这些废弃物一方面来自大量一次性商品的使用,如一次性筷子、餐盒、杯子、饮料瓶、餐巾、桌布等;另一方面来自商品的包装物,层层叠叠的塑料、纸张乃至金属、木材等制作的包装材料在拆开商品包装后被丢弃,占据了垃圾桶,同时也是资源的极大浪费;此外,日常生活中还会产生大量的其他废弃物,如旧报纸、旧挂历、废光盘、旧织物等。废弃物中大部分是放错了地方的资源,可以循环使用或者再加工加以利用。

基于合理利用资源,减少废弃物的发展理念,人们已经提出"3R"的概念,即减少原料(Reduce)、重新利用(Reuse)和物品回收(Recycle)。通过节约、回收和再利用废旧资源,使其尚未被充分利用的价值得到重新开发和使用,产生新的经济和社会效益。在21世纪,人类社会的发展方向,将不是建立在更多地消耗资源,而是在更加节约、回收和再利用资源的基础上。

废弃物回收是把人类活动过程中产生的废弃物进行处理和再次利用的收集过程。若要提高废弃物回收及再利用的效率,可根据废弃物的性质,或行业性质实行分类回收。如工矿业废弃物,以废弃金属为主;生活废弃物种类则较复杂,有有机物、无机制品、金属制品等。为了提高回收和处理废弃物的效率和效益,城市生活废弃物也应开展分类回收。可在城市街道设立装载纸张类、金属类、玻璃类、塑料制品类和无机杂品类的专门容器,为充分处理和利用废弃物提供条件。

资料

聚对苯二甲酸乙二醇酯(PET)塑料常用来做饮料瓶,这种材质特别易于熔化而再利用。

大部分再生的 PET 转化成了聚酯纤维,包括地毯、T 恤衫、生产夹克和套头衫用的流行的"绒面"织物和跑步鞋的鞋面织物。五个 2 升的塑料瓶再生可以制成一件 T 恤衫或是一件滑雪衫的保暖层;大约只需要 450 个这样的塑料瓶就能制作出一块 10 平方米的聚酯地毯。

三、药品利用

物质的利用对人类既具有有利方面,又有有害的方面,因此人们必须了解正确使用物质的重要性。药品就是一类典型的例子。

1. 非处方药和处方药

非处方药是指为方便公众用药,在保证用药安全的前提下,经国家卫生行政部门规定或审定后,不需要医师或其他医疗专业人员开具处方即可购买的药品,一般公众凭自我判断,按照药品标签及使用说明就可自行使用。非处方药在美国又称为柜台发售药品(Over the Counter Drug),简称OTC药。这些药物大都用于多发病常见病的自行诊治,如感冒、咳嗽、消化不良、头痛、发热等。为了保证人民健康,我国非处方药的包装标签、使用说明书中标注了警示语,明确规定药物的使用时间、疗程,并强调指出"如症状未缓解或消失应向医师咨询"。非处方药由处方药转变而来,是经过长期应用、确认有疗效、质量稳定、非医疗专业人员也能安全使用的药物。不过在非处方药中,还有更细的分类,红底白字的是甲类,绿底白字的是乙类。甲乙两类OTC虽然都可以在药店购买,但乙类非处方药安全性更高。乙类非处方药除可以在药店出售外,还可以在超市、宾馆、百货商店等处销售。因此,服用非处方药一定不能随意,最好提前咨询医生。任何药物都有毒副作用,只是程度不同而已。非处方药物较为安全,也是相对而言的。如果病因不明,病情不清,则以不用非处方药物为好。若用药后不见效或有病情加重迹象,甚至出现皮疹、瘙痒、高热、哮喘以及其他异常现象,应立即停药,去医院诊治。

处方药(Rx)是为了保证用药安全,由国家卫生行政部门规定或审定的,需凭医师或其他有处方权的医疗专业人员开具处方出售,并在医师、药剂师或其他医疗专业人员监督或指导下方可使用的药品。处方药大多属于以下几种情况:上市的新药,对其活性或副作用还要进一步观察;可产生依赖性的某些药物,例如吗啡类镇痛药及某些催眠安定药物等;药物本身毒性较大,例如抗癌药物等;用于治疗某些疾病所需的特殊药品,如心脑血管疾病的药物,须经医师确诊后开具处方并在医师指导下使用。此外,处方药只准在专业性医药报刊进行广告宣传,不准在大众传播媒介进行广告宣传。

2. 中草药

中药主要由植物药(根、茎、叶、果)、动物药(内脏、皮、骨、器官等)和矿物药组成。因植物药占中药的大多数,所以中药也称中草药。

草药不能直接代替现代药物,草药是从天然植物中提取,并非所有的草药都能安全使用。同时,中药材往往仅用于轻度病症。如果症状较为严重,最好是请教医生,他们能告诉你用药的适当剂量,并建议合理的用药次数。

常识告诉我们,草药作为药材已有 1000 多年的历史,令人觉得很具权威,但并不推荐自我诊断。必须始终牢记,药品和中药材是有着副作用的商业药物。有些人误以为因为是天然草药,所以它们是百分之百安全的,这是不正确的。实际上历代本草、医书对中草药的毒副反应均有明确的论述,现代研究更是对一些中草药对肝脏的毒性作用方面有了更清晰的认识。例如:长期或超量服用姜半夏、蒲黄、桑寄生、山慈姑等可出现肝区不适、疼痛、肝功能异常;超量服用川楝子、黄药子、蓖麻子、雷公藤煎剂,可致中毒性肝炎;长期服用大黄或静脉滴注四季青注射液,会干扰胆红素代谢途径,导致黄疸;土荆芥、石菖蒲、八角茴香、花椒、蜂头茶、千里光等中草药里含黄樟醚,青木香、木通、硝石、朱砂等含有硝基化合物,均可诱发肝癌。

本章思考题

1. 天冷时,水面会结冰,这说明了水的哪些性质和变化?
2. 为什么液体有流动性呢?
3. 金属材料有哪些共同的物性？为什么人类历史上金属材料长盛不衰呢?
4. 市场上有种"纳米技术洗衣机"问世,纳米技术是如何应用于这种洗衣机的？能否增强洗涤效果?
5. 请查阅资料,了解一下哪种类型的塑料是最大量的再生塑料,有哪些用途?
6. 在所有人类滥用的药物中,你认为哪种造成的伤害最大？也就是说你能否指出一种药物是对家庭和工作的破坏作用最大的,比其他任何一种造成更多的健康问题和死亡?

第六章 运动与力

热身体验

教材页面中呈现了哪些物理学的学科知识呢?

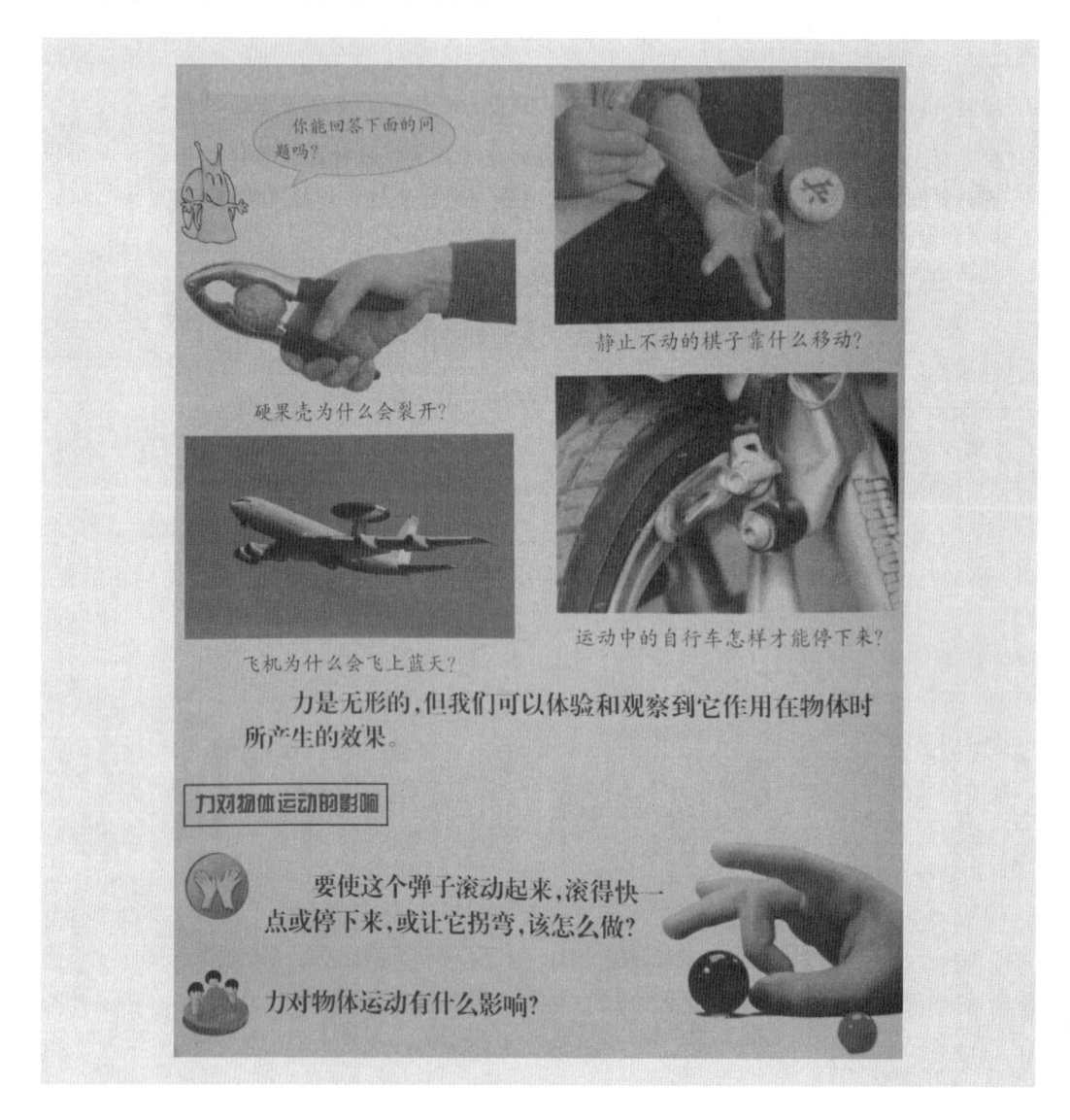

你能回答下面的问题吗?

硬果壳为什么会裂开?

静止不动的棋子靠什么移动?

飞机为什么会飞上蓝天?

运动中的自行车怎样才能停下来?

力是无形的,但我们可以体验和观察到它作用在物体时所产生的效果。

力对物体运动的影响

要使这个弹子滚动起来,滚得快一点或停下来,或让它拐弯,该怎么做?

力对物体运动有什么影响?

学习指导

1. 了解运动的相对性和参照物，以及描述运动的主要变量和简单图表。
2. 认识运动与力的关系，理解牛顿运动定律的含义。
3. 知道杠杆、滑轮、斜面等简单机械的原理及应用。

第一节 位 置 与 运 动

运动是宇宙中的普遍现象。地球上的人们看到天上的太阳有升落，月亮、各种星体的位置都不是一成不变的，周围的树在风中摇摆，汽车疾驰而过，房屋、桥梁看似不动，其实也随着地球自转、公转而在运动。物体的空间位置随时间发生的变化是自然界最简单、最基本的运动，被称为机械运动。

一、运动的相对性与参照物

1. 参照物

自然界的一切物体都处于永恒的运动中，绝对静止的物体是不存在的。就此而言，我们说运动是绝对的。但是，描述某一个物体的位置及其随时间的变化，却又总是相对于其他物体而言的，这就是运动的相对性。运动的相对性是机械运动的一种性质，即同一个物体是运动还是静止，取决于选作判断标准的物体。在研究机械运动时，人们事先选定的、假设不动的，作为基准的物体叫做参照物。参照物的选择是任意的，但应以观察方便和使运动的描述尽可能简单为原则，研究地面上物体的运动常选择地面为参照物。

参照物可以根据需要来选择，参照物不同，得出的结论可以不相同。例如坐在奔驰的列车里的乘客，若选车厢为参照物，他是静止的，若选地面为参照物，他却又是运动的；再比如高山、森林、房屋等物体，若选地面为参照物，都是静止的，若选太阳为参照物，这些物体又都是运动的。由此可见物体的运动和静止都是相对的。

2. 坐标系

为了定量地描述物体的位置及位置的变化，需要建立适当的坐标系。例如，当物体沿直线运动时，往往以这条直线为 x 轴，在直线上规定原点、正方向和单位长度，建立直线坐标系。如图 6-1-1 所示，某一物体运动到 A 点，此时它的位置坐标为 $x_A=3\,\mathrm{m}$，若它运动到 B 点，则此刻它的坐标 $x_B=-2\,\mathrm{m}$。

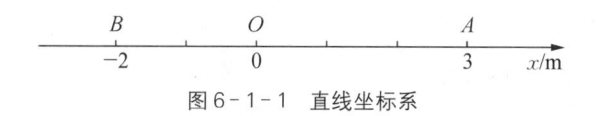

图 6-1-1 直线坐标系

对于在平面上运动的物体，例如冰面上的溜冰运动员，要描述他们的位置，则需要建立一个平面直角坐标系。在同一个平面上互相垂直且有公共原点的两条数轴构成平面直角坐标系。通常，两条数轴分别置于水平位置与铅直位置，取向右与向上的方向分别为两条数轴的正方向。水平的数轴叫做 X 轴或横轴，铅直的数轴叫做 Y 轴或纵轴，X 轴和 Y 轴统称为坐标轴，它们的公共原点 O 称为直角坐标系的原点。在直角坐标系中，对于平面上的任意一点，都有唯一的一个点的坐标 (x, y) 与它对应；反过来，对于任意一个点的坐标，都有平面上唯一的一点与它对应。这样坐标可以表示物体的位置，也可以表示位置的移动。

资料

全球卫星定位系统

我们在地图上看到的经纬线，实际上就是在地球表面建立的坐标系，地面上任意一点的位置都可以用这点的坐标（也就是经度和纬度）来确定。

向空中发射几颗人造卫星，它们不停地向地面发射信号，表明自己此刻所处的位置。地面的接收器收到这些信号以后进行分析，就显示出接收器自己所处的位置（经度、纬度）。

目前普及型 GPS 定位器可以做得很小，精确度能达到几米，价格也比较便宜，已广泛应用于各种野外活动中。许多汽车上也安装了 GPS 定位系统。

我国独立自主研发的北斗导航卫星系统已开始工作，是继美国 GPS 和俄罗斯的 GLONASS 之后的第三个成熟的卫星定位系统。欧盟的伽利略定位系统也在建造中。

二、运动的描述

1. 描述运动的物理量

常用来描述机械运动的物理量有时间间隔（t）、位移（s）、速度（v）与加速度（a），此外还有路程、速率等，特别需要区分的是位移与路程，速度与速率这两组物理量。

物体在某一段时间内，如果由初位置移到末位置，则由初位置到末位置的有向线段叫做位移。它的大小是运动物体初位置到末位置的直线距离；方向是从初位置指向末位置。其大小与路径无关，方向由起点指向终点。它是一个有大小和方向的物理量，即矢量。路程表示物体轨迹运动的长度，是标量，只有大小，没有方向。位移只与物体运动的始末位置有关，而与运动的轨迹无关。如果质点在运动过程中经过一段时间后回到原处，那么，路程不为零而位移则为零。在匀速直线运动中，位移的大小等于路程。

物体运动的快慢用速度表示。在相同时间内，物体位置的移动（位移）越大，它的速度就越快；物体的位移相同，所花的时间越短，速度越快。速度等于运动物体单位时间内发生的位移。位移和速度都是有方向性的。速度、位移、时间之间的关系式为：

$$v = \frac{s}{t}$$

v —— 速度 —— 米每秒（m/s）

s —— 位移 —— 米（m）

t —— 时间 —— 秒（s）

在国际单位制里，速度的单位是米每秒，符号为 m/s 或 m·s^{-1}。在交通运输中还常用千米每小时做速度单位，符号为 km/h 或 km·h^{-1}。

$$1\text{ m/s} = 3.6\text{ km/h}$$

速率是路程与时间的比值,速度是位移与时间的比值;速率是标量,只有大小没有方向,它只描述物体运动的快慢,而不反映物体运动的方向;速度是矢量,有大小有方向。一些物体的运动速率如表 6-1-1 所示。

表 6-1-1　一些物体的运动速率

物体	速度 $v/(\text{m}\cdot\text{s}^{-1})$	物体	速度 $v/(\text{m}\cdot\text{s}^{-1})$
蜗牛爬行	约 1.5×10^{-3}	喷气式客机	约 250
人步行	约 1.1	超音速歼击机	>700
自行车	约 5	子弹出膛时	约 1000
高速公路上的小轿车	可达 40	同步卫星轨道速度	3070
普通列车	约 40	第一宇宙速度	7900
雨燕	最快达 48	真空中光速	3×10^8

资料

昆虫测速师

螳螂、蜻蜓、蜜蜂等有复眼的昆虫,它们的眼睛是优秀的测速计。特别是象鼻虫,它的眼睛呈半球形,曲面上排列着许多小眼。飞行中,不同的小眼在不同时刻看到同一物体,由此象鼻虫就能得知自己飞行的速度和距离地面的高度,从而使自己平稳降落。根据这一原理,人们研制出一种地速仪,能测量出飞机相对于地面的飞行速度,也能测量出火箭攻击目标时的相对速度。

物体运动速度变化的快慢用加速度表示。在相同时间内,物体运动速度变化越大,它的加速度就越快;物体运动的速度变化相同,所花的时间越短,加速度越快。加速度等于运动物体单位时间内发生的速度变化。加速度、速度、时间之间的关系式为:

$$a = \frac{\Delta v}{\Delta t}$$

符号的意义及单位分别是:

Δv——速度变化量——米每秒(m/s)

a——加速度——米每平方秒(m/s^2)

Δt——时间——秒(s)

在国际单位制里,加速度的单位是米每平方秒,符号为 m/s^2 或 m·s^{-2}。假如两辆汽车开始静止,均匀地加速后,达到 10 m/s 的速度,A 车花了 10 s,而 B 车只用了 5 s。它们的速度都从 0 m/s 变为 10 m/s,速度改变了 10 m/s。所以它们的速度变化量是一样的。但是很明显,B 车变化得更快一些。我们用加速度来描述这个现象:B 车的加速度大于 A 车的加速度。

显然,当速度变化量一样的时候,花时间较少的 B 车,加速度更大。也就是说 B 车的启动性能相对 A 车好一些。因此,加速度是表示物体速度变化快慢的物理量。

2. 描述运动的图象

许多变化过程可以用图象表示,如气温的变化、股市的涨落、金属价格的波动等,目的是更直观地反映变化的规律。图象是表示变化规律的好方法。物体的运动也可以用图象表示。运动图象包含了位移-时间图象和速度-时间图象,其中位移与速度都是矢量,矢量含有大小与方向。

(1) 位移-时间图象(s-t 图象)

以位移为纵轴,以时间 t 为横轴在方格纸上建立直角坐标系,根据物体在不同时间发生的位移数据描点,连成光滑曲线,就是位移-时间图象。不同的位移-时间图象呈现了不同的运动方式(图 6-1-2)。

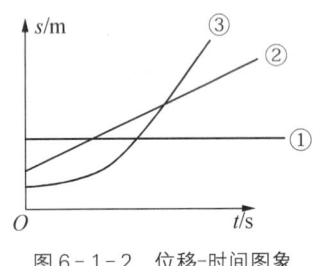

静止的 s-t 图象在一条与横轴平行或重合的直线上(如图 6-1-2①),表示随着时间的推移位移没有发生变化;匀速直线运动的 s-t 图象在一条倾斜直线上,所在直线的斜率表示运动速度的大小及符号,如果 s-t 图象倾斜向上(如图 6-1-2②),斜率为正,表示位移随时间均匀增加,如果倾斜向下,斜率为负,表示位移随时间均匀减少;匀变速直线运动的 s-t 图象为抛物线(如图 6-1-2③)。

图 6-1-2 位移-时间图象

(2) 速度-时间图象(v-t 图象)

以速度 v 为纵轴,以时间 t 为横轴在方格纸上建立直角坐标系,根据物体在不同时间的运动速度数据描点,连成光滑曲线,就是速度-时间图象。静止的 v-t 图象在一条与横轴重合的直线上;匀速直线运动的 v-t 图象在一条与横轴平行的直线上(如图 6-1-3①);匀变速直线运动的 v-t 图象在一条倾斜直线上,所在直线的斜率表示加速度大小及符号(如图 6-1-3②);当直线斜率(加速度)与运动速度同号时,物体做匀加速直线运动;当直线斜率(加速度)与运动速度异号时,物体做匀减速直线运动。

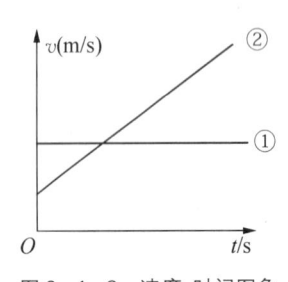

图 6-1-3 速度-时间图象

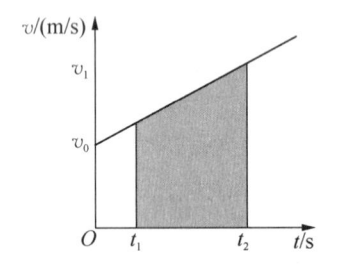

图 6-1-4 速度-时间图象与坐标轴围成的面积

在速度-时间图象中,v-t 图象与坐标轴围成的面积表示位移。如图 6-1-4 阴影部分的面积表示从 t_1 到 t_2 这段时间内的位移。

其公式为:$(v_0 + v_t)(t_2 - t_1)/2$

三、匀速直线运动

物体在一条直线上运动,且在任意相等的时间间隔内的位移相等,这种运动称为匀速直线运动。

1. 速度

做匀速直线运动的物体,在不同的位移或时间段中,位移与时间的比值是一个定值,这个定值就是该运动的速度。(注意:速度是定值,指速率大小和运动方向均不变,因为速度是一个矢量,有大小有方向。)速度的大小直接反映了物体运动的快慢。在匀速直线运动中,平均速度和瞬时速度是相等的,平均速度的大小和平均速率也是相等的。

2. 加速度

作匀速运动的物体加速度为零。

3. 理想状态与实际的结合

匀速直线运动仅为理想状态。物体做匀速直线运动的条件是不受外力或者所受的外力和为零,即物体受力平衡。反过来也可作出推论,如果一物体处于匀速直线运动状态,则该物体处于受力平衡状态。尽管匀速直线运动是一种理想状态,但是我们可以把一些运动近似地看成是匀速直线运动。如:滑冰运动员停止用力后的一段滑行、站在商场自动扶梯上的顾客的运动等等。我们可用公式 $v=s/t$ 求得他们的运动速度。式中,s 为位移,v 为速度且为恒矢量,t 为发生位移 s 所用的时间。由公式可以看出,位移是时间的正比例函数:位移与时间成正比。

四、匀变速直线运动

物体在一条直线上运动,如果在相等的时间内速度的变化相等,这种运动就叫做匀变速直线运动。也可定义为:沿着一条直线,且加速度不变的运动,叫做匀变速直线运动。匀变速直线运动的图象是一条倾斜的直线。如果物体的速度随着时间均匀减小,这个运动叫做匀减速直线运动。如果物体的速度随着时间均匀增加,这个运动叫做匀加速直线运动。物体作匀变速直线运动须同时符合下述两条:(1)受恒外力作用;(2)合外力与初速度在同一直线上。

1. 匀变速直线运动的规律

瞬时速度与时间的关系:$v = v_0 + at$

位移与时间的关系:$s = v_0 \cdot t + \frac{1}{2}at^2$

瞬时速度与加速度、位移的关系:$v^2 - v_0^2 = 2as$

2. 自由落体运动

物体只在重力的作用下从静止开始下落的运动就是自由落体运动。这种运动只在没有空气的空间才能发生,或者在空气中,物体所受空气阻力很小,和物体重力相比可忽略,物体的下落可以近似地看作自由落体运动。

自由落体运动是初速度为零的匀加速直线运动。所以匀变速直线运动的所有规律和初速度为零的匀加速直线运动中的各种比例关系都可用于自由落体运动。

在同一地点,一切物体在自由落体运动中的加速度都相同,这个加速度叫重力加速度,用 g 表示,地球上不同的纬度,g 值不同。其方向为竖直向下。通常计算时取 9.8 m/s^2;粗略计算时,取 10 m/s²。

表 6-1-2　一些地点的重力加速度 $g/(\text{m/s}^2)$

标准值 $g=9.806\ 65\ \text{m/s}^2$

地点	纬度	重力加速度
赤道	0°	9.780
广州	23°06′	9.788
武汉	30°33′	9.794
上海	31°12′	9.794
东京	35°43′	9.798
北京	39°56′	9.801
纽约	40°40′	9.803
莫斯科	55°45′	9.816
北极	90°	9.832

自由落体运动是初速度为零,加速度为 g 的匀加速直线运动,所以匀变速直线运动的公式及其推论都是用于自由落体运动,只要初速度取为 0,加速度为 g。

自由落体运动规律如下:

瞬时速度与时间的关系:$v_t = gt$

位移与时间的关系:$s = \dfrac{1}{2}gt^2$

瞬时速度与加速度、位移的关系:$v t^2 = 2gs$

第二节　常见的力

自然界的物体不是孤立存在的,它们之间存在多种多样的相互作用。正是由于这种相互作用,物体在形状、运动状态及其他许多肉眼不能看到的方面发生变化。这种物体之间的相互作用就是力。

自然界中最基本的相互作用是引力相互作用、弱相互作用、电磁相互作用和强相互作用这四种。通常所称的各种力都可以归结为这四种相互作用,例如,重力是引力在地球表面附近的表现,弹力和摩擦力是由电磁相互作用引起的。

一、常见的力

用手捏海绵,海绵会被挤瘪;用脚踢球,球会飞向远处,在我们周围,物体与物体的相互作用比比皆是,力的性质和作用效果各不相同。力可以使物体发生形变,力还可以改变物体的运动状态,如果物体运动的速度大小、运动方向发生改变,或是两者同时改变都是运动状态改变了。因此对常见的力进行分类就有多种方法,如根据力的性质可分为重力、弹力、摩擦力;根据力的效果可分为拉力、张力、压力、支持力、动力、阻力、浮力、向心力、回复力等;根据研究对象可分为外力和内力(图 6-2-1)。

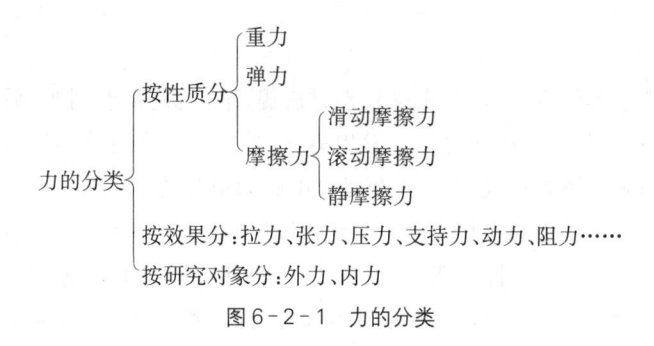

$$\text{力的分类}\begin{cases}\text{按性质分}\begin{cases}\text{重力}\\\text{弹力}\\\text{摩擦力}\begin{cases}\text{滑动摩擦力}\\\text{滚动摩擦力}\\\text{静摩擦力}\end{cases}\end{cases}\\\text{按效果分:拉力、张力、压力、支持力、动力、阻力……}\\\text{按研究对象分:外力、内力}\end{cases}$$

图 6-2-1 力的分类

力的大小可以用弹簧测力计测量,国际单位是牛顿,简称牛,符号是 N。力是矢量,不但有大小,还有方向。

下面将重点介绍常见的力中的重力、弹力和摩擦力这三种不同性质的力。

1. 重力

地面附近的物体由于地球的吸引而受到的力,叫做重力。重力的大小与质量的关系是:

$$G = mg$$

其中 g 是重力加速度。重力是矢量,它的方向总是竖直向下的。重力的作用点在物体的重心上。重力并不等于地球对物体的引力。由于地球本身的自转,除了两极以外,地面上其他地点的物体,都随着地球一起,围绕地轴做近似匀速圆周运动,这就需要有垂直指向地轴的向心力,这个向心力只能由地球对物体的引力来提供,我们可以把地球对物体的引力分解为两个分力,一个分力 F_1,方向指向地轴,大小等于物体绕地轴做近似匀速圆周运动所需的向心力;另一个分力 G 就是物体所受的重力。

一个物体的各个部分都受到重力的作用,从效果上看可以认为各部分受到的重力集中于一点,这一点叫做物体的重心。规则而密度均匀物体的重心就是它的几何中心(图 6-2-2)。例如,均匀细直棒的重心在棒的中点,矩形物体的重心在对角线的交点上,球体的重心在球的球心,均匀圆柱的重心在圆柱轴线的中点。不规则物体的重心,可以用悬挂法或支撑法来确定。物体的重心,不一定在物体上。

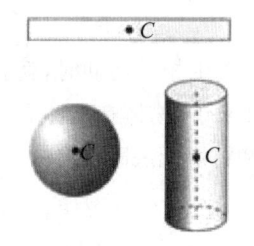

图 6-2-2 均匀物体重心的位置

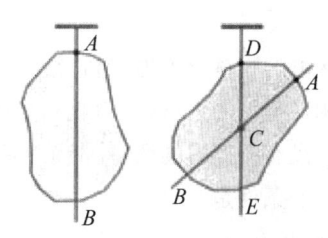

图 6-2-3 确定薄板的重心

下面是一些寻找形状不规则或质量不均匀物体重心的方法。

悬挂法:只适用于薄板(不一定均匀)。首先找一根细绳,在物体上找一点,用绳悬挂,划出物体静止后的重力线,同理,再找一点悬挂,两条重力线的交点就是物体重心(图 6-2-3)。

支撑法：只适用于细棒和薄板（不一定均匀）。用一个支点支撑物体,不断变化位置,越稳定的位置,越接近重心。

2. 弹力

日常生活中观察到的相互作用,无论是推、拉、提、举,还是牵引列车、锻打工件、击球、弯弓射箭等,都是在物体与物体接触时才会发生的,这种相互作用可称为接触力。接触力按其性质可归纳为弹力和摩擦力,它们本质上都是由电磁力引起的。

物体在力的作用下发生的形状或体积改变叫做形变。在外力停止作用后,能够恢复原状的形变叫做弹性形变。发生弹性形变的物体,会对跟它接触且阻碍它恢复原来形状的物体产生力的作用。这种力叫弹力。即在弹性限度范围之内,物体对使物体发生形变的施力物产生的力叫弹力。

弹力产生的条件是：两物体互相接触,而且物体发生弹性形变(包括人眼不能观察到的微小形变)。需要注意的是：任何物体只要发生了弹性形变,就一定会对与它接触的物体产生弹力。一旦超出弹性形变范围,就会彻底失去弹力。例如,木块A靠在墙壁上,若作用一个推力在木块A上,则木块对墙壁有挤压,发生形变,此时A与墙壁间有弹力作用。弹力是接触力,弹力只能存在于物体的相互接触处,但相互接触的物体之间,并不一定有弹力的作用。因为弹力的产生不仅要接触,还要有相互作用。

弹力产生在直接接触而发生弹性形变的物体之间。通常所说的压力、支持力、拉力都是弹力。弹力的方向总是与物体形变的方向相反。压力或支持力的方向总是垂直于支持面而指向被压或被支持的物体。

弹力的大小跟形变的大小有关。在弹性限度内,形变越大,弹力也越大；形变消失,弹力就随着消失。对于拉伸形变(或压缩形变)来说,伸长(或缩短)的长度越大,产生的弹力就越大。对于弯曲形变来说,弯曲得越厉害,产生的弹力就越大。对于扭转形变来说,扭转得越厉害,产生的弹力就越大。

弹力的本质是分子间的作用力。当物体被拉伸或压缩时,分子间的距离便会发生变化,使分子间的相对位置拉开或靠拢,这样,分子间的引力与斥力就不会平衡,出现相吸或相斥的倾向,而这些分子间的吸引或排斥的总效果,就是宏观上观察到的弹力。如果外力太大,分子间的距离被拉开得太多,分子就会滑进另一个稳定的位置,即使外力除去后,也不能再回复到原位,就会保留永久的变形。这便是弹力的本质。

3. 摩擦力

两个互相接触的物体有弹力,当它们要发生或有趋势发生相对运动时,就会在接触面上产生一种阻碍相对运动的力,这种力就叫做摩擦力。广义来讲,物体在液体和气体中运动时也受到摩擦力。没有摩擦力的话,鞋带无法系紧,螺丝钉和钉子无法固定物体。

摩擦力产生的条件是：

第一,物体间相互接触；

第二,物体间有相互挤压作用；

第三,物体接触面粗糙；

第四,物体间有相对运动趋势或相对运动。

固体表面之间的摩擦力分滑动摩擦、滚动摩擦、静摩擦。滑动摩擦是一个物体在另一物体表面上滑动时产生的摩擦,此时摩擦力的方向与物体相对运动的方向相反。影响滑动摩擦力大小的因素:压力的大小和接触面的粗糙程度。在接触面的粗糙程度相同时,压力越大,滑动摩擦力越大;在压力大小相同时,接触面越粗糙,滑动摩擦力越大。滑动摩擦力的大小计算公式为:

$$F = \mu F_N$$

式中的 μ 叫动摩擦因数(它是两个力的比值,没有单位),也叫滑动摩擦系数,它只跟材料、接触面粗糙程度有关,跟接触面积无关;F_N 为压力。常见材料间的动摩擦因数如表6-2-1所示。

表6-2-1 几种材料间的动摩擦因数

材料	动摩擦因数	材料	动摩擦因数
钢—钢	0.25	钢—冰	0.02
木—木	0.30	木—冰	0.03
木—金属	0.20	橡胶轮胎—路面(干)	0.71
皮革—铸铁	0.28		

滚动摩擦是一个物体对在它表面上滚动的物体产生的摩擦,滚动摩擦比滑动摩擦小得多。

静摩擦是一个物体相对于另一个物体来说,有相对运动趋势,但没有相对运动时产生的摩擦,它随外力的变化而变化,当静摩擦力增大到最大静摩擦时,物体就会运动起来。静摩擦力的方向跟接触面相切,跟相对运动趋势方向相反。

在工程技术中人们使用润滑剂来降低摩擦。假如相互摩擦的两个表面被一层液体隔离,那么它们之间可以产生液体摩擦,假如液体的隔离不彻底的话,那么也可能产生混合摩擦。气垫导轨是利用气体摩擦来工作的。润滑剂和气垫导轨的工作原理都是利用"液体或气体(即流体)摩擦来代替固体摩擦"来工作的。

增大有益摩擦的方法有:①增大接触面粗糙程度;②增大压力;③化滚动摩擦为滑动摩擦。例如天冷的时候人们搓手取暖,是通过增大压力来增大皮肤表面摩擦;鞋底的花纹是增大接触面的粗糙程度达到增大摩擦的目的。

减小有害摩擦的方法是:①用滚动代替滑动;②使接触面分离(包括加润滑油,在物体接触面形成一层气垫,或是利用磁悬浮原理);③减小压力;④减小物体接触面粗糙程度。在交通运输以及机械制造工业上广泛应用滚动轴承,就是为了减少摩擦力。体育运动中的冰壶运动就是利用刷冰减小冰面粗糙程度来减小冰壶滑动阻力。

摩擦力有时能使物体运动,与阻力不同,例如传送带将物体带动,靠的就是静摩擦力。再例如,火车的主动轮的摩擦力是推动火车前进的动力,而被动轮所受之静摩擦则是阻碍火车前进的滚动摩擦力。

> **资料**

流体的阻力

气体和液体都具有流动性,统称为流体。物体在流体中运动时,要受到流体的阻力,阻力的方向与物体相对于流体运动的方向相反。流体阻力的部分原因就是由于摩擦。汽车、火车、飞机等交通工具在空气中运动,要受到空气的阻力。轮船、潜艇在水面或水下航行,鱼在水中游动,人在水中游泳,都要受到水的阻力。

流体的阻力跟物体相对于流体的速度有关,速度越大,阻力越大。

流体的阻力跟物体的横截面积有关,横截面积越大,阻力越大。跳伞运动员在空中张开降落伞,凭借着降落伞的较大的横截面积取得较大的空气阻力,得以比较缓慢地降落。航天飞机着陆后,在飞机后面张开一面类似降落伞的装置,加大阻力,以便较快地停下来。

流体的阻力还跟物体的形状有关系,头圆尾尖的物体所受的流体阻力较小,这种形状通常叫做流线型。鱼的形状就是流线型。为了减小阻力,小轿车、赛车、飞机、潜艇,以及轮船的水下部分,外形都采用流线型。

一般来说,空气阻力比液体阻力、固体间的摩擦要小。气垫船靠船下喷出的气体,悬浮在水面上航行,阻力减小,速度很大。磁悬浮列车靠电磁力使列车悬浮在轨道上行驶,速度高达500千米/小时。

二、受力分析

力的作用效果是使物体产生形变或使物体的运动状态发生改变。物体受到不同的力时,会有不同的效果,例如将一个硬弹簧往外拉,如果用的力比较小的话则拉不动,如果用大力拉,则拉得动,说明力的作用效果跟力的大小有关;推门有技巧,在门柄处推门很容易,但在门的最里侧推门却很难推开,这和力的作用点有关;向右用力弹簧被拉长,向左用力弹簧被压短,用扳手扭螺钉,向上用力螺钉被拧松,向下用力,螺钉被拧紧,说明力的作用效果还跟力的方向有关。

1. 力的三要素

力的三要素是力对物体的作用效果取决于力的大小、方向与作用点。此性质称为力的三要素,可用一个有向线段来描述其方向与大小。用该有向线段的起点描述其作用点,线段所在的直线称为力的作用线。力的三要素会影响到力的作用效果。

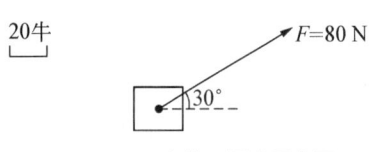

图6-2-4 力的三要素示意图

力的图示是按一定比例画出的带箭头的线段表示力,力的作用点由线段起点表示,力的方向由箭头指向表示,力的大小由线段的长短来表示(图6-2-4)

总结下来,力的图示绘制按照下述顺序:

一定点(作用点画在受力物体上);

二画线(沿力的方向画一条射线);

三取标度定大小(在截取的线段内用箭头表示力的方向);

四标名称及大小(在箭头旁标明力的名称及大小)。

力使物体改变形状时主要与力的大小、力的方向有关,在改变物体运动状态时还与力臂长短(就是旋转中心到力的作用线的距离,即从旋转中心向力的作用线作的垂线段的长度)有关。

沿着力的作用线方向移动力的作用点,首先不涉及力的大小的改变。其次,沿着力的作用线进行移动,也不会改变力的作用方向。再次,沿着力的作用线方向移动力的作用点,力的作用线仍在原来力的作用线的同一条直线上,而旋转中心到同一条直线的距离也不会变,即力臂不会变,力矩也不会变,所以受力物体的旋转运动状态也不会改变。

综上所述,沿着力的作用线方向移动力的作用点,不会改变力的作用效果。

2. 力的合成

在大多数实际问题中,物体不只受到一个力,而是同时受到几个力的作用。如果一个力的作用效果与几个力共同的作用效果相同,则这一个力就叫做这几个力的合力。合力是假想的力,不是真实存在的。而其他几个力就叫做这个合力的分力。

求两个或两个以上力的合力的过程或方法叫做力的合成。一个物体受到几个外力的作用,如果这几个力有共同的作用点或者这几个力的作用线交于一点,这几个外力称为共点力(图6-2-5)。

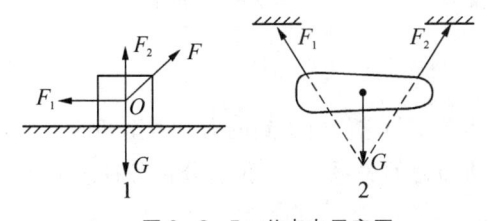

图6-2-5 共点力示意图

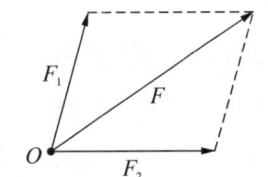

图6-2-6 力的平行四边形定则

共点力作用下物体的平衡状态是静止或匀速直线运动,共点力作用下物体的平衡条件是物体所受合外力为零。

共点力的合成遵守平行四边形规则。两个力合成时,以表示这两个力的有向线段为邻边作平行四边形,这两个邻边之间的对角线就代表合力的大小和方向,这就叫做平行四边形定则(图6-2-6)。

如果有两个以上的共点力作用在物体上,我们也可以应用平行四边形定则求出它们的合力:先求出任意两个力的合力,再求出这个合力跟第三个力的合力,直到把所有的力都合进去,最后得到的结果就是这些力的合力。

根据力的平行四边形定则作图,可以看出,力F_1和F_2的合力F的大小和方向随着F_1和F_2之间的夹角的改变而变化。当夹角等于0度时,力F_1和F_2在同一直线上且方向相同,$F=|F_1|+|F_2|$,合力的大小等于两个力的大小之和,合力的方向跟两个力的方向相同。当夹角等于180度时,力F_1和F_2在同一直线上但方向相反,$F=F_1-F_2$,合力的大小等于两个力的大小之差,合力的方向跟两个力中较大的那个力的方向相同。

力的合成的平行四边形定则,只适用于共点力。对于非共点力,常见的做法是将各个力移到一个公共作用点上,同时产生相应的弯矩(大小为被移动的力乘以公共点到力作用线的距离),之后再将力和弯矩分别合成。

3. 力的分解

力的分解是力的合成的逆运算,同样遵循平行四边形定则:把一个已知力作为平行四边形的对角线,那么与已知力共点的平行四边形的两条邻边就表示已知力的两个分力。然而,如果没有其他限制,对于同一条对角线,可以作出无数个不同的平行四边形(图6-2-7)。一个已知力究竟应该怎么分解,应该根据实际需要确定。

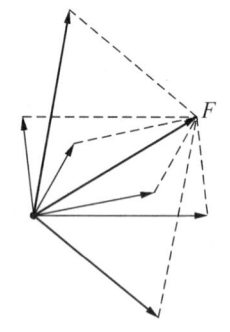

图6-2-7 一个力可以分解为无数对分力

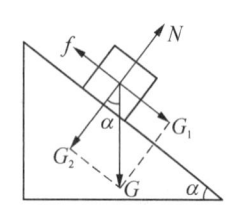

图6-2-8 正交分解法斜面应用示意图

为此,在分解某个力时,常可采用以下两种方式:

(1) 按照力产生的实际效果进行分解——先根据力的实际作用效果确定分力的方向,再根据平行四边形定则求出分力的大小。

(2) 根据"正交分解法"进行分解——先合理选定直角坐标系,再将已知力投影到坐标轴上求出它的两个分量。例如,图6-2-8就是斜面上物体受力分析过程中,物体受到的重力 G 可以分解成相互垂直的两个力 G_1 和 G_2,其中 G_1 与斜面平行,G_2 与斜面垂直。

三、运动与力的关系

物体的运动形式多种多样,每一种形式的运动都与它们所受到的力有着密切的关系。作为动力学基础的牛顿运动定律深刻揭示了运动和力的关系,成为我们分析各种运动现象的依据。

1. 牛顿第一定律

牛顿第一定律,又称惯性定律,主要说的是:一切物体总保持匀速直线运动状态或静止状态,除非作用在它上面的力迫使它改变这种运动状态。

牛顿第一定律说明了两个问题:①明确了力和运动的关系。物体的运动并不是需要力来维持,只有当物体的运动状态发生变化,即产生加速度时,才需要力的作用。在牛顿第一定律的基础上得出力的定性定义:力是一个物体对另一个物体的作用,它使受力物体改变运动状态。②提出了惯性的概念。物体之所以保持静止或匀速直线运动,是在不受力的条件下,由物体本身的特性来决定的。物体所固有的、保持原来运动状态不变的特性叫惯性。物体不受力时所做的匀速直线运动也叫惯性运动。物体的惯性实质上是物体相对于平动运动的惯性。对于任何物体,在受到相同的作用力时,决定它们的运动状态变化难易的唯一因素就是质量,由此可知描述物体惯性的物理量是质量。它是标量,只有大小,没有方向,国际单位制中,质量的单位是千克,单位符号为 kg。

2. 牛顿第二定律

牛顿第二定律说的是物体加速度的大小跟作用力成正比,跟物体的质量成反比。加速度的方向跟作用力的方向相同。牛顿第二定律的数学表达式为:

$$F = ma$$

其中 F 代表作用力，m 是质量，a 是加速度。在国际单位制中，力的单位是牛顿，符号 N，它是根据牛顿第二定律定义的：使质量为 1 kg 的物体产生 1 m/s² 加速度的力，叫做 1 N。即 $1\text{ N} = 1\text{ kg} \times 1\text{ m/s}^2$。

牛顿第二定律是力的瞬时作用规律。力和加速度同时产生、同时变化、同时消失。

3. 牛顿第三定律

牛顿第三定律的内容主要有：两个物体之间的作用力和反作用力，总是同时在同一条直线上，大小相等，方向相反。即 $F = -F'$。

根据牛顿第三定律，可以得出以下结论：(1)力的作用是相互的。同时出现，同时消失。(2)相互作用力一定是相同性质的力（重力、弹力、摩擦力）。(3)作用力和反作用力作用在两个物体上，产生的作用不能相互抵消。(4)作用力也可以叫做反作用力，只是选择的参考系不同。(5)作用力和反作用力因为作用点不在同一个物体上，所以不能求合力。

第三节 简 单 机 械

简单机械，是最基本的机械，是机械的重要组成部分。简单机械是人运用力的基本机械元件。在人类最早期的伟大发明中，对工具、火与语言的掌握，使得人类最终从一般动物中脱离出来。而简单机械，则是人在改造自然中运用机械工具的智慧结晶，是牛顿力学研究的重要对象。

凡能够改变力的大小和方向的装置，统称"机械"。利用机械既可减轻体力劳动，又能提高工作效率。机械的种类繁多，而且比较复杂。根据伽利略（Galilei）的提示，人们曾尝试将一切机械都分解为几种简单机械，实际上这是很困难的，通常是把以下几种机械作为基础来研究。例如，杠杆、滑轮、轮轴、齿轮、斜面、螺旋、劈等。前四种简单机械是杠杆的变形，所以称为"杠杆类简单机械"。后三种是斜面的变形，故称为"斜面类简单机械"。不论使用哪一类简单机械都必须遵循机械的一般规律——功的原理。

一、杠杆

杠杆是用刚性材料制成的形状是直的或弯曲的杆，在外力作用下能绕固定点或一定的轴线转动的一种简单机械。如图 6-3-1 所示，杠杆上有支点（用 O 表示），动力（F_1）作用点 A，阻力（F_2）作用点 B，杠杆的固定转轴就是通常所说的"支点"，从转轴到动力作用线的垂直距离叫"动力臂（L_1）"，从转轴到阻力作用线的垂直距离叫"阻力臂（L_2）"。上述就是通常所讲的三点两臂。由于杠杆上三点的位置不同，即产生不同的受力效果。

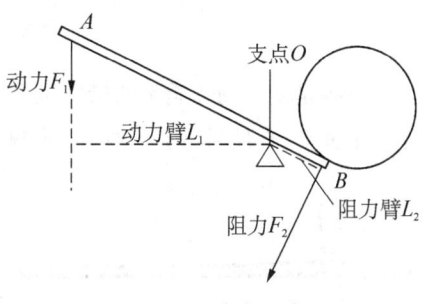

图 6-3-1 杠杆示意图

1. 杠杆原理

杠杆原理亦称"杠杆平衡条件"，杠杆在动力和阻力的作用下静止或匀速转动时，称为杠杆平衡。要使杠杆平衡,作用在杠杆上的两个力(动力和阻力)的大小跟它们的力臂成反比。动力×动力臂＝阻力×阻力臂,用代数式表示为:

$$F_1 \cdot L_1 = F_2 \cdot L_2$$

式中,F_1 表示动力,L_1 表示动力臂,F_2 表示阻力,L_2 表示阻力臂。从上式可看出,欲使杠杆达到平衡,动力臂是阻力臂的几倍,动力就是阻力的几分之一。在使用杠杆时,为了省力,就应该用动力臂比阻力臂长的杠杆;如欲省距离,就应该用动力臂比阻力臂短的杠杆。

2. 杠杆应用

不同类型杠杆各具有不同的特点和用途。掌握了杠杆原理,就可根据需要有意识地选用不同类型的杠杆来使用(图6-3-2)。应明确:省力杠杆省力但要多移动距离,费力杠杆费力但省距离,等臂杠杆不省力也不省距离,又省力又省距离的杠杆是没有的。有的杠杆是否省力或省距离,不是永恒不变的。根据使用情况的不同,会由省力变为省距离。例如,用铁锹铲土,往车上装土的过程都会有所改变。铲土时支点在动力点及阻力点之间,在装土时动力点在支点与阻力点之间。

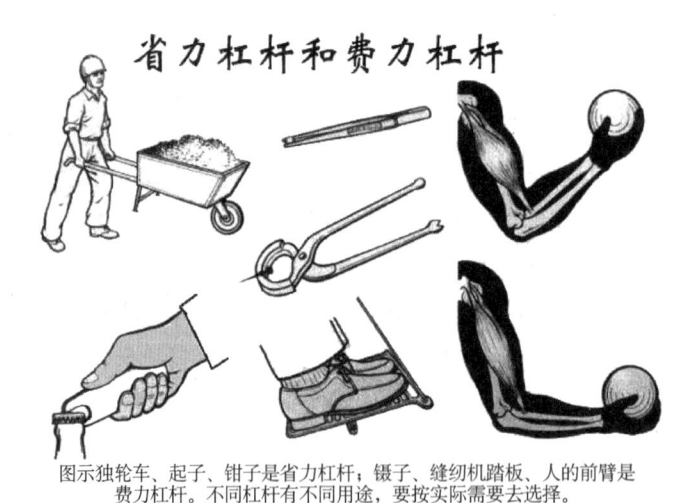

图示独轮车、起子、钳子是省力杠杆；镊子、缝纫机踏板、人的前臂是费力杠杆。不同杠杆有不同用途,要按实际需要去选择。

图6-3-2 杠杆应用示意图

杆秤是测量物体质量的量度工具,是以提纽为转动轴,根据杠杆平衡原理制造的。杆秤主要由秤杆、秤砣、秤钩(或秤盘)等构成。如图6-3-3所示,未挂重物时若将秤砣放在一定位置,杆秤保持平衡,此时秤砣所在位置即为杆秤的"定盘星",也就是刻度的零点。其后需要用已知质量的砝码作为重物,不断移动秤砣使杆秤平衡,在秤杆上标记相应的刻度,其后即可用来称重未知质量的重物了。杆秤是我国劳动人民所发明并使用已久的测量工具,旧秤以斤、两为单位计量,现代则以千克计量。

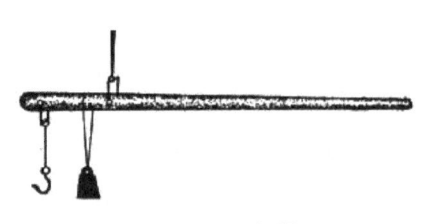

图6-3-3 杆秤

二、滑轮

滑轮是依据杠杆原理设计的简单机械。由一个周边有沟槽的圆盘和一条跨过圆盘的绳索(或胶带、钢索、链条等)所组成。通过绳索绕中心轴的运动来实现机械效能,达到省力或改变力的方向的作用,但是都不能省功。使用时,根据需要选择。滑轮可分为定滑轮、动滑轮、滑轮组等。

1. 定滑轮

中心轴固定不动的滑轮叫定滑轮,是变形的等臂杠杆,不省力且不费力但可以改变力的方向(图6-3-4)。动力臂和阻力臂都是滑轮的半径R,根据杠杆原理$F_1 \cdot R = F_2 \cdot R$,则$F_1 = F_2$,并不省力。定滑轮细绳的受力方向无论向何处,吊起重物所用的力都相等。它的机械利益为改变了动力的方向,如要把物体提到高处,本应用向上的力,如利用定滑轮,就可以改用向下的力,因而便于工作。

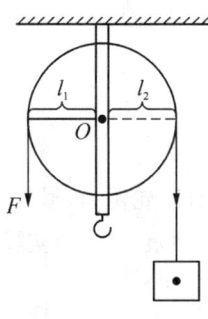

图6-3-4 定滑轮 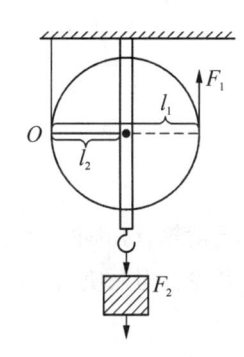   图6-3-5 动滑轮

2. 动滑轮

中心轴跟重物一起移动的滑轮叫动滑轮,是变形的不等臂杠杆(省力杠杆),能省一半力,但费一倍的距离(动滑轮上升n米,细绳自由端上升$2n$米,$n \geqslant 0$)(图6-3-5)。动滑轮细绳受力方向竖直向上时最省力。它实质上是一个动力臂二倍于阻力臂的杠杆。根据杠杆平衡的原理,$F_1 \cdot R = F_2 \cdot 2R$,则$F_2 = 1/2 F_1$。它的机械利益是节约了一半力,不改变用力的方向。其方向是与物体移动的方向一致。

3. 滑轮组

动滑轮和定滑轮组合在一起叫"滑轮组"。因为动滑轮能够省力,定滑轮能改变力的方向,若将几个动滑轮和定滑轮搭配合并而成滑轮组,既可以改变力的大小,又能改变力的方向。工厂中常用的差动滑轮(俗称手拉葫芦)也是一种滑轮组。滑轮组在起重机、卷扬机、升降机等机械中得到广泛应用。

普通的滑轮组是由数目相等的定滑轮和动滑轮组成的。而这些滑轮或者是上下相间地坐落在同一个轮架(或叫"轮辕")上,或者是左右相邻地装在同一根轴心上。绳子的一端固定在上轮架上,即相当于系在一个固定的吊挂设备上,然后依次将绳子绕过每一个下面的动滑轮和上面的定滑轮。在绳子不受拘束的一端以F力拉之,被拉重物挂在活动的轮架上。对所有各段绳子可视为是互相平行的,当拉力与重物平衡时,则重物G必平均由每段绳子所承担。

若有 n 个定滑轮和 n 个动滑轮,且为匀速运动时,则所需之 F 力的大小仍和上面一样。因此,在提升重物时才能省力。其传动比是 $F_1:F_2=1:2n$。注意,在使用滑轮组时,不能省功,只能省力,但省力是以多耗距离(即行程)为前提的。如图6-3-6所示,在可忽略动滑轮和绳索的重力以及滑轮轴的摩擦的情况下,使用 A 或 C 方式组合的滑轮组拉力大小是物重的 1/2,使用 B 方式组合的滑轮组拉力大小是物重的 1/3。

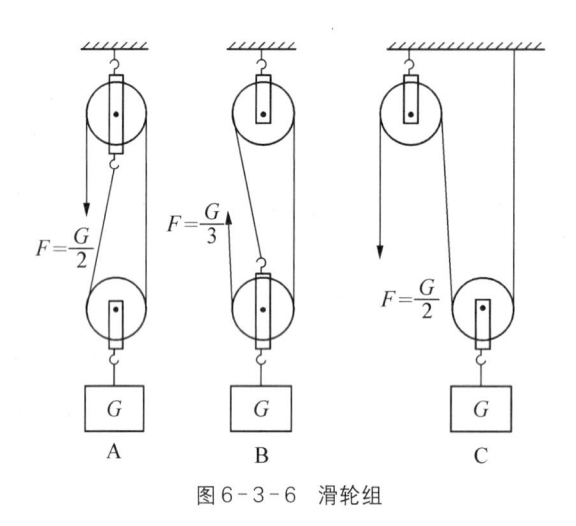

图6-3-6 滑轮组

前文所分析的定滑轮、动滑轮以及滑轮组,都是在不计滑轮重力、滑轮与轴之间的摩擦阻力的情况下得出的结论。但在使用时,实际存在轮重和摩擦阻力,所以实际用的力要大些。

三、斜面

斜面是一种简单机械,是与平面成一倾斜角度的平面。沿铅垂线向上举起一重物很费力,如果把重物放在斜面上,沿斜面往上拉就可以省力。距离比和力比都取决于倾角:斜面与平面的倾角越小,斜面较长,则省力,但费距离。斜面与平面的倾角越大,斜面较短,则省力越小,但省距离。斜面在生活中有广泛的应用,如盘山公路、搬运滚筒、斜面传送带、楼梯等。在不计算任何阻力时,斜面的机械效率为 100%,如果摩擦力很小,则可达到很高的效率。

如图6-3-7用 F 表示力,S 表示斜面长,h 表示斜面高,物重为 G。不计无用阻力时,根据功的原理可得:

$$W=F \cdot S=G \cdot h$$

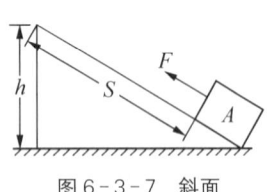

图6-3-7 斜面

实验证明,沿着光滑斜面向上拉重物所需要的拉力 F 小于重物的所受的重力 G,即利用斜面可以省力,当斜面高度一定时,长度 S 不同的斜面所需的拉力也不同:倾角越小,斜面越长则越省力,但费距离。

四、其他简单机械

1. 轮轴

轮轴是固定在同一根轴上的两个半径不同的轮子构成的杠杆类简单机械。半径较大者是轮,半径较小的是轴。从形式上看是圆盘,但从实质上看起来只有它们的直径或半径起力学作用,相当于以轴心为支点,半径为杆的杠杆系统。用 R 表示轮半径,也就是动力臂;r 表示轴半径,也就是阻力臂;O 表示支点(图6-3-8)。当轮轴在做匀速转动时,动力×轮半径＝阻力×轴半径,所以轮和轴的半径相差越大则越省力。上式动力用 F_1 表示,阻力用 F_2 表示,则可写成 $F_1 \cdot R = F_2 \cdot r$。

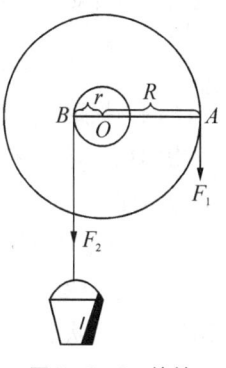

若将重物挂在轴上,即利用轮轴可以省力,如起重辘轳、钓鱼竿的卷线器和门把手。若将重物挂在轮上则变成费力的轮轴,但它可省距离,如自行车后轮、吊扇或汽车的传动轴。轮轴的原理也可用机械功的原理来分析。轮轴每转一周,动力功等于 $F_1 \times 2\pi R$,阻力功等于 $F_2 \times 2\pi r$。日常生活中常见的辘轳、绞盘、石磨、汽车的驾驶盘、手摇卷扬机等都是轮轴类机械。在实际应用中,为了方便或节约材料等原因,常用杆状物代替大轮,如扳手、钓鱼竿上的卷线器等。

图6-3-8 轮轴

资料

轮轴与阿基米德螺旋泵

在农业灌溉中有许多水利工具如水泵、水车等都结合了轮轴的原理。希腊时期的阿基米德(Archimedes)是有史以来最早的水泵发明者。当时处于尼罗河河口的亚历山大城,是地中海东部政治、经济、文化的中心,那里聚集了许多一流的科学家。好学的阿基米德也来到亚历山大城,在这里学习数学、天文学和力学。在一次游玩中,阿基米德看到一群农民在用木桶拎水浇地,心中产生了对农民的同情心。"可不可以让水往高处流呢?"阿基米德开始思考这一问题。渐渐地,在阿基米德的脑海中产生了一个设想:"做一个大螺旋,把它放在一个圆筒里。这样,螺旋转起来后,水不就可以沿着螺旋沟带到高处去了吗?"阿基米德立即根据这一设想,画出了一张草图。他拿着这张草图去找木匠,请求师傅帮他做一个用于泵水的工具。经阿基米德的指点,木匠制出了一个"怪玩意儿"。阿基米德将这个东西搬到河边,并把它的一头放进河水里,然后轻轻地摇动手柄,只见河水在摇动手柄的同时,从"怪玩意儿"的顶端不断地涌出来,水果然往高处流了。不久,这种螺旋水泵在尼罗河流域,乃至更广大的范围流传开了。人们把这种水泵称为阿基米德螺旋泵。直到现在,一些现代工厂仍然使用这种阿基米德螺旋泵来移动流质和粉物。

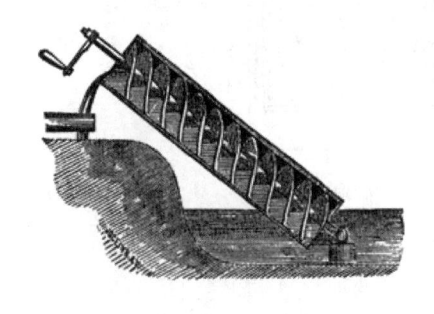

2. 螺旋

螺旋是指在圆柱体的侧表面上刻出螺旋形沟槽的机械,螺旋的特点是能把转动变成平动或者相反。螺旋属于斜面一类的简单机械。圆柱体表面有像螺蛳壳上的螺纹叫做阳螺旋,在物体孔眼里的螺纹叫做阴螺旋。阴阳两组螺旋配合起来,旋转其中一个就可以使两者沿螺旋移动,螺纹愈密、螺旋直径愈大愈省力。根据功的原理,在动力 F 作用下将螺旋转一周,F 对

螺旋做的功为 $F \cdot 2\pi L$（L 为螺旋半径）。螺旋转一周，重物被举高一个螺距 h（即两螺纹间竖直距离），螺旋对重物做的功是 Gh。依据功的原理得：

$$W = F \cdot 2\pi L = G \cdot h$$

因为螺距 h 总比 $2\pi L$ 小得多，若在螺旋把手上施加很小的力，就能将重物举起。螺旋因摩擦力的缘故，效率很低。即使如此，其力比 G/F 仍很高，由距离比 $2\pi L/h$ 确定。螺旋的用途一般可分紧固、传力及传动三类。螺旋在机械上应用极广，如螺钉、螺栓、压榨机、千斤顶等。

3. 齿轮和齿轮组

齿轮是轮缘上有齿能连续啮合传递运动和动力的机械元件。两个相互咬合的齿轮，在它们处于平衡状态时，不省力，因为齿轮的实质是两个等臂杠杆，所以咬合的齿轮不省力，只省圈数。齿轮通过与其他齿状机械零件（如另一齿轮、齿条、蜗杆）传动，可实现改变转速与扭矩、改变运动方向和改变运动形式等功能。由于传动效率高、传动比准确、功率范围大等优点，齿轮机构在工业产品中广泛应用，其设计与制造水平直接影响到工业产品的质量。齿轮轮齿相互扣住齿轮会带动另一个齿轮转动来传送动力。将两个齿轮分开，也可以应用链条、履带、皮带来带动两边的齿轮而传送动力。

齿轮在传动中的应用很早就出现了。据史料记载，远在公元前 400～200 年的中国古代就已开始使用齿轮，在我国山西出土的青铜齿轮是迄今已发现的最古老齿轮，作为反映古代科学技术成就的指南车就是以齿轮机构为核心的机械装置（图 6-3-9），张衡的候风地动仪、古印度的棉核剔除机构（现收藏于柏林博物馆）都含有齿轮机构。

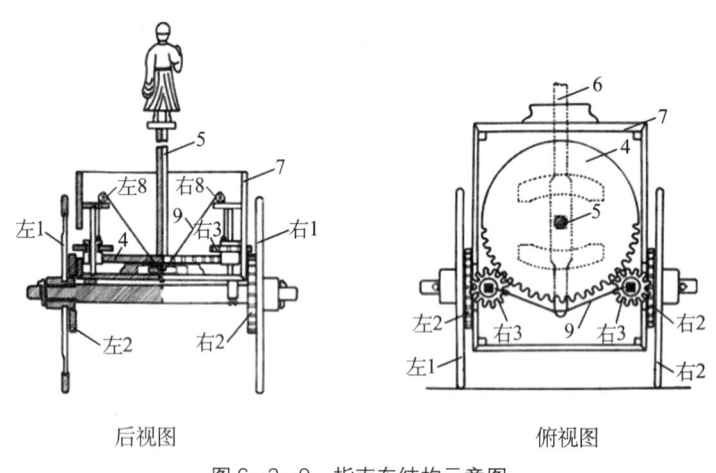

后视图　　　　　　　俯视图

图 6-3-9　指南车结构示意图

1. 足轮　2. 立轮　3. 小平轮　4. 中心大平轮　5. 贯心立轴　6. 车辕
7. 车厢　8. 滑轮　9. 拉索

4. 劈

两个斜面结合在一起就是劈，也称作"尖劈"，俗称"楔子"。它是简单机械之一，其截面是一个三角形（等腰三角形或直角三角形）。三角形的底称作劈背，其他两边叫劈刃。

施力 F 于劈背，则作用于被劈物体上的力由劈刃分解为两部分，如图 6-3-10 所示。P 是加在劈上的阻力，如果忽略劈和物体之间的摩擦力，利用力的分解法，知 P 与劈的斜面垂直，P 的作用可分成两个分力：一个是与劈的运动方向垂直，它的大小等于 $P \cdot \cos\alpha$，对运动并无影响;另一个是与劈的运动方向相反的,它的大小等于 $P \cdot \sin\alpha$,对运动起阻碍作用。所以,当 $F = 2P \cdot \sin\alpha$ 时劈才能前进,因而 P 与 F 大小之比等于劈面的长度和劈背的厚度之比,因此劈背愈薄,劈面愈长,就愈省力。劈的用途很多,可用来做切削工具,如刀、斧、刨、凿、铲等;可用它紧固物体,如鞋楦、榫头、斧柄等加楔子使之涨紧;还可用来起重,如修房时换柱起梁等。人类的门牙也是劈。

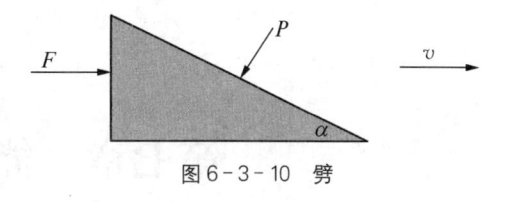

图 6-3-10 劈

本章思考题

1. 在笔直的跑道上,一个运动员以均匀的速度从起点跑向终点,这是不是一种匀速直线运动?
2. 如果一辆汽车的车轮在泥坑里打滑,有哪些办法可以解决这个问题?
3. 中国古代的指南车是否利用磁铁指示南北的原理制成的?
4. 杠杆是否都是用来省力的?请举例说明。

第七章 能量的表现形式

热身体验

教材页面中蕴含了哪些深层次的物理学学科知识呢？

> **找找我们身边的能量**
>
> 说说我们知道的能量。
>
> 能量有很多种形式，声、光、电、热都是能量的形式，能量还储存在食物、燃料中。

学习指导

1. 了解能量的含义，知道能有各种表现形式。
2. 知道能的各种表现形式之间可以相互转换，并遵循能的守恒与转换定律。
3. 了解能的守恒与转换定律形成的过程。
4. 熟悉能源的分类。
5. 知道目前能源的状况以及太阳能、核能等新能源的开发利用价值。

第一节　能的各种表现形式

物体能对外做功,就具有能量,简称能。物体能够做的功越大,它具有的能就越多。能量和功的国际单位相同,都是焦耳(J)。能量的其他常用单位有尔格(erg)、千瓦小时(kWh,即"度")、电子伏特(eV)等。它们之间的换算关系是:

$$1\ \text{erg} = 10^{-7}\text{J};\ 1\ \text{kWh} = 3.6 \times 10^6\ \text{J};\ 1\ \text{eV} = 1.6 \times 10^{-19}\ \text{J}.$$

能量是对物质运动的描述,也是对物质运动的量度。对应于物质的各种运动形式,也有各种形式的能量,常见的物理过程,如声、光、电、热、磁等现象,都是能的表现形式。各种形式的能可以互相转换。

一、声现象

自然界里处处有声音,声音可以传递信息,可以带来音乐的享受,也可能会带来不需要的干扰。

1. 声音的产生和传播

一切发声的物体都会在某一位置附近作往复运动,这种运动叫做振动。发声的物体被称为声源。声音的传播需要一定的物质,传播声音的物质叫做介质。各种固体、液体、气体物质都是传播声音的介质。真空无法传播声音。

人耳听到声音时,首先是声源振动使它附近的空气时而变密、时而变疏,周围的空气形成疏密相间的状态,并不断向远处扩展,形成声波;然后声波传到耳道中,引起鼓膜振动,这种振动经过听小骨及其他组织传给听觉神经,听觉神经把信号传给大脑,我们就听见了声音。声音通过头骨、颌骨也能传给听觉神经,引起听觉,这就叫骨传导。声源到人的两只耳朵的距离一般不同,根据声波传到两只耳朵的时刻、强弱及其他特征不同,就可以判断声源位置,这就是双耳效应。

声音的传播需要时间,声音在不同介质中传播的快慢不同,声音的传播还会受到温度的影响,例如声音在空气中的速度随温度的变化而变化,温度每上升/下降5℃,声音的传播速度上升/下降3 m/s。一般情况下,气体中的声速小于液体和固体中的声速。常温下声音在一些物质中的传播速度如表7-1-1所示。

表7-1-1　常温下一些物质中的声速(m/s)

空气	340	花岗岩	3800
水	1500	钢铁	5200
松木	3320	玻璃	5000～5600

2. 声音的特性

响度、音调和音色是声音的三个特性,人们就是根据它们区分不同的声音。

(1) 响度:人主观上感觉声音的大小(俗称音量),由声波的振幅和人离声源的距离决定,振幅越大响度越大,人和声源的距离越小,响度越大。响度单位为分贝(dB)。

(2) 音调:声音的高低(高音、低音),由声波的频率决定(即每秒经过一给定点的声波数量),频率单位为赫兹(Hz)。1 千赫或 1000 赫表示每秒经过一给定点的声波有 1000 个周期,1 兆赫就是每秒钟有 1 000 000 个周期,等等。

频率越高音调越高,人耳听觉范围为 20~20 000 Hz。20 Hz 以下称为次声波,20 000 Hz 以上称为超声波。一些动物的发声和听觉的频率范围如图 7-1-1 所示。

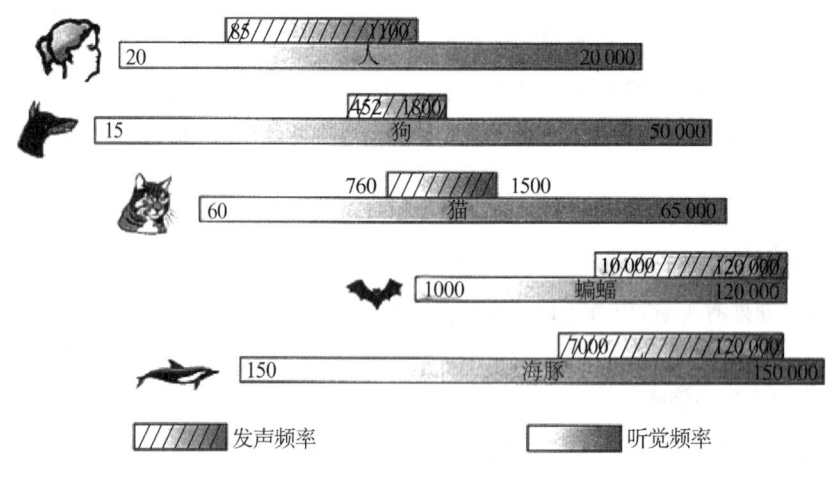

图 7-1-1 一些动物的发声和听觉的频率范围

(3) 音色:又称音品,声波的波形决定了声音的音色。声音因不同物体材料的特性而具有不同特性,音色本身是一种抽象的东西,但波形把这种抽象予以直观的表现。音色不同,波形则不同。典型的音色波形有方波、锯齿波、正弦波、脉冲波等。不同的音色,通过波形,则完全可以分辨。

不同乐器在演奏音调和响度都一样的乐曲时,音色不同,波形不同。

3. 噪声的危害和控制

发声体作无规则振动时发出的声音被称为噪声,是妨碍、干扰的声音。噪声的水平用分贝(dB)表示。为了保护听力,噪声不能超过 90 分贝;为了保证工作和学习,噪声不能超过 70 分贝;为了保证休息和睡眠,噪声不能超过 50 分贝。

可以针对产生听觉的三个环节控制噪声:防止噪声产生,阻断噪声传播,防止噪声进入耳朵。

二、热现象

1. 内能

常见物质是由大量分子组成的,分子都在不停地做无规则的运动,温度越高,分子运动越剧烈,这种运动被称为热运动,分子间还存在引力和斥力。与宏观物体由于运动具有动能相似,分子由于热运动具有的能叫分子动能;与发生弹性形变具有势能的物体相似,分子间由于存在相互作用力而具有的能叫分子势能。物体内所有分子动能与分子势能的总和叫物体的内能。

内能是物体、系统的一种固有属性,即一切物体或系统都具有内能,不依赖于外界是否存在、外界是否对系统有影响。其他因素不变时,内能的大小与物质的数量(物质的量或质量)成正比。

2. 温度

教材引出的话题

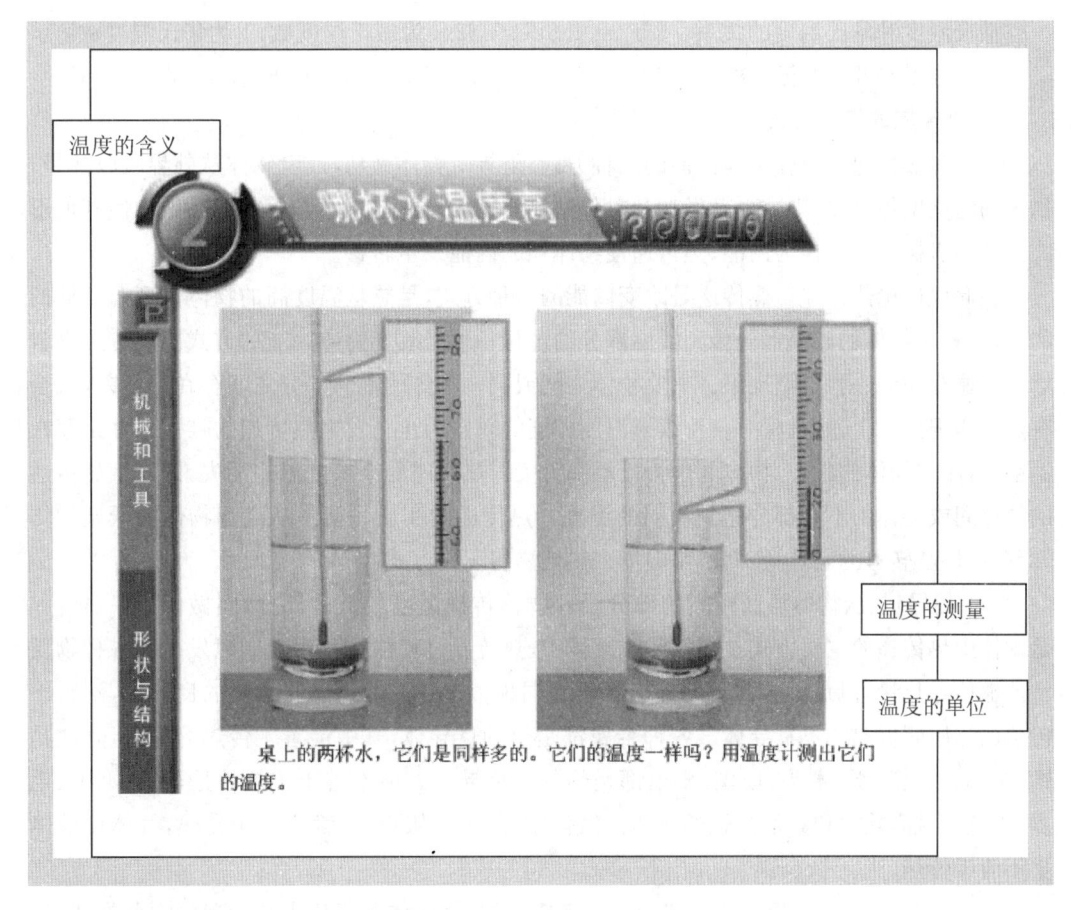

[温度的含义]

[温度的测量]

[温度的单位]

桌上的两杯水,它们是同样多的。它们的温度一样吗?用温度计测出它们的温度。

温度是表示物体冷热程度的物理量,微观上来讲是物体分子热运动的剧烈程度。从分子运动论观点看,温度是物体分子运动平均动能的标志。温度是大量分子热运动的集体表现,含有统计意义。对于个别分子来说,温度是没有意义的。

温度只能通过物体随温度变化的某些特性来间接测量,而用来量度物体温度数值的标尺叫温标。它规定了温度的读数起点(零点)和测量温度的基本单位。国际单位为热力学温标(K)。目前国际上用得较多的其他温标有华氏温标(°F)、摄氏温标(℃)和国际实用温标。

华氏度和摄氏度都是用来计量温度的单位。包括中国在内的世界上很多国家都使用摄氏度,美国和其他一些英语国家使用华氏度而较少使用摄氏度。

华氏温标是以其发明者德国的法勒海特(Gabriel D. Fahrenheit)命名的。1714 年法勒海特以水银为测温介质,制成玻璃水银温度计,选取氯化铵和冰水的混合物的温度为温度计的零度,人体温度为温度计的 100 度,把水银温度计从 0~100 度按水银的体积膨胀距离分成 100 份,每一份为 1 华氏度,记作"1 °F"。水的结冰点是 32°F,水的沸点为 212°F。

摄氏温标的发明者是瑞典人安德斯·摄尔修斯(Anders Celsius)。1740 年摄尔修斯提出在标准大气压下,把冰水混合物的温度规定为 0 度,水的沸腾温度规定为 100 度。根据水这两个固定温度点来对玻璃水银温度计进行分度。两点间作 100 等分,每一份称为 1 摄氏度,记作"1℃"。

摄氏温度和华氏温度的关系:$T °F = 1.8t℃ + 32$(t 为摄氏温度数,T 为华氏温度数)

摄氏温度和开尔文温度的关系:$K = ℃ + 273.15$(0℃ = 273.15 K)

3. 热传递的三种方式

做功和热传递是改变物体内能的两种方式:外界对物体做功,或者物体从外界吸收热量,物体的内能增加,反之则减少。做功和热传递在改变内能的效果上是等效的。做功使其他形式的能如机械能等转换为内能;热传递使物体间的内能发生转移。

在此仅讨论热传递。热传递是改变内能的一种方式,是热从温度高的物体传到温度低的物体,或者从物体的高温部分传到低温部分的过程。也是改变物体内能的方式。热传递是自然界普遍存在的一种自然现象。只要物体之间或同一物体的不同部分之间存在温度差,就会有热传递现象发生,并且将一直持续到温度相同的时候为止。发生热传递的唯一条件是存在温度差,而与物体的状态,物体间是否接触都无关。热传递的结果是温差消失,即发生热传递的物体间或物体的不同部分达到相同的温度。热传递的实质是能量从高温物体向低温物体转移的过程,转移的是热量,而不是温度。热传递有三种方式:

(1) 传导:热从物体温度较高的部分沿着物体传到温度较低的部分,叫做传导。热传导是固体中热传递的主要方式。在气体或液体中,热传导过程往往和对流同时发生。各种物质都能够传导热量,但是不同物质的传热本领不同。善于传热的物质叫做热的良导体,不善于传热的物质叫做热的不良导体。各种金属都是热的良导体,其中最善于传热的是银,其次是铜、金和铝。瓷、纸、木头、玻璃、皮革都是热的不良导体。最不善于传热的是羊毛、羽毛、毛皮、棉花、石棉、软木和其他松软的物质。液体中,除了水银以外,都不善于传热,气体比液体更不善于传热。

(2) 对流:对流是靠液体或气体的流动来传热的,是液体和气体中热传递的主要方式,气体的对流现象比液体更明显。

利用对流加热或降温时,必须同时满足两个条件:一是物质可以流动,二是加热方式必须能促使物质流动。

(3) 辐射:由物体沿直线向外射出,叫做辐射。用辐射方式传热,不需要任何介质,因此,辐射可以在真空中进行。地球上得到太阳的热,就是太阳通过辐射的方式传来的。

一般情况下,热传递的三种方式往往是同时进行的。

教材研读

影响不同材质的杯子装热水后杯壁温度变化的原因有哪些？仅仅是由于不同材质导热快慢不同吗？

4. 比热容

质量相同的不同物质，上升到相同温度所需的热量不同，这是因为不同物质的比热容不同，这是由物质的性质和状态决定的。比热容简称比热，亦称比热容量，是热力学中常用的一个物理量。比热容是单位质量的某种物质升高单位温度所需的热量，其国际单位制中的基本单位是焦耳每千克开（$J \cdot kg^{-1} \cdot K^{-1}$），也可用焦耳每千克摄氏度（$J \cdot kg^{-1} \cdot ℃^{-1}$）。由于每开的温度间隔跟每摄氏度的温度间隔是相等的，因此这两个单位是相等的，即令1千克的物质的温度上升1开或1摄氏度所需的能量。根据此定理，便可得出以下公式：

$$c = \frac{E}{m \Delta T}$$

当比热容越大，该物质便需要更多热能加热。常温常压下一些物质的比热容如表7-1-2所示。以水和油为例，水和油的比热容分别约为 4200 $J \cdot kg^{-1} \cdot K^{-1}$ 和 2000 $J \cdot kg^{-1} \cdot K^{-1}$，即把水加热的热能比油多出约一倍。若以相同的热能分别把水和油加热的话，油的温升将比水的温升大。历史上，曾以水的比热来定义热量，将1克水升高1摄氏度所需的热量定义为1卡路里。

表 7-1-2　常温常压下一些物质的比热容(J·kg^{-1}·K^{-1})

水	4.2×10^3	煤油	2.1×10^3	玻璃	0.84×10^3	水银	0.14×10^3
酒精	2.4×10^3	蓖麻油	1.8×10^3	干泥土	0.84×10^3	铅	0.13×10^3
木材	约2.4×10^3	沙石	0.92×10^3	钢铁	0.46×10^3		
冰	2.1×10^3	铝	0.88×10^3	铜	0.39×10^3		

三、光现象

自然界有许多会发光的物体,如太阳、点燃的蜡烛、夏夜的萤火虫等,这些都是光源。

1. 光的直线传播

光在同种均匀介质中沿直线传播,通常简称光的直线传播。它是几何光学的重要基础,利用它可以简明地解决成像问题。人眼就是根据光的直线传播来确定物体或像的位置的。为了表示光的传播情况,我们通常用一条带箭头的直线表示光的径迹和方向,这样的直线叫光线。

通过对光的长期观察,人们发现了沿着密林树叶间隙射到地面的光线形成射线状的光束,从小窗中进入屋里的日光也是这样。大量的观察事实,使人们认识到光是沿直线传播的。为了证明光的这一性质,大约2500~2400年前我国杰出的科学家墨翟和他的学生完成了世界上第一个小孔成倒像的实验,发现并解释了小孔成倒像的原理。在一间黑暗的小屋朝阳的墙上开一个小孔,人对着小孔站在屋外,屋里相对的墙上就出现了一个倒立的人影。为什么会有这奇怪的现象呢? 墨家解释说,光穿过小孔如射箭一样,是直线行进的,人的头部遮住了上面的光,成影在下边,人的足部遮住了下面的光,成影在上边,就形成了倒立的影。这是对光直线传播的第一次科学解释。

光从光源传播出来,照射在不透光的物体上,不透光的物体把沿直线传播的光挡住了,在不透光的物体后面受不到光照射的地方就形成了影子。

光的直线传播性质,在我国古代天文历法中得到了广泛的应用。我们的祖先制造了圭表和日晷,测量日影的长短和方位,以确定时间、冬至点、夏至点;在天文仪器上安装窥管,以观察天象,测量恒星的位置。此外,我国很早就利用光的这一性质,发明了皮影戏。汉初齐少翁用纸剪的人、物在白幕后表演,并且用光照射,人、物的影像就映在白幕上,幕外的人就可以看到影像的表演。皮影戏到宋代非常盛行,后来传到了西方,引起了轰动。

2. 光的反射

光遇到水面、玻璃以及其他许多物体的表面都会发生反射。垂直于镜面的直线叫做法线;入射光线与法线的夹角叫做入射角;反射光线与法线的夹角叫做反射角。在反射现象中,反射光线、入射光线和法线都在同一个平面内;反射光线、入射光线分居法线两侧;反射角等于入射角。这就是光的反射定律。在反射现象中,光路是可逆的。

光的反射分镜面反射和漫反射。一束平行光射到平面镜上,如镜、平静的水面等,反射光是平行的,这种反射叫做镜面反射;当一束平行光射到凸凹不平的物体时,它的反射光线也是射向不同的方向的,而不是平行的,所以我们才能从不同的地方看到同一个物体,而这种反射方式称为"漫反射",否则,如果光都是镜面反射的话,我们只有站在特定的地方才能看得到物体。

镜面反射所成像的性质是正立的、等大的、位于物体异侧的虚像。像的大小只和物体大小有关,与物体到平面镜的距离无关。物体到平面镜的距离始终等于像到平面镜的距离,且物体与像的连线垂直于镜面。而虚像则指能被人看见但不能在屏幕上呈现的像。

3. 光的折射

光从一种介质斜射入另一种介质时,传播方向发生偏折,这种现象叫做光的折射。光从空气斜射入水中或其他介质中时,折射光线向法线方向偏折;当光从水中斜射入空气中时,折射光线向界面方向偏折。当光线垂直于界面入射时,折射光线方向不改变。

由于光的折射规律,岸上的人看游泳池水比实际的要浅,而潜水员看岸上的人比实际要高。空气中的角无论是折射角还是入射角都要大于其他介质中的角。

4. 光的色散

阳光是白光,17世纪以前,人们一直认为白色是最单纯的颜色。直到1666年,英国物理学家牛顿用玻璃三棱镜使太阳光发生了色散,这才解开了光的颜色之谜。

(1) 光谱

像阳光这样的复色光经过色散系统(如棱镜、光栅)分光后,被色散开的单色光按波长(或频率)大小而依次排列的图案,就是光谱,全称为光学频谱。光谱中最大的一部分可见光谱是电磁波谱中人眼可见的一部分,在这个波长范围内的电磁辐射被称作可见光。光谱并没有包含人类大脑视觉中枢所能区别的所有颜色,譬如褐色和粉红色。

(2) 色光三原色和颜料三原色

色光的三原色是红、绿、蓝,调节三原色的不同比例就能得到某一种颜色的光。色光的三原色混合在一起为白色。

颜料的三原色是红、黄、蓝。颜料的颜色决定于外来照射光的颜色,以及颜料对照射光的吸收和反射情况。比如,红色物体反射红色光,吸收其他色光。而颜料的三原色汇合在一起为黑色。

不同色光在同种介质中传播速度相同。

(3) 物体的颜色

在光照到物体上时,一部分光被物体反射,一部分光被物体吸收。如果物体是透明的,还有一部分透过物体。不同物体,对不同颜色的反射、吸收和透过的情况不同,因此呈现不同的色彩。

透明物体的颜色由通过它的色光决定。如果在白屏前放置一块红色玻璃,则白屏上的其他颜色的光消失,只留下红色。这表明,其他色光都被红色玻璃吸收了,只有红光能够透过。如果在白屏前放置一块蓝色玻璃,则白屏上只呈现蓝色光。

不透明物体的颜色是由它反射的色光决定的。如果把一张红纸贴在白屏上,则在红纸上看不到彩色光带,只有被红光照射的地方是亮的,其他地方是暗的;如果把绿纸贴在白屏上,在屏上只有绿光照射的地方是亮的。

此外,白色的物体反射所有颜色的光,黑色的物体吸收所有颜色的光。

四、电现象

琥珀经摩擦后能够吸引轻小物体的现象是物体带电的最早发现。继而发现雷击、感应、加热、照射等等都能使物体带电。现代生活中离不开各种各样的用电器,这是人类对电有了深刻认识后对它的利用。

1. 电荷

自然界中的电荷只有两种,即正电荷和负电荷。人为规定由丝绸摩擦的玻璃棒所带的电荷叫作正电荷,由毛皮摩擦的橡胶棒所带的电荷叫作负电荷。电荷的最基本的性质是:同种电荷相互排斥,异种电荷相互吸引。这是物质的固有属性之一。正负电荷结合,彼此中和,电可以转移,此增彼减,而总量不变。电荷量的单位是库仑(C),带电物体间相互作用力遵循库仑定律。库仑定律是电学发展史上的第一个定量规律,它使电学的研究从定性进入定量阶段,是电学史上的一块重要的里程碑。它指出,在真空中两个静止点电荷之间的相互作用力与距离平方成反比,与电量乘积成正比,作用力的方向沿连线,同种电荷相互排斥,异种电荷相互吸引。

构成物质的基本单元是原子,原子由电子和原子核构成,核又由质子和中子构成。电子带负电,质子带正电,是正、负电荷的基本单元,中子不带电。所谓物体不带电就是电子数与质子数相等,物体带电则是这种平衡的破坏。在自然界中不存在脱离物质而单独存在的电荷。在一个孤立系统中,不管发生了什么变化,电子、质子的总数不变,只是组合方式或所在位置有所变化,因而电荷必定守恒。

电荷具有量子性,任何电荷都是电子电荷 e 的整数倍,e 的精确值(1986 年推荐值)为:$e = 1.602\,177\,33 \times 10^{-19}$ 库,质子与电子电量(绝对值)之差小于 $10^{-20}e$,通常认为两者的绝对值完全相等。电子十分稳定,估计其寿命超过 1010 亿年,比迄今推测的宇宙年龄还要长得多。

2. 电流与电压

(1) 电流

电流是指一群电荷的流动。电流的大小称为电流强度(I),是指单位时间内通过导线某一截面的电荷量,每秒通过一库仑(6.242×10^{18} 个电子)的电量称为 1 安培(A)。安培是国际单位制中的一种基本单位。电流表是专门测量电流的仪器。

$$I = Q/t$$

大自然有很多种承载电荷的载子,例如,导电体内可移动的电子、电解液内的离子、电浆内的电子和离子、强子内的夸克。这些载子的移动,形成了电流。

物理上规定电流的方向,是正电荷定向移动的方向。电流运动方向与电子运动方向相反。在电源外部电流沿着正电荷移动的方向流动。在电源内部由负极流回正极。

(2) 电压

电压,也称作电势差或电位差(电压永远是正值,但电势差有负值),是衡量单位电荷在静电场中由于电势不同所产生的能量差的物理量。其大小等于单位正电荷因受电场力作用从 A 点移动到 B 点所作的功,电压的方向规定为从高电位指向低电位的方向。电压的国际单位制为伏特(V),常用的单位还有毫伏(mV)、微伏(μV)、千伏(kV)等。此概念与水位高低所造成的"水压"相似。需要指出的是,"电压"一词一般只用于电路当中,"电势差"和"电位差"则普遍应用于一切电现象当中。电压是电路中自由电荷定向移动形成电流的原因。

资料

电压常见值

电视信号在天线上感应的电压约 0.1 mV	家用电压(日本、美国等)110 V
维持人体生物电流的电压约 1.2 mV	家用电压(中国、欧洲国家)220 V
碱性电池标称电压 1.5 V	动力电路电压 380 V
电子手表用氧化银电池两极间的电压 1.5 V	无轨电车电源的电压 550—600 V
一节铅蓄电池电压 2 V	电视机显像管的工作电压 10 kV 以上
手持移动电话的电池两极间的电压 3.7 V	列车上方电网电压 25 000 V
对人体安全的电压(干燥)不高于 36 V	发生闪电的云层间电压可达 1000 kV

3. 不同物质的导电性

物体传导电流的能力叫做导电性。各种金属的导电性各不相同,通常银的导电性最好,其次是铜、金和铝。固体的导电是指固体中的电子或离子在电场作用下的远程迁移,通常以一种类型的电荷载体为主,如:电子导体,以电子载流子为主体的导电;离子导体,以离子载流子为主体的导电;混合型导体,其载流子电子和离子兼而有之。除此以外,有些电现象并不是由于载流子迁移所引起的,而是电场作用下诱发固体极化所引起的,例如介电现象和介电材料等。

一般来说金属、半导体、电解质溶液或熔融态电解质和一些非金属都可以导电。非电解质物体导电的能力是由其原子外层自由电子数以及其晶体结构决定的,如金属含有大量的自由电子,就容易导电,而大多数非金属由于自由电子数很少,故不容易导电。石墨导电,金刚石不导电,这就是晶体结构原因。电解质导电是因为离子化合物溶解或熔融时产生阴阳离子从而具有了导电性。

4. 简单电路

电路是用导线将电源、用电器、开关等连接起来组成的电的路径。电路由电源、负载、连接导线和辅助设备四大部分组成。实际应用的电路都比较复杂,因此,为了便于分析电路的实质,通常用符号表示组成电路实际原件及其连接线,即画成所谓电路图。其中导线和辅助设备合称为中间环节。

(1) 电源

电源是提供电能的设备。电源的功能是把非电能转换成电能。例如,电池是把化学能转换成电能;发电机是把机械能转换成电能。由于非电能的种类很多,转换成电能的方式也很多,所以,目前实用的电源类型也很多,最常用的电源是干电池、蓄电池和发电机等。

(2) 负载

在电路中使用电能的各种设备统称为负载,或称用电器。负载的功能是把电能转换为其他形式能。例如,电炉把电能转换为热能;电动机把电能转换为机械能,等等。通常使用的照明器具、家用电器、机床等都可称为负载。

(3) 导线

导线用来把电源、负载和其他辅助设备连接成一个闭合回路,起着传输电能的作用。

(4) 辅助设备

辅助设备是用来实现对电路的控制、分配、保护及测量等作用的。辅助设备包括各种开关、熔断器及测量仪表等。

电路的作用是进行电能与其他形式的能量之间的相互转换。电路的状态分成通路、断路和短路三种。处处连通的电路是通路(又称闭合电路),如果没有闭合开关或者导线没连接好就是断路(又称开路),不经用电器而直接将电源的正负极相连就形成短路,短路会引起电源烧毁乃至火灾,必须谨慎。

五、磁现象

日常生活中磁铁能吸引回形针、大头针等物品,这样的磁现象很常见。

1. 简单磁现象

物体能够吸引铁、钴、镍等制成的物品,则该物品有磁性。具有磁性的物体被称为磁体。磁体的两端吸引钢铁的能力最强,这两个部位叫做磁极。能够自由转动的磁体,例如悬吊着的磁针,静止时指南的那个磁极叫做南极,又叫 S 极;指北的那个磁极叫做北极,又叫 N 极。异名磁极相互吸引,同名磁极相互排斥。

磁现象和电现象有本质的联系。物质的磁性和电子的运动结构有着密切的关系。磁现象的本质其实就是核外的电子作绕核运动时,形成了环绕原子核的电流圈,这个电流圈产生了磁场,原子就具有了磁性。组成物质的每个原子都是一个小磁体。一般的物体内部无数个相当于小磁体的原子的排列是杂乱无章的,它们的磁性都互相抵消了,所以整个物体不具有磁性。当物体内部的小磁体(原子)的 N、S 极首尾相接整齐排列时,物体的两端就形成了 N 极和 S 极,就具有了磁性。物体磁化的过程就是使物质内部的原子按一定方向排列的过程。

一些物体在磁体或电流的作用下会获得磁性,这种现象叫做磁化。许多物质容易磁化。机械表磁化后,走时不准;彩电显像管磁化后,色彩失真,等等。信用卡、银行卡也带有磁性。磁性材料按其磁化后保持磁性强度的不同分为硬磁材料(永磁材料)和软磁材料。硬磁材料具有磁化后保持磁性的性质,常见的硬磁材料有高碳钢、铝镍钴合金、钛钴合金等,它们除了可以制作各种永磁体外,还拥于磁记录,如录音磁带、录像磁带等。软磁材料被磁化后,不能保持磁性,硅钢、软铁、铁镍合金等都是软磁材料,可以用来制造变压器、电磁铁、录音头的铁芯和收音机的磁性天线等。

2. 磁场

如果把磁针拿到一个磁体附近,它会发生偏转。看来,磁体周围存在着一种物质,能使磁针偏转。这种物质看不见,摸不着。我们把它叫做磁场。磁场是电流、运动电荷、磁体或变化电场周围空间存在的一种特殊形态的物质。

地球本身相当于一个巨大的磁体,地球周围空间存在的磁场叫地磁场。指南针的转动是受地磁场作用的结果。地磁场一极位于地理北极附近,另一极位于地理南极附近。通过这两个磁极的假想直线(磁轴)与地球的自转轴大约成 11.3 度的倾斜(图 7-1-2)。地磁场的成因或许可以由发电机原理解释。地球的磁场向太空伸出数万公里形成地球磁圈。地球磁圈对地球而言有屏障太阳风所挟带的带电粒子的作用。

3. 电流的磁场

由于磁体的磁性来源于电流,电流是电荷的运动,因而概括地说,磁场是由运动电荷或变化电场产生的。磁场的基本特征是能对其中的运动电荷施加作用力,磁场对电流、对磁体的作用力或力矩皆源于此。

安培定则,也叫右手螺旋定则,是表示电流和电流激发磁场的磁感线方向间关系的定则。通电直导线中的安培定则(安培定则一):用右手握住通电直导线,让大拇指指向电流的方向,那么四指的指向就是磁感线的环绕方向;通电螺线管中的安培定则(安培定则二):用右手握住通电螺线管,使四指弯曲与电流方向一致,那么大拇指所指的那一端是通电螺线管的 N 极(图7-1-3)。

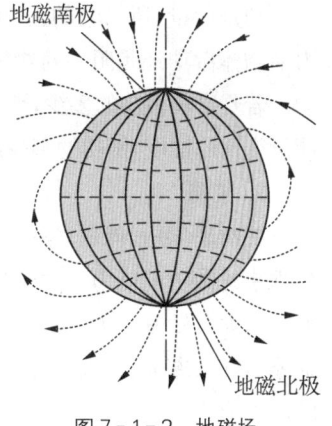

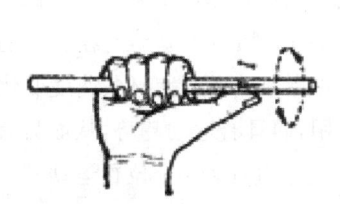

图7-1-2 地磁场

直导线产生的磁感线环绕方向　　通电螺线管产生的磁场方向

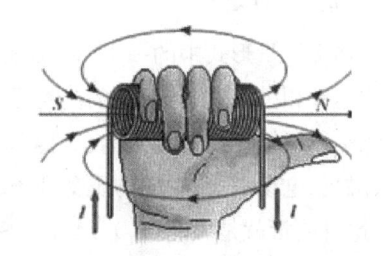

图7-1-3 安培定则

第二节　能量的转换

自然规律最简单的形式之一表现为某种物理量的不变性,所以对于守恒量的研究是最重要的研究方向之一。能量概念的引入就是前辈科学家追寻守恒量的一个重要事例。人们建立起各种形式的能量概念,而且确定了它们的表达式,并不断发展了功的概念。

一、功和能

1. 机械功

作用在物体上的所有力使其合外力不为零,并且使物体在力的方向上移动了一段距离,就说这个力对物体做了机械功(简称功)。合外力越大,物体在力的方向上移动的距离越大,力对物体做的功就越多。如果力的方向与物体运动的方向一致,则功定义为力的大小与位移大小的乘积。用 F 表示力,l 表示位移,用 W 表示力 F 所作的功,则有

$$W = F \cdot l$$

在国际单位制中,功的单位是焦耳(J),1焦耳 = 1牛顿·米,即 $1 \text{J} = 1 \text{N} \cdot \text{m}$

功是标量,所以功的正、负不表示方向。功的正、负也不表示功的大小。它仅仅表示是动力对物体做功还是阻力对物体做功,或者说是表示力对物体做了功还是物体克服这个力做了功。若要比较做功的多少,则要比较功的绝对值,绝对值大的做功多,绝对值小的做功少。功是能量变化的量度,做功的多少反映了能量变化的多少,功的正、负则反映了能量转换的方向。

2. 能量

在物理学中,能量是一个间接观察到的物理量。它往往被视为某一个物理系统对其他的物理系统做功的能力。由于功被定义为力作用一段距离,因此能量总是等同于沿着一定的长度阻挡大自然基本力量的能力。目前已有多种形式的能量被定义,如热能、化学能、电能、辐射能、核能、磁能、弹性能、声能、机械能、光能等,这些已知的能量形式不一定涵盖自然界所有的能的形式。

一个物体所含的总能量奠基于其质量,能量如同质量一般不会无中生有或无原因地消失。能量就像质量一样,是一个标量。在国际单位制中,能量的单位是焦耳,但是在有些领域中会习惯使用其他单位如千瓦·时和千卡,这些也是功的单位。

二、机械能守恒定律

机械能是诸多能量形式中的一类,是以物质运动的形式体现出来的那一部分能量。既然机械能与物质运动相关,必然与所选的坐标系相关,因为物质的运动是在一定的坐标系中描述的。机械能是以机械作用的方式为条件释放能量的,包括位置变化、速度变化。处于力场(如:重力场、磁场、电场……)中的物质受到场的作用,而具有运动趋势,从而具有对其他物质做功的能量,这种能量就是势能(E_p)。势能的变化量是物质从一个位置运动到另一个位置的势能差。动能(E_k)是改变物质运动速度所需要的能量。

在只有重力或弹力对物体做功的条件下(或者不受其他外力的作用下),物体的动能和势能(包括重力势能和弹性势能)发生相互转换,但机械能的总量保持不变,这个规律叫做机械能守恒定律。由于不考虑空气阻力及因其他摩擦产生热而损失能量,所以机械能守恒也是一种理想化的物理模型。如图 7-2-1 所示,若不考虑一切阻力与能量损失,滚摆只受重力作用,在此理想情况下,重力势能与动能相互转换,而机械能不变,滚摆将不断上下运动。

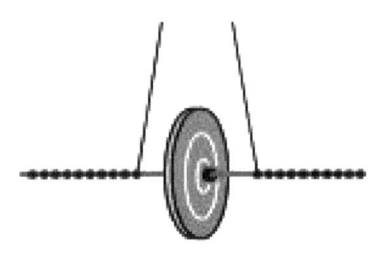

图 7-2-1 滚摆实验

可以从三个角度用方程表达机械能守恒定律:

1. 从守恒的角度

选取某一平面为零势能面,如果含有弹簧则弹簧处于原长时弹性势能为零,系统末状态的机械能和初状态的机械能相等。

$$E_{k\text{末}} + E_{p\text{末}} = E_{k\text{初}} + E_{p\text{初}}$$

2. 从能量转换的角度

系统的动能和势能发生相互转换时,若系统势能的减少量等于系统动能的增加量,系统机械能守恒。

$$\Delta E_{p减} = \Delta E_{k增}$$

3. 从能量转移的角度

系统中有 A、B 两个物体或更多物体,若 A 机械能的减少量等于 B 机械能的增加量,系统机械能守恒。

$$\Delta E_{A减} = \Delta E_{B增}$$

三、能量转换和守恒定律

能量守恒定律,是自然界最普遍、最重要的基本定律之一。从物理、化学到地质、生物,大到宇宙天体,小到原子核内部,只要有能量转换,就一定服从能量守恒定律。从日常生活到科学研究、工程技术,这一规律都发挥着重要的作用。人类对各种能量,如煤、石油等燃料以及水能、风能、核能等的利用,都是通过能量转换来实现的。能量守恒定律是人们认识自然和利用自然的有力武器。

能量既不会凭空产生,也不会凭空消失,它只能从一种形式转换为其他形式,或者从一个物体转移到另一个物体,在转换或转移的过程中,能量的总量不变。这就是能量守恒定律,如今被人们普遍认同。摩擦生热是通过克服摩擦做功将机械能转换为内能;水壶中的水沸腾时水蒸气对壶盖做功将壶盖顶起,表明内能转换为机械能;电流通过电热丝做功可将电能转换为内能等等,这些实例说明了不同形式的能量之间可以相互转换,且是通过做功来完成这一转换过程的。

任何形式的能量可以转换成另一种形式。举例来说,当物体在力场中自由移动到不同的位置时,势能可以转换成动能。当能量是属于非热能的形式时,它转换成其他种类的能量的效率可以很高甚至是完美的转换,包括电力或者新的物质粒子的产生。然而如果是热能的话,则在转换成另一种形态时,就如同热力学第二定律所描述的,总会有转换效率的限制。

在所有能量转换的过程中,总能量保持不变,原因在于总系统的能量是在各系统间做能量的转移,当从某个系统中损失能量,必定会有另一个系统得到这损失的能量,导致失去和获得达成平衡,所以总能量不改变。这个能量守恒的定律,是在 19 世纪初所提出,并应用于任何一个孤立系统。虽然一个系统的总能量,不会随着时间改变,但其能量的值,可能会因为参考系而有所不同。例如一个坐在飞机里的乘客,相对于飞机其动能为零;但是相对于地球来说,动能却不为零,也不能以单独动量去与地球相比较。

第三节 能源与可持续发展

能源是一种资源。能够向人们提供能量或可做功的物质资源称为能源。能源是人类生存的物质基础之一,是社会经济发展的原动力。

一、能源家族

1. 能源分类

能源按成因可分为两大类:一次能源和二次能源。一次能源是指自然界中不需进行加工,可以直接应用的能源。其中化石燃料和核燃料的生成速度极慢,而消费速度不断加快,最终便会枯竭,故也称非再生能源。在自然界的物质和能量循环中能够重复生产的能源如太阳能、水能、风能、地热能、海洋能、生物质能等,能量的消耗速度可与再生速度持平,经久使用而不会枯竭,故称为可再生能源。二次能源是指一次能源经过加工而转换成另一种形式的能源(不管转换几次),如煤气、焦炭、汽油、电力、蒸汽、酒精、人工沼气等。

能源的分类方法还有很多种,如按能源性质分为燃烧型和非燃烧型,如煤、油、气、木料、核燃料等属于燃烧型能源,而水能、风能、海洋能等属于非燃烧型能源;根据能源消耗后是否造成环境污染分为污染型和清洁型能源,煤炭、石油类能源在燃烧过程中会产生大量二氧化碳、硫氧化物、氮氧化物及多种有机污染物,属于污染型能源,水力、风力、太阳能等则是不排放污染物的清洁型能源;在一次能源中,依据其利用情况可分为常规能源和新能源,当前广泛使用的一次能源称为常规能源,目前尚未被大规模利用,正在研究推广的称为新能源。常规能源和新能源的分类是相对的,今天的常规能源过去曾经是新能源,而今天的新能源可成为今后的常规能源。目前的常规能源主要包括煤炭、石油、天然气和水力资源,新能源主要包括太阳能、地热能、海洋能、生物质能、核能等。

能源物质所提供的能量,从本质上来看,不外乎是化学能、机械能、内能、原子能和光能等形式(表7-3-1)。

表7-3-1 一次能源

常规能源	新能源
煤(化学能)	太阳能(光能)
石油(化学能)	风能(机械能)
天然气(化学能)	生物质能(化学能)
水能(机械能)	地热能(内能和机械能)
	核能(原子能)
	潮汐能(机械能)

目前,在世界平均使用的能源中,石油占38%,煤炭占30%,天然气占20%,水电占7%,核能占5%。

资料

海底地层深处的天然气被包进水分子中,在海底的低温与压力下又形成"可燃冰"。这是因为天然气有个特殊性能,它和水可以在温度2~5℃下结晶,这个结晶就是"可燃冰"。在常温常压下它会分解成水与甲烷,"可燃冰"可以看成是高度压缩的固态天然气。"可燃冰"外表上看它像冰霜,从微观上看其分子结构就像一个一个"笼子",由若干水分子组成一个笼子,每个笼子里"关"一个气体分子。目前,可燃冰主要分布在东、西太平洋和大西洋西部边缘,是一种极具发展潜力的新能源。

2. 能源危机

能源危机是指因为能源供应紧缺或是价格上涨而影响经济。这通常涉及石油、电力或其他自然资源的短缺。能源危机通常会造成经济衰退。世界能源危机是人为造成的能源短缺，石油资源将会在一代人的时间内枯竭。它的蕴藏不是无限的，容易开采和利用的储量已经不多，剩余储量的开发难度越来越大，到一定限度就会失去继续开采的价值。在世界能源消费以石油为主导的条件下，如果能源消费结构不变，同时新的能源生产供应体系又未能建立在交通运输、金融业、工商业等方面，就会造成一系列问题的发生，就会发生能源危机。

分析能源危机产生的原因，首先是由于石油、煤、天然气这样的化石燃料是非再生资源，新化石燃料资源的形成肯定赶不上现有化石燃料的消耗速度，它们将在不久的将来被耗尽；其次，随着世界经济的发展、世界人口的剧增和人民生活水平的不断提高，世界能源需求量持续增大，由此导致对能源资源的争夺日趋激烈、环境污染加重和环保压力加大。

3. 世界能源供应和消费趋势

面对能源供需的矛盾激化，未来世界能源供应和消费将向多元化、清洁化、高效化、全球化和市场化方向发展。

（1）多元化：世界能源结构先后经历了以柴薪为主、以煤为主和以石油为主的时代，现在正向以天然气为主转变，同时水能、核能、太阳能也正得到更广泛的利用。可持续发展、环境保护、能源供应成本和可供应能源的结构变化决定了全球能源多样化发展的格局。未来，在发展常规能源的同时，新能源和可再生能源将受到重视。

（2）清洁化：随着世界能源新技术的进步和环保标准的日益严格，未来世界能源将进一步向清洁化方向发展，不仅能源的生产过程要实现清洁化，而且逐步增大清洁能源在能源总消费中的比例。在世界能源结构中，煤炭所占的比例将由目前的 26.47% 下降至 2025 年的 21.72%，而天然气将由目前的 23.94% 上升至 2025 年的 28.40%，石油的比例将维持在 37.60%～37.90% 的水平。同时，过去被认为是"脏"能源的煤炭和柴薪、粪便的利用将向清洁化方向发展，洁净煤技术（如煤液化技术、煤气化技术、煤脱硫脱尘技术）、沼气技术、生物柴油技术等将取得突破并得到广泛利用。一些国家，如法国、奥地利、比利时、荷兰等国家已经关闭其国内的所有煤矿而发展核电，它们认为核电就是高效、清洁的能源，能够解决温室气体的排放问题。

（3）高效化：世界能源加工和消费的效率差别较大，能源利用效率提高的潜力巨大。2001 年世界的能源强度为 0.3121 吨油当量/千美元，预计 2025 年将降为 0.2375 吨油当量/千美元。而发展中国家的能源强度约为发达国家的 2～3 倍，可见世界的节能潜力巨大。

（4）全球化：由于世界能源资源分布及需求分布的不均衡性，世界各个国家和地区已经越来越难以依靠本国的资源来满足国内的需求，越来越需要依靠世界其他国家或地区的资源供应，世界贸易量将越来越大。

（5）市场化：由于市场化是实现国际能源资源优化配置和利用的最佳手段，世界能源利用的市场化程度逐步提高，各国政府直接干涉能源利用的行为将越来越少，而政府为能源市场服务的作用则相应增加。

二、核能

核能又叫原子能,是在原子核变化过程中,从变化前后原子核质量亏损的质量差转换来的。目前,使原子核内蕴藏的巨大能量释放出来,主要有两种方法:一种是将较重的原子核打碎,使其分裂成两半,同时释放出大量的能量,这种核反应叫核裂变反应,所释放的能量叫做核裂变能。第二种方法是,把两种较轻的原子核聚合成一个较重的原子核,同时释放出大量的能量,这种核反应叫核聚变反应。

1. 链式裂变反应

核能的和平利用始于二战结束后,从1954年人类第一次利用核能发电至今已经50多年了。目前各国所建造的核电站,采用的是核裂变反应方式。

铀核是重核,重核裂变可以自发进行,也可以由人工引起。用中子轰击重核能有效地引起核分裂,铀-235受到中子冲击后,除少数变成铀-236放出γ射线外,大多数分裂为两个中等质量的原子核。受中子冲击而产生的铀-235原子核裂变还会放出中子,平均一次裂变将有2～3个中子放出。如果新中子能够使其他重核继续发生裂变,链式裂变反应就可以实现。比如,在中子轰击下,铀-235核每次裂变产生2～3个新的中子,新中子引起邻近铀-235核裂变,并在其裂变中再产生新的中子。于是,在一定的条件下,不靠外界作用就能连锁式地引起其他铀-235核的裂变反应,同时使系统持续地放出大量的裂变能量,这个过程就是链式裂变反应(图7-3-1)。

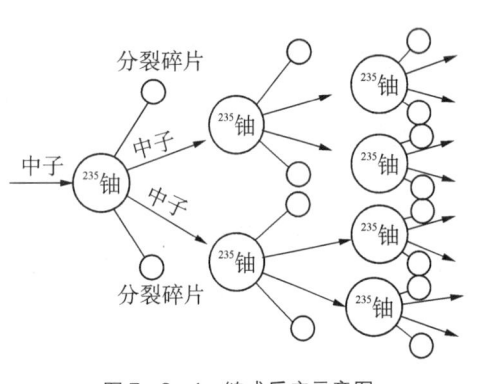

图7-3-1 链式反应示意图

要想利用核能,首先就必须使核材料能够发生链式裂变反应,将能量持续不断地释放出来。为了实现这一目的,就必须设计一套保证核材料能够发生链式反应、能量持续不断释放的装置,这一整套装置称之为核裂变反应堆。反应堆是进行裂变反应的专门装置,是一种特殊的压力容器。要使核裂变反应可以控制,主要从以下几方面进行:

首先,在反应堆里,必须使裂变材料多而且集中;要维持链式裂变反应,铀块体积就要足够大。因为原子核非常小,如果铀块不够大,中子往往还没有同铀核相遇就跑出铀块了。一般把能够产生链式反应的铀块的最小体积称为临界体积。

其次,天然铀块中含有铀-235、铀-238和其他裂变物质,其中铀-235的含量很低,只占0.72%。铀-235受到中子轰击后很容易分裂,而且速度越慢的中子越容易引起铀-235核的裂变。所以,要想使含铀-235极少的天然铀中发生链式反应,同时还要避免中子被铀-238吸收,就必须想办法让中子速度减慢。办法是把天然铀做成一根根的棒,称为"燃料元件",将燃料元件插在能使中子速度减慢的慢化剂中,燃料元件之间有一定的距离,使得裂变产生的快中子经慢化剂慢化。现在广泛用作慢化剂的物质实际上只有四种:轻水、重水、石墨、镁。用轻水作慢化剂的反应堆叫轻水堆;用重水作慢化剂的反应堆叫重水堆;用石墨作慢化剂的叫石墨堆。

再次,在反应堆运行中,要使核裂变反应能够进行下去,使核能持续释放出来,还需要对核燃料裂变反应速度进行控制。反应堆的控制手段主要是控制慢中子的数量,用对慢中子有很强吸收能力的镉制成控制棒,镉棒在反应堆芯中可以插进或抽出,通过吸收中子的多少来控制裂变反应的速率,使链式反应的控制成为可能,让反应堆按照人的意愿运行。

2. 核电站

核电站是利用原子核裂变反应所放出的核能,驱动汽轮发电机组进行发电的发电厂。人们将核反应堆比喻为"锅炉",在这个锅炉里烧的是铀、钚等核燃料。其中的能量转换过程可归纳为:核能→水和水蒸气的内能→发电机转子的机械能→电能。核能发电通常包含两个回路系统:一回路系统是核蒸气供应系统,将核电站的核心——反应堆所放出的核能(主要是以热能方式放出),由冷却剂带到蒸气发生器中,用以产生蒸气,这相当于常规火电厂的锅炉系统;二回路系统是蒸气驱动汽轮发电机组进行发电的系统,与常规火电厂汽轮发电机系统基本相同(图7-3-2)。

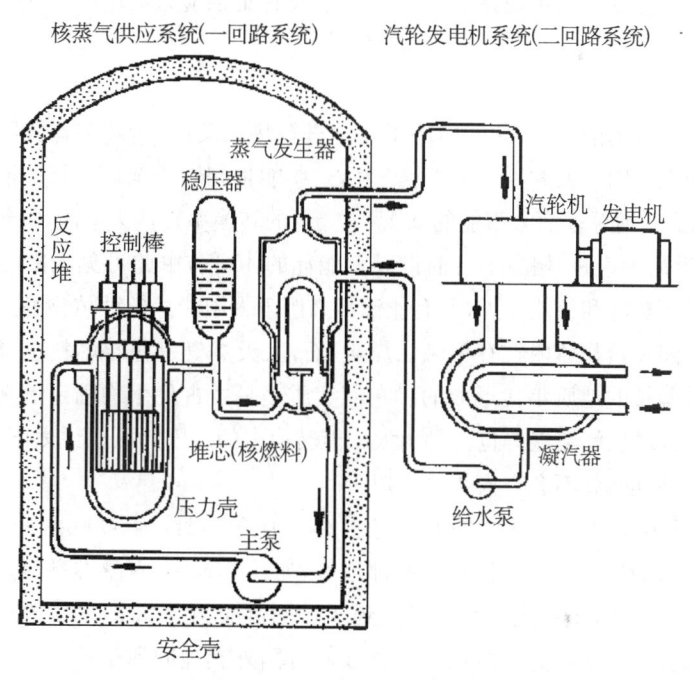

图7-3-2 核能发电示意图

为了防止核反应堆里的放射性物质泄漏出来,人们给核电站设置了四道屏障:一是对核燃料芯块进行处理。现在的核反应堆都采用耐高温、耐腐蚀的二氧化铀陶瓷型核燃料芯块,并经烧结、磨光后,能保留住98%以上的放射性物质不泄漏出去;二是用锆合金制作包壳管。将二氧化铀陶瓷型芯块装进管内,叠垒起来,就成了燃料棒。这种用锆合金或不锈钢制成的包壳管,能保证在长期使用中不使放射性裂变物质逸出,而且一旦管壳破损能够及时发现,以便采取必要的措施;三是将燃料棒封闭在严密的压力容器中。这样,即使堆芯中有1%的核燃料元件发生破坏,放射性物质也不会泄漏出来;四是把压力容器放在安全壳厂房内。通常,核电站的厂房均采用双层壳件结构,对放射性物质有很强的防护作用。万一放射性物质从堆内泄漏出去,有这道屏障阻挡,就会使人体免受伤害。

核聚变反应是在极短的一瞬间完成的,人们无法控制。近年来,受控核聚变反应的研究已经使核能控制显露出希望的曙光。

3. 核能优势

与其他能源相比,核能有着显著的优越性:其一,它的能量非常巨大,而且非常集中。其二,运输方便,地区适应性强。有人曾将核电站与火电站作了个形象的比较:一座20万kW的火电站,一天要烧掉3000吨煤,这些燃料需要用100辆铁路货车来运输;而发电能力相同的核电站,一天仅用一千克铀就行了。这么一点铀燃料只有三个火柴盒那么大,运输起来自然就省力多了,而且可以建在电力消耗大的地方,以减少输电损失和运输费用。其三,储量丰富,用之不尽。核能资源广泛分布在世界的陆地和海洋中。储藏在陆地上的铀矿资源,约990~2410万吨,海洋中的核能资源比陆地上要丰富得多,虽然每1000吨海水中才有3克铀,然而海洋里铀的总储量却大得惊人,总共达四十多亿吨,比陆地上已知的铀储量大数千倍。此外,海洋中还有更为丰富的核聚变所用的燃料——重水。如果将这些能源开发出来,那么即使全世界的能量消耗比现在增加100倍,也可保证供应人类使用10亿年左右。

三、太阳能

太阳是一个巨大的能量源,它的内部不断地进行热核反应,向外部释放巨大的能量。地球表面接受到的太阳辐射大约为 17×10^{12} 千瓦,这些能量相当于全球一年所消耗的总能量的3.5万倍。假如到达地球表面太阳能的0.1%按5%的转换率转换为电能,每年的发电量可以达到 5.6×10^{12} 千瓦·小时,相当于目前世界上能耗的40倍,由此可见太阳能利用的巨大潜力。地球上除了地热能和核能以外,所有能源都来源于太阳能。各种植物通过光合作用把太阳能转换成化学能在植物体内贮存下来。煤炭、石油、天然气等化石燃料也是由古代埋在地下的动植物经过漫长的地质年代形成的。它们实质上是由古代生物固定下来的太阳能。此外,水能、风能、波浪能、海流能等也是由太阳能转换来的。因此可以说太阳能是人类的"能源之母"。没有太阳能,就不会有人类的一切。

在我国,年日照大于2200小时的地区超过2/3,年辐射量约为5900兆焦/每平方米,是世界上太阳能最丰富的地区之一。特别是西部地区,如青藏高原、内蒙古自治区、陕西、青海等地太阳能资源尤为丰富,年日照时间可以达到3000小时以上。除四川盆地及其毗邻地区之外的全国绝大部分地区太阳能资源均相当于或超过国外其他同纬度地区。因而我国非常适合太阳能的开发与利用。

太阳发光放热的历史已达四十多亿年以上,据科学家们预计,太阳释放巨大能量的时间还将持续几十亿年。因此,太阳可称得上是人类取之不尽、用之不竭的能源宝库。

与其他能源相比,太阳能具有独特的优点:①没有煤炭、石油等化石燃料产生的有害气体和废渣,因而不污染环境,被称作"干净能源"。②到处都可以得到太阳能,使用方便、安全。③成本低廉,可以再生。

自古以来,人们就注意利用太阳能。早在几千年前,我们的祖先就曾用"阳燧"这种简单的器具向太阳"取火"。据说古希腊著名物理学家阿基米德(Archimedes)曾用巨大的镜子聚集太阳光,一举烧毁了敌人的帆船队。然而,人们对太阳能的深刻认识和开发利用,直到最近的二三十年内才真正开始。1945年,美国贝尔电话实验室制造出了世界上第一块实用的硅太阳能电池,开创了现代人类利用太阳能的新纪元。

人们利用太阳能的方法主要有三种,一是光热转换;二是光电转换;三是光化学转换。

1. 光热转换

光热转换是将太阳辐射到地球上的光能转换为地球上其他物质内能的过程。实际上,人类有意识地利用太阳能,首先是从取暖、加热、干燥和采光等太阳能的热利用开始的。

光热转换的主要技术措施是太阳能集热器的制作,应将收集到的太阳能高效率地转换为内能。近十多年来,太阳能的光热利用发展很快,已经制成了式样繁多的各类太阳能集热器,将太阳光的热能用于取暖、制冷、通风、烘干、冶炼、洗浴、灌溉、养鱼、发电等许多方面,节省了大量的其他能源,并为能源短缺地区提供和解决了所需要的能源。

20 世纪 80 年代,太阳能热利用的最大突破是实现了太阳能热发电的商业化。太阳能电站能量转换的过程是:利用集热器(聚光镜)和吸热器(锅炉)把分散的太阳辐射能汇聚成集中的热能,经热转换器和汽轮发电机把热能转换机械能,再转换成电能。它与一般火力发电厂的区别在于,其动力来源不是煤或燃油,而是太阳的光能。一般来说,太阳能电站多数采用在地面上设置许多聚光镜,以不同角度和方向把太阳光收集起来,集中反射到一个高塔顶部的专用锅炉上,使锅炉里的水受热变为高压蒸汽,用来驱动汽轮机,再由汽轮机带动发电机发电(图 7-3-3)。

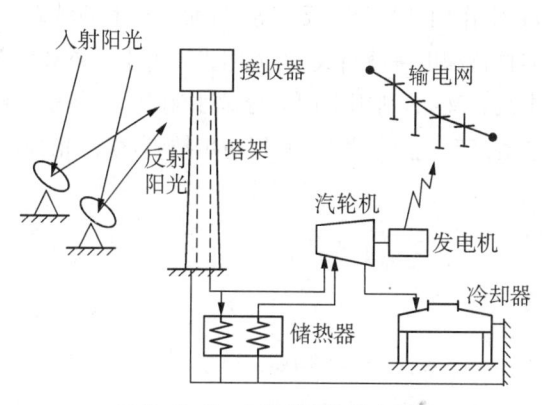

图 7-3-3 太阳能电站发电原理

另外,太阳能电站的独特之处还在于电站内设有蓄热器。当用高压蒸汽推动汽轮机转动的同时,通过管道将一部分热能储存在蓄热器中。如果在阴天、雨天或晚上没太阳时,就由蓄热器供应热能,以保证电站连续发电。

太阳能电站的不足之处在于:一是需要占用很大地方来设置反光镜;二是它的发电能力受天气和太阳出没的影响较大。虽然电站一般都安装有蓄热器,但不能从根本上消除影响。

世界上第一座太阳能电站,是建在法国的奥德约太阳能电站,这座电站当时的发电能力仅为 64 kW,但它却为以后太阳能电站的建立和发展打下了基础。由于太阳能发电技术日趋成熟,世界各国都在争建太阳能电站。

2. 光电转换

要将太阳光直接转换成电能,就需要采用能量转换装置,太阳能电池实际上就是一种光电能量转换器。这种电池主要是以半导体材料为基础,利用光照产生电子空穴对,在 PN 结上可以产生光电流、光电压的现象(光伏效应),实现光电转换。

全世界生产的太阳能电池中,以硅太阳能电池为主,约占98%。它是一块很薄的硅半导体片,有各种几何形状。每块电池大约可产生0.5 V左右的电压、每平方厘米30~50 mA(毫安)的电流。单个太阳能电池不能直接作为电源使用。实际应用中都是将几片或几十片单个的太阳能电池串联或并联起来,组成太阳能电池方阵,便可以获得相当大的电能。太阳能电池发电是一种可再生的环保发电方式,发电过程不会产生二氧化碳等温室气体,不会对环境造成污染,是具有巨大发展潜力的绿色能源。新一代太阳能电池的研究都是向提高转换效率和降低制作成本及难度的方向进行的。比如薄膜太阳能电池、染料敏化太阳能电池等都能有效降低制作成本和难度。还有一种称为串叠型的太阳能电池,通过设计不同能级的多层太阳能硅薄板来充分吸收不同波长的光子,其转换效率可高达50%以上。

目前太阳能电池的效率较低、成本较高,但与其他利用太阳能的方式相比,它具有可靠性好、使用寿命长、没有转动部件、使用维护方便等优点,所以能得到较广泛的应用。

通过太阳能电池方阵将太阳辐射能转换为电能的发电站称为太阳能光伏电站。光伏建筑一体化的并网屋顶太阳能光伏发电是众多国家竞相发展的热点。

3. 光化学转换

光化学转换是利用光和物质相互作用引起的化学反应。太阳光化学转换包括:光合作用、光电化学作用、光敏化学作用及光分解反应等,目前该技术领域尚处在实验研究阶段。例如,光化学电池由半导体材料和电解液组成,当太阳光照射半导体和电解液界面时,产生化学反应,在电解液内形成电流。又如,利用太阳能分解水制氢,也是较理想的利用方法,因为氢用做燃料具有无污染、热值高等优点。此外,利用仿生技术,模仿光合作用一直是科学家努力追求的目标。

本章思考题

1. 为什么我们录下自己的声音后,听起来总感觉有些失真?
2. 地球的磁场是自古不变的吗?现在的地磁北极是否就是地理上的北极?
3. 如果家庭用电有两种选择:一种是核能发出的电,一种是燃煤发出的电,你选择哪一种,为什么?
4. 乙醇是一种不可再生能源,但它可以从可再生能源生产。方法之一是通过诸如甘蔗、土豆及玉米等谷物的发酵。但这样一来,就会减少相应的食物供应。请列出理由说明这些谷物应用于食物,也列出把谷物转化为乙醇用作燃料的理由。哪些因素决定你确定什么是这些谷物的最佳用途?
5. 请查找资料,找出一种适于当地推广使用的新型能源。制定主要实施计划,并就当地居民可能关心的环境问题作出说明。

第八章 地球概貌及地球物质

热身体验

教材页面中蕴含了哪些深层次的地理学学科知识呢？

如果想看到一个球从我们的面前出现，又消失在我们的身后，而球却不动，应该怎样做？

如果要让一个没有运动的球，看起来是从我们的左边向右边运动，并且循环下去，应该怎样做？

把自己当做地球，用模拟实验来说明太阳每天东升西落的原因。

"地球"怎样转动，我们才能看到太阳东升西落、昼夜交替？该怎样用语言描述？

当巴黎是正午12点时，北京究竟是清晨还是黄昏？

现在我知道了！

学习指导

1. 了解地球的内部以及地表的基本特征。
2. 了解岩石、土壤、水和空气等物质的基本性质。
3. 了解地球仪、地图的主要标识和功用。
4. 了解人类对地球形状的探索历史。

第一节 地球概貌

在浩瀚的宇宙中,地球只是渺小的沧海一粟,但却是迄今为止唯一发现有生命存在的天体。地球处在一定的宇宙环境中,具有独特的运动规律和结构、性质。自古以来,人们对地球进行了不懈的探索。

一、人类探索地球形状的历史

人类对地球的认识大概经历了从"非球体"到"球体"、从"球体"到"不是真正的球体"两大阶段。

古代人类活动的范围有限,又缺乏精确可靠的观测技术和手段,因此产生过许许多多关于地球的错误认识。例如,古巴比伦人认为宇宙像是一个闭合的箱子,大地是这个箱子的地板。居住的大地被大洋环绕着,而这些大洋则被高岩绝壁所围绕,所以他们认为犹如纺锤形的天空像是拱桥一样搭在上面,天棚的里面则是一片黑暗,天棚的东西各有一个洞,太阳和月亮在这里进出所以才有日夜交替(图8-1-1)。古印度人认为大地是四只大象背负的半球。三头巨象乘坐在毗湿奴之神化身的巨大龟背上,象动时就会发生地震,而那些大龟坐在化身为水的眼镜蛇上,与眼镜蛇长长的尾端连接的地方则为天境(图8-1-2)。古埃及人认为地球是被植物覆盖躺卧的女神盖布的身姿。天神努特则弯曲着身体被大气之神支撑,太阳神和月神各乘两艘小船每天横穿过尼罗河消失在死亡的黑暗中(图8-1-3)。古希伯来人认为大地是一块平板。古希腊人认为大地是由一条

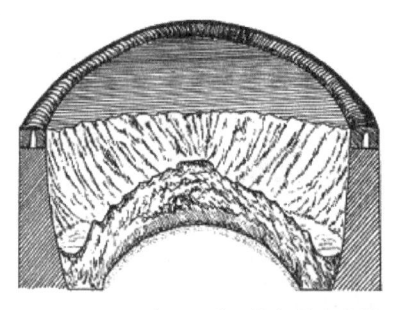

图8-1-1 古巴比伦人构想的天与地

图8-1-2 古印度人构想的天与地

图8-1-3 古埃及人构想的天与地

"大洋河"(River of Ocean)环绕的圆盾。古俄罗斯人认为大地是由三条鲸驮着的圆盾。

我国古代则有"天圆地方"的说法,认为天是圆形的,像一把张开的大伞覆盖在地上;地是方形的,像一个棋盘,日月星辰在天空中过往,即"天圆如张盖,地方如棋盘"。这一学说后来修正成"地法覆盘",认为地像弯曲的盘子,扣在盖的下方(图8-1-4)。

盖天说(天圆地方) 　　　　　　后来的盖天说

图8-1-4　中国古代的"盖天说"

在西方,毕达哥拉斯学派最早明确指出大地为球形,但大地球形说的真正奠基者是古希腊学者亚里士多德(Aristotle)。亚里士多德从三个角度论证了地球是球体:月食时分界线总是凸的,皆因月食由地球介入而生,分界线形状由地球表面决定,由此可知地球是球形的;夜间从北向南或从南向北走,会看见有的星星从前方地平线上升起,另一些星星却在后方地平线下消失;船靠近时总是先看见桅杆、后看见船身,而远离时正好相反。

但是,只是在经历了15世纪末和16世纪初的地理大发现之后,尤其是麦哲伦的环球航行证实了大地是一个封闭的曲面之后,大地球形观念才最终得到证明,并从此深入人心。今天从太空拍得的地球照片,更让我们看清了地球确实是一个球体。

资料

我国早在公元前2000年就出现过大地球形的传说,而第一个明确主张大地球形的则是东汉时期的张衡。张衡在《浑天仪图注》中说:"浑天如鸡子,天体圆如弹丸,地如鸡中黄……天之包地,如壳之裹黄"。

浑天说

从"非球形"到"地球",是人类认识地球形状的一大飞跃。不过,球形观念只是地球形状的第一个近似观念。19世纪以来,人们进一步知道地球是一个赤道突出、两极扁平的椭球体。

1671年,法国天文学家里希尔(Jean Richer)到今法属圭亚那首府卡宴(52.5°W,5°N)进行天文观测时,发现由巴黎带来的摆钟每天慢两分半。他调整了摆长以校准时钟,但回到巴黎后,摆钟每天又快了两分半。里希尔指出,发生这种现象的原因可能是地球并非真正的球体。后来,牛顿(Isaac Newton)运用万有引力定律对这种现象做了解释。牛顿认为,摆钟变慢是由于重力加速度变小引起的。而赤道地区的重力加速度之所以变小,是赤道地区的地表比高纬度地区同海拔地表距地心更远。

确切地说,地球近似于一个赤道突出、两极扁平的椭球体,而且北极略突、南极略平。赤道并不是一个正圆,而是近似椭圆形;从两极到地球中心的距离为 6356.8 千米,比从赤道到地球中心的距离(6378.2 千米)短 21.4 千米;赤道面不是地球的对称面,若与标准椭球体相比,北极凸出 14 米,南极凹进 24 米,南纬 45°附近有隆起,北纬 45°附近又有凹陷;而且地球表面凹凸不平,有巍峨的高山、起伏的丘陵、浩瀚的海洋,高低相差悬殊。尽管如此,从宏观上看,地球仍然是近似球形的球体。

二、地球的特征参数

我们知道,地球近似于一个赤道突出、两极扁平的椭球体,如果把地球扁平的程度称为扁率 f,扁率 f 的计算公式为: $f=\dfrac{a-b}{a}$。其中 a 为地球赤道半径,即椭球体半长轴,b 为地球的极半径,即半短轴。地球的扁率为 1/298.257 223 563。在太阳系的八大行星中,地球的扁率是相当小的。

地球其他重要的特征参数如下:

平均半径	6372.797 km	赤道表面重力加速度	9.7801 m/s^2(0.997 32 g)
赤道半径	6378.137 km	宇宙速度	11.1861 km/s(39 600 km/h)
两极半径	6356.755 km	恒星日	0.997 258 d(23.934 h)
表面积	510 067 866 km^2	赤道旋转速率	465.11 m/s
陆地面积	148 939 100 km^2(29.2%)	赤道角速度	15 度/小时
水域面积	361 126 400 km^2(70.8%)	平均表面温度	287 K(14℃)
体积	1.083 207 3×10^{22} km^3	最大表面温度	331 K(57.7℃)
质量	5.974 2×10^{24} kg	最小表面温度	184 K(−89.2℃)

角速度是作圆周运动的物体单位时间转过的角度。地球是固体球,因此,自转时球面上各点在单位时间内转过的角度相同,也就是角速度相同。线速度是单位时间转过的弧长。由于地球自赤道向两极的半径逐渐减小,因此纬度越高,自转半径越小,转过的弧长越小,也就是线速度越小。上述参数中,赤道旋转速率就是赤道线速度。比较特殊的是南、北极点这两个点,由于自转半径为零,角速度和线速度均为零。

在赤道的南北两边,画出许多和赤道平行的圆圈,就是"纬圈";构成这些圆圈的线段,叫做纬线。所谓纬度,是指某点与地球球心的连线和地球赤道面所成的线面角,其数值在 0～90 度。我们把赤道定为纬度 0 度,向南向北各为 90 度,在赤道以南的叫南纬,在赤道以北的叫北纬。北极就是北纬 90 度,南极就是南纬 90 度。

从北极点到南极点,可以画出许多南北方向的与地球赤道垂直的大圆圈,称作"经圈";构成这些圆圈的线段,称为经线。所谓经度,是指地球面上一点与两极的连线与 0 度经线所在平面的夹角。公元 1884 年,国际上规定以通过英国伦敦近郊的格林尼治天文台的经线作为计算经度的起点,即经度 0 度 0 分 0 秒,也称"本初子午线"。在它东面的为东经,共 180 度;在它西面的为西经,共 180 度。实际上,东经 180 度和西经 180 度的纬度是同一条经线。各国公定 180 度经线为"国际日期变更线"。

三、地形地貌

地貌即地球表面各种形态的总称,也可称为地形。陆地和海洋是现代地表的基本形态。

在总面积 $5.1×10^8$ 千米² 的地球表面,陆地面积为 $1.49×10^8$ 千米²,约占地表总面积的 29%;海洋面积为 $3.61×10^8$ 千米²,约占总面积的 71%。海陆面积之比为 2.5∶1。陆地和海洋不仅面积相差悬殊,在地球表面的分布也极不均匀。全球的海洋是相互贯通而连成一体的水体。陆地多集中于北半球,占全球陆地总面积的 67.5%,而南半球陆地面积仅占陆地总面积的 32.5%。

教材引出的话题

观察地形地图或地形地球仪,说一说哪里是海洋,哪里是陆地;哪里是高山,哪里是平原。

地球表面形态

地图的类型及识别

1. 陆地地貌

陆地表面高低相差悬殊,形态复杂多样。陆地的最高点是海拔 8844.43 米的珠穆朗玛峰,最低点是死海洼地,低于海平面 392 米,高低相差达到 9240 米。按照高程和起伏变化,陆地地貌可分为山地、高原、平原、丘陵和盆地五种主要类型(表 8-1-1)。

表 8-1-1　中国陆地的五种地貌类型

名称	举例(中国)	特征
高原	青藏高原、内蒙古高原、黄土高原、云贵高原	海拔在 1000 米以上;地势起伏不大,但是边缘陡峭;山峦起伏,凹凸不平
盆地	准噶尔盆地、塔里木盆地、柴达木盆地、四川盆地	四周高,中间低
平原	东北平原、华北平原、长江中下游平原成都平原、汾渭平原、珠江三角洲、台湾西部平原等	海拔在 200 米以下;表面宽广,地平;分布在大河两岸和濒临海洋
丘陵	东南丘陵、辽西丘陵、淮阳丘陵、江南丘陵、黄土丘陵	海拔在 200 米—500 米之间;坡度较缓;主要由低矮的山地组成
山地	我国的山地大多分布在西部,喜马拉雅山、昆仑山、唐古拉山、天山、阿尔泰山都是著名的大山	海拔在 500 米以上;起伏很大,坡度陡峻,沟谷幽深,一般多呈脉状分布

2. 海底地貌

在深不可测的海洋之下,海底的起伏程度不亚于陆地,而高低之差又大大超过陆地。海底地貌可分为大陆边缘、大洋盆地、大洋中脊三大单元。

大陆边缘是大陆与大洋连接的边缘地带,包括大陆架、大陆坡、大陆基、海沟。大陆架坡度小于 0.1°,地势平坦,是围绕大陆的浅水海底平原。一般水深 200 米以内。大陆架在各大洋的宽度不等,有些地区宽近 1000 米,有些地区则很狭窄甚至缺失。大陆坡是大陆架外缘陡倾部分,平均坡度 4.3°,最大坡度可达 20°。大陆基是大陆坡与大洋盆地之间较平坦的地区,坡度仅 1/700～1/100,一般为水深 2000～5000 米的地方,平均深度 3700 米。海沟位于大洋板块向大陆板块俯冲的地区,深度在 6000 米以下,是地壳剧烈变动的不稳定地区,有强烈的地震和火山活动。

大洋盆地是海洋的主体,约占海洋总面积的 45%,其主要部分是水深在 4000～5000 米的开阔水域,称深海盆地。深海盆地中最平坦的部分称为深海平原,是地球表面最平坦的地区。大洋盆地中还有一些较开阔的隆起区,称为海底高原(图 8-1-5)。

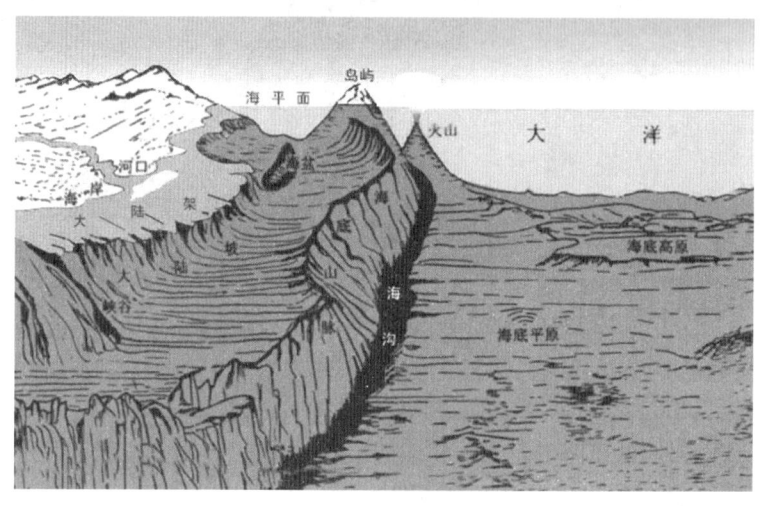

图 8-1-5 海底主要地貌示意图

大洋中脊是大洋底部绵延着数万千米的海底隆起。它突出海底的高度可达 1～3 千米,宽度在 1000 千米以上。洋中脊由火山岩组成,被一系列横向断裂错开。洋中脊的中央有明显裂缝,称为中央裂谷,深度可达 1000～2000 米。板块学说认为,中央裂谷是地幔物质上涌的通道,涌出地壳的熔岩冷却形成新的地壳。

四、地图与地球仪

地图和地球仪都是用来标识地球上事物的工具,历史上,地图的出现要比地球仪的出现早很多。现在人们能找到的最早的地图实物是刻在陶片上的古巴比伦地图,据考这是 4500 多年前的古巴比伦城及其周围环境的地图,而世界现存最早的地球仪是由德国航海家、地理学家贝海姆(Martin Behaim)于 1492 年发明制作的,它至今保存在纽伦堡博物馆里。

1. 地图

地图是根据一定的数学法则,使用地图语言,通过制图综合,表示地面上地理事物的空间分布、联系及其在时间中的变化和发展的图形。

地图的基本要素是比例尺(表示图上距离和实地距离缩小的程度)、图例(地图的语言,包括各种符号及其文字说明,地理名称和数字)、指向标(指示地图上的方向)。

地图的基本特性表现在以下几方面:

一是可量测性。地图是按严格的数学法则编制的,它具有地图投影、比例尺和定向等数学基础,从而可以在地图上量测位置、长度、面积、体积等数据,使地图具有可量测性。

二是直观性。地图符号系统称为地图的语言,它们是按照世界通用的法则设计的、与地面物体对应的经过抽象的符号和文字标记。地图由于使用了特殊的地图语言来表达事物,具有风景画和照片都无法比拟的直观性的优点。例如,有些事物的数量和质量特征不能在照片上确切显示,如水质、温度、深度、土壤性质、路面材料等,在地图上可以通过专门的符号和注记表达出来。又如,地面上一些被遮盖的物体,在像片上无法显示,在地图上则可以通过专门的符号显示出来,如隧道、地下管线、水下建筑物等都可以不受影响地显示出来。此外,许多无形的自然现象和社会现象,如行政区划界线、经纬线、磁力线、太阳辐射、居民地的人口数、工农业产值、利税等,在像片上都没有影像,在地图上却可以用符号表达出来。

三是一览性。制图综合是地图作者在缩小比例尺制图时的第二次抽象,用概括和选取的手段突出地理事物的规律性和重要目标,在扩大读者视野的同时,能使地理事物一览无遗。

地图按其内容可分为普通地图和专题地图两大类。

普通地图是以相对平衡的详细程度表示地球表面各种自然和人文现象中最基本的要素(如水系、地貌、土质植被、居民地、交通网、境界及其他人文标志)的地图。随着比例尺的缩小,其详细程度也不断缩减。普通地图按其表达形式和详细程度可分为地形图和普通地理图。地形图是尽可能详细表示基本地理要素的地图。普通地理图是较概略表示普通地理要素的地图。

专题地图是根据专业方面的需要着重表示一种或几种主题要素及其之间相互关系的地图。其中作为主题的要素表示得很详细,而其他要素则视主题的需要作为地理基础选绘。作为主题的专题内容,可以是普通地图上固有的要素,例如作为行政区划图主题的境界线和行政中心,作为地势图主题的地貌等;但更多的是普通地图上没有的,属于专业部门需要的内容,例如工业经济图上的企业生产能力和各种经济指标,地质图上的地层界线、岩性和岩相标志等。专题地图按内容可分为自然地图、人文地图及其他专题地图。自然地图是反映自然现象的地图,如地质图、地势图、地貌图、气象图、水文图、土壤图、植被图、动物地理图等;人文地图是表示制图区域内各种人文现象的地图,如政区地图、人口地图、经济地图、历史地图等;其他专题地图是指不能归属于上述类型的各种专题地图,例如,适用于特殊用途的航海图、航空图、城市地图、环境地图等,或者是内容包括自然要素和人文要素的综合性地图等。

2. 地球仪

地图按其外形特征可分为地球仪、立体地图和平面地图。可见,地球仪属于地图中的一种类型。早期地球仪的制作过程是这样的:先印刷出狭长的三角形图块,然后将这些图块剪下来,粘贴在木球上。

按用途分类,现代的地球仪有以下几种类型:①经纬网格地球仪,球面上只有经纬网格以及度数的注记,也称经纬仪;②政区地球仪,一种表示行政区划分的地球仪;③地形地球仪,一种表示地形的地球仪,球面可分为平面和立体隆起两种。分层设色地形地球仪球面光滑,在球面上用分层设色法表示地球上的陆地和海洋底部的地势,以及河流、湖泊等,并有世界各大地形区的名称注记;在海洋上用动线表示寒流和暖流的运动趋势。立体地形地球仪球面起伏不平,用更直观的方法反映地表的起伏,但使用时应注意垂直比例尺比水平比例尺夸大了,避免造成错觉。

在各种地图(包括地球仪)的制作中,常用到分层设色法。分层设色法是以一定的颜色变化次序或色调深浅来表示地貌的方法。首先将地貌按高度划分若干带;各带规定具体的色相和色调,称为"色层"。然后为划分的高度带选择相应的色系,称为"色层表",在地图上,按色层表给不同高度带以相应颜色。目前常用的色层表为绿褐色系,低地用绿色,丘陵用黄色,山地用褐色,雪山、冰川用白色或紫色,海洋用蓝色。目前,我国常用的地形图,陆地部分200米等高线以下填绘深绿色,200～500米等高线间填绘浅绿色。500～1000米之间填绘浅黄色,1000～2000米等高线间填深黄色,2000～3000米等高线间填浅赭色。海域部分采用浅蓝到深蓝,海水越深,色调越浓。

第二节　地球的圈层结构

地球圈层分为地球外圈和地球内圈两大部分。地球外圈可进一步划分为三个基本圈层,即水圈、生物圈、大气圈;地球内圈可进一步划分为三个基本圈层,即地壳、地幔和地核。由地壳及上地幔顶部固体岩石被称作岩石圈,岩石圈并不算在地球的圈层结构中。

一、地球外圈

地表以上为地球的外部圈层,包括环绕地球的由气体组成的大气圈,以各种形式的水组成的水圈和由有机体组成的活跃的生物圈。

1. 大气圈

大气圈的总质量约6000万亿吨,大气圈的厚度大约在1000千米以上,但没有明显的界限。大气圈从下至上包括:对流层、平流层、中间层、热层和外层(图8-2-1),它们各具不同的密度和温度特征。

对流层是大气圈的最底层,平均厚度在高纬度地区为8～9千米,中纬度地区为10～12千米,低纬度地区为17～18千米。夏季厚度大于冬季。对流层厚度不到整个大气圈的1%,但集中了大气质量的3/4,大气水汽的90%。对流层受地球表面的影响最大,层内对流旺盛,大气中的主要天气现象如云、雾、雨、雪、雹都形成在此层内。对流层的温度随高度的增加而降低,平均每上升100米,气温约下降0.65℃。由于对流层受地表影响最大,而地表有海陆分布、地形起伏等差异,因此,对流层中温度、湿度等水平分布是不均匀的。对流层对人类的影响最大,通常所说的大

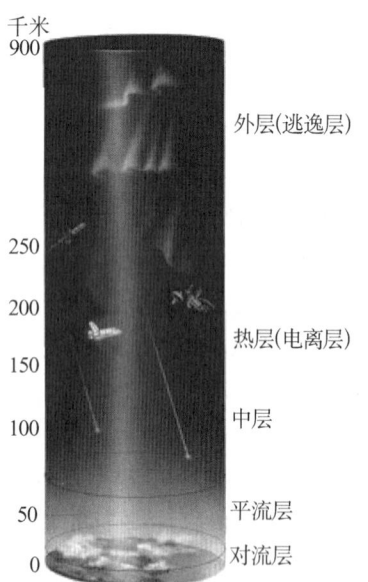

图8-2-1　大气圈的分层结构示意图

气污染就是对此层而言。

从对流层顶以上到大约50千米左右高度为平流层。平流层中气温随高度升高初时不变，随后反而升高，这主要是地面辐射减少，氧及臭氧对太阳辐射吸收加热的结果，这样的温度分布抑制了空气对流，因此平流层内的大气是平稳流动的。由于水汽和尘埃含量少，平流层没有对流层中那种剧烈的云雨天气现象。臭氧层是指平流层中臭氧浓度相对较高的部分，其主要作用是吸收短波紫外线。

中层（中间层）在平流层以上，距地球表面约50～85千米，这里的空气已经很稀薄。突出的特征是气温随高度增加而迅速降低，空气的垂直对流强烈。该层内水汽极少，几乎没有云层出现。

热层又称电离层，在中层以上，该层温度随高度增高而迅速升高。由于太阳辐射中波长小于0.17微米的紫外线几乎全被该层中的分子氧和原子氧吸收，并且吸收的能量大部分用于气层的增温，加之气层内分子稀少，热量无法通过热量传输的方法传递出去，因此热层温度达10 000K以上。热层大气密度很小，氧分子和部分氮分子在太阳紫外线辐射作用下分解电离为原子并处于高度电离状态，故又称电离层。电离层能反射无线电波，在无线电通讯中有重要意义。热层没有明显的顶部，通常认为温度从增温转为等温时为热层顶。在太阳活动宁静时，顶高约250千米，当太阳活动强烈时，顶高约500千米。

外层在热层之上，为大气圈向星际空间的过渡地带。这里大气极为稀薄，温度很少随高度而变化。由于地球引力很小，大气分子运动的平均自由度很大，使一些高速运动的大气质点不断向星际空间逃逸，故又称逃逸层。

在大气圈的不同高度，大气的化学成分也是有所区别的。在90千米高度以下，大气是均匀地混合的，组成大气的各种成分相对比例不随高度而变化，这一层叫做均质层。均质层中有地球生物赖以生存的干洁空气，即除固体杂质、水汽和大气污染物以外的纯净空气。在90千米高度以上，组成大气的各种成分的相对比例，是随高度的升高而发生变化的，比较轻的气体如氧原子、氦原子、氢原子等越来越多，大气就不再是均匀地混合了，因此，把这一层叫做非均质层。

2. 生物圈

生物圈是指地球表层生物有机体及其生存环境的总称。生物圈的上限一般为7000～8000米，甚至可达上万米的高空；其下限在大洋中的深度为10千米，在陆地上深度一般为百余米，但12千米的深层仍发现有生命存在。生物圈是一个与大气圈、水圈、岩石圈交织在一起的圈层，三圈中适于生物生存的范围就是生物圈。地球形成之初是一个没有生命的世界，原始的地壳、大气和水为生命的出现提供了先决条件。一般认为生物圈是从35亿年前生命起源后演化而来的。

3. 水圈

水圈是指连续包围地球表面的水层。地球有"水球"之称，地球上的总水量约1.36×10^9立方千米，以气态、液态和固态三种形式存在于空中、地表和地下，这些水不停地运动着和相互联系着，以水循环的方式共同构成水圈。

需要指出的是，大气圈、水圈、生物圈和岩石圈在空间上很难截然分开，在物质交换、能量传递以及发生发展过程方面，更是紧密地联系在一起，相互渗透、相互依存，构建起地球表层的综合系统。

二、地球内圈

当前主要是借助地震波在地球内部的传播情况间接地了解地球深处。地震波是地震发生时由震源传出的一种弹性波,其传播速度在不同密度的岩石中是不同的。地震波的纵波可以通过固态及液态的物质,而横波只能通过固态物质。对地震波观测记录的分析表明,地震波在地球内传播时,波速一般随深度增加而增大,说明地球内部物质的密度是随深度而变化的。地球物理学家研究了大量地震波传播方向和速度的数据,发现纵波变化比较大,而且在地球各处的大致相同的深度上,变化相似且明显,于是推测地球内部物质呈同心圈层结构。另外,在某些深度上,存在着几个波速发生突变的不连续面,最主要的不连续面有莫霍界面、古登堡界面,根据这两方面的数据资料,地球内部可以划分为三个重要的圈层,即地壳、地幔、地核(图8-2-2)。

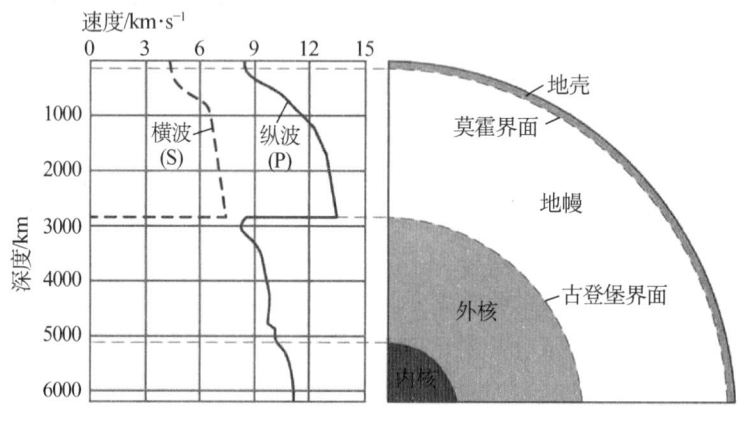

图8-2-2 根据地震波波速变化推断的地球内部圈层

1. 地壳

地壳在地表至莫霍界面之间,直接与外部圈层接触。地壳的厚度变化很大。大洋地壳比较薄,平均约6千米。大陆地壳较厚,平均35千米,但是变化很大,我国青藏高原的地壳厚度达65千米以上。整个地壳的平均厚度约16千米,只有地球半径的1/400,体积只有地球体积的0.3%。地壳中有一个次级界面叫康拉德界面,把地壳分为上、下两层。上层是花岗岩类岩石,主要成分是硅和铝,称硅铝层,硅铝层并不连续,只有大陆才有,大洋底缺失;下层是玄武岩类岩石,基本上连续分布,主要成分是硅、铁、镁、铝,称硅镁层。

2. 地幔

地幔介于莫霍界面和古登堡界面之间,一般指地表以下35千米与2900千米之间的部分。其质量约占地球总质量的67%,体积约占地球总体积的82%。由于这一层也能传播横波,所以仍然是固态。根据地震波速度变化情况,以地下980千米激增带为界面,又把地幔分为上、下两层。上地幔温度为1200～1500℃,压力为50万个大气压,平均密度为3.8克/厘米^3。下地幔温度为1500～2000℃,压力为150万个大气压,平均密度为5.6克/厘米^3。在地下60～250千米之间,温度增高,岩石虽未熔化但已呈熔融状态,塑性和活动性增强,所以这里称作软流圈。一般认为可能是岩浆的源地,并与地表的许多活动有密切关系,造成地幔对流、海底扩张和板块构造,在地表出现火山和地震现象,形成有用矿藏。软流圈以上的上地幔部分和固体地壳合称岩石圈。

3. 地核

一般指离地表 2900 千米以下部分。地核的物质成分主要是铁和镍。地核物质的平均密度大约为 10.7 克/厘米^3,温度高达 6680℃。地核的质量占整个地球质量的 31.5%,体积占整个地球体积的 16.2%。根据地震波的变化情况,科学家发现地核有外核、内核之别。内、外核的分界面,大约在离地表 5155 千米处。因地震波的横波不能穿过外核,所以推测外核是液体,内核为固态物质。一般认为,由于外核流体的运动,根据磁流体力学的规律而形成地球磁场。

三、地球圈层的形成和演化

根据太阳系起源的现代星云说,地球是在大约 46 亿年前,由原始的太阳系星云物质经分馏、坍缩、凝聚而形成。科学家推测,刚从太阳星云中分化出来的原始地球主要由碳、氧、硅、铁、镍等元素组成。地球诞生后的最初阶段各种物质混杂在一起,没有明显的分层现象。地球圈层的分化过程与整个地球的温度变化过程有密切的关系。

1. 内部圈层的形成和演化

在原始地球形成后大约 10 亿年里,地球内部由放射性元素逐渐蜕变而放出巨大能量,加热作用使地球内部温度逐渐升高,地内物质也就越来越具有可塑性甚至处于熔融状态,在地球重力作用下不可避免地发生圈层分化。当地内物质可塑性达到一定程度时,较重物质就缓慢地下沉,同时较轻物质就缓慢地上升。这就开始了地球的圈层分化。

地球的圈层分化时首先发生的是硅酸盐和铁镍的分化。硅酸盐的熔点较高而密度较低,因此当地内温度上升到足以使铁镍熔化的时候,硅酸盐仍然处于固体状态。处于熔化状态的铁镍物质就渗过硅酸盐物质,流向地内深处形成原始地核。同时地内深处的硅酸盐物质浮到地球上部而成为原始地幔。接着发生的是原始地幔的分化,形成地壳和地幔,地壳是以硅铝和硅镁为主的硅酸盐物质,地幔则是以超铁镁物质为主的硅酸盐物质。这样在地球重力作用下,地球内部按化学组成的不同而分化成了地核、地幔和地壳。以后在每一个内部圈层内进一步分化,地核分化成外核和内核;地幔分化成上地幔和下地幔;地壳分化成硅铝层和硅镁层。地球表面物质由于放热冷却而固结成岩,出现一层硬壳而形成固体地壳。

2. 大气圈的形成和演化

地球形成的早期曾经存在一个原始大气圈,其成分与宇宙中的其他天体一样,以氢、氦为主。由于氢、氦气体容易向外层空间逃逸,在太阳风的作用下很快就消失了。但随着地球质量的不断增大,地球引力不断增长,通过吸积作用拥有气体,形成了地球的原始大气,即第一代大气。

地球早期的陨石冲击事件使地球表面的温度不断增加,大部分的岩石和外来的陨石都处于熔融状态,岩石中的挥发组分从岩石中分离出来,这是地球的第二代大气。此时的大气为还原大气,主要成分是二氧化碳、一氧化碳、甲烷和氨,并没有多少氧气。

还原大气富含二氧化碳而无氧,现代大气则富氧而二氧化碳含量低。大气中氧含量的增长是近30多亿年来植物光合作用的结果。地球大气由还原大气到氧化大气的关键事件,是地球在距今30亿年前出现了最古老的生物——蓝细菌,这是一类光合自养菌,通过光合作用合成自身需要的有机物同时释放氧气。距今6亿年前,绿色植物开始在海洋中占优势,4亿年前,绿色植物开始在陆地上出现。在还原大气的氧化过程中,一氧化碳逐渐转化为二氧化碳;甲烷逐渐成为二氧化碳和水;氨逐渐转化为水和氮。由此二氧化碳成为大气主要成分,但这种大气还不是氧化大气。绿色植物的光合作用持续进行,二氧化碳浓度日益减少,游离氧逐渐增多,最后以氮、氧为主要成分的氧化大气形成,这就是现代大气,即第三代大气。

3. 水圈的形成和演化

原始的地球形成后,地球表面无水,在分异过程中氢和氧结合形成的水,潜藏于一些地球内部矿物中以结晶水的形式存在。当原始地球变热并部分熔融时,水释放出来并随火山活动中的熔岩运移到地表,大部分以蒸发气体状态逸散,然后以雨滴的形式降落地面,并逐渐地形成海洋,出现了原始水圈。这一过程大致需要8亿年时间。

由于海底火山把大量盐分从地下带给海水,原始海水有一定的盐度,并随着含有一定盐分的河水不断注入盐度不断增加。水是生命过程的重要介质,水圈的形成和发展对地球上的生物来说是极其重要的。

4. 生物圈的形成和演化

生物圈出现得最晚。大约35亿年前,原始生物在海洋中出现了。大约在距今4亿多年前,海洋生物开始了"登陆"这一里程碑式的旅程。此时空气中的游离氧已相当丰富,在大气圈中形成了初步的稀薄的臭氧层,虽然还很稀薄,然而它环布在地球的周围,减弱了太阳光中过分强烈的紫外线的照射,使植物和动物登陆后的生存有了基本的保障。以维管植物为先导,陆生动物随之出现,生物开始了陆地生态系统的建立,地球表面各个部分被生物覆盖,全球性的生物圈形成。

第三节 岩石与土壤

岩石圈包括地壳和上地幔的上部。岩石圈厚度不均,从地表往下厚约60～120千米。大洋部分在洋中脊的最新部分只有6～8千米,在最老部分则有100千米;大陆岩石圈厚一些,大都在100～400千米之间。土壤在地球表面所构成的覆盖层可称为土壤圈或土被层,它处于大气圈、水圈、岩石圈和生物圈的交接地带,是生物有机体和无机环境之间强烈的相互作用面,表现为它与其他圈层间进行着不断的物质与能量交换。

一、岩石圈的物质组成

岩石是矿物(有些是火山碎屑或生物遗迹)的自然集合体,最常见的造岩矿物有石英、长石、云母、橄榄石、辉石、角闪石、方解石等。按岩石的成因,岩石可分为三大类:岩浆岩、沉积岩和变质岩。

1. 岩浆岩

岩浆岩又称火成岩,是由岩浆喷出地表或侵入地壳冷却凝固所形成的岩石。岩浆岩约占地壳总体积的65%,易出现于板块交界地带的火山区。

当岩浆侵入地壳,在地壳中慢慢冷却,有足够的时间在冷却之前形成晶体,称为侵入岩,花岗岩是最常见的侵入岩,橄榄岩也是侵入岩。还有一类情况是岩浆快速上升,直到喷出地表,接触到大气或海水时冷却形成岩石,称为喷出岩,如玄武岩、安山岩。一般地说,侵入岩其岩浆侵入到地壳中,可以在一定条件下慢慢结晶,矿物质颗粒较大,用肉眼能直接看到;喷出岩其岩浆在地表迅速冷却,颗粒很小,有时肉眼是无法直接看到的(图8-3-1)。

花岗岩　　　　　　　　　橄榄岩

玄武岩　　　　　　　　　安山岩

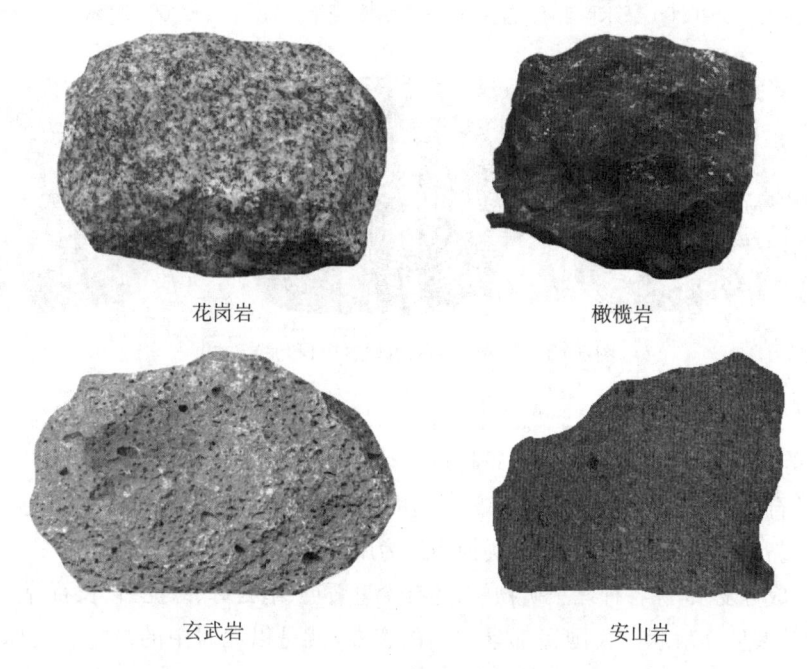

图8-3-1　常见的岩浆岩

花岗岩的主要矿物成分是石英、长石和云母,常见为浅灰色和肉红色,矿物颗粒往往较粗。很多金属矿产,如钨、锡、铅、锌、汞、金等,稀土元素及放射性元素与花岗岩类有密切关系。花岗岩既美观抗压强度又高,是优质建筑材料。

橄榄岩的主要矿物成分为橄榄石及辉石,深绿色或绿黑色。橄榄岩是铂、铬矿的唯一母岩(在成矿过程中供给成矿物质或与成矿作用直接有关的岩石)。镍、金刚石、石棉、菱铁矿、滑石等也与这类岩石有关。

玄武岩的矿物成分以斜长石、辉石为主,黑色或灰黑色。铜、钴等有用矿产常产于玄武岩气孔中。玄武岩本身可用作优良耐磨耐酸的铸石原料。大洋底部几乎全部由玄武岩构成,部分陆地也覆盖有玄武岩。

安山岩分布很广,仅次于玄武岩,主要矿物成分是斜长石、角闪石和少量的辉石等。新鲜时呈灰黑、灰绿或棕色。与安山岩有关的矿产主要是铜,其次是金、铅、锌等。

2. 沉积岩

沉积岩又称为水成岩,主要有石灰岩、砂岩、页岩、生物沉积岩等,是由风化的碎屑物和溶解的物质经过搬运作用、沉积作用和成岩作用而形成的。在地表,有70%的岩石是沉积岩,但如果从地球表面到16公里深的整个岩石圈算,沉积岩只占5%。大洋底部几乎全部为沉积岩或沉积物所覆盖。沉积岩中所含有的矿产,占全部世界矿产蕴藏量的80%。

沉积岩根据物质来源、沉积物搬运和沉积作用方式可以分为陆源碎屑岩和化学、生物化学沉积岩两大类。

陆源碎屑岩指的是沉积物来自大地物理侵蚀作用,经流水、风、冰川、泥石流、重力流等搬运到沉积盆地沉积而成的岩石。沉积过程受物理的或机械的因素控制,如流体性质、运动状态及其强度等。碎屑岩占沉积岩总量的3/4以上。陆源碎屑岩根据其颗粒的大小,分为砾岩（>2毫米）、砂岩（2~0.05毫米）、粉砂岩（0.05~0.005毫米）、泥岩（<0.005毫米）(图8-3-2)。

图8-3-2 砾岩(左)、砂岩(中)和泥岩(右)

砾岩是由30%以上直径大于2毫米的颗粒碎屑组成的岩石。砾岩的填隙物中常含金、铂、金刚石等贵重矿产,砾岩还可作建筑材料。

砂岩是石英、长石等碎屑成分占50%以上的沉积岩,结构稳定,通常呈淡褐色或红色,主要含硅、钙、黏土和氧化铁。砂岩是人类使用最为广泛的石材。

泥岩的成分复杂,除各种黏土矿物外,还有少量石英、绢云母、绿泥石、长石等。泥岩结构疏松,风化后多呈碎块状。我国瓷都景德镇的瓷器,就是以泥岩中的高岭石为原料烧制而成的。

化学、生物化学沉积岩是由于母岩遭受强烈化学分解作用之后,其中某些风化产物形成水溶液(真溶液或胶体溶液)被搬运到水盆地中,通过蒸发作用、化学反应和在生物的直接或间接作用下沉淀而成的。这类沉积岩中包括许多有经济价值的矿产,如石灰岩、白云岩、铁质岩、锰质岩、铝质岩、磷块岩等。有机质岩石如煤、油页岩、石油、天然气以及沥青质岩等也属于沉积岩,是通过生物和生物化学作用形成的。

石灰岩简称灰岩,其主要化学成分是$CaCO_3$,有灰、灰白、灰黑、黄、浅红、褐红等色,硬度一般不大,与稀盐酸反应剧烈(图8-3-3)。在石灰岩地区多形成石林和溶洞,称为喀斯特地貌。中国喀斯特地貌分布之广泛,类型之多,为世界所罕见,主要集中在云贵高原和四川西南部。石灰岩是烧制水泥和石灰的重要原料,被溶蚀而形成多孔的石灰岩称太湖石,是园林中堆叠假山的上佳石材。今天我们如果在陆地上发现大量厚层石灰岩,甚至间杂有海相生物化石,则可断定地质历史时期,此地曾为海洋,因地壳隆起,海洋退出,才演化成为了陆地。

图8-3-3 石灰岩

3. 变质岩

在地壳中早先形成的岩浆岩、沉积岩，在地质作用下受到高温、高压，其矿物成分和岩石结构发生变质作用，形成变质岩。例如，岩浆侵入石灰岩，极高的温度使石灰岩中的基本矿物——方解石再次结晶，最终形成大理岩。与原有岩石相比，变质岩岩性致密，密度较大，颗粒定向排列，具有片理构造，有的能剥成薄片、薄板。常见的变质岩有板岩、片岩、片麻岩、麻粒岩、大理岩、角岩等。

大理岩是由石灰石经重结晶作用变质而成的，是高级的建筑石材，或成为高级家具的装饰性镶嵌材料（图8-3-4）。洁白的细粒状的大理石，俗称汉白玉，也是工艺雕刻材料或富丽堂皇的建筑材料。

沉积岩和岩浆岩可以通过变质作用成为变质岩。在地球表面，岩浆岩、变质岩又可以通过风化——搬运——沉积转变成沉积岩；变质岩、沉积岩进入地下深处，在一定的温度压力条件下熔融成岩浆，再经历冷却结晶作用又可生成岩浆岩。因此，在地壳——地幔范围内，三类岩石处于不断循环演化过程中。

图8-3-4 大理岩

资料

沉积岩是化石分布最多的一类岩石，沉积岩往往是在水中形成，生物的生活、生长都离不开有水的环境，所以沉积岩中埋藏化石的机会也就比较多了。岩浆岩层里基本上是没有化石的，但在古代火山喷发区，火山灰降落到盆地湖泊中形成的所谓沉积凝灰岩层中则经常能遇到保存良好的大量化石，这是远古火山喷发时，大量的火山灰持续不断地降落到湖泊、河流、地面，顷刻之间埋葬了一切生物。有时，变质岩中也可能发现化石，这是因为有些变质岩的原来岩石就是含有化石的沉积岩，如果当时并未遭到强烈的变质作用（主要是高温、高压），化石的形态和结构没有完全破坏，或多或少还能见到其形迹。

二、常见的矿物

地壳中各种元素多数组成化合物，并以矿物的形式出现。矿物多数是在地球物理化学条件下形成的无机晶质固体，也有少数呈非晶质和胶体。

迄今发现的矿物种数已达3000余种。常见的造岩矿物只有十余种，如石英、正长石、斜长石、黑云母、白云母、角闪石、辉石、橄榄石等，其余属非造岩矿物。

为了便于系统地全面地研究矿物，人们对矿物进行了分类和命名。分类的方法有多种，比如工业分类、成因分类、晶体化学分类。晶体化学分类是根据矿物的化学成分和晶体的结构来分的，这种分类方法把矿物分为五类：自然元素类、硫化物类、氧的化合物类、卤化物类、含氧盐类。

教材研读

岩石和矿物有什么区别？

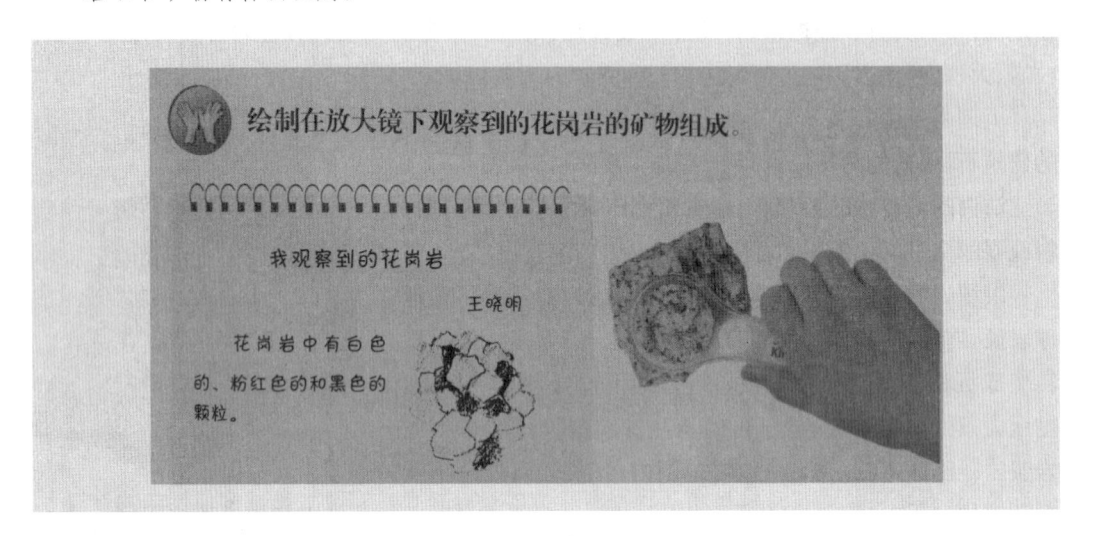

自然元素类的矿物有 90 多种。如金、银、铂、硫（硫黄）、金刚石、石墨。

硫化物类矿物，目前已知 300 多种。如黄铜矿（$CuFeS_2$）、雄黄（AsS）、雌黄（As_2S_3）、黄铁矿（FeS_2）、方铅矿（PbS）。

氧的化合物类矿物约 200 种。如石英（SiO_2）、刚玉（Al_2O_3）、软锰矿（MnO_2）、赤铁矿（Fe_2O_3）、蛋白石（$SiO_2 \cdot nH_2O$）、磁铁矿（$FeFe_2O_4$）、褐铁矿。石英是地壳上分布最广的矿物。纯净的石英无色透明，称为水晶。含铁或锑呈紫色的水晶，称为紫水晶；含锑或锰呈浅红色的水晶，称为蔷薇石英；颜色呈烟褐色的水晶，称为烟水晶；含有机质呈墨黑色的水晶，称为墨晶……玉髓也是石英，具有不同颜色而呈带状分布的玉髓称为玛瑙。刚玉常呈蓝灰、黄灰色，由于含杂质不同可呈现各种颜色。少数刚玉可做宝石。如含铬（Cr）呈红色的刚玉称红宝石；含钛（Ti）呈蓝色的刚玉称蓝宝石……有变彩现象的蛋白石，称为贵蛋白石。贵蛋白石可以用做贵重工艺雕刻材料。

卤化物类矿物约 120 种。如萤石（CaF_2）（又称氟石）、钾盐（KCl）。

含氧盐类矿物，是地壳中分布最广和最常见的矿物，约占已知矿物总数的三分之二。含氧盐类矿物又可以分为硅酸盐类、硼酸盐类、硫酸盐类、钨酸盐类、磷酸盐类等。

硅酸盐类矿物，如云母、石棉、长石、电气石、透闪石、叶腊石 $Al_2(Si_4O_{10})(OH)_2$、翡翠 $NaAl(Si_2O_6)$、橄榄石 $(Mg,Fe)_2(SiO_4)$、高岭石 $Al_4(Si_4O_{10})(OH)_8$、滑石 $Mg_3(Si_4O_{10})(OH)_2$、石榴石 $A_3B_2(SiO_4)_3$、绿柱石 $Be_3Al_2(Si_6O_{18})$。高岭石色白（因含杂质而有浅黄、浅灰、浅红、浅绿等）、土状、硬度低，是最常见的黏土矿物之一，是黏土质沉积物的主要矿物成分，许多硅酸盐类矿物（长石、霞石）都能风化形成高岭石。干燥时吸水，舌触之粘舌，掺水后具可塑性，主要用做陶瓷原料。

硫酸盐类矿物，如明矾石 $KAl_3(SO_4)_2(OH)_6$、石膏 $Ca(SO_4) \cdot 2H_2O$、硬石膏 $Ca(SO_4)$。石膏、硬石膏呈无色或白色，硬度低，用于水泥、造型和造纸业等。

碳酸盐类矿物,如方解石 $Ca(CO_3)$、孔雀石 $Cu_2(CO_3)(OH)_2$。方解石是烧制石灰和制造水泥的原料,石灰岩和大理岩主要由方解石组成,冰洲石是无色透明纯净的方解石。

资料

矿物在外力作用(如打击、挤压)下,沿着一定的结晶方向裂成光滑平面的性质,称为解理。所裂成的光滑平面叫做解理面。对矿物晶体而言,解理面由外往里可形成许多互相平行的平面,且平滑而光亮。矿物解理的形成与晶体内部结构密切相关。解理总是沿着晶体结构中联结力最弱或较弱的面网之间发生。解理可以用来区别不同的矿物质,不同的晶质矿物,解理的数目,解理的完善程度和解理的夹角都不同。利用这一特性可以在样品中和显微镜下区别不同的矿物质。

三、土壤

在现代科学意义上,土壤通常是指位于陆地表层和浅水域底部、由有机物质和无机物质组成的、具有一定肥力而能够生长植物的疏松层,其厚度一般为1~2米以内。

1. 土壤的组成

矿物质是土壤中最基本的组分,重量占土壤固体物质总重量的90%以上。地球上大多数土壤矿物质都来自各种岩石,这些矿物经物理和化学风化作用从母岩中释放出来时,就成为土壤矿物质和植物养分的主要来源。土壤中的矿物质包括两种,一种是原生矿物,指在物理风化过程中产生的未改变化学成分和结晶构造的造岩矿物,属于土壤矿物质的粗质部分,形成砂粒(直径在2.0~0.05毫米之间)和粉砂(直径在0.05~0.002毫米之间),只有通过化学风化分解后,才能释放并供给植物生长所需的养分。原生矿物是土壤中各种化学元素的最初来源。另一种是次生矿物,指岩石在风化过程中新生成的土壤矿物,包括简单盐类,铁、铝氧化物和次生铝硅酸盐,其中铁、铝氧化物和次生铝硅酸盐是土壤矿物质中最细小的部分,常称为黏土矿物,它们形成的黏粒(直径小于0.002毫米)具有吸附、保存离子态养分的能力,使土壤具有一定的保肥性。

土壤中的有机部分指来源于生物体的土壤物质。有机质按重量计算只占土壤固体总重量的5%左右。土壤中充满了从微小的单细胞有机体到大的掘土动物,说明土壤是一种具有活性的物质,例如在每立方厘米耕作层中细菌的数量可达 10^9 个以上,而在每立方厘米的森林土壤中,螨虫的数量亦可达到 10^4 个。土壤有机部分主要可以分为两类:原始组织及其部分分解的有机质和腐殖质。原始组织包括高等植物未分解的根、茎、叶;动物向土壤提供的排泄物和死亡之后的尸体等。有机组织经由微生物合成的新化合物,或者由原始植物组织变化而成的比较稳定的分解产物便是腐殖质,约占土壤有机部分总量的85~90%。腐殖质是一种复杂化合物的混合物,通常呈黑色或棕色,性质上为胶состо状,它具有比土壤无机组成中黏粒更强的吸持水分和养分离子的能力,因此,少量的腐殖质就能显著提高土壤的生产力。

此外,土壤的组成还包括水分和空气。疏松的土壤微粒组合起来,形成充满间隙的土壤的形式,这些孔隙中含有溶液和空气。

2. 土壤的分类

按土壤质地分类,土壤可以分为砂质土、黏质土、壤土。砂质土,含沙量多、颗粒粗糙、渗水速度快、保水性能差、通气性能好;黏质土,含沙量少、颗粒细腻、渗水速度慢、保水性能好、通气性能差;壤土,含沙量一般、颗粒一般、渗水速度一般、保水性能一般、通气性能一般。砂质土宜种生育期短,耐贫瘠,要求土壤疏松,排水良好的作物,如棉花、花生、芝麻、西瓜、果树、薯类等作物。壤土耕性和肥力较好,通气透水,供肥保肥能力适中,耐旱耐涝,宜种各种作物。黏质土,宜种生育期长、需肥量大的作物,如小麦、高粱、玉米、豆类等。

3. 土壤的形成

岩石的风化过程和风化产物的淋溶过程形成了疏松多孔的成土母质,为植物生长提供了基础。风化过程在土壤形成中的作用主要表现为原生矿物的分解和次生黏土矿物的合成,前者使矿物分解为较简单的组分,并产生可溶性物质,释放出养分元素,为绿色植物的出现准备了条件;后者使风化壳中增加了活跃的新组分,从而具有一定的养分和水分的吸收保蓄能力,为土壤的形成奠定了无机物质的基础。

最初生长在母质上的是对肥力要求不高的低等生物。例如自养型细菌,它们利用大气中的二氧化碳为碳素营养来源,从母质中吸取数量不多的磷、钾、钙、硫等元素,通过氧化母质的无机物取得合成有机质的能量而生长繁殖,经过漫长岁月的富集,使母质上积累了有机质和养分元素,特别是固氮细菌的发育,使土壤中氮素进一步积累,肥力水平继续提高,生物群落也相应地交替和发展,随后出现的是地衣、苔藓,直到高等绿色植物出现,大大促进了土壤的形成。它们具有强大的根系(特别是木本植物),能把深层分散的养分吸收进植物体,植物死亡后以有机残体状态积累在土壤表层,在微生物作用下,一部分进行分解,供植物生长繁衍再利用,另一部分有机质转化为特殊的腐殖质。腐殖质比较稳定,使土壤保留了植物所需的营养元素。可见,生物作用根本地改变了母质的面貌,使母质转化成土壤,并促进土壤从简单到复杂、由低级到高级不停地运动和向前发展着。

第四节 水 和 空 气

大气圈和水圈是构成地球圈层的一部分,没有水和大气,就没有地球上的生物,就没有人类。

一、地球上的水

水是地球不同于其他行星的主要特征之一,既是地球表面分布最广和最重要的物质,也是参与地表物质交换和能量转换的重要因素。

1. 水的物理性质

水由氢、氧两种元素组成。常温常压下纯净的水是无色、无味、无臭的透明液体。

在一个大气压(10^5 帕)下,0℃为水的冰点,100℃为水的沸点。水在0~100℃之间为液体,在100℃以上为气体。

绝大部分液体的密度是随温度的升高而减小的,但水的密度有些反常。在一个大气压下,水的密度在4℃时最大,为 1 克/厘米^3,在 0℃时水的密度为 0.999 87 克/厘米^3。此外,水的密度异常还表现为0℃的冰密度比0℃液态水的密度小约10%,为0.915克/厘米^3。

在所有的液体中,水的比热容最大,为4.18焦耳/克·摄氏度。因此,当水受热时,其温度不易升高;当水失热时,其温度也不易降低。这一热力性质在减小地球表面气温的日变化和季节变化,尤其是海洋温度的日变化和季节变化更为明显,对维持地球气候的稳定性具有非常重要的意义。

表面张力发生在液体和气体接触时的边界部分,促使液体表面层具有收缩的趋势,由于表面张力的作用,液体表面总是趋向于尽可能缩小。水的表面张力特别大,而其他液体,除水银外,在常温下表面张力都是比较小的。

此外,水对一般固体(石蜡除外)的附着力大于内聚力,故水能够很容易地湿润固体,如降水时,水很容易湿润植被、土壤等。

2. 地球上水的分布

地球上的水体,从形态上分,可分为固态水、液态水、气态水。从空间分布看,可分为海洋水、陆地水、大气水。陆地水又分为河水、湖水、沼泽水、冰川、地下水、土壤水,以及生物水等。从水的性质看,可分为咸水与淡水。各种水体的数量相差悬殊,海洋水占地球总储水量的86.53%,陆地水只占近3.5%,咸水量多,淡水量少(只占地球水总储量的2.53%)。

(1) 陆地水

陆地水以淡水为主,包括河流、湖泊、沼泽、冰川及地下水和土壤水,是地球的自然地理要素的重要组成部分。陆地水与海洋水相比数量很小,但这些水体分布在不同地区,经常运动变化着,对地表形态的形成和改造,对气候、植被等其他自然要素产生作用,并且是人类可以直接利用的不可缺少的资源。

降水或泉水,汇集于地表面,在重力作用下,连续地或周期性地沿河床向低处流动,这就是河流。河水的补给来自天上或地下,来自天上的包括大气降水、冰雪融化以及湖泊沼泽等地表水,来自地下的有泉水以及沿河岸地下水的补给。随气候条件变化,河流大多是一年内水情呈现周期性变化,如汛期、平水期、枯水期、冰冻期。我国大多数河流的汛期是夏季集中降雨造成的。另外,北方的河流,因春季积雪融化,形成河流高水位,叫做春汛。

湖泊是地面上有静止或弱流动水补充,而且不与海洋有直接连接的水域。必须有湖盆,并且长期蓄水才能形成湖泊。世界各大陆都有湖泊分布,占大陆总面积的2%。湖水的主要来源为大气降水、地表水和地下水。湖水收支的季节差异,使湖水位发生相应的季节升降。融雪补给的湖,春季出现最高水位;冰川补给的湖,夏季出现最高水位;雨水补给的湖,雨季出现最高水位。

全球的冰雪覆盖主要包括南极冰盖、北极海冰及格陵兰冰盖,还有一部分高山顶上的山地冰川。冰雪覆盖是全球水量平衡的一个重要组成部分,冰量变化会极大地影响海平面升降。冰雪覆盖对气候的影响,主要在于反射强烈,收入辐射减少,导致温度降低。近代冰川最强大的年代在19世纪,以后便急剧后退,现在仍处于后退阶段,这一趋势与全球气温升高的趋势相符。

地下水是指埋藏在地面以下土壤和岩石空隙中的水。地下水主要来自大气降水和地表水。地下水运动的突出特征是速度缓慢。在通透性好的松散堆积层,地下水渗透速度也不超过每小时数十厘米到数十米,大部分含水层的地下水运动是每天数厘米,但在岩溶洞管中地下水径流比较快。

(2) 海水

地球表面广阔连续的水域统称为海洋,主要部分为大洋,边缘或多或少被陆地环绕的部分称为海。

海水是名符其实的液体矿藏,平均每立方千米的海水中有3570万吨的矿物质,世界上已知的100多种元素中,80%可以在海水中找到。海水盐类物质中氯化钠(味咸)约占70%,氯化镁(味苦)约占14%。海水盐度是指海水中全部溶解的固体与海水重量之比,通常以每千克海水中所含固体物质的克数表示。大洋的盐度一般为33~37‰。海水盐度因海域所处的位置不同而有差异。它主要受以下因素影响:江河径流的加入,降水与蒸发的强弱,冰的形成与融化,混合过程等。一般来说,盐度随纬度的分布呈马鞍型,赤道附近盐度较低,副热带海区盐度最高,然后又随纬度的增加而降低。

海水的颜色,由海水对太阳光线的吸收和反射状况决定。太阳光线中的红光、橙光、紫光射入海水后,在水深20米内即被吸收,绿光、黄光、蓝光射入得更深一些,极少量蓝光能够射入1000米以上。射入海水中的光线除被吸收外,还要受到海水中悬浮微粒和水分子的散射,最后只剩下蓝光,所以海水呈现蓝色。海水中的浮游生物也吸收和反射太阳光,因此生物丰富的海水和没有生物的海水颜色不同。沿岸海水因盐度较小,泥沙较多,生物丰富,海水多呈绿、黄和棕色。

海水温度在垂直方向上和大气一样,也具有一种层状结构。在低纬度地区的全年和中纬度地区的夏季产生一层暖表层。这一层由于风和波浪的扰动,对流旺盛,温度垂直方向很均匀,垂直温度梯度几乎为零,又称为表层扰动层,其厚度在赤道带的海洋中可达500米,水温约为20~25℃。在暖表层之下温度迅速下降,形成第二个层次,称作温跃层,温度的垂直梯度很大。温跃层之下是水很冷的第三层,伸展到很深的洋底,又称平流层,水的温度范围为0~5℃,温度的水平和垂直差异很小。在高纬度海区,只存在单一的冷水层,上、下水层温度十分均匀。海水表层温度是控制各种海洋生物种类和丰度的首要环境要素,大量的海洋生物是在上部的暖表层中繁殖的。

纯水密度在温度4℃时最大,海水最大密度的温度则随盐度增加而降低。结冰温度也随盐度增加而降低,但比较缓和。海水冰点低于淡水,结冰过程较淡水复杂。以盐度为35‰的海水为例,因最大密度值的温度在结冰温度以下,愈冷则水愈重便产生对流运动,只有上下层海水都降到冰点以后,再继续冷却,海面才能结冰,因而使海水结冰过程慢于淡水。海水结冰一般需要极低的气温及较长的时间,只有在高纬度海区才能满足这样的条件。在持续降温的条件下,海冰首先在浅水区(海岸附近)和盐度低的海区形成。我国的渤海湾在冬季有时会出现结冰现象,世界上的海冰主要分布在南、北极圈附近。

海水每时每刻都处于运动之中,有水平方向的运动,也有垂直方向的运动。海水朝一定方向较大规模地有规律地水平运动成为洋流或海流。洋流对海洋生物、地球气候有巨大影响。按其成因可分成4种:风海流,指作用水面的风由于摩擦拖曳力使水表面发生的运动;密度流,由于海水密度不均匀分布引起的海水流动;补偿流,即海水为不可压缩的连续介质,当一个地方海水流走后,其他海域的海水便会来补充而产生的流动;潮流是指在天体引潮力作用下,海水在水平方向上发生的周期性海流。其中风海流和密度流规模最大。洋流是地球表面环境的重要调节器。就全球范围而言,巨大的洋流系统帮助了高低纬度间的热量交换,同时在维持全球热量平衡上也起着非常重要的作用。

3. 地球上的水循环和水量平衡

海洋、陆地水和大气的水随时随地都通过相变和运动进行着大规模的交换,这种交换过程称为地球水循环。在太阳辐射的作用下,地球上的水体、土壤和生物体内的水分通过蒸发和蒸腾作用进入大气,通过气流被输送到其他地方。在一定条件下,水汽遇冷凝结成云致雨,又回到地面。在重力作用下,降落到地面的水经流动汇集到江河湖海。在运动过程中,水又重新发生蒸发、输送、凝结、降水和径流等变化。所谓径流是指降雨及冰雪融水在重力作用下沿地表或地下流动形成的水流。地下水也可通过各种途径参加水循环,大气降水到达地面以后,其中一部分补给地下水,而地下水又可以涌出地表成为河流及湖泊的补给水,再经蒸发进入大气(图8-4-1)。

图8-4-1 水循环示意图

在全球水量平衡中,海陆年降水量之和等于海陆年蒸发量之和,均为 577 000 千米^3,说明全球水量保持平衡,基本上长期不变。海洋蒸发量大于降水量,陆地上的蒸发量小于降水量,海洋和陆地水最后通过径流达到平衡。

水在循环中不断进行着自然更新。据估计,大气中的全部水量8天即可更新一次,河流约需10~20天,土壤水约需280天至1年,湖泊约需17年,地下水约需1400年。盐湖和内陆海水的更新,因其规模不同而有较大的差别,时间约10~1000年,山地冰川约需1600年,极地冰盖和永久积雪则需9700年,海洋中的水更新时间要2500年。

水循环有着重要的自然地理意义,它使自然地理环境中的物质和能量不断地交换和转换,也是天气与气候变化、地貌形成的重要因素。水长期参与地球自然地理环境的形成和发展过程。现在仍然作为一个最活跃的因素,在许多过程中起着重要的作用:水分和热量的不同组合,决定了地球上的气候带和自然地带的形成,使其面貌显得丰富多彩;水溶解岩石圈中的固体物质,包括各种矿物、盐类、离子和胶体物质,推动着全球能量转换和地球化学物质的迁移,并提供生物需要等等。

二、空气

按照国际标准化组织(ISO)对大气和空气的定义,大气(atmosphere)是指环绕地球的全部空气的总和(the entire mass of air which surrounds the earth);环境空气(ambient air)是指

人类、植物、动物和建筑物暴露于其中的室外空气(outdoor air to which people, plants, animals and structures are exposed)。可见,"大气"与"空气"基本上可作为同义词使用,其区别仅在于"大气"所指的范围更大些,"空气"所指的范围相对较小些。

1. 空气的组成

空气的组成可以分为三部分:干洁的空气、水汽和各种杂质。空气中除固体杂质和水汽之外的全部混合气体,称为干洁空气。干洁空气的主要成分是氮、氧、氩和二氧化碳气体,其含量占全部干洁空气的99.996%(体积比);氖、氦、氪、甲烷等次要成分只占0.004%左右(表8－4－1)。其中,二氧化碳、臭氧的含量极少,但是变化大。二氧化碳主要来自火山喷发、动植物的呼吸、有机物的燃烧、有机物的腐败、人类活动等。在人口稠密的工业区,二氧化碳含量明显增高;在海洋或人口稀少的地区,二氧化碳含量大为减少。低层大气中的臭氧主要来源于闪电。由于闪电不经常发生,所以臭氧在低层大气中的含量极少,而且不稳定。高空中的臭氧是由太阳紫外线作用形成的,所以含量比低层大气多,并在20~25千米的高空达到极大值。由于大气的垂直运动、水平运动、湍流运动及分子扩散使不同高度、不同地区的大气得以交换混合,因而从地面到90千米的高空,干洁空气的组成基本保持不变。也就是说,在人类经常活动的范围内,地球上任何地方干洁空气的物理性质是基本相同的。

表8－4－1　干洁空气的主要成分

气体种类	干洁空气中的含量(%)		分子量
	按容积	按质量	
氮气	78.09	75.52	28.016
氧气	20.95	23.15	32.000
氩气	0.93	1.28	39.944
二氧化碳	0.03	0.05	44.010
臭氧	0.000 001		48.000

空气中的水汽含量平均不到0.5%,而且随时间、地点和气象条件等的不同而有较大变化,其变化范围可达0.01~4%。

空气中的各种杂质是由于自然过程和人类活动排放到空气中的各种悬浮微粒和气态物质组成的。空气中的悬浮微粒,除由水汽凝结成的水滴和冰晶外,主要是各种有机的或无机的固体微粒。有机微粒数量较少,主要是植物花粉、细菌、病毒等。无机微粒数量较多,主要有岩石或土壤风化后的尘粒、流星在大气层中燃烧后产生的灰烬、火山喷发后留在空气中的火山灰、海洋中浪花溅起在空中蒸发留下的盐粒,以及地面上燃料燃烧和人类活动产生的烟尘等。固体杂质的含量,陆地上空多于海洋上空、城市多于乡村、冬季多于夏季、白天多于夜晚,愈近地面愈多。空气中的各种气态杂质,也是由于自然过程和人类活动产生的,主要有硫氧化物、氮氧化物、一氧化碳、二氧化碳、硫化氢、氨、甲烷、甲醛、烃蒸气、恶臭气体等。在空气中的各种悬浮微粒和气态物质中,有许多是引起空气污染的物质。

2. 大气的作用

大气的存在与人类、生命有机体息息相关。它吸收了来自太阳和宇宙空间的大部分高能宇宙射线和紫外辐射,阻挡了来自太空的各种宇宙尘埃和陨星、陨石,是地球的保护伞。大气也是地球维持热量平衡的基础,为生物生存创造了一个适宜的温度环境。在漫长的地质年代里,大气对地球表面的许多自然现象起到了重大影响,尤其是对人类等生命体的影响更为深刻,地球上一切生物的生命活动都离不开大气。

大气中各组分在构成支持生命系统的重要环境中起着不同的作用:

第一,氮气和氧气维持生命。大气中丰富的氮气和氧气对生物有着重要的意义。氮是生物体的基本成分,氮气同时起着冲淡氧气、减弱氧化等作用。氧气是维持生物和人类生命活动的必需物质。

第二,二氧化碳调节气温。二氧化碳能强烈地吸收和发射长波辐射,对大气和地表温度有明显的影响,起着"温室"作用。

第三,臭氧吸收紫外线。臭氧能强烈地吸收太阳紫外线,对大气有增温的作用,并在高空形成一个暖区。大量的紫外线在高空被吸收,使地面的生物免受危害。穿透大气到达地表的少量紫外线,对人类和大部分生物则是有益的。

第四,水汽影响温度。空气中的水汽含量虽然很少,但却导致了各种复杂的天气现象:云、雾、雨、雪、霜、露等。这些现象不仅引起大气中湿度的变化,而且还导致大气中热能的输送和转换。此外,水汽吸收太阳辐射的能力较弱,但吸收地面长波辐射的能力却比较强,所以对地面的保温起着重要的作用。

第五,固体杂质影响天气现象。固体杂质是吸湿性微粒,可使水汽在它上面凝结,形成云、雨;能吸收部分太阳辐射,又可以阻挡长波辐射,对地面和大气温度有一定的影响;固体杂质含量的多少还直接影响大气的能见度。

3. 大气污染

大气污染系指由于人类活动或自然过程使某些物质进入大气,呈现出足够的浓度,达到了足够的时间,并因此危害人体的舒适、健康,甚至危害了生态环境。人类活动不仅包括生产活动,而且也包括生活活动,如烹饪、取暖、交通等。自然过程包括火山活动、山林火灾、海啸、土壤和岩石的风化及大气圈中空气运动等。一般来说,由于自然环境所具有的自净作用使自然过程造成的大气污染,经过一定时间后可自动消除。因此可以说,大气污染主要是人类活动造成的。

全球性大气污染问题包括温室效应、臭氧层破坏和酸雨等三大问题。

(1) 温室效应

在大气中,水汽、二氧化碳和其他一些气体允许太阳光到达地面,但是阻止热量从地球表面逃逸回到太空。这种保持地球表面热量的效应称为温室效应。没有温室效应,地球就会变得寒冷。19 世纪以来,煤和石油一直是世界上大部分地区的主要能源。在这一时期里,大气中的二氧化碳浓度迅速升高。全球变暖理论推测,二氧化碳浓度的上升会使大气的平均温度持续上升。科学家估计,21 世纪的地球气温会上升 3~8℃。尽管听起来气温变化并不大,但是这一变化会产生巨大的影响。南极覆盖的冰雪会融化,海平面会上升。气温升高还会影响世界各地的气候模式,可能会影响产粮地区的粮食生产,也可能会带来更严重的暴风雨。

(2) 臭氧层破坏

在 20 世纪 70 年代末期,科学家们观察到臭氧层的臭氧数量在减少。导致臭氧损耗的一个原因在于一种被称为氟利昂的含氯和氟的气体。这种气体多被用于冰箱和空调的制冷器中,也被用于灭火器和喷雾器中。科学家们发现氟利昂会与臭氧分子反应,阻碍臭氧分子吸收紫外线。氟利昂分子十分稳定,能在大气层中保留很长时间。

一般认为大气中臭氧量减少1%,到达地面的有害紫外线约增加2%。有关研究表明,臭氧总量减少10%,世界上皮肤癌患者每年会增加30万人以上,而白内障病人将增加170余万人。短波长紫外线辐射增强,还会使农作物品质下降、收成减少,导致粮食危机,破坏生态系统中复杂的食物链和食物网,对生态系统造成极大的破坏。臭氧吸收太阳紫外线,是平流层的主要热源,是平流层大气循环的动力。臭氧层的耗竭将导致平流层温度下降,会对全世界的气候产生重大影响。气候的变化又会影响农业生产和生态系统,形成恶性循环。

(3) 酸雨

一般的降水由于空气中有二氧化碳生成的碳酸饱和水溶液,pH值可达5.6,因此通常将pH值小于5.6的雨雪或其他方式形成的大气降水(如雾、露、霜等),统称为酸雨。酸雨主要是大量的二氧化硫和氮氧化物排放所造成的。人类的活动每年产生上亿吨二氧化硫和氮氧化物,这些物质在大气中氧化并吸收水分,形成硫酸和硝酸,使雨水的pH值降低到5.6以下。

酸雨降到地面,一方面使土壤中的钙、镁、钾等营养元素溶出,并迅速流失。另一方面,使土壤中的有毒金属元素溶解,变成水溶液,连同水分一起被植物吸收,影响植物生长甚至造成植物死亡。当酸雨落入池塘或湖泊后,会使那里的环境状况发生改变。许多鱼类,尤其是鱼卵,在酸性较大的水中无法存活。酸雨落到地面还会通过影响土壤的营养层而危害植物生长,甚至整片森林都会因酸雨而被破坏。酸雨不仅会影响生物,还会与建筑物和雕塑上的石头、金属起反应。在酸雨严重的地区,汽车锈蚀得特别快。

(4) 光化学烟雾

汽车、工厂等污染源排入大气的碳氢化合物和氮氧化物等一次污染物,在阳光照射下发生化学反应,生成臭氧、醛、酮、酸、过氧乙酰硝酸酯(PAN)等二次污染物。参与光化学反应过程的一次污染物和二次污染物的混合物所形成的烟雾污染现象称为光化学烟雾。研究表明,在北纬60°~南纬60°之间的一些大城市都可能发生光化学烟雾。光化学烟雾主要发生在阳光强烈的夏、秋季节。随着光化学反应的不断进行,反应生成物不断蓄积,光化学烟雾的浓度不断升高,约3~4小时后达到最大值。这种光化学烟雾可随气流飘移数百千米,使远离城市的农作物也受到损害。20世纪40年代之后,随着全球工业和汽车业的迅猛发展,光化学烟雾污染事件在世界各地不断出现,如美国的洛杉矶、日本的东京和大阪、英国伦敦等大城市,以及中国的北京、南宁和兰州等城市,均发生过光化学烟雾污染。

光化学烟雾的成分非常复杂,但对人类、动植物有害的主要是臭氧、PAN、丙烯醛、甲醛等二次污染物。人和动物受到的主要伤害是引起眼睛和黏膜受刺激、头痛、呼吸障碍、慢性呼吸道疾病恶化、儿童肺功能异常等。

(5) 霾

霾的气象定义是悬浮在大气中的大量微小尘粒、烟粒或盐粒的集合体,使空气浑浊,水平能见度降低到10千米以下的一种天气现象。霾的形成与污染物的排放密切相关,城市中机动车尾气以及其他烟尘排放源排出粒径在微米或亚微米级的细小颗粒物,停留在大气中,当逆温、静风等不利于扩散的天气出现时,就形成霾。据研究,在中国存在着四个霾天气比较严重地区:黄淮海地区、长江河谷、四川盆地和珠江三角洲。

霾与雾的区别在于,发生霾时相对湿度不大,而雾中的相对湿度是饱和或接近饱和的。霾的厚度比较厚,可达1~3千米左右。霾与雾、云不一样,与晴空区之间没有明显的边界,霾中粒子的分布比较均匀,而且粒子的尺度比较小,肉眼一般看不到空中飘浮的颗粒物。由于霾散射波长较长的光比较多,因而霾看起来呈黄色或橙灰色。

霾有很多危害,其中对人的肺产生的危害最大,灰霾天气不利于慢性支气管炎和哮喘病人的健康,在这样的空气中停留一定时间后,心脏病和肺病患者症状会显著加剧,健康人群中也会出现不适症状。由于灰霾中的大气气溶胶大部分均可被人体从呼吸道吸入,尤其是亚微米粒子会分别沉积于上、下呼吸道和肺泡中,会引起鼻炎、支气管炎等病症,长期处于这种环境还会诱发肺癌。

4. 空气质量监测

从1997年开始,中国城市陆续开展了空气质量周报工作,以空气污染指数的表征形式定期向社会发布。空气污染指数(Air Pollution Index,简称API),是将常规监测的几种空气污染物浓度简化成为单一的概念性指数值形式,并分级表征空气污染程度和空气质量状况,适合于表示城市的短期空气质量状况和变化趋势。API监测的主要大气污染物有二氧化硫、二氧化氮、可吸入颗粒物等。颗粒物的英文缩写为PM。按照我国环保部的规定,空气污染指数划分为0~50、51~100、101~150、151~200、20~300和大于300六档,对应于空气质量的六个级别,指数越大,级别越高,说明污染越严重,对人体健康的影响也越明显。

中国采用的空气污染指数(API)并没有对PM2.5进行监控,监测的可吸入颗粒物是PM10。根据世界卫生组织资料,PM10和PM2.5对人体健康的影响超过了其他任何污染物,长期暴露会带来呼吸道疾病、心血管疾病的发病率上升。而PM2.5由于特别细小,吸入后可能抵达细支气管壁,对肺部健康影响尤甚。2012年开始,根据新修订的《环境空气质量标准》,我国的空气质量监测用空气质量指数(Air Quality Index,简称AQI)替代原有的空气污染指数(API)。参与空气质量评价的主要污染物为细颗粒物(PM2.5)、可吸入颗粒物(PM10)、二氧化硫、二氧化氮、臭氧、一氧化碳等六项,这是中国首次将PM2.5纳入空气质量标准。AQI指数越大,级别越高,说明污染越严重,对人体健康的影响也越明显。

根据《环境空气质量指数(AQI)技术规定(试行)》(HJ633—2012)规定:AQI共分六级,从一级(0~50)优、二级(51~100)良、三级(101~150)轻度污染、四级(151~200)中度污染,直至五级(201~300)重度污染、六级(>300)严重污染(表8-4-2)。当PM2.5日均值浓度达到150微克/米^{3}时,AQI即达到200;当PM2.5日均浓度达到250微克/米^{3}时,AQI即达300;PM2.5日均浓度达到500微克/米^{3}时,对应的AQI指数达到500。

表8-4-2 空气质量指数及相关信息

空气质量指数	空气质量指数级别	空气质量指数类别及表示颜色		对健康影响情况	建议采取的措施
0~50	一级	优	绿色	空气质量令人满意,基本无空气污染	各类人群可正常活动

续 表

空气质量指数	空气质量指数级别	空气质量指数类别及表示颜色		对健康影响情况	建议采取的措施
51~100	二级	良	黄色	空气质量可接受,但某些污染物可能对极少数异常敏感人群健康有较弱影响	极少数异常敏感人群应减少户外活动
101~150	三级	轻度污染	橙色	易感人群症状有轻度加剧,健康人群出现刺激症状	儿童、老年人及心脏病、呼吸系统疾病患者应减少长时间、高强度的户外锻炼
151~200	四级	中度污染	红色	进一步加剧易感人群症状,可能对健康人群心脏、呼吸系统有影响	儿童、老年人及心脏病、呼吸系统疾病患者避免长时间、高强度的户外锻炼,一般人群适量减少户外运动
201~300	五级	重度污染	紫色	心脏病和肺病患者症状显著加剧,运动耐受力降低,健康人群普遍出现症状	老年人和心脏病、肺病患者应停留在室内,停止户外运动,一般人群减少户外运动
>300	六级	严重污染	褐红色	健康人运动耐受力降低,有明显强烈症状,提前出现某些疾病	老年人和病人应当留在室内,避免体力消耗,一般人群应避免户外活动

本章思考题

1. 从地球内部圈层形成和演化的过程来看,其主要影响因素是什么?
2. 土壤与岩石、矿物有什么不同?为什么说生物因素在土壤形成过程中起了主导作用?
3. 从较长的历史时期来看,海水的盐度总体上是增加的,试根据水循环解释海水盐度为什么会增加。
4. 空气与干洁空气有什么区别?空气中的固体杂质是否都是污染物质?这些固体杂质有哪些环境效应?
5. 某老师这样的讲述是否准确:地球上原来是没有氧气的,进化出绿色植物以后,由于植物的光合作用,地球上才有了氧气。试结合生物分类、大气圈的演化加以分析。

第九章 地球运动与所引起的变化

热身体验

教材页面中蕴含了哪些深层次的地质学学科知识呢?

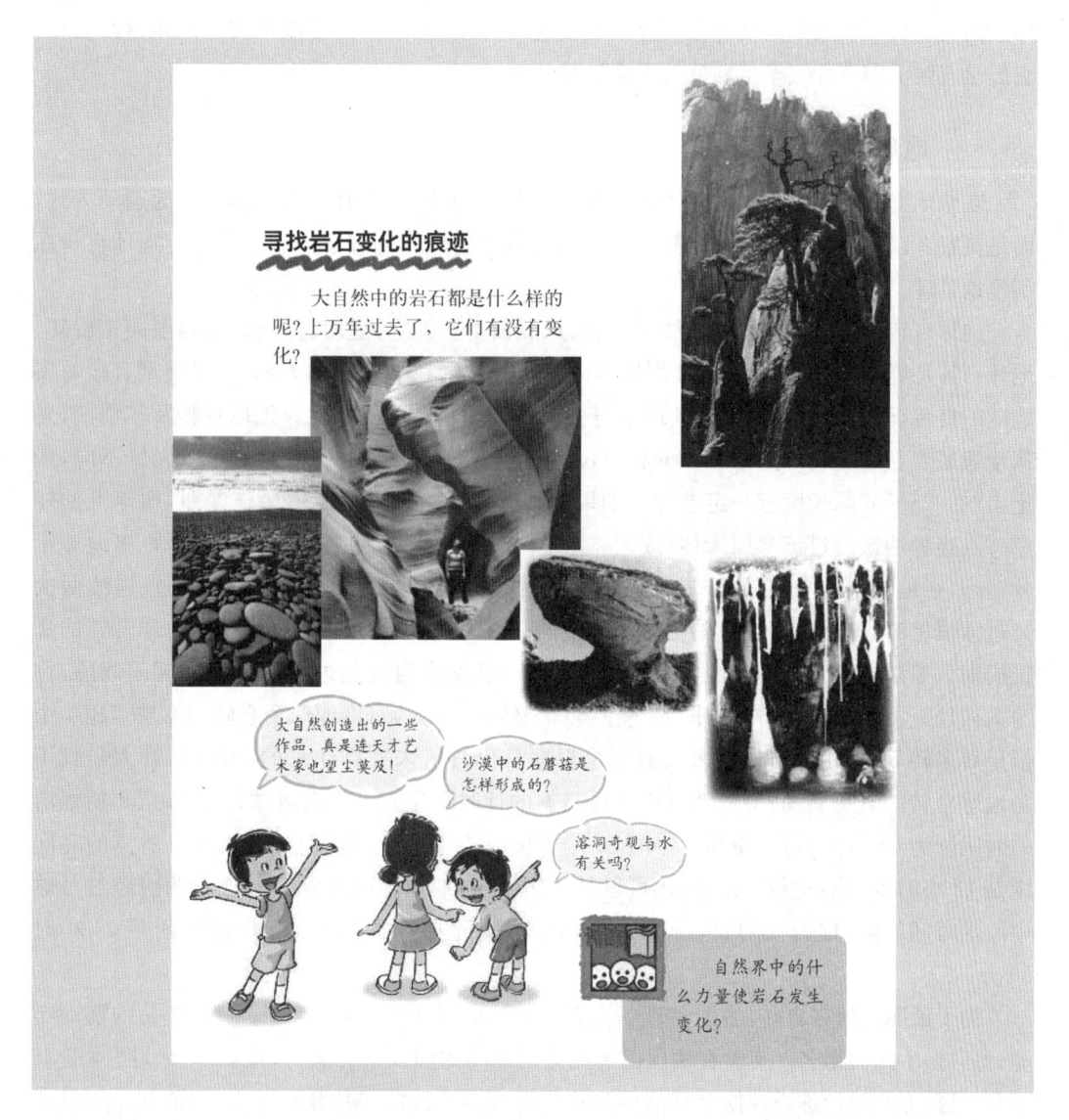

寻找岩石变化的痕迹

大自然中的岩石都是什么样的呢?上万年过去了,它们有没有变化?

大自然创造出的一些作品,真是连天才艺术家也望尘莫及!

沙漠中的石蘑菇是怎样形成的?

溶洞奇观与水有关吗?

自然界中的什么力量使岩石发生变化?

学习指导

1. 了解地球的自转、公转及其地理意义。
2. 了解各种天气现象及其成因。
3. 了解地表形态的变化及其成因。

第一节　昼夜与四季变化

地球一面不停地绕地轴旋转,一面环绕太阳公转,从而在地球上产生了昼夜交替、季节变化和自然地带性差异等现象。由于太阳直射点在南北回归线之间作周期性往返移动,所以地球上的白昼长度和太阳高度都会产生周期变化和纬度差异,因而形成天文上的四季和五带,它们是气候上季节和气候带划分的天文学基础。

一、地球的自转及证据

在地球上看到的日月星辰几乎都是东边升起西边落下,这并不是天体真实的运动方式,而是观察者以地球为参照所感受到的一种视运动。造成这种现象的原因是由于地球自身在不停地自转。

地球自转是地球绕其本身轴线的旋转,从北极上空看,为逆时针旋转,即自西向东旋转。地球自转是周期性的运动,其自转周期为一日。但生活在地球上的人们,不仅很难直接觉察地球的自转,而且还很难直接从地球本身去判断地球自转的周期性。地球自转及其周期,是从地表某点与地球以外其他天体的相对位置的改变发现的。由于选择的参照天体不同,衡量出的一"日"实际长度有一定差异。如果分别选择某一颗遥远的恒星作参照,地球上的任意一点连续两次经过该参照天体(或天体中心)的时间间隔,称为恒星日。恒星距离地球十分遥远,在地球上看来,它的位置是固定不变的,以它为参照,地球上的任意一点连续两次经过该恒星时,地球正好绕地轴旋转了完整的一周,即 360°。因此,恒星日是地球自转的真正周期。如果选择太阳作参照,地球上的任意一点连续两次经过太阳中心的时间间隔,称为太阳日。由于地球在自转的同时还在绕日公转,一个太阳日,地球要自转 360°59′,比一个恒星日多转 59′。由于自古以来人们都是根据日出日落来安排作息的,所以尽管太阳日不是地球自转的真正周期,却依然被用作最基本的计时单位。人们把地球自转 360°59′所经历的时间分为 24 等分,每一份为 1 小时,一个太阳日等于 24 小时,而一个恒星日所需的时间则是 23 小时 56 分 04 秒。此外,还可以月球作参照,地球上的任意一点连续两次经过月球中心的时间间隔,称为太阴日,一个太阴日地球实际自转了 373°38′,所需时间是 24 小时 50 分。

为了证明地球在自转,法国物理学家傅科(Foucault)于 1851 年做了一次成功的摆动实验,傅科摆由此而得名。实验在法国巴黎先贤祠最高的圆顶下方进行,摆长 67 米,摆锤重 28 千克,悬挂点经过特殊设计使摩擦减少到最低限度。这种摆惯性和动量大,因而基本不受地球自转影响而自行摆动,并且摆动时间很长。在傅科摆实验中,人们看到,摆动过程中摆动平面沿顺时针方向缓缓转动,摆动方向不断变化。分析这种现象,摆在摆动平面方向上并没有受到外力作用,按照惯性定律,摆动的空间方向不会改变,因而可知,这种摆动方向的变化,是由于观察者所在的地球沿着逆时针方向转动的结果,地球上的观察者看到相对运动现象,从而有力地证明了地球是在自转。傅科摆放置的位置不同,摆动情况也不同。在北半球时,摆动平面顺时针转动(图9-1-1);在南半球时,摆动平面逆时针转动。

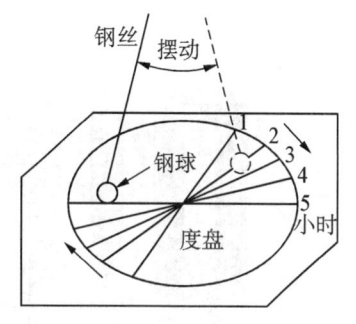

图9-1-1 傅科摆在北半球的摆动

资料

由于地球自西向东自转,在北半球自赤道向极地运动的物体发生向右偏转,在南半球则向左偏转。事实上运动物体的运动方向按惯性原理并没有改变,只是由于地球自转,作为地表定方向的经线和纬线发生了偏转的缘故。这种现象由法国人科里奥利于1835年首先发现,因此称为科里奥利力(地转偏向力)。科里奥利力对气团、洋流、河水的运动方向和其他许多自然现象有着明显的影响,大气中的气流、大洋中的洋流都产生了偏向,这对地表热量与水分的输送交换,对全球热量与水量的平衡,都有着巨大的影响。

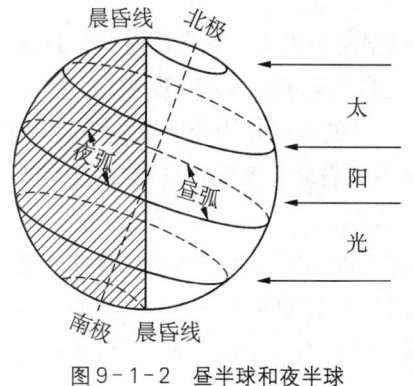

图9-1-2 昼半球和夜半球

二、昼夜变化与时间的确定

地球自转产生昼夜更替现象。由于地球是一个不发光、不透明的球体,因此向着太阳的半球是白天,背着太阳的半球是黑夜。昼半球和夜半球的分界线叫做晨昏线(图9-1-2)。地球不停地自转,昼夜也就不断地交替。昼夜交替的周期不长,就是上述的一个太阳日,这就使地面白昼增温不至于过分炎热,黑夜冷却不至于过分寒冷,从而保证了地球上生命有机体的生存和发展。

由于地球不停地自西向东自转,一般位置较东的地点看到太阳的时间比位置较西的地点要早,不同经度地区昼夜交替的时间参差不齐,也造成同一时刻、不同经线上具有不同的地方时。地球表面每隔15°经线,向东时间要提前1小时,向西则推迟1小时。地方时的建立符合当地日出日落自然规律和居民的生物钟自然节律,无疑是必要的。但随着近代交通、通讯事业发展以及地区和国际间交流日益频繁,需要有一种全球通用的世界时。为了解决这个问题,国际上用划分时区的办法,使人们便于换算异地时间。时区的划分方法是:以0°经线为中央经线,把从西经7.5°到东经7.5°作为零时区(中时区);从零时区开始向东和向西每15个经度就划分为1个时区,其中东12区和西12区各跨经度7.5°,合为一个时区,称作东西12区。这样全球共划分为24个时区,每个时区都跨经度15°。各时区都以本区中央经线的地方时作为全区共同使用的时刻,称为区时。相邻的两个时区,区时相差1小时,相隔几个时区,区时

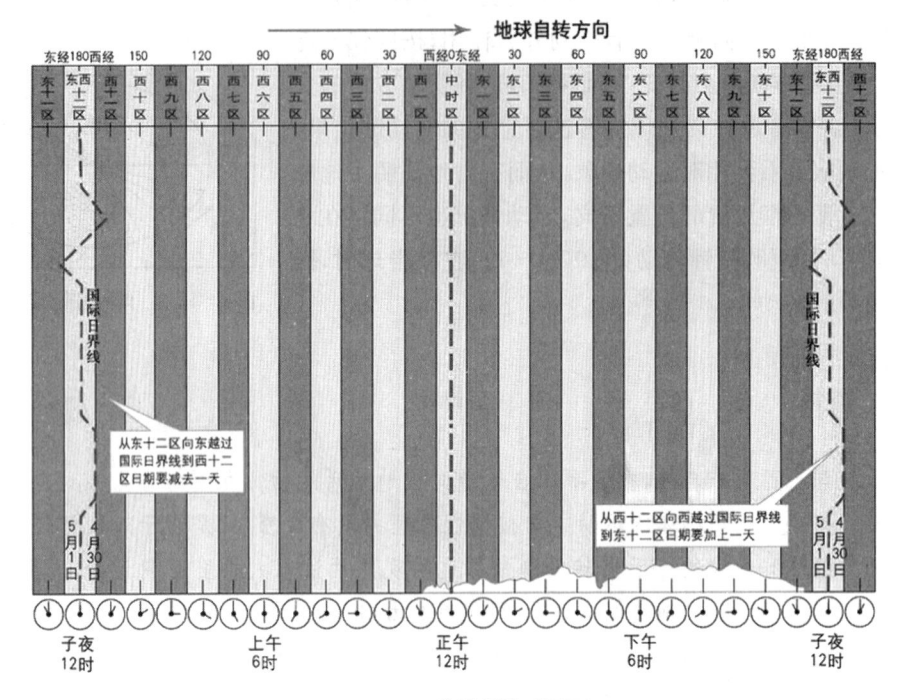

图 9-1-3 世界理论时区图

就相差几个小时,其中位置较东的,区时较早。

实际上,一些国家并不完全采用理论上的区时,而是根据需要来确定各自的时间。目前世界上多数国家都是统一用某一时区的区时,例如中国国土自西至东跨越63°(度)经度,包括东5区到东9区共五个时区,但现在都采用北京所在的东8区的区时作为全国统一时间,称北京时间。北京时间严格以东经120°的地方时为标准,并不代表北京实际位置东经116°19′的地方时刻。

为了避免日期上的混乱,国际上还规定,把东西12区之间的180°经线作为国际日期变更线,简称日界线。日界线两侧的西12区和东12区时刻相同,但日期相差一天,东12区早1天。考虑到日界线附近国家和地区使用上的方便,日界线并非完全与180°经线重合,而是有几处折弯。

三、地球的公转及证据

地球绕太阳的运动,叫做地球的公转。地球公转的路线叫做公转轨道,它是近似正圆的椭圆轨道,太阳位于椭圆的一个焦点上(图9-1-4)。每年大致1月3日地球距离太阳最近,这个位置叫做近日点;大致7月4日地球距离太阳最远,这个位置叫做远日点。从地球北极上空看,地球的公转方向也是自西向东,呈逆时针方向。地球绕日转360°,大致每日向东

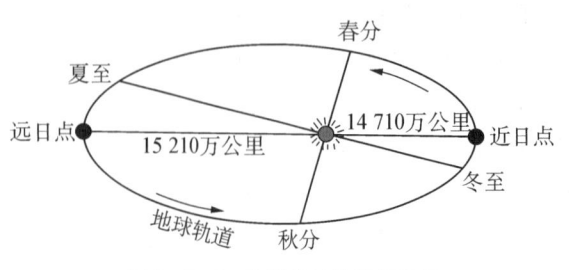

图 9-1-4 地球公转轨道示意图

推进1°，这是地球公转的平均角速度。地球公转的线速度平均每秒约为30千米，在近日点时公转速度较快，在远日点时则较慢。地球真正的公转周期是恒星年，即以恒定不动的某颗恒星为参照点，太阳中心在黄道上连续两次经过这颗恒星的时间间隔。一个恒星年为365日6小时9分10秒。

地球公转的轨道平面，称为黄道平面。黄道平面同赤道平面之间有一个夹角，称为黄赤交角，目前黄赤交角是23°26′（图9-1-5）。由于黄赤交角的存在，在地球以一年为周期绕太阳运行过程中，太阳有时直射在北半球，有时直射在赤道上，有时直射在南半球。太阳直射的范围最北是北纬23°26′（北回归线），这一天是北半球的夏至日（6月22日前后）。以后，太阳直射点南移。到了9月23日前后，太阳直射在赤道上，这一天是北半球的秋分日。到了12月22日前后，太阳直射点位于南纬23°26′（南回归线），这一天是北半球的冬至日。以后，太阳直射点北返。到次年3月21日前后，太阳直射点再次回到赤道，这一天是北半球的春分日。以后，太阳直射点继续北返至北纬23°26′。这样，地球以一年为周期绕太阳转动，太阳直射点相应地在南北回归线间往返移动。我们通常用的回归年指的是太阳中心在黄道上连续两次经过春分点的时间间隔，时间为365日5时48分46秒。由于太阳中心连续两次春分点所走的角度不足360°，因此，回归年不是地球公转的真正周期。但是，回归年是地球寒暑变化的周期，即四季变化的周期，它与人类的生活生产关系极为密切。

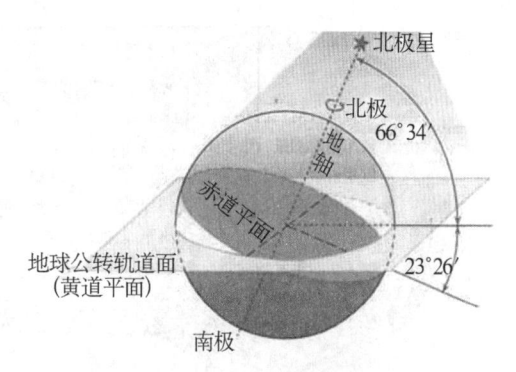

图9-1-5 黄赤交角示意图

四季星空形象的变化是地球公转的直观证据。地球每年自西向东绕太阳公转一周，在理论上讲，作为地球上的观测者，应该可以看到太阳在恒星背景上每天都有自西向东的移动，即太阳在恒星之间的向东移动。可惜耀眼的太阳光芒掩盖了群星，我们白天无法直接看到天空中的众多星座，很难直接观测到太阳在天球上的移动。在长期的天文观测实践的过程中，人们找到了一种间接的观测方法，来说明地球的公转。每天日落以后的某一时刻，观测西方天空的星座，发现原来能看见的星座不见了，而原来在东方的星座在渐渐地西移。长期观测可以看到，一年中的四季，每个夜晚的星空形象总是不相同的。实际上，日落以后所见到的西方天空的星座在太阳的东方，每天日落以后星座的西移，表明太阳在星座之间每日向东移动，它的光芒掩盖了原来我们能看见的星座。四季星空形象的变化是连续的和周期性的，每个晚上所见的星座向西移动的量与地球公转运动量是相同的，即每日59′8″。每个晚上一定时刻所见的星空形象，一年过后，在相同的日子里又重复出现，这表明地球绕太阳公转了一圈。

四、地球公转的地理意义

由于黄赤交角的存在，地球绕日公转过程中引起正午太阳高度、昼夜长短的周年变化，从而在地球上产生了四季的更替。

1. 正午太阳高度的变化

太阳光线对于地平面的交角（即太阳在当地的仰角），叫做太阳高度角，简称太阳高度。

同一地点一天内太阳高度是不断变化的,由日出时的零度逐渐变大,正午时最大,此后再逐渐变小到日落时的零度。

太阳直射点南北移动,引起正午太阳高度的变化。正午太阳高度就是一天内最大的太阳高度。它的大小是随纬度不同和季节变化而有规律地变化着。就纬度分布而言,在春分、秋分日,正午太阳高度在赤道为90°(直射),向南、北两方降低,至两极为零;北半球夏至日,在北回归线上正午太阳高度为90°,向北向南减小,在北极为23°26′,在赤道为66°34′,至南极圈减为0°。在北半球冬至日,正午太阳高度在南回归线上为90°,向南向北减小,在北极圈上为0°。就季节变化而言,在北回归线以北的纬度,每年6月22日(北半球夏至日)前后,正午太阳高度达最高值;每年12月22日(北半球冬至日)前后,正午太阳高度达最小值(图9-1-6)。在南回归线以南的纬度,太阳高度变化正好相反。在南北回归线之间,各地每年两次受到太阳直射。

6月22日(北半球夏至日)   12月22日(北半球冬至日)

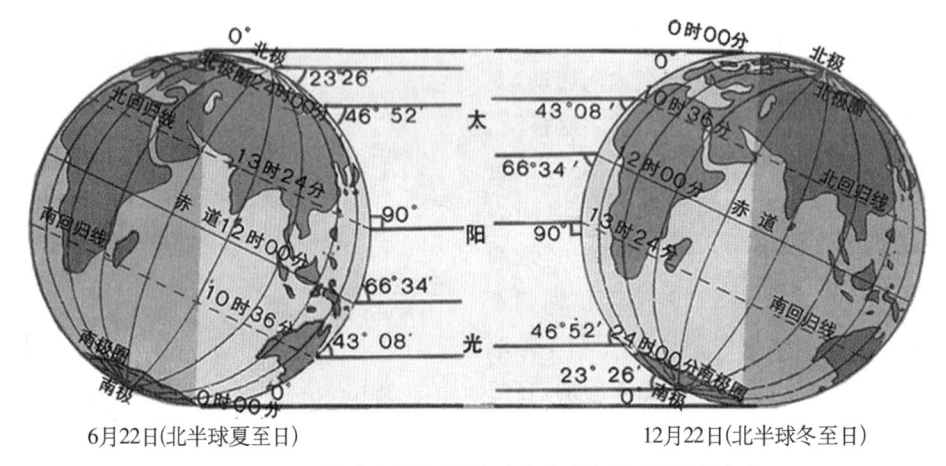

图9-1-6 地球公转导致正午太阳高度和昼夜长短的变化

不少人认为夏天热、冬天冷是由地球离太阳的远近决定的,这种认识是错误的。据科学验证,日地距离因素仅占地面温度变化因素的百分之几。地面温度变化主要是由于太阳高度的变化,即太阳光线和地平面夹角大小的变化。太阳高度越高,地面上单位面积所接受的太阳辐射热量越多,这是因为对同一束阳光而言,直射地面时所照射的面积比斜射时小,因此单位面积上的辐射强度必然要大于斜射时。太阳高度是决定地球表面获得太阳热能数量的最重要的因素。

2. 昼夜长短的变化

晨昏线把所有经过的纬度分割成昼弧和夜弧。由于黄赤交角的存在,除在赤道上和春分、秋分外,各地的昼弧和夜弧都不等长。地球自转一周,如果所经历的昼弧长、夜弧短,则白天长、黑夜短。反之,则黑夜长、白天短。

自3月21日(北半球春分日)至9月23日(北半球秋分日),是北半球的夏半年。太阳直射北半球,北半球各纬度昼弧大于夜弧,纬度越高,昼越长、夜越短;北极四周,太阳整日不落叫做极昼现象。其中6月22日是北半球的夏至日,这一天北半球昼最长、夜最短,北极圈(66°33′)以北,到处出现极昼现象。

自9月23日至次年3月21日,是北半球的冬半年。太阳直射南半球,北半球到处是昼短夜长,纬度越高,昼越短、夜越长;北极四周有极夜现象;南半球则反之。其中 12 月 22 日是北半球的冬至日,这一天北半球昼最短、夜最长,北极圈内,到处出现极夜现象(图 8-1-6)。

南半球的昼夜长短变化与北半球相反。

3. 四季更替

由于地球的公转以及黄赤交角的存在,太阳直射点在南、北回归线之间往返,地球上昼夜长短和太阳高度产生纬度差异和季节变化,使南、北半球各个部分所接受的太阳热量不同,从而产生冷热变化,因此出现了寒暑交替的春夏秋冬四季变化。夏季就是一年内白昼最长,太阳高度最高的时期;冬季则是一年中白昼最短,太阳高度最低的时期;春秋两季就是冬夏季节的中间过渡季节。

季节划分主要有天文季节、气候季节等。

天文上划分四季是以太阳在黄道上的视位置为依据的。西方国家以二分日和二至日为界限,从春分日到夏至日为春季;夏至日到秋分日为夏季;秋分日到冬至日为秋季;冬至日到春分日为冬季。我国传统上以立春(2月4日或5日)、立夏(5月5日或6日)、立秋(8月7日或8日)、立冬(11月7日或8日)为起点,来划分四季,把全年分成大致相等的四个季节,而二分日、二至日为各季的中点。天文季节的日期固定,便于记忆,但不能反映地区特点及差异。

气候季节是一种以候温(五日的平均气温)划分的季节,候平均气温<10℃的时期为冬季,>22℃时期为夏,10~22℃期间为春秋季,这种划分比较符合人们对四季的理解和冷暖感觉。

天文季节反映了一年中太阳高度的季节变化。但是,由于到达地面的太阳辐射受地面和海陆的影响,其热效应比太阳辐射效应落后一个月左右。例如,在我国大部分地方,立春时,在气候上正处于隆冬;立秋时,在气候上还处于炎夏。所以各地实际气候的递变与天文季节并不符合。现今通用以天文季节与气候季节相结合来划分四季。即 3、4、5 月为春季,6、7、8 月为夏季,9、10、11 月为秋季,12、1、2 月为冬季。

根据接受太阳热量的丰富程度,可将地球表面划分为热带、南、北温带和南、北寒带五个热量带,简称五带。太阳高度最明显的界线是回归线,它是太阳是否有直射机会的分界线。昼夜长短的最明显界线是极圈,它是有无极昼和极夜的分界线。因此,五带的分界线就是南、北回归线和南、北极圈(图 9-1-7)。

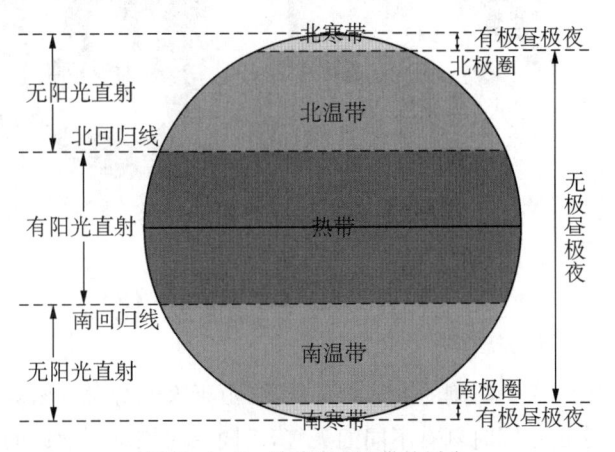

图 9-1-7 地球表面五带的划分

在南、北回归线之间的地带为热带,这里太阳一年有两次通过天顶,只有热带地区才有太阳直射。在其界线上太阳每年直射一次。这两根界线以外太阳终年都是斜射。热带全年太阳高度都较高,白昼时间最短也在 10 小时以上,因此热带接受的太阳辐射平均最大,而太阳辐射年变化最小,这里终年炎热,四季不分明。

从南、北极圈到南、北极点分别是南寒带和北寒带,这里有极昼极夜现象,极圈是有无极昼极夜的界线;因此极圈是划分温带与寒带的界线。在寒带内,太阳在一年内至少有一天太阳 24 小时在地平以上,也至少有一天太阳 24 小时在地平以下。纬度愈高,极昼极夜的天数愈多,到南、北极点就是半年极昼和半年极夜。寒带地区终年太阳高度很低,接受的太阳辐射最少,但太阳辐射年变化却很大。这里终年寒冷。

温带是热带到寒带的过渡地带,这里既没有太阳直射,也没有极昼极夜现象,太阳辐射及其年变化介于热带和寒带之间,气温比较适中,温度年变化明显,四季分明。

教材研读

"极地的白天很长,足足有半年的时间太阳升起来就不落下去",这句话是否准确?足足有半年的极昼出现在极圈内的什么地方?

第二节 天气的变化

天气是指某一地区、某一时刻的大气物理状况,由于大气每时每刻都在不停地运动和变化着,因而在同一地区的不同时刻有不同的天气,而同一时刻不同地区的天气也不同。一个地区某一时刻的天气,是由该地区大气中大小不同的各类天气系统(如高压、低压、气旋、反气旋等)的移动、变化所引起的,而各天气系统之间又是相互作用、相互交织着的,共同形成不同形态的天气状况。大气运动及大气中水汽的存在是形成阴、晴、雨、雪等复杂多变的天气现象的根本原因。

一、大气的运动

地球大气是运动的,地球上空大气层中大规模的气流运动称为大气环流。大气环流包括全球性的环流运动和局地性的环流运动;水平方向的气流运动和垂直方向的气流运动;低层大气中的空气运动和高层大气中的空气运动等。由于大气环流的存在,才能实现全球大气中的热量交换、水分输送和能量转换等过程。

大气运动的产生和变化直接决定于大气压的空间分布和变化。气压是作用在单位面积上的大气压力,即等于单位面积上向上延伸到大气上界的垂直空气柱的重量。气压的国际制单位是帕斯卡,简称帕,符号是 Pa。气压随高度升高按指数律递减。气压在水平方向分布也是不均匀的,有些地方气压高,有些地方气压低。气压随时间也有变化。全球大气质量约为 5.27×10^{15} 吨,某地气压升高必然引起另一地气压降低。因此,各地气压的变化实质上是空气质量在地球上的重新分布。地表气温变化引起的大气密度变化是导致气压变化的直接原因。

风是空气的水平运动。在水平方向上,空气从气压高的地方流向气压低的地方,形成了风。气象学上把风吹来的方向确定为风的方向,例如风来自北方叫做北风,风来自西方叫做西方。气象台站预报时,如果风向在某个方位左右摆动不能肯定,则加以"偏"字,如偏北风、偏西风等。

教材引出的话题

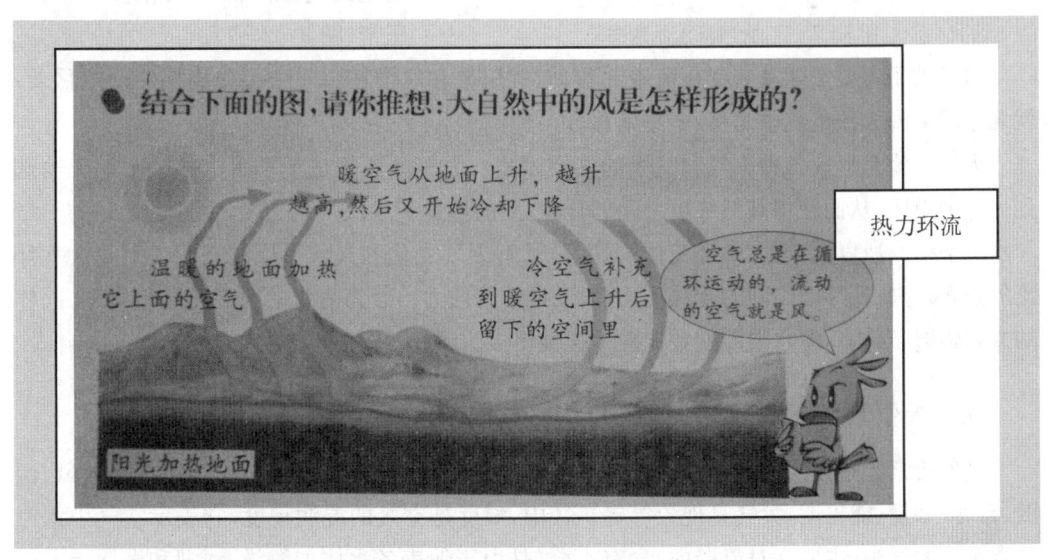

● 结合下面的图,请你推想:大自然中的风是怎样形成的?

暖空气从地面上升,越升越高,然后又开始冷却下降

温暖的地面加热它上面的空气

冷空气补充到暖空气上升后留下的空间里

空气总是在循环运动的,流动的空气就是风。

热力环流

阳光加热地面

大气运动的能量来源于太阳辐射。在受热地区,空气膨胀上升,近地面的空气密度减小,形成低气压,上空空气聚积,密度增大,形成高气压。在冷却地区,空气收缩下沉,在近地面形

成高气压,上空形成低气压。这样在同一水平面上,有的地方气压高,有的地方气压低,在高低气压之间就形成了空气的流动。在近地面,空气由冷却地区流向受热地区;在上空,空气由近地面受热地区流向近地面冷却地区。这种因地面冷热不均而引起的热力环流,是大气运动的基本形式。

由于太阳辐射的纬度分布不均以及海陆间热力差异,造成地表不同地区的气压差异,形成全球有规律的大气运动,这就是大气环流。赤道地区地表接受太阳辐射多,温度高,空气不断膨胀上升,形成赤道低气压带。两极地区地表接受太阳辐射少,温度偏低,空气收缩下沉,形成极地高气压带。这样在近地面赤道和极地之间就产生了巨大的气压差。

在北半球,受地球自转的影响,赤道上空向北流动的大气不断向右偏转,由南风逐渐变为西南风,到了北纬30°附近变成西风,并在一定高度上发生大气堆积而下沉,在近地面形成强大的副热带高气压。副热带上空不断堆积的大气在重力作用下下沉,并在近地面发生南北分流。向南的气流逐渐由北风偏转为东北风,形成东北信风带;向北的气流逐渐由南风偏转为西南风,成为中纬西风带,并在北纬60°附近与极地高气压带流向低纬方向的东北风(极地东风带)相遇,暖而轻的气流爬升到冷而重的气流之上,形成副极地上升气流,使近地面气压降低,形成副极地低气压带(图9-2-1)。

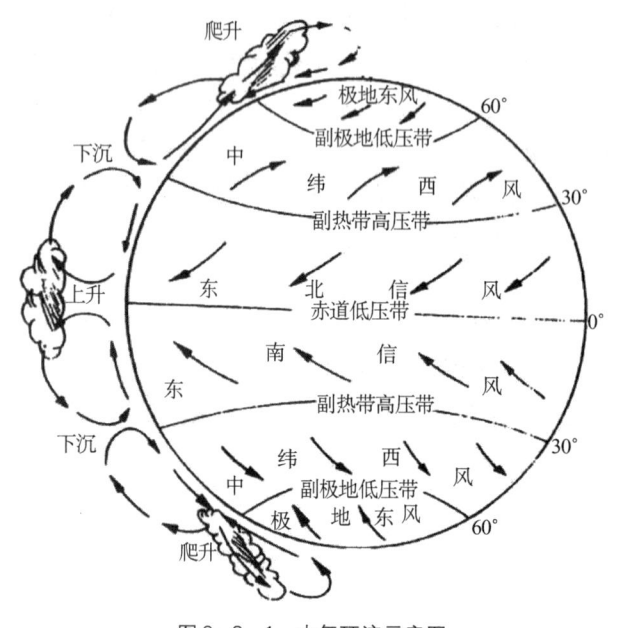

图9-2-1 大气环流示意图

由于太阳直射点随季节变化而南北移动,气压带和风带在一年中也作周期性季节移动,就北半球来说大致是夏季北移,冬季南移。

大气环流是形成各种天气和气候的主要因素。大气环流把热量和水汽从一个地区输送到另一个地区,从而使得高低纬度之间、海陆之间的热量和水汽得到交换,促进了地球的热量和水量平衡。所以,掌握大气环流的规律,是了解天气变化和气候形成的基础。引起大气环流的因素是高、低纬度之间的受热不均,以及地转偏向力。因为海水的比热比陆地大,在同样的太阳辐射条件下,海水温度变化比陆地缓慢得多。因此,海陆分布对大气环流也有影响。

二、天气现象

气象要素是指表明大气特征的物理状态和物理现象的各种要素,包括气压、气温、风、湿度、云、降水量、能见度、大气光现象等等。其中,湿度是空气的湿润程度,它表示空气中水汽的含量。大气中(主要在对流层内)含有水分,是由于地表各水体如海洋、河湖和潮湿土壤的蒸发以及植物的蒸腾作用,使水分变成气态水进入大气的结果。水的三种形态——气态(水汽)、液态(水)和固态(冰)称为水的三相。人们常见的云、雾、雨等天气现象,都是水汽相变的表现。

1. 露和霜

在一定温度条件下,一定体积的空气中所含水汽量有一极限值,此时的水汽压称为最大水汽压,又称饱和水汽压。夜间,贴近地表面的空气层因辐射冷却而降温。当气温下降到足以使空气达到完全饱和时,我们把此时的温度称为露点温度。显然,露点温度是指空气完全饱和时的临界温度。低于露点温度,水汽会发生凝聚,将过饱和空气中的水汽凝聚成为液态水,在地面或地物表面上形成微小水珠,这就是露。如果露点温度在 0℃ 以下,则过饱和空气中的水汽将发生凝华作用形成白色冰晶,出现在地面或地物上,这就是霜。露和霜形成的气象条件是晴朗微风的夜晚。夜间晴朗有利于地面或地物迅速辐射冷却。无风时,可供凝结的水汽不多;风速过大时,贴地空气会与上层较暖空气发生强烈混合,致使贴地空气降温缓慢,因此无风、大风都不利于霜和露的形成。

2. 云和雾

云是悬浮在大气中的微小水滴或冰晶的浓密聚集。这些云质点的直径在 0.02～0.06 毫米范围内。云的形成必须有三个基本条件:一是要有水汽,二是要有使水汽发生凝聚的空气冷却,三要有促使凝聚的凝结核。凝聚核通常是一些极微小的、对水汽具有亲合力的盐粒,它们具有吸湿能力。大气中的盐粒是大量的,海洋中上涌波浪经过风的吹拂,把盐沫带进空气里,这些飞沫蒸发后就剩下细小的盐粒,很容易飘浮到对流层内各处,成为理想的凝聚核,在合适的条件下形成云质点。按照云的上升气流特点和云的形状,可将云分成积状云(包括淡积云、浓积云、积雨云)、层状云(包括卷云、卷层云、高层云、雨层云)、波状云(包括卷积云、高积云、层积云),不同形态的云往往预示着不同的天气征兆(表 9-2-1)。

表 9-2-1 常见云的形态与天气征兆

云名	云的形态变化	高度	厚度	天气征兆
卷云	像羽毛,像绫纱,丝丝缕缕地漂浮着	最高	最薄	象征晴朗
卷积云	像水面的鳞波,是成群成行的卷云	很高	很薄	无雨雪,预示不稳定天气将至
高积云	像草原上雪白的羊群,排列整齐	很高	较薄	天晴,常出现于暴雨之后
积云	像棉花团,上午出现,傍晚消散	很低	较薄	阳光温和,海面上空出现则表明离陆地不远
卷层云	卷云聚集,像白绸幕蒙住天空。是唯一会在太阳或月亮旁产生光晕的云	高		扩展为晴天,变小则是雨天
高层云	卷云越变越厚,像毛玻璃遮着太阳	低		将下雨雪
雨层云	高层云变得更厚,暗灰色云块密布天空	很低		雨雪连绵
层云	很低的云,像是浓雾一样笼罩在天空	很低		可能是蒙蒙细雨,第二天则可能是晴天
积雨云	积云迅速形成高大云山,乌云密布天空	很低		雷雨冰雹

雾是悬浮在近地面空气中的大量水滴或冰晶,使水平能见度小于1千米的物理现象。形成雾的基本条件是近地面空气中水汽充沛,存在水汽能发生凝结的冷却过程,有凝结核。贴地气层中的水汽压大于其饱和水汽压时,水汽即凝结或凝华成雾。如果气层中富有活跃的凝结核,雾可以在相对湿度小于100%时形成。此外,因为冰面的饱和水汽压小于水面的饱和水汽压,因此,在相对湿度小于100%的严寒天气里,可出现冰晶雾。

3. 雨、雪和冰雹

由液体水滴组成的云体称为水成云。水成云里的水滴半径增大到2～3毫米时,就会降落形成雨。在降落途中,很容易受到气流的冲击而分裂,大水滴分裂后,大部分下降为雨,较小部分可能随气流上升,重新与其他水滴合并,形成新的大水滴,然后重复上述过程。

夏天常有雷阵雨,表现为大规模的云层运动,比阵雨要剧烈得多,还伴有放电现象。夏季由于湿热空气急速上升而形成了庞大臃肿的积雨云。积雨云的下部温度高,中上部温度低,云中具有强大的上升和下沉气流。云内大量的冰晶、大小水滴、过冷水滴、霰(不透明的雪珠)和雹等水汽凝成物,通过碰冻、碰撞、破碎和融化等许多复杂的过程,使云中起电并使正、负电荷分离开来,在云中形成正负的荷电中心,当聚集的电量足够大时,异性荷电中心之间就会发生击穿放电而产生火花放电现象和强大的响声,这就是雷电。因电闪以光速30万千米/秒的速度传播,雷是以331米/秒的声速传播,故人们先看到电光尔后才听到雷响。

由冰晶组成的云体称为冰成云。由水滴和冰晶共同组成的云体称为混合云。从冰成云或混合云中降下来的冰晶或雪花,落到0℃以上的气层内,融化以后也成为雨滴下落到地面,形成降雨。混合云中,由于冰水共存,使水汽不断凝华增大,成为雪花。当云下气温低于0℃时,雪花可以一直落到地面,形成降雪;如果云下气温高于0℃时,则可能出现雨夹雪。雪花的形状极多,有星状、柱状、片状等,但基本形状是六角形。雪花的形状与形成时的水汽条件有密切关系。

冰雹直径一般为5～50毫米,最大的可达10厘米以上,雹的直径越大,破坏力就越大。冰雹诞生在发展强盛的积雨云中,这种云又叫雹云。雹云云层很厚,云内水汽十分丰富,上下对流强烈,云顶可伸至10公里以上的高空,那里非常寒冷,温度可在-20～-40℃。云体的下部离地面1公里左右,温度在0℃以上。不难看出,云的中上部主要由冰晶、雪花或过冷水滴组成,而云的下部大多是水滴。在雹云中,上升气流变化无常,时强时弱。当上升气流比较强时,它把云的下部水滴带到云的中上层,水滴便很快变冷,立即凝固成小冰晶。小冰晶下降过程中,跟过冷水滴碰撞后,就在小冰晶上冻结成为一层不透明的冰核,这就形成了霰——冰雹胚胎。由于雹云中气流升降变化很剧烈,冰雹胚胎也就这样一次又一次地在空中上下翻滚着,粘结更多的过冷水滴,好像滚雪球似的,越滚越大,一旦重得云中上升气流托不住时,便落到地面。有关资料分析表明,我国大部分地区降雹时间70%集中在地方时13～19时,以14～16时之间最多。另外,我国各地降雹也有明显的月份变化,其变化和大气环流的月变化及季风气候特点相一致。我国的降雹多发生在春、夏、秋三季。例如:福建、广东、广西、海南、台湾在3～4月,江西、浙江、江苏、上海在3～8月。

三、气候及影响因素

如果将大气运动的状态进行长年的统计分析,各地就可以得到一定程度上稳定的大气现象及一些极端事件。这种大气运动的统计特征就是所谓的气候。为了有足够长的时间进行统计分析,世界气象组织(WMO)规定用30年的时间长度作为描述气候状态的标准时段。气候是地球上的一种自然现象,是自然地理环境的重要组成部分。

太阳辐射是大气、陆地、海洋增温的主要能源,又是大气中一切物理过程和物理现象形成的基本动力。所以它是气候形成的基本因素。不同地区的气候差异及各地气候季节交替,主要是由于太阳辐射在地球表面分布不均及其随时间变化的结果。全年获得太阳辐射最多的是赤道,随纬度增高全年太阳辐射量而减少,最小值出现在极点。地球上之所以有热带、温带、寒带(或极地带)等气候带的分异,太阳辐射不均衡是首因。

大气环流在气候形成过程中具有重要意义,它调整、减小了太阳辐射所致的热能分布差异。此外,通过气流的运动,还进行了水分的输送。热带,全年以上升气流占优势、水汽来源充沛、气温高,所以热带的气候具有全年高温、高湿的特点。副热带,以下沉气流为主,降水很少,尤其是大陆内部或大陆西岸,气候干旱。

地面状况也是气候的一个影响因素。在同样的太阳辐射下,海洋和大陆增温和冷却差异很大。海洋的反射率比大陆小,能够吸收较多的太阳辐射,通过海水内部的热变换,海洋将大量热量储存在海洋内部。当太阳辐射减弱时,海洋又能将存储的大量热量释放出来。海洋的热容量又比陆地大,其增温冷却都比陆地慢。所以,海洋既是一个巨大的热能存储器,又是一个温度调节器。与同纬度的大陆相比,海洋冬暖夏凉。此外,海洋是一个大气的"水汽源",对降水有较大影响。

季风气候在亚洲的东部和南部最为典型,对农业生产有重要影响。季风是指大范围盛行风随季节变化而有规律改变的现象。海陆热力性质差异,是形成季风的重要原因。以亚洲东部为例,亚欧大陆与太平洋热力性质存在着巨大差异,导致冬季和夏季海陆气压的季节变化。夏季,亚欧大陆比同纬度的太平洋增温快、气温高,在太阳辐射最强的副热带附近形成强大的热低压中心(印度低压,也称亚洲低压)。这一热低压和北美大陆上出现的热低压将副热带高气压带切断,保留在太平洋上的为夏威夷高压。这样,在亚欧大陆与太平洋之间,因为强大的气压差产生了从海洋吹向陆地的稳定的东南风,这便是东亚的夏季风。夏季风温暖而湿润,给东亚各地带来丰沛的降水。冬季,亚欧大陆比同纬度的太平洋降温快、气温低,在中高纬度的大陆内部形成强大的冷高压中心(蒙古、西伯利亚高压,也称亚洲高压),被切断的副极地低气压带被推举至太平洋上,成为阿留申低压。强大的亚洲高压与阿留申低压、赤道低压之间产生强盛的偏北气流,形成寒冷干燥的冬季风。强烈时即为寒潮。

在南亚和我国西南部的部分地区,除海陆热力差异原因外,气压带和风带位置的季节移动也是形成季风的一个重要原因。由于在夏季,赤道低气压带北移,其南侧的东南信风带也随之北移。东南信风越过赤道后,受地球自转的影响,风向向右偏转,形成从低纬度海面吹向陆地的湿热的西南季风。冬季,赤道低气压带南移,南亚盛行从亚洲大陆吹来的东北季风。

第三节 地表的变化

地形地貌的演变,主要是由内外两类作用力造成的。内力作用的能量主要来源于地球内部的热能,表现为地壳运动、岩浆活动等形式,使地表变得高低起伏。外力作用的能量主要来源于地球外部的太阳能以及地球重力能等,表现为对地表物质的风化、侵蚀、搬运和堆积等作用,使地表趋于平坦。此外,人类自起源以来,就以陆地为生存依托,在陆地上生息、繁衍、劳动,并且使陆地面貌发生了深刻的变化。

一、板块构造说

板块构造说是20世纪60年代提出的一种新的全球构造学说。

板块构造学说认为,地球表层的岩石圈,相对于软流圈来说是刚性的,其下面是黏滞性很低的软流圈。岩石圈并非是整体一块,而是被一些构造活动带如大洋中脊和裂谷、海沟、转换断层等分割成相互独立的构造单元。这些构造单元或岩石圈的块体,称为板块。板块内部是比较稳定的区域,各板块之间的接合处则是相对活动的地带,有着强烈的构造运动、沉积作用、变质作用、岩浆活动、地震活动,又是极有利的成矿地带。目前认为,对全球构造的基本格局起控制作用的有六大板块:太平洋板块、亚欧板块、美洲板块、非洲板块、大洋洲(或印度洋)板块和南极洲板块。当然,除六大板块外还可划分出许多较小的板块。板块不以海陆轮廓为界限,其表面可以全部是陆地或海洋,也可以海陆兼有。

岩石圈板块是活动的,并且以水平运动占主导地位,可以发生几千千米的大规模的水平位移;在漂移过程中,板块或拉张裂开,或冲撞挤压,或水平错动,这些不同的运动方式和相应产生的各种活动带,控制着整个地壳运动和演化的基本格局。

目前我们还不能十分确切地解决板块运动的动力问题,现在我们所能知道的仅仅是反映板块扩张的大洋中脊和反映板块俯冲的海沟——岛弧系统的存在。地幔对流也已被地球物理资料所证实,所以地质学家根据已知的地幔对流来描述板块构造驱动的机制。岩石圈板块漂浮在软流层之上,地幔物质对流循环上升,从而导致了地壳板块运动。

板块构造学说能合理地解释众多大地构造现象。例如,大洋板块与大陆板块碰撞,大洋板块俯冲于大陆板块之下,俯冲带即形成海沟和岛弧,在俯冲带上还常常发生地震,这同海沟是地震分布带的规律相符合。又如,板块俯冲时,由于地内温度较高,摩擦时又产生热,因而使俯冲板块部分熔融、分异,形成火山喷出岩,这就是太平洋沿岸火山环的成因。另外,板块的相互碰撞挤压,会引起板块边缘地层发生褶皱和断裂,导致构造变形。喜马拉雅山和青藏高原的形成就是印度洋板块与亚欧板块相互碰撞,地壳强烈隆升的结果。

二、地貌演变的内力作用

地貌演变的内力作用表现为地壳运动、岩浆活动等形式,大都与板块的分裂、俯冲和碰撞有着密切的联系。

1. 地壳运动及地震

地壳运动的类型是复杂多样的,根据其性质和方向,可归纳为垂直运动和水平运动两种。前者表现为大规模地、长期缓慢地隆起和下沉;后者表现为岩层被挤压变形;两者都能使岩层发生断裂,并在空间上和时间上密切联系。

地壳的垂直运动又称升降运动、造陆运动或振荡运动。这种运动表现为范围较广地区的隆起和相邻地区的下降,可引起海侵和海退,使海陆发生变化和重新分配;可形成高原、断块山和坳陷、盆地和平原。例如我国的华北盆地,在天津附近打钻达700～800米深的地下,发现还有第四纪的河流沉积,说明在最近200多万年内下降了800米以上,是地壳发生垂直运动的有力证据。

地壳的水平运动又称造山运动或褶皱运动。这是大致平行于地球表面的运动,使岩层受到水平挤压力而发生褶皱和断裂,可产生一些大规模的褶皱带、挤压带,形成狭长的山地和凹陷、岛弧和海沟。现在普遍认为造山运动是岩石圈板块碰撞或陆内俯冲的结果。

资料

岩石受力作用,当应力达到在一定条件下的破裂强度时,岩石的内部或表面就会产生裂隙或断开,岩石的连续性遭到破坏。这些裂隙或断开统称为断裂构造。断裂面两侧的岩石无明显相对位移的断裂构造称为节理(或裂隙);两侧岩石沿断裂面发生了显著相对位移的断裂构造称为断层。

有的节理是岩石在成岩过程中形成的,如玄武岩中的柱状节理,这种节理称为原生节理。有的节理是在外力作用下形成的,如岩石受到温差风化作用、冰劈作用、冰川作用、失去负载而引起的膨胀作用等,在岩石表层造成一些破裂缝,称为非构造节理。非构造节理缺乏方向性和规律性。岩石受到地应力作用而产生的破裂缝,称为构造节理。它具有明显的方向性和规律性。

地震是地球表面的快速震动,属地壳运动的一种特殊形式。地壳中的岩层在地应力的长期作用下,会发生倾斜和弯曲。当积累起来的地应力超出岩层所能承受的限度时,岩层会发生断裂或错位,同时急剧地释放出所积聚的能量,并以弹性波的形式向四周传播,引起地表的震动成为地震。

地震只发生于地球表面至700千米深度以内的脆性圈层中。地震时,地下岩石最先开始破裂的部位叫做震源,它是地震能量积聚的地方。震源在地面上的垂直投影位置叫震中。按震源深度不同可把地震分为三种类型:震源深度为0～70千米的称为浅源地震,70～300千米的称为中源地震,30～700千米的称为深源地震。我国绝大多数地震都是浅源地震。

从震源发出的地震波分为两大类;在地球内部传播的称为体波;沿地面传播的称为面波。体波又可分为横波和纵波。横波又称S波,是岩石质点振动的方向与传播方向互相垂直的波;纵波又称P波,是岩石质点振动的方向与传播方向一致的波(图9-3-1)。地震时,纵波

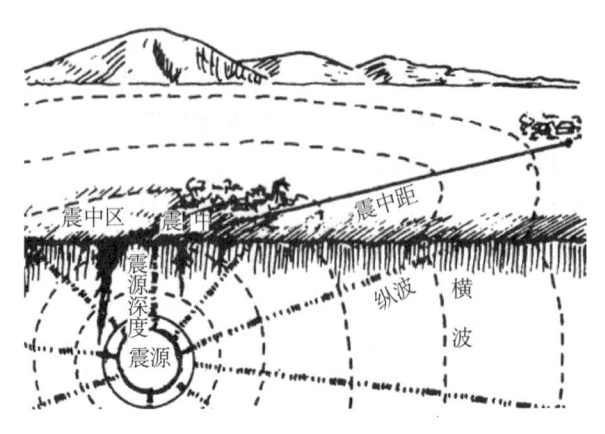

图 9-3-1 构造地震名词示意图

较快地传播到地面,因此在震中区常先觉察到上下的跳动,接着而来的横波则造成左右摇晃。面波是由到达地面的体波衍生而来的,它的传播速度最慢,振动强烈,对地表建筑物的破坏性最大。

震级是地震大小的一种度量,根据地震释放能量的多少来划分,用"级"来表示。里氏震级是由两位来自美国加州理工学院的地震学家里克特(Richter)和古登堡(Gutenberg)于1935年提出的一种震级标度,是目前国际通用的地震震级标准。它是根据离震中一定距离所观测到的地震波幅度和周期,并且考虑从震源到观测点的地震波衰减,经过一定公式,计算出来的震源处地震的大小。

地震常常造成严重人员伤亡,能引起火灾、水灾、有毒气体泄漏、细菌及放射性物质扩散,还可能造成海啸、滑坡、崩塌、地表裂缝等次生灾害。大地震发生后必然会在地表留下深刻的印记,如地表破裂带、河流和冲沟错动、断陷盆地等地貌现象。地震断裂带的地貌是反映地震断裂带存在的重要标志。

全世界最主要的地震带有三个:环太平洋地震带、欧亚地震带和海岭地震带(图9-3-2)。

① 环太平洋地震带　② 欧亚地震带　③ 海岭地震带

图 9-3-2 世界主要地震带分布

中国是世界上地震较多的国家之一,这主要与其所处的地球动力学环境有关。中国位于欧亚板块东南部,受印度洋板块、欧亚板块、太平洋板块和菲律宾板块(欧亚板块内部的小板块)挟持,同时,在其东面有环太平洋地震带中的西太平洋地震带通过,西部和西南边界是欧亚地震带经过的地方。由此看来,我国地处世界上两个最活动的地震带之间,有些地区本身就是这两个地震带的组成部分,并且广大地区都受它们的影响,因而我国的地震活动不仅频繁而且强烈。

2. 岩浆活动及火山

地球内部的温压条件与岩浆的形成有着明显的关系。岩浆是一种炽热的、有极强活动力的熔融体。通常在地下深处高温高压下岩浆形成时,与周围环境处于平衡状态。但岩石圈一旦发生破裂或产生压力差,平衡被打破,岩浆就会上升。由于受到上覆地壳的挤压,一部分岩浆在地壳深处缓慢冷却结晶,一部分可以达到离地表较近的浅处较快冷却结晶,或者冲破地壳以火山的方式喷溢出来迅速冷却。

地质学家把这种岩浆的形成(熔融)、运移和冷凝的整个过程中,岩浆自身的变化以及对周围岩石影响的全部地质过程叫做岩浆活动或岩浆作用,包括有侵入作用和火山作用两种类型。

陆壳板块内的侵入作用常形成富硅铝的花岗岩,洋壳板块内的侵入作用则形成富含铁镁质的橄榄岩、辉长岩和中性的闪长岩,但规模都远比花岗岩小。

如果岩浆喷出地表,即发生了火山作用。一般来讲,火山的喷发有两种方式:中心式和裂隙式。

中心式喷发是指火山物质从中央火山口或火山管溢出,形成典型的火山锥构造。火山口位于锥顶。火山经过多次喷发,火山口不断破裂扩大,或由地下岩浆冷却收缩,不断塌陷,可以形成巨大的火山口,称破火山口。破火山口的面积比火山口大得多,火山消亡或暂停活动之后,就会成为美丽的火山湖,如我国和朝鲜边境上长白山的天池。

裂隙式喷发是指熔岩与火山碎屑从狭长的裂隙或裂隙群中喷射(溢流)而出,它和中心式喷发不同,具有一个线性的熔浆源。玄武质的熔岩流从裂隙中流出,称为溢流玄武岩。它们不会形成火山,而往往构成宽阔的玄武岩高原。如哥伦比亚高原,玄武岩覆盖面积达十三万平方公里,熔岩厚可达100米。我国张家口以北的汉诺坝玄武岩也形成明显的高地,导致坝上和坝下气候也有显著差异。在大洋中脊部位,玄武岩浆从张开的裂隙中溢出,几乎覆盖整个洋底。

火山地貌类型主要有熔岩丘、熔岩台地、完整火山锥、破火山口的火山锥等。

资料

根据火山的活动情况,可以分为死火山、休眠火山和活火山三大类。死火山,指史前曾发生过喷发,但有史以来一直未活动过的火山。休眠火山,指有史以来曾经喷发过,但长期以来处于相对静止状态的火山。此类火山都保存有完好的火山形态,仍具有火山活动能力,或尚不能断定其已丧失火山活动能力。如我国白头山天池,曾于1597年和1792年两度喷发,在此之前还有多次活动。目前虽然没有喷发活动,但从山坡上一些深不可测的喷气孔中不断喷出高温气体,可见该火山目前正处于休眠状态。活火山指现代尚在活动或周期性发生喷发活动的火山。这类火山正处于活动的旺盛时期。爪哇岛上的梅拉皮火山,近些年来,平均间隔两年就要持续喷发一个时期。我国近期火山活动以台湾岛大屯火山群的主峰七星山最为有名。这三种类型的火山之间没有严格的界限。

火山活动主要与上地幔物质运动有关,其分布主要受到岩石圈板块活动的控制。火山喷发大多发生在大洋中脊或板块俯冲带,但也有位于板块中央的,如夏威夷火山群。全球火山主要分布在地壳厚度小、构造活动剧烈的地区。目前,全球的死火山约2000余座,活火山850座,从总体上呈带状分布,集中分布在环太平洋火山带、阿尔卑斯—喜马拉雅火山带和大西洋海岭火山带(图9-3-3)。此外,尚有许多座活火山分布于非洲大陆的裂谷,称为东非火山带。

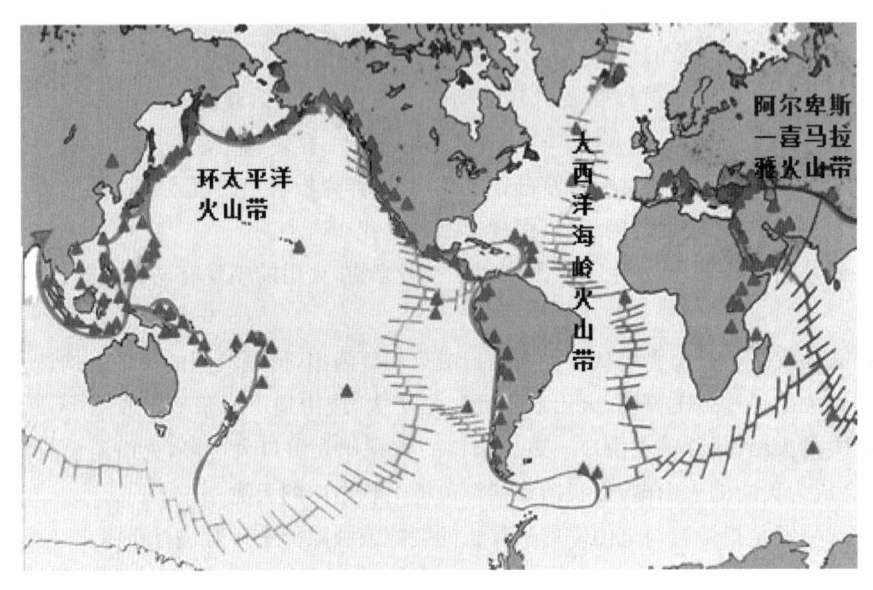

图9-3-3 全球火山带分布示意图

火山爆发和熔岩流是环境中极其严重的自然灾害,给火山附近居民带来灾难,而且可能引起地震、山崩和海啸等现象,并会引起全球气候变化。但是,火山活动也常带来丰富的地热和温泉,以及多种的矿产和肥沃的火山灰土壤等资源,可供开发利用。有些火山地区还成为人们喜爱的旅游或疗养胜地。

三、地貌演变的外力作用

外力作用引起地球表面的变化,主要是水、大气、生物等作用引起的。

水对地球表面的影响主要包括:

一是水的运动。流水作用包括流水的侵蚀、搬运和堆积。侵蚀是指流水对地表、河床的冲蚀以及对可溶性岩石的溶蚀;搬运是指流水在流动过程中携带泥沙和推动砾石移动的过程;堆积是指水中物质最终沉积下来的现象。河流上、中、下游各河段的流水作用差异明显。

河流上游大多地处山地和高原,落差大,水流急,河谷深切而狭窄。河流中游水流减缓,河谷宽阔,往往形成曲流(河曲)。曲流是河床遭受侧蚀的结果。河流的凹岸不断遭受侵蚀,而泥沙在凸岸不断堆积,导致河流越来越弯曲。河流下游河床平缓,堆积作用强盛,往往形成广阔的三角洲平原。

二是水的冻结。水在0℃时结冰,其体积要膨胀(增长9%左右),因而对围限它的岩石裂隙壁施加很大的压力,使岩石裂隙加宽加深,以致使岩石崩裂成为岩块。

三是水的化学作用。水主要通过溶解、水解及碳酸化等作用,对岩石或矿物进行风化改造,而引起地球表面的变化。喀斯特地貌又称岩溶地貌,是由地下水和地表水对可溶性岩石进行破坏和再造作用形成的。

大气对地球表面的作用主要包括:

一是大气的运动。大气的流动就是风。风的作用在干旱和少植被的地区表现更为突出。在湿润潮湿的植被繁盛地区,即使风力达到12级,可毁坏房屋及建筑物,但对地球表面的作用甚微。风力对地面侵蚀作用形成的地貌称为风蚀地貌。风力的侵蚀作用表现为风力吹起岩石的碎屑,并挟带碎屑磨蚀岩石。在干旱和沙漠地区,常见的风蚀地貌有风蚀洼地、风蚀柱、风蚀蘑菇、风蚀城堡等。沙尘经风力搬运和堆积形成的地貌,称为风积地貌。风力吹扬沙尘,当风力减弱时,沙尘便降落到地面,形成各种风积地貌。由于沉积物质的不同,有的地方成为沙漠,有的地方成为黄土。风中的沙粒受阻堆积下来,就形成沙丘。如果没有植被的阻滞,沙丘会在风力作用下移动,成为流动沙丘。

二是大气降水。在低层大气中,含有大量的气态水,在一定条件下转化为降水。水圈从大气圈中得到了水分,同时又通过太阳能作用于水圈使水圈的水分蒸发,为大气圈提供水分,进而间接地改变地球表面。

三是气温变化。地球表面的岩石是热的不良导体,当受到昼夜温差、季温差、年温差变化时,可使岩石表层发生层状剥落,即球状风化,从而改变地球表面形态。

生物对地球表面的作用主要表现在三方面:

一是植物生长于岩石裂隙中,在根系成长发育过程中,对岩石的挤压作用而导致岩石破裂。

二是动物在地面挖掘和穿凿活动中,不仅可使岩石遭到直接的机械破坏,而且也可以加速其风化作用的进行。

三是生物在生长或死亡过程中,产生的氧气、二氧化碳及各种酸类能够加速岩石的化学变化或直接溶解某些矿物而对岩石起破坏作用。

教材研读

页面中呈现了哪几种塑造地貌的外力作用?页面中提到的搬运是否属于风化作用?

用实验验证猜想。

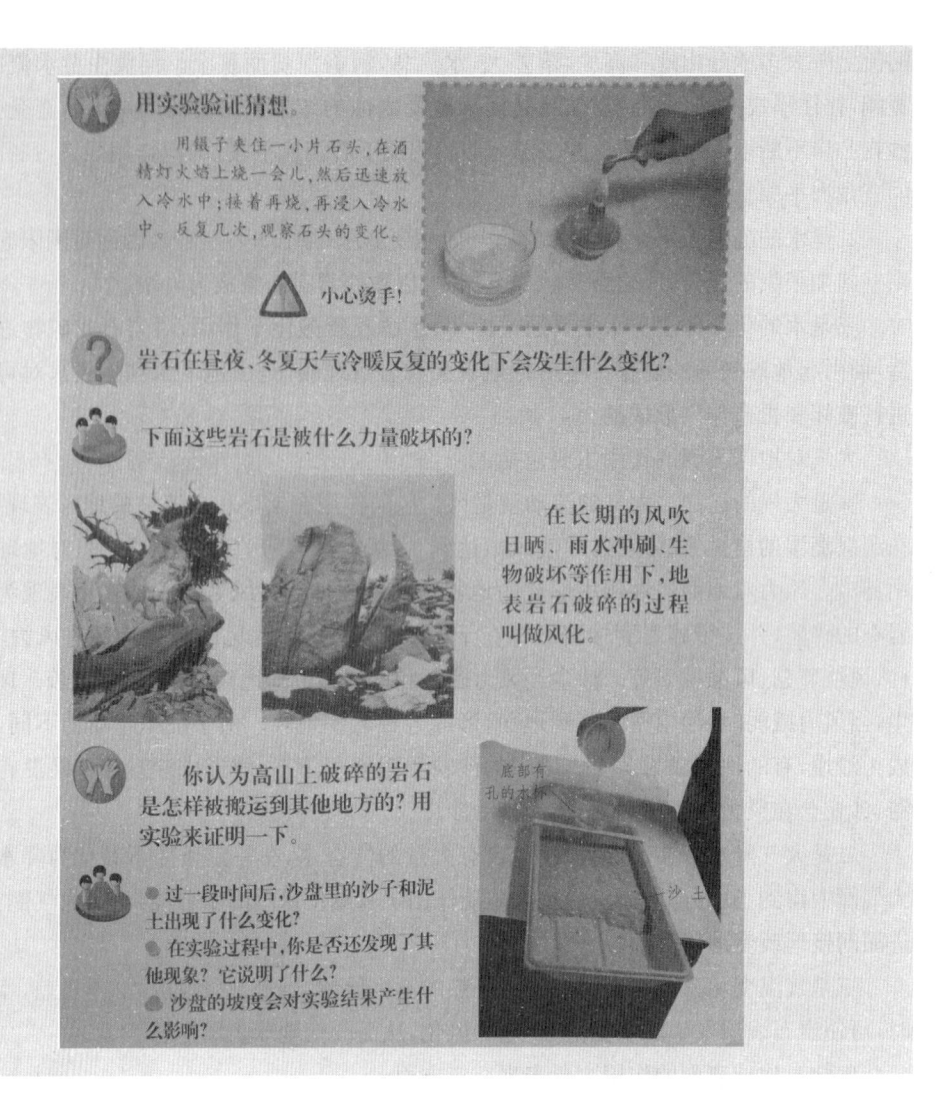

用镊子夹住一小片石头,在酒精灯火焰上烧一会儿,然后迅速放入冷水中;接着再烧,再浸入冷水中。反复几次,观察石头的变化。

⚠ 小心烫手!

❓ 岩石在昼夜、冬夏天气冷暖反复的变化下会发生什么变化?

下面这些岩石是被什么力量破坏的?

在长期的风吹日晒、雨水冲刷、生物破坏等作用下,地表岩石破碎的过程叫做风化。

你认为高山上破碎的岩石是怎样被搬运到其他地方的?用实验来证明一下。

- 过一段时间后,沙盘里的沙子和泥土出现了什么变化?
- 在实验过程中,你是否还发现了其他现象?它说明了什么?
- 沙盘的坡度会对实验结果产生什么影响?

小贴士

风化不仅仅指风力对地表的作用,而是一种综合的作用。在外力作用下,通过物理的、化学的以及生物的各种因素,使岩石变成碎块、砂、土和溶液的作用过程,都叫做风化作用。

剥蚀作用则指的是风、水、冰川等外力将岩石的风化产物剥落、刻蚀带走的过程。

对于地球表面来说,是内外力综合作用的结果,内力作用使地球表面形成起伏不平,通过外力作用可使地球表面上高处被剥蚀夷平,低处被充填;内外力这种相互斗争,彼此消长的过程,也就是地球表面发展和演化过程。

本章思考题

1. 什么因素决定了太阳直射点在地球表面最南和最北的界线?

2. 地球上有极昼、极夜现象的原因是什么？北极圈以内到处极昼大致是在什么时候？
3. 儒勒·凡尔纳小说的小说《环绕地球80天》中，英国绅士克服重重艰难险阻，一路向东环绕地球一圈并回到伦敦时，比预定的80天时间迟到了5分钟，但最后却意外地获得了胜利，这是为什么？
4. 小朋友认为，冬天冷是因为我们地球离太阳远，夏天热是因为地球离太阳近，你如何向小朋友解释四季变化的原因？地球上各处都有四季吗？
5. 大气运动的原因是什么？以我国东南沿海地区为例，为什么夏季以东南风为主，冬季以西北风为主？
6. 青藏高原发现了距今5亿多年前的三叶虫化石、距今1亿多年前的鱼龙化石，这些化石说明了该地区怎样的地貌变化？导致该地区地貌变化的原因又是什么？
7. 环太平洋火山、地震带与哪些板块的运动有关？

第十章 天空中的星体

热身体验

教材页面中蕴含了哪些深层次的天文学学科知识呢?

开个交流会

我们观察到了哪几种月相?我们有没有观察到北极星和大熊星座?我们还知道哪些星座?……把我们记录下来的月相图和星座图拿出来,大家一起开一个"星空"交流会。

夏季是观察星座的好季节,天空中有许多亮星。其中有三颗亮星构成了一个巨大的三角形,人们称之为"夏季大三角"——天津四、织女星和牛郎星。它们分别属于天鹅座、天琴座、天鹰座。我们还会在南部天空发现一颗火红的亮星,它是一颗红巨星,属于天蝎座。天空中有一条闪亮的光带,就是人们常说的"银河"。我们根据这条光带去寻找这几颗亮星,就变得十分容易了。

夏季星空:天津四、织女、天鹅座、天琴座、牛郎、天鹰座、心宿二、天蝎座

你知道牛郎织女的故事吗?

学习指导

1. 了解人类探索宇宙的历史及相关技术的发展。
2. 了解太阳、月球的基本特征及运动。
3. 了解宇宙的起源、演化及结构层次,初步了解四季的主要星座。

第一节 探索宇宙的历史

千百年来,人类探索太空的兴趣从未减退,从肉眼仰望苍穹,到发明多种望远镜获得更多信息,而随着航天时代的到来,人类终于摆脱了地球的羁绊,从全新的视角了解太空,并在此基础上开始利用太空资源。

一、探索太空的历程

翻阅人类探索太空的历史,可以发现,这部历史一方面是视野的不断拓展,另一方面则是飞向太空的梦想实现的历程。

1. 宇宙观测的发展

在望远镜发明之前,古人仅凭肉眼观测天空,当时所能看到的天体主要是太阳、月球以及金、木、水、火、土五大行星,此外还记录到了彗星、超新星等不常见的天体。

1609年,伽利略率先用望远镜观测天空,用大量观测事实证实了哥白尼日心说的正确性。望远镜的发明大大拓展了人类观测太空的视野,从此,伴随着望远镜技术的发展,人类对宇宙的认识也不断深入。

17世纪,伽利略利用望远镜发现了月球表面的环形山、木星的卫星、太阳黑子等,发现了茫茫银河由无数个恒星所组成。

18世纪,赫歇尔(Frederick William Herschel)用自制的当时世界上最大的望远镜,通过长期观测与精心分析,建立了第一个银河系模型。在这一模型中,太阳仍然位于当时人们所认识的宇宙范围——银河系的中心。

20世纪初,沙普利(Harlow Shapley)通过对银河系内天体分布的分析,确认太阳靠近银河系边缘的地方,纠正了赫歇尔银河系模型的错误。这样,太阳的地位也发生了变化,从居于银河系中心的特殊恒星,降为银河系中一颗毫无特殊地位可言的普通恒星。哈勃(Edwin Powell Hubble)利用当时世界上最大口径的天文望远镜,确认了河外星系的存在。

进入21世纪,人类借助先进的探测技术,不仅让我们的视野拓展到100亿光年以外,而且通过发射各种探测器,对宇宙中的天体进行更为精密的观测,例如2006年1月19日,美国发射了"新视野"冥王星探测器,其主要任务是探测冥王星的大气层,对冥王星及其卫星查龙进行测绘。"新视野"探测器正在飞往冥王星的途中,预计将于2015年7月飞到冥王星上方约1万公里处开展观测,此后它还将继续前行,探索太阳系边缘神秘的柯伊伯带,这里可能是短周期彗星的来源地。

可见,人类借助越来越先进的探测技术,对宇宙的观测范围和观测精度都在不断增加。

2. 航天活动

千百年来，人类也一直幻想着飞向太空，古代中国就有"嫦娥奔月"的美丽传说，而明朝的万户是第一个尝试以火箭为动力飞天的人。万户在一把座椅的背后，装上47枚当时可能买到的最大火箭。他把自己捆绑在椅子的前边，两只手各拿一个大风筝，然后叫他的仆人同时点燃47枚大火箭，想借火箭向前推进的力量，加上风筝上升的力量飞上天。结果火箭爆炸，万户被炸死。美国火箭学家基姆(H. S. Zim)在1945年出版的《火箭和喷气发动机》一书中介绍了这位用火箭作动力飞行的中国先驱者。后来"万户飞天"的故事以各种形式被广泛引用。今天，月球上一座环形山被命名为"万户"，以纪念第一个试图利用火箭进行飞行的中国明朝人。

20世纪中叶，现代火箭技术逐渐成熟，从此，人类开始了航天时代。

1957年10月，前苏联用火箭把第一颗人造地球卫星送上了天，宣告着人类进入到一个空间探索的新时代。此后，各种科学卫星和空间探测器被送上天，开创了从太空观测、研究地球和整个宇宙的新时代，使人类对宇宙的很多天体有了更深刻的认识。

1961年4月12日，前苏联航天员加加林(Yuri Alekseyevich Gagarin)乘坐"东方1号"飞船，历时108分钟绕地球飞行1周后安全返回地面，开创了载人航天的新纪元。

1969年7月21日，美国宇航员阿姆斯特朗(Neil Alden Armstrong)走出阿波罗11号的登月舱，在月球上印下人类第一个脚印，迈出了"人类巨大的一步"。

1971年4月，前苏联成功发射了世界上第一个试验性载人空间站——"礼炮1号"空间站。载人航天活动由此进入到规模较大、飞行时间较长的空间应用探索与试验阶段。

我国的航天事业起步于20世纪50年代中期。1970年4月24日，中国第一颗人造卫星发射成功。2003年10月15日，中国第一艘载人飞船——"神舟5号"发射升空，经过21小时，"神舟5号"的返回舱按照预定时间在内蒙古主着陆场成功着陆，航天员杨利伟成为中国航天第一人。2008年9月25日，航天员翟志刚、刘伯明、景海鹏搭乘"神舟7号"飞船升空，翟志刚身着中国制造的"飞天"舱外航天服出舱作业，实现了中国历史上宇航员第一次的太空漫步。2012年6月16日，"神舟9号"载人飞船发射升空，于2012年6月18日与"天宫一号"实施自动交会对接，这是中国实施的首次载人空间交会对接，2012年6月29日飞船安全返回。这次航天活动中，刘洋成为中国首位参加载人航天飞行的女航天员，并在飞船中开展了"太空授课"活动。此外，2004年，中国正式开展月球探测工程，并命名为"嫦娥工程"。"嫦娥工程"规划为"绕"、"落"、"回"三期，计划在2020年前依次完成绕月探测、落月探测和无人采样返回。目前，一期工程已经圆满完成，二期工程正在实施中。这一系列航天活动的成功说明中国已经步入世界上航天技术先进国家的行列。

随着航天技术的发展，人类对宇宙的认识，已经从空间探索阶段，逐步进入了空间开发利用的新阶段。

二、探索太空的工具——望远镜

教材引出的话题

望远镜

起初,我们只能用肉眼观察太空,后来,望远镜的出现让我们能看得更远。几百年来,用望远镜观测太空的技术不断更新,今天我们已经能看到很远很远的宇宙深处。

意大利科学家伽利略亲手制作的世界上第一架天文望远镜。

天文台的光学望远镜。

光学望远镜

空间望远镜

空间天文望远镜能够看到更远、更清楚的宇宙景象。这是著名的哈勃太空望远镜。

射电望远镜

射电望远镜专门接收天体发出的无线电波。它揭示了光学望远镜无法揭示的令人迷惑的天文现象。

天体一刻不停地向四周辐射电磁波,这些电磁波按波长排列成电磁波谱,波长从小到大依次为γ射线、X射线、紫外、可见光、红外、微波、无线电波,其中γ射线、X射线、紫外、远红外都被大气层所屏蔽,一方面保障了地球上的生命,另一方面,却妨碍了在地球上获得较多的天体信息。在地球上,有两个天文观测窗口,即光学窗口和射电窗口。

1. 光学望远镜

近400年来,光学望远镜一直是天文观测最重要的工具。根据成像原理的不同,光学望远镜可分为折射望远镜和反射望远镜两大类。

伽利略望远镜和开普勒望远镜都属于折射望远镜(图10-1-1),不同之处在于一个是倒像,一个是正像,不过,对于天体来说,正像

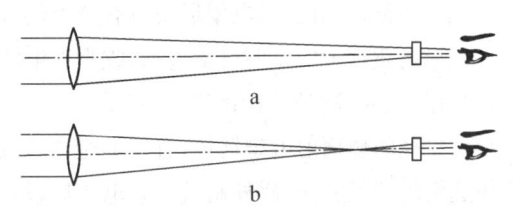

图10-1-1 折射望远镜的光学系统
(a) 伽利略望远镜 (b) 开普勒望远镜

还是倒像关系不大。

资料

从理论上讲,望远镜口径越大,收集的光越多,图像就越清晰。但是,巨大的物镜对光学玻璃的质量要求极高,制作困难。1897年安装在美国叶凯士天文台的折射望远镜,口径1.02米,焦距19.4米,仅物镜就重达230千克,至今仍是世界上最大的折射望远镜。

反射望远镜的物镜是一块表面镀有金属反光层的抛物凹面镜。反射望远镜的物镜安装在镜筒里,它需要利用副镜把光反射到镜筒外,再利用目镜造出放大的影像。通常使用的类型有牛顿式和卡塞格林式,牛顿式的副镜是平面镜,卡塞格林式的副镜是凸双曲面镜(图10-1-2)。由于抛物面反射镜可做得很轻薄,增大望远镜的口径成为可能,反射式望远镜在天文观测中发展很快,现在大型天文台大都使用反射式望远镜。1993年,美国在夏威夷莫纳克亚山上建成了口径10米的"凯克望远镜",其镜面由36块1.8米的反射镜拼合而成,是目前世界最大的单面镜反射望远镜。

(a) 牛顿式　　　　　　　(b) 卡塞格林式

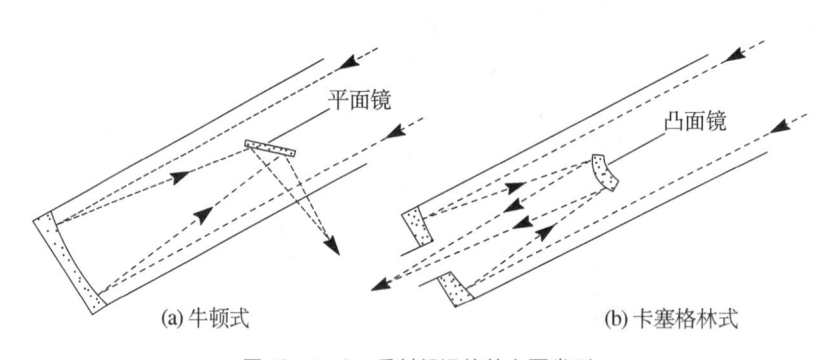

图 10-1-2　反射望远镜的主要类型

2. 射电望远镜

光学望远镜观察的是可见光波段,射电望远镜观察的是无线电波段。无线电波能穿越云层,所以射电望远镜不怕阴天下雨,而且不受大气散射光的影响,白天、晚上都同样可以观测。与光学望远镜相比,射电望远镜具有全天候观测的能力。

射电望远镜的主要设备包括:收集射电波的定向天线,放大射电信号的高灵敏度接收机,信息记录、处理和显示系统等(图10-1-3)。射电望远镜的外形差别很大,有固定在地面的单一口径的球面射电望远镜,有能够全方位转动的类似卫星接收天线的射电望远镜,有射电望远镜阵列,还有金属杆制成的射电望远镜。阿雷西博望远镜是世界上最大的单口径射电望远镜,它的单口径球面天线直径达305米,固定在波多黎各一个天然火山口当中。阿雷西博望远镜是固定望远镜,不能转动,只能通过改变天线馈源的位置扫描天空中的一个带状区域

(图 10-1-4)。FAST(500 米口径球面射电望远镜)是中国一座在建的射电望远镜,位于贵州省平塘县克度镇大窝凼洼地,利用喀斯特洼地的地势而建。FAST 已于 2008 年 12 月 26 日开工,预计 2016 年 9 月完工,建成后将成为世界上口径最大、功能最强的单口径射电望远镜。

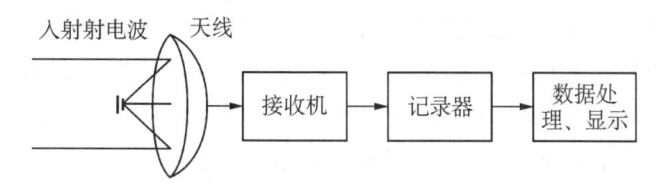

图 10-1-3　经典射电望远镜基本组成和原理图

图 10-1-4　目前最大的单口径射电望远镜——阿雷西博望远镜

3. 空间望远镜

随着空间时代的到来而成为现实,太空望远镜从地球上发射,安装在大气层之外的太空中,人类实现了全波段观测。以天文学家哈勃的名字命名的哈勃空间望远镜于 1990 年升空,口径 2.4 米,以 2.8 万千米的时速沿太空轨道运行,清晰度是地面天文望远镜的 10 倍以上。同时,由于没有大气湍流的干扰,它所获得的图像和光谱具有极高的稳定性和可重复性。哈勃望远镜历经多次维修,至今还在工作中。在它 20 多年的观测中,取得了无数令人赞叹的成果,对天文学的发展起了非常重要的作用。哈勃望远镜退役在即,而它新的继任者詹姆斯·韦伯太空望远镜预计在 2020 年后发射升空,其设计口径为 6 米,是哈勃望远镜的 2.5 倍,用以探索远超过目前仪器可观测到的宇宙中最远的对象。

三、航天系统

航天飞行的最大困难就是要赋予航天器巨大的能量,以达到能够克服地球引力的速度。如果航天器速度达到 7.9 千米/秒,就可环绕地球运行,这个速度称为第一宇宙速度,又叫环绕速度。当航天器速度达到 11.2 千米/秒时,它就会挣脱地球引力,沿抛物线进入太阳系,绕太阳运行,这个速度称为第二宇宙速度。当航天器速度达到 16.7 千米/秒时,就会摆脱太阳系的引力,沿双曲线轨道飞出太阳系,进入茫茫太空的深处,这个速度称为第三宇宙速度。

航天系统是一个庞大的系统工程,是由特定的运载工具、航天器、航天发射场、航天地面站及其他有关系统组成。

1. 运载工具——火箭

运载火箭承担着把航天器送往太空的任务。现代运载火箭大多为三级火箭,在使用同样性能的火箭发动机和相同技术水平的箭体结构的条件下,用多级火箭能达到单级火箭无法实现的宇宙速度。火箭点火工作后,逐一把已完成飞行任务的无用结构抛掉,使火箭发动机的能量最大限度地提高航天器的能量,从而间接地减轻火箭的结构质量。

火箭主要由箭体结构、推进系统、控制系统三大部分组成。

箭体结构是运载火箭的骨架,它包括头部的有效载荷(航天器)整流罩、仪器舱、推进剂贮箱和尾段。有的大型运载火箭还有尾翼。箭体结构的主要功用是装置有效载荷、控制系统的仪器设备、发动机和推进剂等,并按要求把组成运载火箭的各部分连接成一个结构紧凑、外形理想的整体。有效载荷安装在火箭的顶部,外面有整流罩。整流罩是一种硬壳式结构,其作用是在大气层飞行段保护有效载荷,飞出大气层后就可抛掉。整流罩往往沿纵向分成两半,由弹簧或无污染导爆索产生分离力。整流罩直径一般等于火箭直径,在有效载荷尺寸较大时也可大于火箭直径,形成灯泡形的头部外形。

推进系统包括发动机和液体推进剂输送系统,它能产生强大的推力,使运载火箭达到预定的速度,从而把有效载荷送入宇宙空间。运载火箭所用的发动机不需空气中的氧气做氧化剂,完全依靠自身携带的推进剂(氧化剂和燃烧剂的总称)而独自工作。所以,火箭发动机能在真空条件下使用,这也就是运载火箭能胜任空间载运任务的主要原因。火箭发动机的结构主要包括燃烧室和喷管。工作时,推进剂就在燃烧室内燃烧,产生高温高压燃气,以高速度从喷管排出,这就产生了推力。

火箭的控制系统包括制导系统、姿态控制系统、电源及配电设备等,它的任务就是控制运载火箭保持一定的姿态,按预定的轨道飞行。

运载火箭从地面起飞直到进入预定轨道,通常要经过以下几个飞行阶段:

(1) 垂直起飞段。火箭的初始加速度很小,采用垂直起飞容易保证飞行稳定,可使地面发射设备比较简单,也有助于火箭尽快飞出大气层,减小空气阻力引起的速度损失。

(2) 转弯飞行段。为了使航天器入轨,运载火箭达到一定速度后,必须在制导系统作用下,通过一系列动作,逐渐偏离垂直飞行状态,使速度方向转向水平,并在入轨点达到所要求的速度。

(3) 过渡飞行段。对于低轨道航天器,当运载火箭达到所要求的轨道高度和相应的轨道速度时,火箭就完成了运载任务,航天器即与末级火箭分离而进入运行轨道。对于高轨道或星际飞行的航天器,末级火箭通常要先进入一条低轨道,这是为了转移到目标轨道而暂时停留的中间轨道,称为停泊轨道或驻留轨道。末级火箭经过一段时间运行后,再次使航天器加速到进入过渡轨道或达到逃逸速度,然后航天器与末级火箭分离而进入最后的目标轨道。

2. 无人航天器

航天器是指在外层空间飞行的飞行器,按照运动轨道可分为两类:一类是环绕地球轨道运行的航天器,如人造地球卫星;另一类是脱离地球引力飞往月球、行星以至太阳系以外的航天器,一般称为空间航天器。

人造地球卫星是发射数量最多、应用最广的无人航天器，它的结构分为两大部分：一部分是有效载荷，即完成特定任务的专用设备，如通讯卫星的无线电接受和转发设备、遥感卫星的遥感成像设备等；另一部分是基本结构，即各种人造卫星共同具有的支持系统，包括结构系统、热控制系统、姿态控制系统、电源系统、无线电跟踪系统、回收系统等等。

按人造卫星的用途，可划分为科学卫星、技术试验卫星和应用卫星三大类。应用卫星的用途主要有无线电信号中继、导航定位、对地观测、天文观测等。

3. 载人航天器

载人航天器按其飞行轨道分为两类：一类是往返于地面和太空的载人飞船和航天飞机；另一类是不返回地面、在空间轨道上长期运行的空间站。

（1）载人飞船

载人飞船又称宇宙飞船，是一种保障航天员在外层空间生活、工作以执行航天任务并安全返回地面的大型航天器。载人飞船必须用火箭发射，在轨运行后经过制动，沿弹道式或半弹道式弹道穿过大气层，用降落伞和着陆缓冲系统实现软着陆。

载人飞船的结构采用分舱段布局的原则（图 10-1-5）。从功能上分，可分为座舱和服务舱；从再入与否分，载人飞船是由再入舱（也称返回舱）和其他舱段组成。再入舱是需要再入大气层的飞船舱段，它具有再入时的防热结构。座舱是再入舱的核心部分，是航天员工作与生活的地方，也是飞船的指挥中心。有些飞船的整个再入舱就是座舱。飞船的再入舱中安置一些最必要的设备，例如坐椅、仪表、照明灯、通讯设备和食物等。飞船的其他服务舱段安装不需要放在再入舱的各种系统、设备及容器，如返回发动机、燃料、电池和气瓶等，它们是不要求再入大气层的飞船舱段，因此在结构上要比再入舱简单。在完成特定的飞行任务后，这些舱段依次被抛掉，航天员乘座舱返回地面。

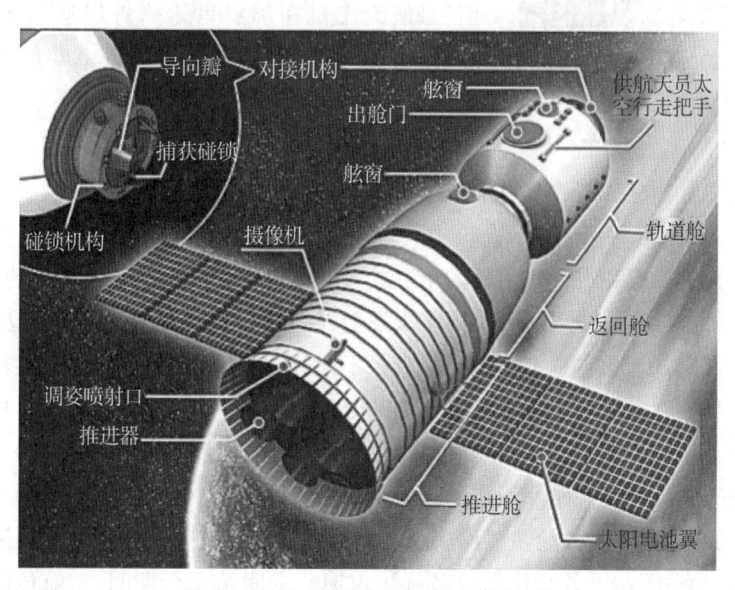

图 10-1-5 神舟 9 号飞船结构示意图

飞船为什么要分舱段，而不做成一个整体呢？这主要是为了减轻返回时的重量。如果整体返回，飞船的重量和体积很大，从空间返回时，飞船与大气剧烈摩擦产生的高温使飞船所处的环境更为恶劣,也使飞船返回的技术难度增大。因此,飞船必须分舱段设计:把必须返回的航天员和设备仪器集中在返回舱带回地面,把需要继续在轨道上运行完成特定任务的部分放到轨道舱,把用过后不需要的部分放到设备舱抛弃。这样大大减轻了飞船返回的重量,降低了飞船返回的技术难度。此外,飞船分舱段设计的好处还在于,当飞船某个舱段发生故障时,不至于影响其他舱段的工作。

载人飞船容积较小,受到所载消耗性物资数量的限制,不具备再补给的能力,它运行时间有限,是仅能一次使用的返回式航天器。

(2) 航天飞机

航天飞机是一种新型的航天器,是可以重复使用的、往返于地球表面和近地轨道之间运送人员和货物的飞行器。和其他航天器一样,航天飞机要用火箭送上太空,但完成任务返回地面时能像滑翔飞机或飞机那样下滑和着陆。

到目前为止,世界上真正投入使用的航天飞机只有美国航天飞机一种。航天飞机的结构主要由三大部分组成(图10-1-6)。①轨道飞行器,包括三台主发动机、驾驶员舱、乘务员舱和载货舱。②用作提供推进的外贮箱。③火箭助推器,共有两枚,使用固体燃料。航天飞机起飞时可以像火箭那样垂直发射,在运行过程中,为了减轻负担,可以把工作完毕后的固体燃料火箭助推器和推进外贮箱抛掉。航天飞机的主要机械在返回地面后经过整修还可以继续使用。2011年7月21日美国"亚特兰蒂斯"号航天飞机在佛罗里达州肯尼迪航天中心安全着陆,结束其"谢幕之旅",宣告美国30年航天飞机时代的终结。

图10-1-6 "亚特兰蒂斯"号航天飞机

(3) 空间站

空间站又称为"太空站"、"轨道站"或"航天站",是可供多名宇航员巡航、长期工作和居住的载人航天器。

太空站分为单一式和组合式两种。单一式太空站由运载火箭或航天飞机直接发射入轨;组合式太空站由若干枚火箭或航天飞机多次发射并组装而成。空间站一般重达数十吨,可居住空间可达数百立方米。它基本上由几段直径不同的圆筒串联组成,分为对接舱、气闸舱、轨道舱、生活舱、服务舱和太阳能电池帆等几个部分。对接舱一般有数个对接口,可同时停靠多艘载人飞船或其他航天器,是空间站的停靠码头。气闸舱是宇航员在航道上出入空间站的通道。轨道舱是宇航员进行科研和工作的场所,装有各种必需的仪器设备。生活舱是宇航员吃饭、休息和娱乐的地方。服务舱主要用来承装动力和能源系统。太阳能电池帆通常装在空间站本体的外侧,为空间站上各个仪器设备提供电源。空间站运行期间,宇航员的替换和物资设备的补充可以由载人飞船或航天飞机运送,物资设备也可由无人航天器运送(图10-1-9)。"天宫一号"是中国首个目标飞行器和空间实验室,于2011年9月29日发射升空。2011年11月,"天宫一号"与"神舟8号"飞船成功对接。2012年6月18日"神舟9号"飞船与"天宫一号"目标飞行器成功实现对接,中国三位航天员首次进入在轨飞行器。"天宫一号"的发射是中国空间站的起点,标志着中国已经拥有建立初步空间站,即短期无人照料的空间站的能力。

值得一提的是,人类在进行航天活动时产生了各种类型的"太空垃圾"。太空垃圾是遗弃在太空的各种物体和碎片,包括因寿命已尽而报废,或因事故和故障而失控的人造卫星,发射各类航天器时使用过的火箭本身及其一部分零件,多级火箭分离时产生的碎片,大块碎片相互碰撞后产生的小碎片,甚至还有宇航员遗失的手套和工具等物品。由于太空垃圾以轨道速度运行,若与它们相撞可能会严重损坏尚在运作的航天器,甚至威胁到宇航员在舱外活动时的生命安全。根据美国、俄罗斯等国家的监测,目前已被编录的大于 10 厘米的太空垃圾超过 9000 个,而 1 毫米以下的微小太空垃圾可能有几百万甚至几千万个。

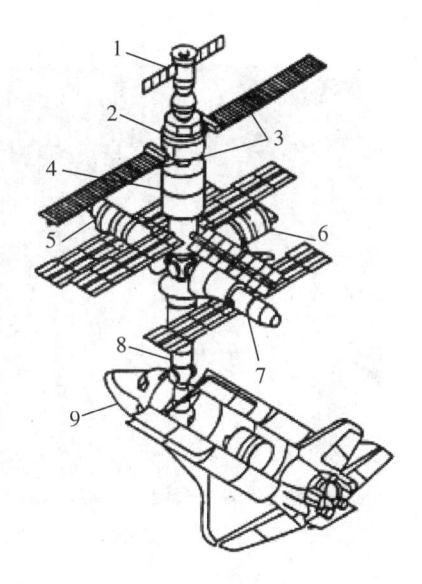

图 10-1-9 "和平"号空间站的结构示意图
1—飞船 2—天文物理仓 3—太阳能电池帆 4—核心舱 5—光谱舱 6—自然舱 7—服务舱 8—晶体舱 9—航天飞机

面对日益激烈的宇宙竞争,科学家们呼吁,应当及时制订新的法律和技术标准减少太空垃圾,另一方面,科学家也正在加紧研究清理太空垃圾的方法。

第二节 太阳和月球

太阳和月球是与地球关系最为密切的两个天体,太阳每天东升西落,是地球生命和各种自然地理现象的能量来源,而月球是地球的卫星,虽然体积较小,但离地球距离较近,也在地球上造成了明显的地理效应,如月相变化和潮汐现象。

一、太阳

太阳是离我们最近的恒星,日地平均距离为 $1.495\,978\,70 \times 10^8$ 千米。太阳是一个巨大而炽热的气体星球,主要由氢和氦组成,氢大约占 71%,氦约占 27%,其他元素约为 2%,主要为氮、氧、碳和各种金属。太阳的质量为 1.9891×10^{30} 千克,这个质量是地球的 33 万倍,并且集中了太阳系 99.86% 的质量。但是,即使这样一个庞然大物,在茫茫宇宙之中,却也不过只是一颗质量中等的普通恒星而已。太阳半径(核心到光球层)为 696 265 千米,表面重力加速度可达 274 米/秒^2,大约是地球表面重力加速度的 28 倍。

太阳和其他天体一样,也在围绕自己的轴心自东向西自转,但观测和研究表明,太阳表面不同的纬度处,自转速度不一样。在赤道处,太阳自转一周需要 25.4 天,而在纬度 40°处需要 27.2 天,到了两极地区,自转一周则需要 35 天左右。这种自转方式被称为"较差自转"(图 10-2-1)。

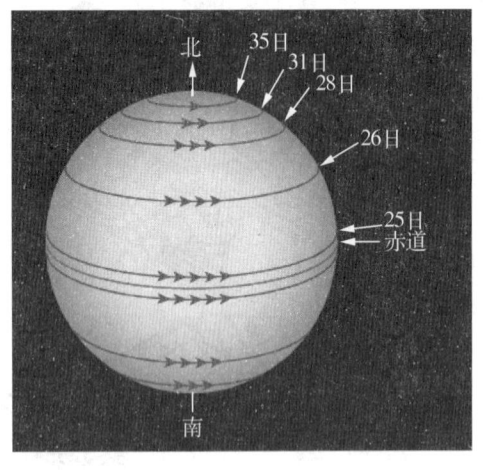

图 10-2-1 太阳较差自转示意图

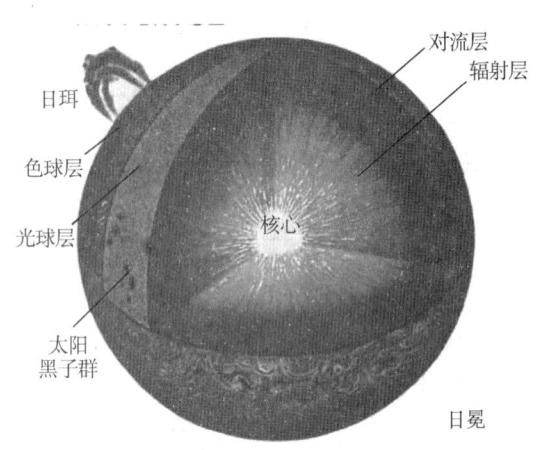

图 10-2-2 太阳的分层结构

1. 太阳的分层结构

太阳结构分为太阳本体和太阳大气两大部分。太阳本体由内到外可分为核心、辐射层、对流层三个部分,太阳大气由内到外可分为光球、色球、和日冕三层(图10-2-2)。

太阳的核心区域虽然很小,半径只是太阳半径的1/4,但却是产生核聚变反应之处,进行着4个氢核聚变成1个氦核的热核反应,每秒钟有质量为6亿吨的氢经过热核聚变反应为5.96亿吨氦。根据爱因斯坦的质能转换关系式 $E=mc^2$,在反应中损失的质量变成了巨大的能量,维持着连续不断的太阳辐射。正是这巨大的能量带给了我们光和热。

核反应区中心的温度高达1500万开,压强为 30×10^{15} 帕(相当于地球表面大气压强的3000亿倍),密度为160克/厘米^3。根据目前对太阳内部氢含量的估计,太阳至少还有50亿年的正常寿命。

辐射层的范围从0.25～0.86的太阳半径,它包含了各种电磁辐射和粒子流。核反应区产生的能量从太阳核心到太阳表面的行程中,以X射线和γ射线的形式经由辐射区向外传送,辐射区的物质吸收辐射再发出辐射,不断地将能量向外转移。

对流层是辐射区的外侧区域,其厚度约有十几万千米。由于这里的温度、压力和密度梯度都很大,太阳气体呈对流的不稳定状态。热的物质向外运动,冷的物质沉入内部,太阳内部能量就是靠物质的这种对流,由内部向外部传输。

光球层是太阳大气的底层,也是我们平常用肉眼看到的太阳圆盘,它实际上是一个非常薄的发光球层,厚度约为500千米。光球层的表面温度为5770开,向外传播的太阳可见光绝大部分是从这里发出的。由核反应区产生的X射线和γ射线辐射,在传送途中与太阳各层物质反复吸收、发射、再吸收、再发射的过程中,频率逐步降低,至光球层再向外辐射时,能量的99.9%已降为0.2～10.0微米波段的辐射,包含全部可见光和少量红外、紫外辐射。

色球层是太阳大气的中层,厚度约2000～10 000千米。这里物质稀薄透明,发出的可见光总量不及光球的1%,因此我们平时用肉眼看不到色球层,只有在发生日全食时,在食既之前几秒钟或者生光以后几秒钟,也就是光球所发射的明亮光线被月影完全遮掩的短暂时间内,在日面边缘呈现出狭窄的玫瑰红色的发光圈层,这就是色球层。平时,科学家们要通过单色光(波长为 6563 埃)色球望远镜才能观测到太阳色球层。

日冕是太阳最外层的更加稀薄的大气。日冕的亮度微弱,只有在日全食时才能展现其光彩,平时观测则要使用专门的日冕仪。日冕的温度高达百万度,其大小和形状与太阳活动有关,在太阳活动极大年时,日冕接近圆形;在太阳宁静年则呈椭圆形。自古以来,观测日冕的传统方法都是等待一次罕见的日全食——在黑暗的天空背景上,月面把明亮的太阳光球面遮掩住,而在日面周围呈现出青白色的光区,就是人们期待观测的太阳最外层大气——日冕。

2. 太阳的主要活动

太阳是一颗稳定的恒星,但它的大气却常处于局部的激烈运动中,现阶段太阳的主要特征是大功率的稳定辐射叠加小功率的周期性的太阳活动。

太阳黑子是出现在光球上的暗黑斑点,是一种最为常见的活动现象。中国是世界上公认最早观测记录太阳黑子的国家。黑子有从小到大再逐渐消失的发育过程,平均寿命约数月。发育完全的黑子是由较暗的核(本影)和围绕它的较亮部分(半影)构成的(图 10-2-3)。黑子显得黑,实际上并非绝对的黑,从黑子光谱分析得出,黑子的温度比明亮的光球温度低 15 000℃左右,磁场强度可达三四千高斯,因此科学家认为黑子是太阳光球表面具有强磁场的低温漩涡。

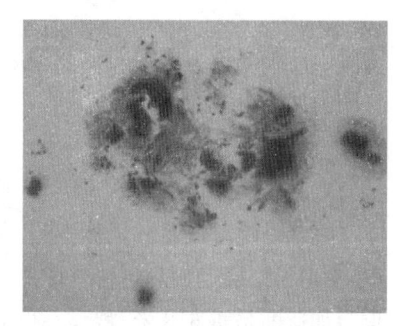

图 10-2-3 太阳黑子的构成

在实际观测中我们会发现,连续几天观测同一个黑子群时,它每天在日面上的位置不同,并且可以明显地看出它是由东向西(在地球上看)移动着,而且纬度越高移动越慢。这是太阳较差自转所造成的。除此之外,太阳黑子自己相对于光球背景也有缓慢的运动和结构形态的变化。太阳黑子的变化存在着复杂的周期现象,平均活动周期为 11 年。黑子多的年份也是其他形式的太阳活动激烈的年份,所以说黑子是太阳活动最明显的标志。

耀斑是发生于太阳色球与日冕之间的一种剧烈的短寿命(几分钟到几十分钟之间)爆发现象,又称太阳爆发(图 10-2-4),一般只存在几分钟,个别耀斑能长达几小时。在太阳活动峰年,当黑子出现最多的时候也是耀斑活动出现频繁的时候。一次大耀斑事件,除日面局部突然增亮的现象外,更主要表现在从射电波段直到 X 射线的辐射突然增强,同时抛射出大量的高能粒子和等离子体,对地球空间环境造成很大的影响。1989 年 3 月美国同步气象卫星上的太阳能电池损毁一半,1990 年 11 月我国"风云一号"卫星控制失灵,1991 年 3 月欧洲海事通讯卫星被迫退出服务,这些事件都是由于特大黑子群和大耀斑爆发造成的。

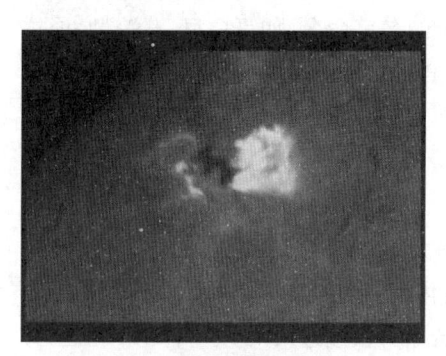

图 10-2-4 太阳耀斑

日珥是从色球层向日冕层抛出的火焰状物质。当我们仔细观测日面边缘——色球层时,会发现它不是均匀的一层,而是有着迅速变化的多种精细结构,就像一个燃烧的大草原,有的呈流烟状,有的呈环状,这就是日珥。日珥可分为宁静日珥、活动日珥和爆发日珥三大类。宁静日珥变化缓慢,可在日面存在几天甚至几十天。活动日珥总在不停地变化,它们像喷泉一样从日面喷出来,又慢慢地落回到日面。爆发日珥以每秒几百千米的速度,将物质喷发到几十万甚至上百万千米的高空,蔚为壮观(图10-2-5)。

太阳风是从太阳大气最外层的日冕向空间持续抛射出来的物质粒子流。很早以前,人们看到彗星的尾巴老是背着太阳,猜想这大概是从太阳"吹"出来的某种物质造成的。1958年,科学家通过人造卫星上的粒子探测器,探测到了太阳上有微粒流发出,并给它取名为"太阳风"。太阳活动时辐射出来的太阳风强度大,速度快,飞到地球附近时速度仍可达每秒1000~2000千米。这种高速太阳风对地球的影响很大,往往会引起磁暴和强烈的极光,同时还会扰动大气圈高处的电离层。

图10-2-5 日珥

二、月球

月球是地球的唯一天然卫星,与地球的平均距离是384 400千米。月球是一个南北极稍扁、赤道稍许隆起的扁球。月球的直径是地球的四分之一,质量是地球的1/81,其赤道附近的重力加速度是1.618米/秒^2,大约是地球表面重力加速度的六分之一。

1. 月球概貌

月面上山岭起伏,最高的山峰有9000米左右,比地球上的珠穆朗玛峰还要高。几百年前,地球上的人们通过望远镜看到月球表面有许多明亮和灰暗的区域,以为亮的地方是山,暗的地方是海。其实,所谓的"月海"是一些面积大小不同的平原低地,由于这些地区有大范围的熔岩流,又比较低洼,对太阳光的反射率较低就呈现暗黑色。而那些亮区,是月球上的高原和山脉,组成物质是比较古老的岩石,对太阳光的反射能力很强,相形之下就显得明亮。月面上最明显的特征是环形山,也叫月坑。月球表面环形山的直径大的有近百千米,小的不过10厘米,直径大于1千米的环形山总数多达33 000个,占月球表面积的7~10%,最大的为直径235千米。月球上大型环形山多以古代和近代天文学者的名字命名,如哥白尼、开普勒、埃拉托色尼、托勒密、第谷等。环形山的形成可能是陨星撞击的结果。许多大型环形山都具有向四周延伸的辐射状条纹,并由较高反射率的物质所组成,形成波状起伏的地形,向外延伸可达数百公里。它们可能是环形山中抛出物辐散堆积的薄层;其中以第谷环形山和哥白尼环形山的辐射纹最为优美,满月时看得很清楚(图10-2-6)。

月球表面大气极其稀薄,大气密度不到地球海平面大气密度的一万亿分之一,昼夜漫长(它的一昼夜大约相当于地球上的一个月),月面温度变化十分剧烈。

月球的表面不存在液态水,因为太阳辐射会使水被光解并快速逸入太空。自2004年起,日本、中国、印度、美国和欧洲空间局都发射了绕月卫星。这些太空探测器确认了月球极区上永久阴暗的坑穴的土壤中有水冰的存在。月球上没有火山活动,也没有生命,是一个平静的世界。

月球内部也有圈层结构,但与地球内部的圈层结构并不相同。月球表面有一层几米至数十米厚的月球土壤。月球由月球岩石圈(0~1000千米)、软流圈(1000~1600千米)和月球核(1600~1738千米)组成。月球岩石圈又可进一步分为四层,即月壳(0~60千米)、上月幔

图 10-2-6 月球正面地图

(60~300 千米)、中月幔(300~800 千米)和月震带(800~1000 千米)。软流圈又称为下月幔。上月幔由富镁的橄榄石组成,中月幔和下月幔由基性岩组成。月球几乎没有磁场,也没有地球那样的磁层。

自 1969 年以来,宇航员已从月球表面取回数百千克的月岩样品,经过对这些月岩样品的研究分析得出结论,这些月岩曾熔化过,月球表层物质主要是岩浆岩组成。月球的年龄至少已有 46 亿年。

资料

长期以来,月球的起源一直是得到广泛关注的热点问题。早期的假说有地球裂变说、捕获说、同源说等。裂变说认为月球是由于离心力从地壳分裂出去;捕获说认为月球是在形成时被地球引力场捕获的天体;同源说认为地球和月球形成于同一原生吸积盘。现在,大碰撞说获得了科学界普遍接受。该学说认为,一颗火星大小的天体(被称为忒亚,神话故事中月球女神塞勒涅的母亲)与原生地球碰撞,爆裂出的物质进入环绕地球的轨道,经由吸积形成月球。在太阳系诞生的早期,巨大的撞击是很常见的。计算机模拟的大碰撞模型表明,这样的撞击后产生的双星系统具有充分的角动量匹配目前地月系统的轨道参数,而且也可以解释月球具有相对较小核心的原因。此外,大碰撞说还可以合理解释地月成分的不同:月球的大部分组成成分都来自撞击前的天体,而并不是原生的地球。

2. 月球运动与月相变化

地球与月球构成了一个天体系统,称为地月系。在地月系中,地球是中心天体,月球围绕着地球自西向东地公转。因此一般把地月系的运动描述为月球对于地球的绕转运动。然而,地月系的实际运动,是地球与月球对于它们的公共质心的绕转运动。地球与月球绕它们的公共质心旋转一周的时间为 27 天 7 小时 43 分 11.6 秒,也就是 27.321 66 天,公共质心的位置在离地心约 4671 千米的地球体内。

月球在绕地球公转的同时,自身也在不停地旋转,称为自转。但月球的自转不仅自转方向与其公转方向相同,自转周期也与其公转周期相等,称为同步自转。图 10-2-7 说明了月球的同步自转运动。设 A 为月面上的一个固定点,当月球在位置 1 时,A 正对着地球。月球绕地球公转 1/4 周来到位置 2 时,月球自转了 1/4 周。同样,当月球公转了 2/4 周、3/4 周、4/4 周时,它自身也恰好自转了 2/4 周、3/4 周、4/4 周,A 点始终朝向地球。由于月球不断进行着与公转同步的自转,使 A 在月球绕地球公转过程中,始终正对着地球。所以,地球上只能看到月球朝向地球的大约半个月面,无法看到它的背面。月球的同步自转意味着月球上的一昼夜长达 27 天。

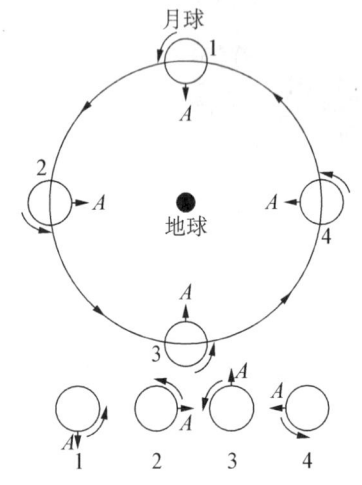

图 10-2-7 月球的同步自转运动

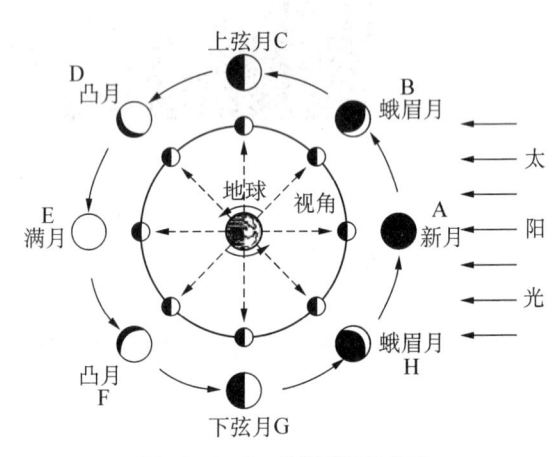

图 10-2-8 月相成因示意图

在地球上看来,月亮总是东升西落,可是每天出现的时间并不固定,而且月亮的形状经常在变化。月相是天文学中对于地球上看到的月球被太阳照明部分的称呼。月球环绕地球旋转时,地球、月球、太阳之间的相对位置不断地变化。我们从不同的角度上看到月球被太阳直接照射的部分,这就是月相的来源(图 10-2-8)。

约在农历每月三十或初一,月球位于太阳和地球之间(图中 A 点)。地球上的人们正好看到月球背离太阳的暗面,因而在地球上看不见月亮,称为新月或朔。此月相与太阳同升同落,即清晨月出,黄昏月落,只有在日食时才可觉察它的存在。

新月过后,月球向东绕地球公转,从而使月球离开地球和太阳中间而向东边偏了一些(图中 B 点),地球上可看到呈镰刀形的月牙,凸面对着西边的太阳,称为蛾眉月。蛾眉月日出后月出,日落后月落,与太阳同在天空,在明亮的天空中,故不易看到月相。只有当太阳落山后的一段时间才能在西方天空看到蛾眉月。

约在农历每月初七、初八,由于月球绕地球继续向东运行,日、地、月三者的相对位置成为直角(图中 C 点),地球上的观察者正好看到月球是西半边亮,亮面朝西,呈半圆形,叫上弦月。上弦月大约正午月出,黄昏时位于中天,子夜从西方落入地平线之下。

约在农历每月十一、十二,在地球上的观察者看到月球西边被太阳照亮部分大于一半,月相变成凸月(图中D点)。凸月正午后月出,黄昏时在偏东的天空,黎明前从西方地平线落下。

农历每月十五、十六,月球转到太阳相反的位置(图中E点),月球亮面整个地朝向地球,人们能看到一轮明月,称为满月或望。满月在傍晚太阳落山时的东方地平线上升起,子夜时位于中天,清晨时从西方地平线落下,整夜都可以看到月亮。

农历每月十八、十九,月相又变成凸月(图中F点),亮面朝东,此时为黄昏后月出,正午前月落。

农历每月二十二、二十三,太阳、地球和月球之间的相对位置再次变成直角(图中G点),这时我们看到月球东半边亮呈半圆形,亮面朝东,称为下弦月。下弦月在子夜时升起在东方地平线上,黎明日出时高悬于中天,正午时从西方地平线落下。

农历每月二十五、二十六,月相又变成蛾眉月(也叫残月),亮面朝东(图中H点)。此时子夜后月出,黄昏前月落,黎明前在东方天空可见。

此后月球继续向东运行,又运行到太阳和地球之间,月相变为朔。

教材研读

一个月相周期中,什么时候可以在白天看到月亮?月相变化时,月球朝向地球的一面发生改变吗?

观察白天的月相

在白天,我们上午上学或者下午放学时,有时会发现天空中有月亮。让我们对白天的月相进行一个月的持续观察,并记录有关月相的情况。

观察白天的月相,我们需要注意:

1. 准备两张记录纸,画上15个大小相同的圆,并标上方向。
2. 在每天下午放学后的傍晚时分和上午上学前的清晨时分进行观察,将天空的月相、月相的旧历时间、月相所在位置、太阳所在位置记录下来。
3. 我们也可以在夜晚做一些观察,与白天对比一下,月相有什么变化?

如果有些时候我们观察不到天空中的月相,该怎么办呢?

三、日食和月食

日食和月食是与太阳、地球、月球三者运动有密切联系的自然现象。

日食和月球的影子有关。当月球运行到日地之间(朔)时,如果日、月、地三者恰好或几乎在一条直线上,月影就会扫到地球表面。被月影扫过的地区,人们就会看到日食。显然,日食必定发生在朔,即农历初一。但不是每次朔都能发生日食,因为月球绕地球公转的轨道平面和地球绕太阳公转的轨道平面并不重合,而是有一个约5°9′的夹角,只有当月球处在两个轨道平面的交点附近时才有可能发生日食。

月球的影子可分为本影、伪本影和半影三部分。本影范围内完全得不到太阳光的照射,因而最黑暗;伪本影是本影延伸出的发散圆锥,影子较暗;半影位于本影和伪本影的周围,一侧光线照射不到,另一侧的光线则可以照到。日全食只在月球位于近地点时发生,此时月球的本影锥长度较月地之间距离长,本影锥才能扫到地球表面某一区域。这个区域内的观测者将看到整个太阳圆面都将被挡住,这就是壮观的日全食。日全食开始时,太阳先是缺掉一角,然后缺掉的部分越来越大,直到整个太阳圆面都被黑影所遮掩,此时整个天空会一下子暗下来,好像突然进入了黑夜,许多星突现在天空中。太阳的中心一片漆黑,周围可见一圈玫瑰色的大气层,就是平时难得一见的色球层,有幸的话还可以看到红色的日珥。色球层的外面则是变化多端的日冕。就在太阳整个圆面被月影遮蔽的一瞬间,还可以看见美丽的贝利珠现象,这是由于月球边缘有很多山脉,遮挡太阳时不均匀所造成的景观。在全食区之外,所见的食相是偏食。当月球处于远地点时,月球的本影锥不能到达地球,到达地球的是由本影锥延长出的伪本影锥。此时月球的影子比太阳的视圆面小,不足以将整个太阳圆面遮挡住,这时太阳边缘的光仍可见,形成一圈绕在月球阴影周围的亮环,这就是日环食。在环食区之外,所见的食相是偏食(图10-2-9)。日偏食通常是伴随着其他食相发生,如日全食或日环食。但发生在极区的某些日食会是单纯的日偏食(不伴随其他食相),这是因为只有月球半影到达地球表面。

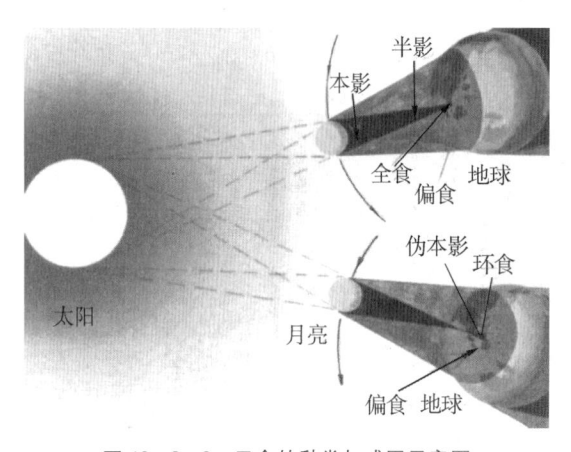

图10-2-9 日食的种类与成因示意图

月食和地球的影子有关。当月球运行到地球公转轨道外侧,地球处在太阳和月球之间(望)时,如果日、地、月三者恰好或几乎在一条直线上,月球就会走进地球的影子里,发生月食(图10-2-10)。由于地球的本影长度比月球和地球之间的最大距离还要大得多,所以月食发生时,月球只能进入地球的本影范围内。如果月球只有一部分进入地球本影,即月面只有一部分被遮住,这就是月偏食;如果月面整个被地球本影遮住,这就是月全食。

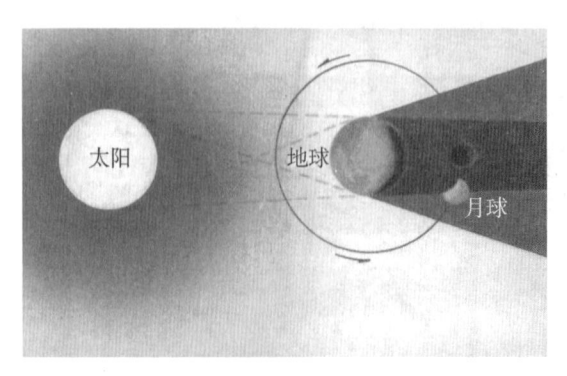

图10-2-10 月食成因示意图

日全食发生时,太阳圆面被月球遮住后就完全看不见了;而月全食时,虽然整个月球淹没在地球的本影里,但它的圆面依稀能够看到,还呈现暗红色,这主要是地球大气折射光线的缘故。经过折射后,部分太阳光进入到地球本影里,使月球不至于黑暗得看不见,而是呈现为朦胧的浅黑色。另外,大气容易阻挡和吸收蓝紫光,对黄、橙、红光不易吸收。根据这个道理,月全食的时候,被地球大气折射到地影里去的太阳光经过了比较厚的大气层,其中的红光部分吸收较少,折射到月面上,使月球成为一个暗红色的圆盘。

第三节　太阳系、银河系及宇宙空间

宇宙是天地万物,是广漠空间和其中存在的各种天体以及弥漫物质的总称。进一步认识宇宙的内涵,宇宙可以看作是空间和时间的统一。

一、宇宙的起源及演化

教材引出的话题

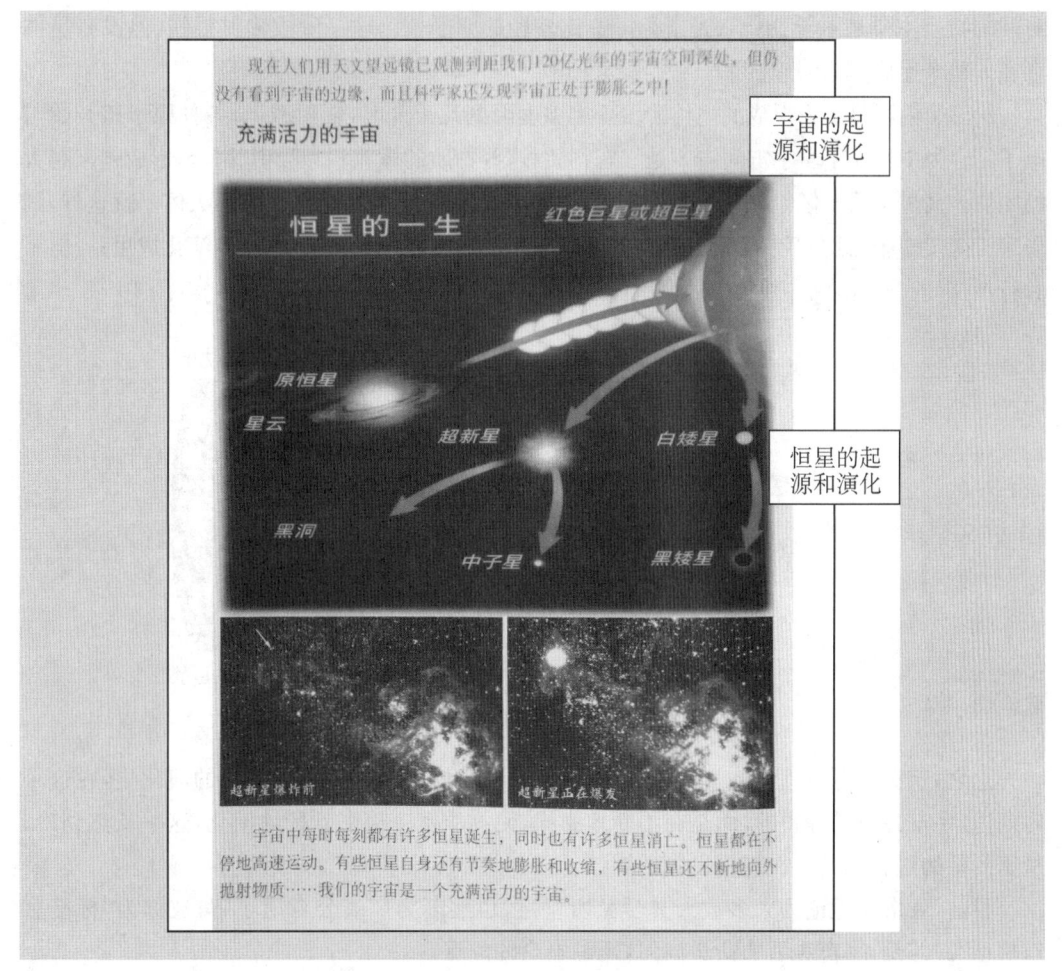

现在人们用天文望远镜已观测到距我们120亿光年的宇宙空间深处,但仍没有看到宇宙的边缘,而且科学家还发现宇宙正处于膨胀之中!

充满活力的宇宙

恒星的一生

红色巨星或超巨星
原恒星
星云
超新星
白矮星
黑洞
中子星
黑矮星

宇宙的起源和演化

恒星的起源和演化

超新星爆炸前　　超新星正在爆发

宇宙中每时每刻都有许多恒星诞生,同时也有许多恒星消亡。恒星都在不停地高速运动。有些恒星自身还有节奏地膨胀和收缩,有些恒星还不断地向外抛射物质……我们的宇宙是一个充满活力的宇宙。

我们通常所说的"宇宙",是指目前人类天文观测所及的整个时空范围,称为"可观测宇宙",或者"我们的宇宙"。这样的"宇宙",有它诞生发展的历史,也有一定的范围:"宇宙"年龄是极其漫长的,约为 150 亿岁;"宇宙"空间是极为庞大的,已观测到的最远的星系距离我们大约 150 亿光年。

1948 年,俄裔美国天体物理学家伽莫夫(George Gamow)等人提出宇宙大爆炸理论。"大爆炸理论"是现代宇宙学中最著名、也是影响最大的一种学说。

该理论认为,我们的宇宙在遥远的过去曾处于一种极高温度和极大密度的状态,这种状态被形象地称为"原始火球"。

根据"宇宙大爆炸理论"的描述,宇宙起源于距今大约 150 亿年的一次大爆炸。宇宙演化大致分为三个阶段:

第一个阶段是宇宙的极早期。在爆炸的最初时刻,温度极高,在 100 亿开以上,密度也相当大,宇宙间只有中子、质子、电子、光子等一些基本粒子形态的物质。由于爆炸使宇宙空间不断膨胀,温度随之很快下降。

第二个阶段是化学元素形成阶段。当温度降到大约 10 亿开时,中子开始失去自由存在的条件,它或者衰变为质子和电子,或者与质子结合形成氘核、氚核、氦核等轻元素的原子核,余下的质子就成了氢原子核。当温度低于 100 万开之后,早期形成化学元素的过程结束,宇宙间的物质主要是质子、电子、光子和一些比较轻的原子核。这一阶段辐射很强,但没有星体存在。整个宇宙体系继续膨胀,温度继续下降。

第三个阶段是宇宙形成的主体阶段。当温度降到几千开时,辐射减退,各种原子核开始与电子结合为中性原子。宇宙间主要是气态物质,这些物质的微粒相互吸引、融合,形成越来越大的团块。又过了几十亿年,中性原子在引力作用下逐渐聚集,先后形成了各级天体。就这样,随着宇宙继续膨胀,温度不断降低。宇宙间的气态物质逐渐凝聚成星云,并逐渐演化成星系、恒星和行星,再进一步形成各种各样的恒星体系,直至演化成我们今天所看到的宇宙(图 10-3-1)。

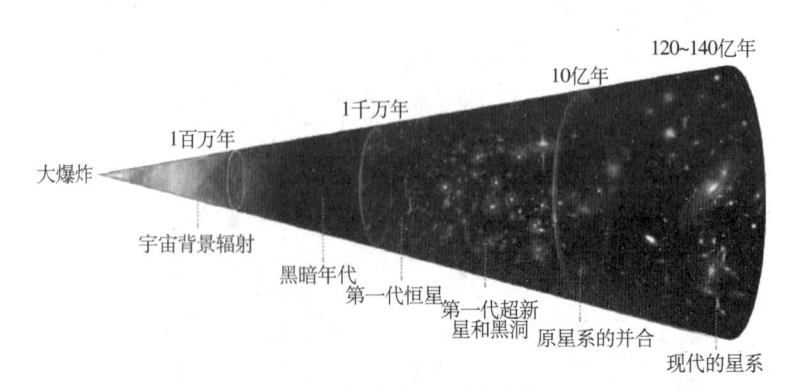

图 10-3-1 宇宙的演化进程

总之,宇宙大爆炸理论的主要观点是:我们的宇宙曾有过一段从热到冷的演化史,在这个时期里,宇宙并不是静止的,而是在不断地膨胀,使物质密度从密到稀地演化,这一从热到冷、从密到稀的过程如同一次规模巨大的爆炸。

目前,大爆炸理论为大多数天文学家所肯定,也逐渐为广大公众所了解,被称为"标准宇宙模型"。但是,宇宙今后的命运如何,还是争论的焦点。

二、恒星与星系

宇宙中最主要的天体是恒星和星云。太阳就是恒星的代表,近年来科学家估算,整个可见宇宙空间大约有 700 万亿亿颗恒星,这是一个极其庞大的数字。恒星之间广阔无垠的空间存在着各种各样的物质,这些物质包括星际气体、尘埃和粒子流等,人们把它们叫做"星际物质"。星际物质在宇宙空间的分布并不均匀。在引力作用下,某些地方的气体和尘埃可能相互吸引而密集起来,形成云雾状,人们形象地把它们叫做"星云"。

1. 恒星的基本特征

恒星是由炽热气体组成、能够自行发光的球形或类似球形的天体。构成恒星的气体主要是氢,其次是氦。

恒星的本意是永恒不动、固定的星,但是,恒星并不"恒"。恒星也和其他天体一样存在着自转运动,不同类型的恒星自转速度不同。除了自转外,恒星在太空中相对于太阳的运动,叫做恒星的空间运动。由于恒星的距离遥远,位置变化很慢,短期内难以察觉。1718 年,英国天文学家哈雷(E. Halley)将他所测定的若干恒星的位置与 1000 多年前的观测结果相比较,发现这些恒星的位置有明显的变化,从而发现恒星在运动。天文学家根据北斗七星现在的位置与各自的运动,推测了 10 万年前和 10 万年后它们彼此之间的位置关系(图 10-3-2)。

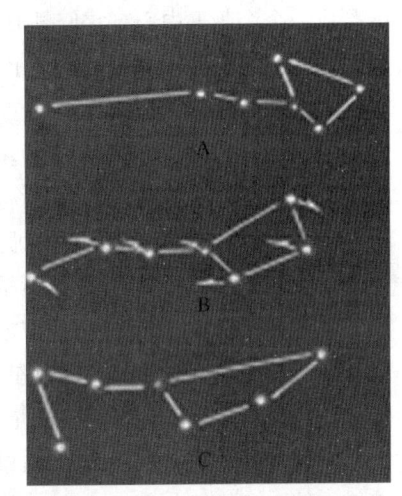

图 10-3-2 北斗七星的运动
A 十万年前　B 现在　C 十万年后

(1) 恒星的光谱

恒星有多种不同的颜色,恒星的颜色反映了恒星表面温度的高低,我们可以通过研究恒星的光谱来估计其表面温度。目前被广泛采用的是"哈佛分类系统",它反映了恒星光谱型与颜色、温度的对应关系(表 10-3-1)。

表 10-3-1 恒星的光谱型

光谱型	O	B	A	F	G	K	M
颜色	蓝	蓝白	白	黄白	黄	橙	红
表面温度(K)	40 000~25 000	25 000~12 000	11 500~7700	7600~6100	6000~5000	4900~3700	3600~2600

(2) 恒星的亮度与光度

恒星的明暗差异很大,造成这一现象有两方面的原因,一是恒星自身的发光本领不同,二是恒星与我们地球的距离远近不同。

"亮度"一词是指地球上的受光强度,通俗地说,恒星的亮度就是在地球上看到的恒星的明亮程度。天文学上用视星等来表示天体亮度的等级,通常称为星等。星等级数越小,表示天体越明亮。星等每相差一级,其亮度相差 2.512 倍,例如,比 1 等星亮 2.512 倍的是 0 等星,而 1 等星又比 2 等星亮 2.512 倍。

然而,由于距离远近不同,在地球上看到的恒星的明暗并不代表其真实的光亮程度,为此，天文学家引入了"光度"一词。光度表示恒星的发光本领，用绝对星等来衡量。与视星等一样，绝对星等值越小，说明恒星的光度越高。

2. 恒星的起源和演化

恒星由星云凝聚而成，星云物质大部分由氢元素组成，这些氢元素是在宇宙创生之初形成的。

星云内的物质分布是不均匀的，其中稠密的核心有较强的引力，吸引着周围大量的物质向它下落，核心物质增多，引力加大，因而收缩。随之，核心温度上升，压力增强，使巨分子云分裂成一个个凝聚中心。它们是形成恒星的种子，称为"恒星胎"。恒星胎继续吸引周围物质，它的质量快速增大，温度持续上升，并收缩到大小类似于太阳，成为"原恒星"。星云物质包围着它，物质继续向它下落，并在它的周围形成一个星云盘。原恒星通过收缩，不断地释放引力能，并开始发光。随着年轻恒星的演化，其周围的气壳终于消失，星云盘内的物质逐渐结合成团块（称为"星子"），成为日后构筑行星的材料。年轻恒星继续慢慢地收缩，在经过1000万～1亿年之后（时间长短取决于质量，质量越大，时间越短），使其内部温度提升到700万度，点燃了稳定的氢核聚变。这时，恒星成为一颗主序星，恒星形成的阶段终于结束了。

在主序星阶段，由于热核反应放出的能量足以使内部压力与引力处于平衡状态，恒星的体积和温度不再有明显变化。恒星一生的大部分时间都停留在此阶段。恒星停留在主序星阶段的时间长短取决于恒星的质量。大质量恒星的核心温度高，核反应消耗氢的速度快，因此其生命历程相对要短。例如，质量为 10 M⊙ 的恒星，寿命大约为1000万年左右，而太阳却能维持约 100 亿年。

氢不断地燃烧和消耗，中心形成的氦核不断地增大，而氦核周围的氢却越来越少，由氢的核聚变而产生的能量已经不足以维持其辐射压力，于是平衡被打破，引力占了上风。有着氦核和氢外壳的恒星在引力作用下收缩，使其密度、压强和温度都升高。温度达到 1 亿度以上，氢的核聚变向氦的核聚变转化。氦核聚变成铍、碳和氧。经过几百万年，氦核燃烧殆尽，此时恒星的结构组成已经不那么简单了：外壳仍然是以氢为主的混合物，而在它下面有一个氦层，氦层内部还埋有一个碳球。核反应过程变得更加复杂。

氦燃烧阶段结束时，星球中心区域收缩，温度重新上升。在一些质量足够大（质量至少是太阳的四倍）的恒星里，中心的温度可以达到 10 亿度，此时碳和氧的聚变得以开始，结果形成了钠、镁、硅和硫等较重的元素。当恒星中心部分的碳和氧消耗殆尽并富含硅时，便开始了硅的燃烧阶段，硅转化成硫、氩和其他一些更重的元素。如果恒星通过收缩，能使内部温度升到 30 亿度左右，那么便开始形成铁元素。

当恒星内部的氦核向内收缩并变热之时，其主要由氢构成的外壳则由于内核产生的辐射压力而向外膨胀并不断变冷，发出的光也就越来越偏红。这个过程仅仅持续数十万年，这颗恒星体积将膨胀到原来的 10 亿倍之多，在迅速膨胀中变为红巨星，这颗恒星进入老年。虽然表面温度降低了一些，可红巨星的体积增大如此之多，它的光度也变得很大，显得非常明亮。肉眼看到的最亮的星中，许多都是红巨星。与此同时，红巨星外部开始发生不稳定的脉动振荡：恒星半径时而变大，时而又缩小，恒星变为极不稳定的巨大火球，火球内部的核反应也越来越趋于不稳定，忽而强烈，忽而微弱。

随着核反应的中止，恒星对引力的抗衡消失，在自引力作用下，迅速坍缩，外层物质则大量抛射,恒星走向其一生的终点。

恒星的归宿因其残余质量的不同而有很大的不同。

残余质量小于 1.44 M⊙ 的恒星,其死亡过程比较"温和"。中心部分收缩到一定程度后,停止了一切核反应过程,变成了一颗冷却了的、密度却极大的白矮星。

残余质量大于 1.44 M⊙ 却小于 2.4 M⊙ 的恒星,死亡的过程往往十分"壮烈",星体的亮度突然增加千万倍甚至上亿倍,这就是超新星爆发,是恒星世界中已知的最激烈的爆发现象。星体粉身碎骨,核心演变成为更为致密的中子星。在超新星爆炸时,金、铅、铀等更重的元素被聚变出来。

残余质量大于 2.4 M⊙ 的恒星,在超新星爆发后留下的物质质量依然很大,那么中子星就不是它的最后归宿,没有任何力量能平衡恒星的自引力,恒星的引力坍缩将毫无阻挡地进行到底,其唯一的归宿就是黑洞。天文学家认为,黑洞是这样一个时空区域:在其表面连光线也无法逃离其引力的束缚。

3. 星系

星系是由大量恒星和星云构成的天体系统。

宇宙中没有两个星系的形状是完全相同的,每一个星系都有自己独特的外貌,但人们可以根据星系共有的特点对它们进行大体的分类,天文学家哈勃于 1925 年提出的分类系统是应用得最广泛的一种。根据星系的形态可以大体分成三类:

椭圆星系:外形呈正圆形或椭圆形,中心亮,边缘渐暗。按椭圆的扁率从小到大又分为八种次型。

漩涡星系:外形呈漩涡结构,有明显的核心,核心呈透镜形,核心球外是一个扁扁的圆盘,有几条旋臂。漩涡星系又分为两类:一是中央无棒状结构的漩涡星系;一是中央有棒状结构的棒旋星系。

不规则星系:外形没有明显的核心和旋臂,看不出旋转的对称性结构,呈不规则的外形。

地球以及整个太阳系所属的星系叫银河系。银河系由大量恒星构成,由于在地球上看起来像一片云雾状光带,通常称银河。长期以来,人们一直以为银河系的外貌是一个典型的漩涡星系,但最近的观测却发现,它的中央核球稍带棒形,这意味着银河系很可能是一种棒旋星系。

银河系包括近 2000 亿颗恒星,根据恒星分布的疏密,将银河系分为三部分:银河系中心恒星最密集的区域叫做核球,直径约为 1~1.3 万光年,核球的中心区域叫银核,其中心叫银心;核球四周由大量恒星聚集而成的扁状圆盘叫银盘,其直径约 8 万光年,银盘的厚度由接近核球处的 4000 光年减小为边缘的 800 光年,银盘的中心平面叫银道面;银盘的外围是近乎球状分布的银晕,由较稀疏的恒星构成,直径约为 10 万光年(图 10-3-3)。

图 10-3-3 银河系的结构

银河系以外的星系统称为河外星系,人们估计河外星系的总数约为1000亿个,它们的大小不一,直径从几千光年到几十万光年不等。我们的银河系在星系世界中只是一个很普通的星系,是宇宙中很小的一部分。多数星系与银河系的距离非常遥远,只有少数星系与银河系的距离较近,它们是大小麦哲伦星系、仙女座星系、猎犬座星系和室女座星系。

三、太阳系

太阳只是银河系一颗普通的恒星,但在太阳系中,太阳无疑是最重要的天体。没有太阳,地球上就不可能有千姿百态的生命。

太阳系的中心是太阳,虽然它只是一颗中小型的恒星,但它的质量已经占据了整个太阳系总质量的99.86%。太阳以自己强大的引力将太阳系中所有的天体紧紧地控制在它自己周围,使它们井然有序地围绕自己旋转,还带着太阳系的全体成员一道运动。太阳系绕着银心以每秒250千米的速度旋转,大约两亿两千六百万年在银河系转一圈,另一方面,又相对于周围恒星以每秒19.7千米的速度朝着织女星附近方向运动。

太阳系是如何起源的呢?

现代星云假说根据观测资料和理论计算,提出它的主要观点:太阳系原始星云是巨大的星际云瓦解的一个小云,一开始就在自转,并在自身引力作用下收缩,中心部分形成太阳,外部演化成星云盘,星云盘内部的尘埃颗粒进一步聚集形成星子,星子继续碰撞合并形成行星。目前,现代星云说又存在不同学派,这些学派之间还存在着许多差别,有待进一步研究和证实。

太阳系八大行星由太阳起往外的顺序是:水星(Mercury)、金星(Venus)、地球(Earth)、火星(Mars)、木星(Jupiter)、土星(Saturn)、天王星(Uranus)、海王星(Neptune)。我们肉眼只能看到其中的五颗行星,对这五颗星,各国命名不同。我国古代有五行学说,因此便用金、木、水、火、土这五行来把它们分别命名为金星、木星、水星、火星和土星。而欧洲,则用罗马神话人物的名字来称呼它们。近代发现的远日行星,西方按照以神话人物名字命名的传统,以天空之神、海洋之神来称呼它们,在中文里便相应翻译为天王星、海王星。

1. 八大行星

太阳系中的八大行星在公转时有共面性、同向性、近圆性的特征,即位于差不多同一平面的近圆轨道上运行,朝同一方向绕太阳公转(从太阳北极上看是逆时针方向)。除金星以外,其他行星的自转方向和公转方向相同。

太阳系的行星大致可分为两大类:类地行星与类木行星。类地行星包括水星、金星、地球、火星,它们的共同特征是密度大,体积小,自转慢,卫星少,内部成分主要为石质和铁质,具有固体外壳,可以说是小而密的岩石世界,具有较稀薄的大气。类木行星包括木星、土星、天王星、海王星,它们的共同特点是体积都非常大,而且没有固态的外壳,主要由氢、氦、冰、甲烷、氨等气体组成,石质和铁质只占极小的比例,它们的质量和半径均远大于地球,但密度却较低,可以说是体积大、质量大、但是密度小的气体世界。类木行星的另一特点是它们都有环,其中尤以土星的环最为显著。类木行星的卫星众多。八大行星的特征见表10-3-2。

表 10-3-2 八大行星的基本数据

	水星	金星	地球	火星	木星	土星	天王星	海王星
与日距离（百万千米）	57.91	108.20	149.60	227.94	778.33	1426.98	2870.99	4497.07
公转周期	88.0 天	224.7 天	365.3 天	687.0 天	11.9 年	29.5 年	84.0 年	164.8 年
自转周期	58.6 天	243.0 天	23.9 小时	24.6 小时	9.8 小时	10.2 小时	17.9 小时	19.2 小时
质量（地球=1）	0.055	0.814	1.000	0.107	317.938	95.181	14.531	17.135
赤道半径（地球=1）	0.382	0.949	1.000	0.532	11.209	9.449	4.007	3.883
平均密度（克/厘米^3）	5.43	5.25	5.52	3.95	1.33	0.69	1.29	1.64
表面重力加速度（米/秒^2）	3.78	8.60	9.78	3.72	22.88	9.05	7.77	11.00
表面状态	固体	固体、云	固体	固体	云	云	云	云
目前发现的卫星数	0	0	1	2	63	47	27	13
光环	无	无	无	无	有	有	有	有

2. 小行星

小行星与大行星一样，沿着一定的轨道环绕太阳运行，但与大行星相比，小行星的体积要小得多。最早发现的"谷神星"、"智神星"、"婚神星"和"灶神星"是小行星中最大的四颗。最大的谷神星直径约为 1000 千米，最小的婚神星直径约为 200 多千米。大多数小行星是一些形状很不规则、表面粗糙、结构松散的硅酸盐石块，有的含碳较多，有的含有较多的金属成分。

小行星的分布远的可至土星轨道以外，近的可在地球轨道以内，但绝大多数小行星集中分布在火星与木星，数量在 1 万个以上，这部分区域被称为小行星带。据推测，这些小行星可能是由界于火星与木星之间的某一颗行星碎裂而成的，或者是一些未能聚积成为统一行星的碎块。

3. 彗星

彗星就是我国民间所讲的"扫帚星"，"彗"字的意思就是扫帚。由于彗星来去匆匆，形态奇特，无论在我国还是西方历史上都被视为灾难的征兆。其实彗星的出现完全是一种自然现象，与天灾人祸没有任何关系。

彗星的轨道有三种形状：很扁的椭圆、抛物线、双曲线。那些沿抛物线或双曲线轨道运行的彗星，或许原本就不是太阳系的成员，而只是宇宙中的匆匆过客，在途经太阳附近之后，便远遁深空，一去不复返。那些运行在椭圆轨道上的彗星，则每隔一段时间定期回到太阳身边，称为周期彗星。

哈雷彗星是每 76.1 年环绕太阳一周的周期性彗星，是人类首颗有记录的周期彗星，也是人类研究得最仔细的彗星。

肉眼所见的亮彗星可分为彗头和彗尾两部分。彗头大致呈球形朦胧云雾状亮斑,中心区亮,往外减暗。实际上,彗头是由"彗核"和"彗发"组成的。彗核在彗头中央,看上去像个星点,常难以分辨出来。虽然彗核小,但彗核才是彗星的本体,彗星的绝大部分物质集中在彗核。彗发则是从彗核蒸发的气体及微尘所形成的彗星大气,虽然延展范围很大(达 10^5 千米),但彗发外部的气体密度比"真空管"里残留气体还稀薄得多。自 1970 年以来,航天器观测到可见光彗发外面有氢原子(H)云,称作"氢云"或"彗云",也称作"氢(H)彗发",大小可达 10^7 千米。彗尾常在背太阳方向延展,彗尾的物质密度更小。按照形态和性质,彗尾有两类:一类直而长,由离子气体及电子组成,色偏蓝,称作"气体彗尾"或"离子彗尾"或"等离子体彗尾";另一类常是弯曲的,由尘埃组成,色偏黄,称作"尘埃彗尾"(图 10-3-4)。

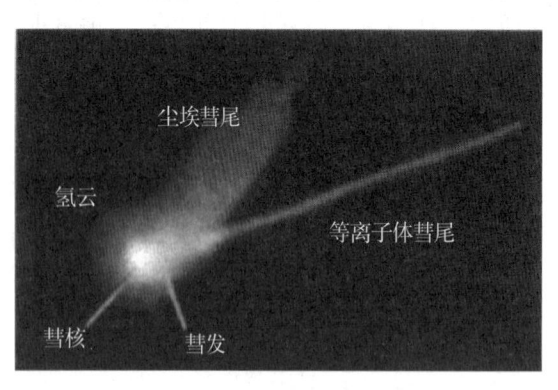

图 10-3-4 彗星结构示意图

彗星主要由冰和尘埃、砂粒、石头混合组成,科学家形象地把它比喻作"脏雪球"。一颗周期彗星在绕太阳公转中,其形态不断地变化。当它离太阳很远时,基本上是赤裸的彗核。随着与太阳的距离越来越近,受到太阳辐射的作用增大,彗核表层的冰和尘埃开始蒸发而形成彗发;离太阳更近时,彗发变得越来越大,越来越亮。当彗星来到火星轨道附近时,由于受到更强的太阳辐射,从彗核蒸发出的物质增多,这些蒸发物在太阳的辐射压力和太阳风的作用之下,被"吹"向背着太阳的方向,形成彗尾。彗星过近日点之后逐渐远离,其形态变化与接近时相反,即彗发和彗尾越来越小,直到消失。

彗星的每次回归都会因为太阳的热力蒸发作用是一部分物质散逸到宇宙空间,最终彗核中的冰冻物质消耗殆尽,残存的固体物会崩解为流星体群,继续环绕太阳运动。所以说彗星是一种相对短命的天体。

4. 流星体

流星体是一些绕太阳运行的微小颗粒和固体块。有些流星体成群地沿着相似轨道绕太阳公转,组成流星体群,它们的前身可能是一些崩解的彗星。有些流星体则好像散兵游勇,单个绕太阳公转。

当流星体在轨道中经过地球附近时,受地球引力的作用,会高速闯入地球大气层,因与大气摩擦而燃烧发光,这就是人们看到的"流星"现象。多数流星体会在地球大气层中燃烧殆尽,但是个别较大的流星体在大气层中来不及完全燃烧而坠落地面,叫做陨星。

流星一般偶然、单个出现,但有时会出现流星爆发现象——流星雨。流星雨的出现是由于地球在公转过程中遇到了流星体群。流星体群的轨道在一定的空间与地球的轨道相交,当地球和流星体群都经过这一位置时,地球引力会将大量的流星体摄入大气层,从而爆发流星雨。流星雨有十分明显的规律,出现在大致固定的日期、同样的天区范围。当流星雨出现时,成千上万的流星宛如节日礼花一般从天空中某一点附近迸发出来,这一点就叫做辐射点,通常把辐射点所在的星座名作为该流星雨的名称,如天琴座流星雨、狮子座流星雨。

四、天球和星座

当我们观察天空时,天空就像一个巨大的半球笼罩在头顶,日月星辰分布在这个半球面上。因此,我们把以观测者为球心,以无限大为半径所描绘出的假想球面,称为天球。各种天体,不分远近,都被投影到这个天球面上。这样,天体间复杂的距离关系,就被简化为球面上点和点的关系。

由于恒星的距离遥远,在地球上观测,短时期内恒星之间的相对位置几乎不发生变化,人们为了观星的方便,便划分了星座。星座是相互邻近的恒星所组成的图形所占据的区域。现代星座的划分与古希腊神话有密切的关联。1928年,国际天文学联合会将全天划分为88个星座。

地球上不同纬度的地区,所能看到的星座是不一样的。对于某一地点,有些星座是永远也看不到的;反过来,有些星座在那儿一年四季都看得见。

由于地球的自转,一天中不同时间所看到的星空是不同的。地球每日由西向东自转一周,因此,对于北半球的观测者而言,北天极附近的恒星每日看起来绕北天极(可以北极星为标志)逆时针方向转一周,对于南半球的观测者而言,南天极附近的恒星每日看起来绕南天极(附近没有显著明亮的恒星)顺时针方向转一周,这种斗转星移的现象叫做恒星的周日视运动(图10-3-5)。

图10-3-5 利用定时曝光技术拍摄的星迹图

教材研读

北斗七星与我们地球的距离是一样的吗?为什么可以用"斗转星移"来形容时间的流逝?

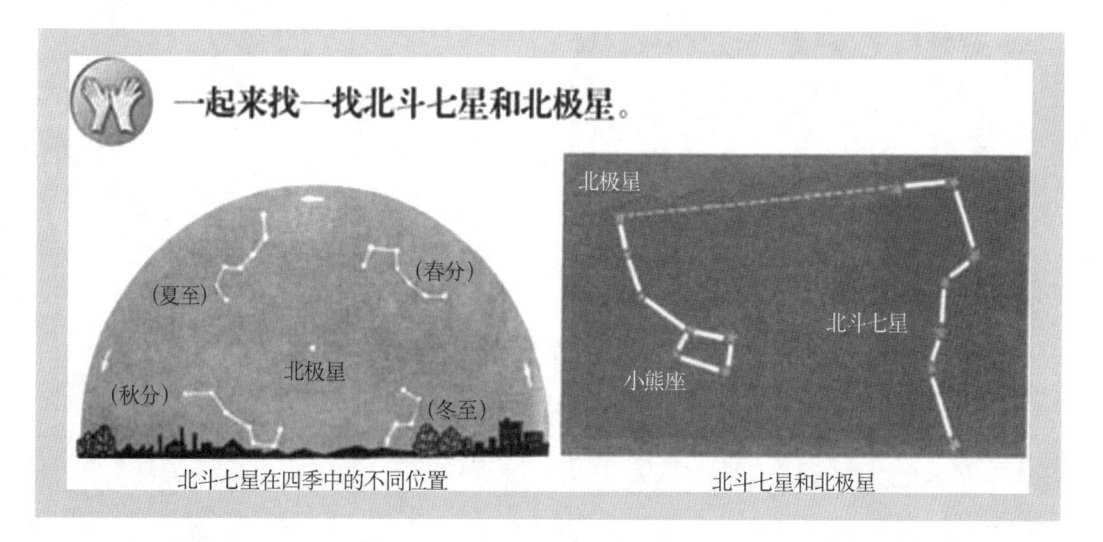

一起来找一找北斗七星和北极星。

北斗七星在四季中的不同位置

北斗七星和北极星

由于地球的公转,不同季节看到的星空也是不同的。地球位在天球坐标系的中央,当地球绕太阳公转时,地球上无法看到天球上与太阳同一侧的恒星,所以,在不同的季节,地球上看到的恒星和星座也不同,这种现象称作恒星的周年视运动。

本章思考题

1. 根据所收集天体电磁波波段的不同,天文望远镜主要有哪些类型?
2. 你认为载人飞船与航天飞机孰优孰劣?
3. 太阳活动对地球有哪些影响?
4. 比较月球与地球的主要特征,在月球表面有哪些与地球不同的有趣现象?
5. 为什么不可能发生"月环食"?
6. "至少要报废一颗超过太阳质量八倍以上的恒星才能使我们披金戴银",试从恒星的演化与星系的演化解释地球上金银等重元素的来源?

参 考 文 献

1. 曲向荣. 环境生态学[M]. 北京:清华大学出版社,2012.
2. 鲁敏等. 环境生态学[M]. 北京:化学工业出版社,2012.
3. 高胜利,等. 化学·社会·能源[M]. 北京:科学出版社,2012.
4. 彭前程. 物理(义务教育八年级上册)[M]. 北京:人民教育出版社,2012.
5. 王思潮. 天文爱好者新观测手册[M]. 南京:南京出版社,2011.
6. 马进. 核能发电原理[M]. 北京:化学工业出版社,2011.
7. 师汉民. 科学的睿智与美妙——天地之间与物含妙理[M]. 北京:高等教育出版社,2010.
8. 赵桂仿. 植物学[M]. 北京:科学出版社,2009.
9. 姜在民. 植物学[M]. 杨凌:西北农林科技大学出版社,2009.
10. 盛连喜. 环境生态学导论(第2版)[M]. 北京:高等教育出版社,2009.
11. Lucy Pryde Eubanks(美)等. 化学与社会[M]. 段连运,等,译. 北京:化学工业出版社,2008.
12. 胡中为,徐伟彪. 行星科学[M]. 北京:科学出版社,2008.
13. 缪启龙. 地球科学概论(第3版)[M]. 北京:气象出版社,2007.
14. 赛道建. 普通动物学[M]. 北京:化学工业出版社,2006.
15. 胡中为. 普通天文学[M]. 南京:南京大学出版社,2003.
16. 戴立益等. 我们周围的化学[M]. 上海:华东师范大学出版社,2002.
17. 顾德兴. 普通生物学[M]. 北京:高等教育出版社,2000.
18. 刘旦初. 化学与人类[M]. 上海:复旦大学出版社,2000.
19. 刘本培,等. 地球科学导论[M]. 北京:高等教育出版社,2000.
20. 陈丹等. 星空观测 ABC[M]. 济南:明天出版社,1998.
21. 陈阅增. 普通生物学——生命科学通论[M]. 北京:高等教育出版社,1997.
22. 崔振华. 天文博物馆图集[M]. 郑州:河南教育出版社,1995.